21 世纪高职高专能力本位型系列规划教材·市场营销系列

市场营销策划

主　编　冯志强
副主编　陶　真

北京大学出版社
PEKING UNIVERSITY PRESS

内 容 简 介

本书在市场营销策划核心理论及方法的基础上，结合最新理论和市场营销实践编写而成。本书不仅围绕传统的“4P”理论进行具体讲述，还增加了商务策划以及多种策划方法、手段的相关内容，使读者对市场营销策划在具体实践中的应用更加理解，有助于其将相关理论与策划实践相结合。

本书可作为高职高专院校市场营销及其他相关专业的教材或参考用书，还可作为相关从业人员进行商务策划师、营销策划师认证考试的参考用书。

图书在版编目(CIP)数据

市场营销策划/冯志强主编. —北京：北京大学出版社，2013.5

(21 世纪高职高专能力本位型系列规划教材·市场营销系列)

ISBN 978-7-301-22384-0

Ⅰ. ①市… Ⅱ. ①冯… Ⅲ. ①市场营销—营销策划—高等职业教育—教材 Ⅳ. ①F713.50

中国版本图书馆 CIP 数据核字(2013)第 074242 号

书　　名：市场营销策划

著作责任者：冯志强　主编

策 划 编 辑：蔡华兵　陈颖颖

责 任 编 辑：陈颖颖

标 准 书 号：ISBN 978-7-301-22384-0/F·3597

出 版 发 行：北京大学出版社

地　　址：北京市海淀区成府路 205 号　100871

网　　址：http://www.pup.cn　新浪官方微博：@北京大学出版社

电 子 信 箱：pup_6@163.com

电　　话：邮购部 62752015　发行部 62750672　编辑部 62750667　出版部 62754962

印 刷 者：北京鑫海金澳胶印有限公司

经 销 者：新华书店

787 毫米×1092 毫米　16 开本　18. 5 印张　429 千字

2013 年 5 月第 1 版　2016 年 7 月第 3 次印刷

定　　价：36.00 元

前　言

多数高职高专毕业生的第一份工作都和企业的营销与管理有关，营销策划师在中国的需求量越来越大。市场营销策划是一门实践性很强的应用性学科，市场营销中的策划工作体现在营销的各个环节，从为市场营销活动奠定基础的市场分析，到产品不同阶段的生产与推广，再到具体市场推广中的价格、渠道与促销。从某种意义上说，策划已经成为当今市场营销创新的根本保障，应该上升到企业战略层面，且必须落实到具体的市场营销策划工作中去。但目前很多市场营销策划书籍的内容体系还不够完善，对读者的引导性和启发性还有待提高。

本书紧紧把握市场营销策划的核心任务与方法，形成了较为严密的市场营销策划理论内容与方法体系。本书编写以市场营销策划的基本程序为逻辑起点，以营销任务策划为主线，在市场营销基本理论的基础上，吸收和采纳最新研究成果和最新发展动态，力求使内容具有科学性、实用性与前瞻性。本书编写明确了知识目标和实训目标，加强了实践教学，每章后都有制定策划方案的实训项目，以期达到更有效的教学效果，突出高职高专教材的应用性和技能性。

本书共分为 8 章：第 1 章　敢想敢要——营销策划概论；第 2 章　随机应变——营销市场分析；第 3 章　创业良机——产品策划；第 4 章　转动魔方——价格策划；第 5 章　开辟通路——分销策划；第 6 章　多管齐下——促销策划；第 7 章　共存共荣——商务策划；第 8 章　百花齐放——策划方法手段。与传统的同类教材相比，本书特别增加了商务策划的相关内容，更加符合现实的市场营销实践。本书的编写，旨在培训学生在市场营销领域具有全面的信息收集能力、敏锐的分析判断能力、出色的组织能力、较强的应变能力、较强的口头表达能力、较强的文字写作能力、较强的心理承受能力以及较强的创新能力等。

本书由河南工业贸易职业学院冯志强副教授担任主编，河南人民广播电台著名主持人、著名媒体策划人陶真担任副主编。在编写本书的过程中，编者参考了相关教材、著作、论文等，在此向这些作者表示衷心的感谢！

由于编者水平有限，加之编写时间仓促，书中难免有疏漏和不妥之处，敬请读者批评指正。

编　者

2013 年 1 月

目 录

第 1 章

敢想敢要——营销策划概论

GANXIANG GANYAO——YINGXIAO CEHUA GAILUN

【策划小语】

敢想敢要敢得到，领袖令事件发生。营销策划提高企业的经营管理水平、促进企业营销资源的高效配置、帮助企业降低未来的不确定性、增强企业的市场竞争实力。根据企业的整体战略，在对企业内部条件和外部环境进行分析的基础上，设定预期的营销目标并精心构思、设计和组合营销因素，从而高效率地将产品或服务推向目标市场。

【知识目标】

认识市场营销策划的基本概念；
了解市场营销策划的基本程序；
理解市场营销策划的基本步骤；
掌握市场营销策划的基本方法。

【实训目标】

熟练掌握市场营销策划的程序、步骤、方法。
重点：市场营销策划的原理和流程，市场营销策划书的内容与格式。
难点：市场营销策划的步骤与方法。

任务 1.1　策划与营销策划

【导入案例】

好声音一路高歌猛进　加多宝冠名先声夺人

2012 年 7 月，在加多宝集团与浙江卫视联合推动之下，席卷海外的音乐飓风《The Voice》震撼登陆中国，2012 中国电视音乐巅峰秀《中国好声音》节目拉开序幕。

随着《加多宝中国好声音》的热播，加多宝的品牌形象也进一步深入人心。当时选择斥资 6 000 万冠名《中国好声音》，加多宝正是看中节目是从国外引入正规版权的音乐节目这一点，并且节目的"正宗好声音"品牌理念也与加多宝的"正宗好凉茶"相契合，冠名《中国好声音》可谓珠联璧合。换标之后加多宝完成了华丽的转身，不仅销量上一路攀升，在品牌知名度上也是进一步深入人心。加多宝集团通过冠名《中国好声音》以及节目中主持人机关枪似的播报让"正宗凉茶加多宝"这一理念深入人心。此次联手，加多宝集团还整合包括线上电视、平面媒体、户外广告、电波媒体以及网络在内的所有公共媒体资源，同时结合线下终端进行数万次路演宣传，使得加多宝凉茶的消费者认同感也达到了一个新的高度。

案例分析：

从昔日家喻户晓的"怕上火喝王老吉"，到当下走红的"加多宝中国好声音"，加多宝集团借助与其产品品牌理念十分契合的活动广告策划，一次次赢得广泛的市场知名度。那究竟什么是市场营销策划？市场营销策划的发展趋势如何呢？

1.1.1　策划的含义

策划是人类最古老的活动之一，在政治、经济、军事、外交等许多领域，策划活动盛行不衰，对社会进步和发展起到了巨大的推动作用。

【小知识】

"策划"之说可谓历史悠久，如《后汉书·隗嚣传》中所载，"是以功名终申，策画复得"，这里的"画"通"划"；又如《淮南子·要略》中所述，"擘画人事终始者也"，这里的"擘画"即为"策划"之意。而策划活动更是贯穿于人类的历史长河之中，应该说策划最早始于军事领域，在我国的战争史上可谓处处皆策划，其中不乏大量的令今人啧啧称赞的经典策划活动，如"完璧归赵"、"鸿门宴"、"火烧赤壁"等。古人所说的"运筹于帷幄之中，决胜于千里之外"、"谋定而后动"，其本质上就是在进行军事策划。商场如战场，许多军事上的谋划同样适用于商业场合。

“策划”一词在当今社会使用频率颇高，是最受商业人士青睐的词汇之一。不同行业、不同领域的专家都试图界定“策划”的含义。日本策划家和田创认为，策划是通过实践活动获取更佳成果的智慧或智慧创造行为；而菲利普·科特勒则认为，策划是一种程序，在本质上是一种运用脑力的理性行为。

就广义而言，策划是社会组织或个人为了提高成功的可能性而对未来活动所进行的谋划。随着社会的发展，人们对于策划的认识逐步深化并赋予了新的诠释。现在一般认为：策划就是一种策略、筹划、谋划或者计划、打算，它是个人、企业、组织机构为了达到一定的目的，在充分调查市场环境以及相关联的环境的基础之上，遵循一定的方法或者规则，对未来即将发生的事情进行系统、周密、科学地预测并制定科学的可行性策划方案，同时在发展中不断地调整以适应环境的变化，从而制定切合实际情况的规划方案的社会过程。

1.1.2 营销策划的含义

菲利普·科特勒认为：营销策划是一种运用智慧与策略的营销活动与理性行为，营销策划是为了改变企业现状，达到理想目标，借助科学方法与创新思维，分析研究、创新设计并制定营销策划方案的理性思维活动。

有学者认为：市场营销策划是针对特定的营销对象和市场机会，围绕企业的市场目标及绩效要求，对企业可控的营销手段进行预先的、系统的设计、规划和安排。

综上所述，市场营销策划是企业为了达到一定的营销目标，基于市场营销管理哲学，运用系统的、科学的与创造性的理论与方法，对企业所处环境、所拥资源和特定时期内的企业营销行为方针及活动，进行预先的机会分析、系统规划、构思创意、计划安排及策划方案的确定等一系列活动过程。

【经验谈】

市场营销策划的核心是围绕企业市场目标及营销绩效开展的策划活动；市场营销策划的基础是针对企业的营销对象、营销环境、所拥资源进行分析研究；市场营销策划的结果是对企业营销活动提出一套预先的、系统的、具体的、可操作的计划方案。

1.1.3 营销策划的作用和特点

1. 营销策划的作用

在现代管理中，营销的重要性已经被绝大多数企业认同，在许多企业经营中，营销策划也已成为不可或缺的部分。“企业离不开营销，营销离不开策划”，不进行营销策划的企业是没有活力、没有竞争力的企业，营销策划已是现代企业竞争必备的利器。营销策划的作用、原理及举例见表1-1。

表1-1 营销策划的作用、原理及举例

作 用	原 理	举例说明
营销策划有利于塑造市场导向型企业	营销策划的实质是对需求的策划，对顾客的策划。一个营销策划本身必须建立在对顾客需求、心理充分分析的基础上，才能使策划出来的方案有利于产品或服务的营销	农夫山泉、龟鳖丸、朵尔、清嘴、农夫果园、成长快乐

续表

作　用	原　理	举例说明
营销策划有利于产品销量的提高	企业能够认真分析企业所处的营销环境，辨明市场机会和竞争威胁，找到一个能够显示企业比较竞争优势的市场位置，引起消费者的关注和兴趣，从而激发消费者的购买欲望	脑白金
营销策划有利于企业形象的提升	为了产品销量的迅速提高，也需要长远考虑企业形象、企业核心竞争力的提升	中石化集团：F1 的冠名权；北京奥运会赞助的唯一资格

【经验谈】

营销策划和我们的生活很近，只要留心，就会发现，在电视报纸广告里、在超市商场中，凡是有商业竞争的地方，就会有营销策划。

2. 营销策划的特点

尽管创新性和艺术性是营销策划两大永恒不变的主题，但具体来说，处于不同市场、不同发展阶段，不同竞争程度的企业，其市场营销策划的具体目标是不同的。所以，市场营销策划是一项既具有复杂性又有系统性，既要求具体性又要求整体性的工作，具有以下特点，如图 1.1 所示。

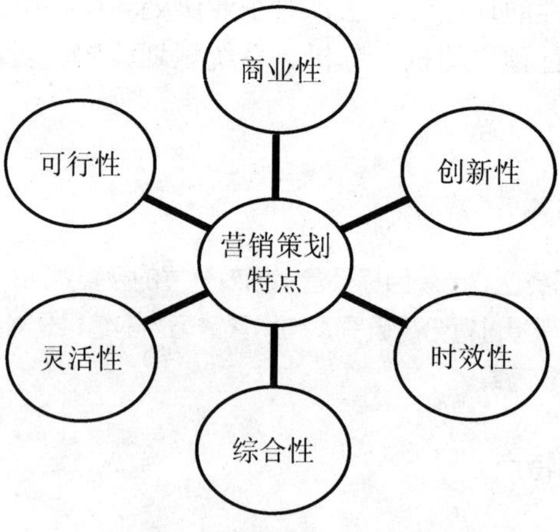

图 1.1　营销策划的特点

1）商业性

营销策划的目的是给企业带来销量和利润，营销策划不是为了设计某个轰动的活动、做出富有艺术性的广告。有效的营销策划，可以使企业的市场份额快速变大、可以给企业带来利润的快速增长、可以带来品牌知名度和美誉度的迅速提升，这就使得企业能够在可以预测的未来获得经济上或是声誉上的收益。营销策划必须能产生理想的效益，或是能推动效益的增长，不能给企业带来效益的策划不是好的策划。

2）创新性

营销策划是解决营销过程中某一领域、某一问题的创意思维，是一种高智力密集型活动，创新性决定了营销策划的有效性。营销策划的逻辑可以用下式表示：科学的创意×实现的可能性＝最大的预期效果。创新性的具体要求包括：①丰富的想象力，能突破某些关键，产生特殊效果；②思维的发散性，即能够从不同角度、方向思考；③创造性的想象力；④敏锐的洞察力；⑤积极的求异性，不轻易从众、轻言、盲从。在社会营销实践中，往往越具有创新性的营销策划所带来的营销效果越好。

【策划一线】

湖北劲牌酒业公司出品的“中国劲酒”在酒行业中第一个明确提出“健康酒”的概念，农夫山泉提出“天然水”的概念以和矿泉水、纯净水相区别，这些都是当时竞争者没有做出的，因而引起了公众的关注，都取得了很好的效果。

3）时效性

营销策划的另一个特点就是时效性。人们经常说：时间就是金钱，空间就是机会。对于去年效果很好的营销策划案今年可能就不好用了，对于别的企业好用的营销策划对于其他的企业可能就派不上用场了。

【策划一线】

神舟五号发射成功的第二天，蒙牛与神舟五号密切结合的广告满天飞，让人们在热谈神舟五号的同时也记住了蒙牛，实际所带来的经济收益也让蒙牛满意。但是，等到神舟六号上天的时候再用这个营销策划，效果明显就比上一次差很多。云南海鑫茶叶有限公司、云南康乐茶叶交易中心两家公司提供10g云南普洱茶搭载“神六”，其目的一定是想提高普洱茶的知名度，促进产品的销售，但是最终的结果是，几乎很少人因为神舟六号的成功上天而知道了还有这么一种普洱茶，还有这么两家公司。

4）综合性

综合性是营销策划的又一重要特征。市场营销学本身就是综合了哲学、数学、经济学、行为学、社会学、心理学等学科的精华而形成的跨学科性质的学科，营销策划更是在市场营销学的基础上集战略、文学、美学、心理学之大成。综合性对营销策划人员提出了更高的要求，要求营销策划人员是通才、杂家，具有广泛的、全面的能力。国内外很多知名的营销策划家都是知识结构宽、阅历丰富、学习能力强的人。

5）灵活性

孙子曾经说过，“兵无常势，水无常形”，这句话同样适用于营销策划。营销策划的灵活性是由营销活动所面临的环境的复杂性、多变性所决定的。在当今复杂多变的市场环境下，营销策划如果僵硬、机械，不具备灵活性、应变性、适应性，必将会出现失误。营销策划的灵活性是指在营销策划过程中，必须注意策划方案的整体方向性与方案具体细节的灵活性相结合，对方案中不可预测性较强的环节应特别指出，并准备几套风险应对方案，以便对营销策划方案的某个环节进行调整。同时，在方案实施过程中，随着市场环境的变化以及影响市场的各种客观条件及因素的变化，应不断地调整方案的进程，保证方案的执行在可控制的范围之内。

6）可行性

可行性是指营销策划必须是企业经过努力可以实现的。要做到这一点，必须将良好的创意与企业现在能够利用的各种内外部资源包括人力、物力、财力合理结合，最终落到实处。那些“叫好不叫座”，无法实现的创意都不是真正的营销策划。再好的创意，如果无法实施，只不过是启发人们的思路，并不可以被称为营销策划。

【小寓言】

传说老鼠们为了防备猫的袭击，在一起开会商量对策。一只非常聪明的小老鼠提出了一个极具创意的建议："给猫脖子挂上一只铃铛，猫一走来，我们就会听到铃声。"马上就有一只年长的老鼠问道："谁去给猫挂铃铛呢？"结果，没有一只老鼠敢去。显然，这就是一个无法实现的创意，而这种创意如果在企业现在能够利用的各种内外部资源的帮助下实现不了，那么就不可被称为营销策划。

1.1.4 中国营销策划的发展

1．中国营销策划业的昨天

在中国经济快速发展、竞争日益激烈的时代背景下，中国营销策划充分展现出现代商业竞争中的东方智慧。中国营销策划业从 20 世纪 80 年代末开始已经走过了 20 多年。如果从策划的发展阶段来看，大致经历了以下三个阶段。

1）第一阶段：启蒙期（1988—1993 年）

中国第一代营销策划，他们靠的是"个人智慧"，为企业提供的是"点子激活市场"的策划。这个时期营销策划人的成长是伴随着中国市场的日益开放和卖方市场向买方市场过渡而产生的。第一阶段中的营销策划过于随意，往往是经验式的、拍脑袋式的决策，缺乏对市场整体的洞察和理解。

2）第二阶段：萌芽成长期（1994—2000 年）

20 世纪 90 年代末期，随着越来越多的外资企业进入中国，中国营销策划业的环境发生了巨大的变化，策划业也从混乱走向规范，专业化、职业化、行业化的时代到来，出现了真正意义上的策划公司。这个时期的营销策划有几个显著的特点：①专业化程度提高，有许多国外归来的学者创办策划公司；②规模较小，品牌还很弱；③市场发育落后，先天不足；④国外咨询公司的进入，如盖洛普、麦肯锡等，基本上成为国内咨询市场的主力。这个时期的营销策划依附于新闻炒作，热衷于炒作，难免会出现"泡沫"的东西。营销策划也只是局限于对企业某一方面的策划，如广告热、公关热、CI（Corporate Identity，企业识别系统）热等，缺乏对企业整体的长远策划。

3）第三阶段：整合策划期（2000 年以后）

进入 21 世纪，中国的营销策划逐渐走向了良性发展的轨道，开始出现对企业全方位的整合营销策划，包括战略策划、促销策划、广告策划、营销组织策划等。企业和策划公司开始建立战略联盟关系。国际知名咨询公司大举登陆后开始面临如何实行本土化的问题。咨询与实践脱节和咨询过度介入企业的现象逐渐得到解决，客观、公正、独立的咨询人员与组织正在形成，市场逐渐出现细分。IT、通信、医药、房产、影视、公益活动、娱乐、图书教育等各个领域到处活跃着策划人的身影。经济发展从没有像现在这样依赖于资源、科技和策划的投入。

（1）营销策划涉及许多不同的学科领域，如公司战略、组织结构、公共部门管理、信息技术及产品开发等。其中一些学科领域在 20 世纪 80 年代发展十分迅猛，从而带动了营销策划的发展。改革开放以来 20 多年，我国高校逐渐建立起了经济和管理类的院系，20 世纪 90 年代后期开展的 MBA 教育，为我国经济建设培养了大批优秀人才，客观上为营销策划业在我国的发展打下了一定的人才基础。20 世纪 90 年代以来，我国 IT 技术发展迅速，为营销策划业提供了强有力的分析设备和先进的技术手段。IT 方面的营销策划业务量呈高速增长之势，如近年来方兴未艾的 ERP（Enterprise Resource Planning，企业资源计划）咨询业务，为扩大营销策划的业务范围、提高用户的管理水平发挥了很大的作用。

（2）企业经营环境的变化是推动营销策划业迅速发展的主要原因。20 世纪 90 年代以来，企业界面临前所未有的竞争、惊人的技术进步以及关于组织机构的新理念。中国的经济正在由计划经济向市场经济过渡，产业结构，相关法律、法规不断调整完善。国企改革、社会主义市场体系的建立、企业规模的扩大以及中国加入 WTO 等，企业生产经营内外环境的变化都导致了营销策划业的巨大需求。

（3）营销策划业之所以迅速发展的另一个重要原因是世界著名咨询公司对中国市场的开拓。目前，世界各国对咨询服务的需求均在增长。美国、日本咨询专家的服务已经遍布全球各大公司，帮助它们的公司开拓国内市场和敲开国外市场的大门，特别是进入中国市场。有些咨询公司如麦肯锡已涉足欧洲多年。正如安永咨询公司的总裁菲利普先生所说："哪里有行动，哪里就有咨询！"

2. 中国营销策划业的现状

现在全国专业策划公司在 1 万家以上，从业人员达到 100 万名之多。从业人员中既包含专业策划公司的策划人员，也包含一般企业、广告公司、媒介等的策划人员。策划业的这种火暴景象实际上是在告诉我们，策划业已经作为一个新兴行业，在新经济时代起着越来越重要的作用。在这些专业策划公司中，又以营销策划为主。有人根据营销策划人各自的特点，把他们分为五大流派，分别为管理规范的西洋派、理论基础扎实的学院派、善于打知名度的飞天派、用常规方法踏实作战的落地派以及正合奇胜的实战革命派。

【小知识】

管理咨询业的分类

企业战略规划是最高层次的咨询服务，制定企业未来的总体发展规划以及各部门的各项具体发展规划，同时提出阶段性实施方案。企业管理体系整合是将企业杂乱的管理变成有序的规范化管理，包括企业组织机构重整、部门职责设计、管理制度制定、企业工作标准与业务标准的重构等。企业变更咨询主要是为企业多元化经营、集中化经营及发展策略、营销方法等变更设计方案。长期管理改善相当于企业"防患于未然"的服务，咨询顾问与企业长期合作，采取实地观察、面谈和查证等方法，随时发现企业管理漏洞和欠缺之处，帮助企业查漏补缺，完善管理。专项咨询范畴很广，主要包括：营销咨询与策划、资本运营咨询（上市、并购等）、会计及财务咨询、人力资源咨询、企业文化咨询、法律咨询、信息管理咨询、质量认证咨询（如 ISO 9000、ISO 14000 认证）等。

据统计，2000 年，中国咨询策划业的市场规模为 1 亿美元，到 2010 年，全球咨询策划业的市场规模已经达到 100 亿美元之巨，而这其中营销策划业占了相当的比例。中国营销策划业越来越成为一个专业化分工的社会经济门类，成为国民经济中一个新的经济增长点，具有十分广阔的发展前景。

3. 中国营销策划业的转型趋势

1）营销策划业从单目标向多目标的转型

着眼于当前的策划，同时又向更长远未来发展思考是我国营销策划业发展的一个必然趋势。我们在进行项目策划时既要考虑经济利益和社会效益，又要注意有效地利用自然资源、保护自然资源、防止环境污染，以免造成公害。为企业策划扩大企业规模、扩大再生产的同时要考虑为社会增加就业机会，保持社会安定。同时，既要考虑企业的近期目标，又要考虑到企业的中、长期目标；既要考虑到企业的经济效益，又要考虑到企业的整体形象、品牌形象、品牌的知名度和美誉度的提升、产品的科技含量、市场占有率、潜在的消费群以及新市场的开发，等等。

2）营销策划业从艺术向科学的转型

营销策划业将逐渐走向科学化。过去，中国的策划公司更多地把策划当做一种艺术，更多地强调咨询顾问与企业及企业家互动的过程，认为营销策划是一个驾驭各种矛盾关系的过程，是价值观达成共识的过程，是一种情感探索和交融的过程。策划在方法上也更多地讲究创意，这种方法以个人构想或集体构想为主要特征，属于单纯智慧性策划，多了热情少了一份理性。不可否认，热情和创意在营销策划中起很大作用，往往会带来出奇制胜的效果。经过 20 多年的发展，中国策划人的素质已经有了很大提高，对于营销策划有了更为理性的认识，意识到营销策划不仅仅是一门艺术，更是科学，营销创意是其灵魂，知识理论是其骨骼。未来的中国营销策划业会以更加科学的姿态出现在人们面前。

3）营销策划业从个人英雄主义式向团体智囊机构的转型

现代策划创新需要多学科、多领域的联合和协作，为此带来了策划的复杂性。随着策划科学的应用向各个领域的渗透，学科专业的高度分化，使现代策划科学及技法越来越具有综合性。比如 CI 策划，其系统设计就须有专家系统来完成，而绝非个别的所谓策划家或策划大师所能完成的。完整的 CI 策划，既需要懂广告策划、营销策划、管理策划、企业诊断、平面设计、三维设计方面的专家，更需要懂得企业的生存哲学、文化个性、公司（企业）个性经营理念、营销战略方面的高级专家通力合作。

任务 1.2　营销策划的体系及原理

【导入案例】

春秋航空：平民路线

“国内版维珍航空”——春秋航空，一直主打“国内首家低成本航空公司”，在借“庆祝首航”的口号推出 199 元特价机票的同时，上海至桂林航线推出 299 元超低价票之外，春秋航空将在上海至厦门航线推出 199 元的机票，在上海至天津航线推出 199 元或 299 元的机票，在上海到海口航线推出 399 元的机票。而在旅游黄金航线上，春秋航空则利用其集团的旅行社之便，在上海至三亚航线上，实行“机票+酒店”的套餐服务。春秋航空已经将其“廉价版块”逐步向南北伸展。

（资料来源：叶炳喜．春秋航空：平民路线[J].销售与市场，2011（07）:34-35.）

案例分析：

春秋航空票价均不到其标准价的 3 折，一些票价相当于标准价格的 1.8 折。如此低的折扣，使得老百姓得到了真真切切的实惠，真正走出平民路线。企业营销策划是一个系统的过程，最终的市场表现可能如案例中一样，体现为价格或者其他市场要素，但策划的过程却并不容易。

1.2.1 营销策划的体系

1. 市场营销策划的框架

营销策划是对企业市场营销活动的决策，它涉及对企业所在的宏观环境和微观环境分析、营销战略规划、营销策略设计、营销行动方案的设计、执行和控制等。总体来说，营销策划在基本确定了策划的任务之后，其策划框架可以用“策划一条龙”的比喻来描述，大致分为 4 个部分：①龙珠——内外部环境分析；②龙头——策划思路确定；③龙身——策略与技巧设计；④龙尾——方案执行与调整，如图 1.2 所示。

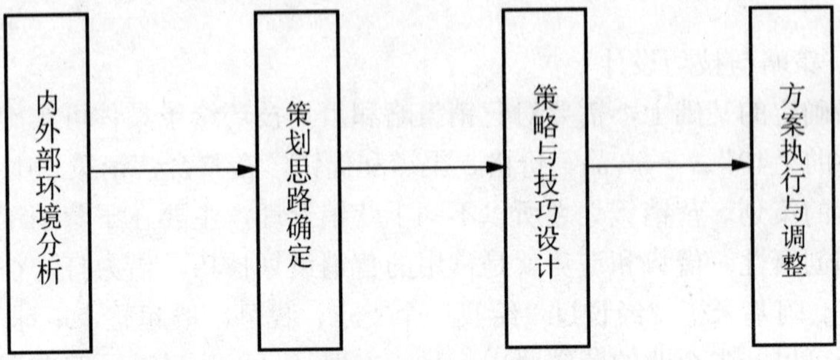

图 1.2 营销策划总体框架“一条龙”

1）龙珠——内外部环境分析

营销策划是对内部资源和条件、外部机会和威胁的反映，内外部环境分析是营销策划之始。正如舞龙时，整条龙都要围绕龙珠转，环境分析就像龙珠一样，决定了营销策划以下步骤的方向。

【名人名言】

当有人问松下公司的总裁松下幸之助有什么经营秘诀时，他说：“没有别的，看到下雨了，就要打伞。只不过是顺应天地自然的规律去工作而已。” 言简意赅的话道出了松下的环境观。

环境是一个多因素、多层次的复杂的综合体，各种环境因素不但分别对企业的营销活动产生影响，而且各因素之间又有相互交叉的影响。企业总是处于一个不停变化的营销环境当中的，这给企业的营销策划带来制约与威胁的同时，也给营销策划活动创造了良好的机会。所以，在进行营销策划时首先要考虑的就是如何对企业的内外部环境进行全面而且有效的分析。不仅要分析外部环境中的政治、经济等宏观要素和消费者、竞争者等微观要素，也分析内部环境中的企业资源条件、战略模式、企业文化、组织结构等。分析企业营销环境的方法很多，可以使用 PESTEL（政治、经济、社会、技术、环境、法律等宏观因素）分析法、SWOT 分析法（优劣势、机会与威胁分析）、波士顿矩阵法、通用电气公司矩阵法等。

2）龙头——策划思路确定

在对企业的内外部环境系统分析之后，下一步就需要确定营销策划的总体思路，它具有纲举目张的作用，是营销策划“一条龙”的龙头。确定什么样的思路主要取决于营销策划的内容是什么。如果是整合营销策划，即一个企业整体的营销策划，策划思路确定主要意味着制定企业营销战略，而制定企业营销战略的主要内容又是进行市场定位；如果是单项的专题性营销策划，如调研策划，确定策划思路主要是确定调研方法、调研对象；如果是企业形象策划，确定策划思路主要是确定企业精神、价值观等以及视觉系统要传递的诉求点。也就是说，营销策划的内容不同，策划思路的类型也就不同。

【策划一线】

七喜饮料的经典广告策划中，“七喜，非可乐”有口皆碑，这句广告语策划的前端一定是策划思路确定，即差异化，甚至反向的市场定位思路，让本企业与可乐类企业的产品区分开来，欲树立七喜在非可乐饮料中第一品牌的形象及地位。

3）龙身——策略与技巧设计

在策划思路确定的基础上，需要对营销策略和策划技巧给予具体可实施性的设计。营销策略即大家熟悉的“4P”——产品、价格、渠道和促销，在整合营销策划中离不开对这 4 个营销的可控要素的策划。营销策划之所以不同于营销管理，主要在于营销策划需要多一些技巧性、艺术性和创新性。借势和造势就是常用的营销策划技巧。借力打力往往比单纯的自己用力的效果更好。阿基米德曾经说过“给我一个支点，我可以撬起整个地球”。通过借助外界的力量，一方面可以节省企业的营销费用，另一方面又可以让目标顾客在毫无防备的情况下记住产品、品牌等，真正起到事半功倍的效果。造势就是常说的“炒作”，通过具有轰动效应的事件或信息的安排、设计，使产品或服务的知名度短时间内大幅度提高。借力和造势都能够呈几何倍数扩大营销策划的效果。

4）龙尾——方案执行与调整

当企业经营比较规范时，或者策划活动的影响较大时，都需要制定一个策划文本，作为指导企业实施的蓝图。企业须认真按照策划方案去执行。执行力很重要，“细节决定成败”，方案的执行决定了营销策划的最终结果。并且，执行也是一个能动的过程，要不断地、积极地审视营销策划结果与执行中的内外部环境是否协调，从而做出方案调整。方案调整是在不对方案伤筋动骨的情况下，对方案局部的细节再经过多方求证，对方案中的具体目标、行动步骤、策略、预算等进行调整、修改。方案付诸实施以后可以由企业内高层管理人员或第三方专家对策划方案的实施情况进行评估、鉴定。可以预先设立一系列的评估指标，对方案实施过程中出现的各种情况进行监督，一旦出现偏离策划的事件，要及时反馈给相关人员，及时地对营销策划进行调整和控制。

市场营销策划的内容极其丰富，一个大的营销策划，往往是由若干个小的策划组合而成。这些基础性的营销策划是：营销调研策划、营销战略策划、产品策划、品牌策划、企业形象策划、渠道策划、广告策划、营销传播策划、营销组织策划等。

【经验谈】

营销活动贯穿于企业整个经营管理过程，营销策划是对企业营销活动的设计与规划过程，不同类别的企业经营活动使得相应的市场营销策划有不同的内容和形式。

2．市场营销的基础策划与运行策划

营销活动的有效开展需要寻找到市场准入点即市场机会点，在对市场充分了解和把握的基础上，进行市场定位；然后用适合的产品、适合的价格在适当的渠道投入市场中；最后用合适的促销手段与方式引起顾客的注意，刺激产生需求与购买动机直至采取购买行为与忠诚购买。依据营销活动有效开展的特点，市场营销策划可分为基础策划与运行策划，如图 1.3 所示。

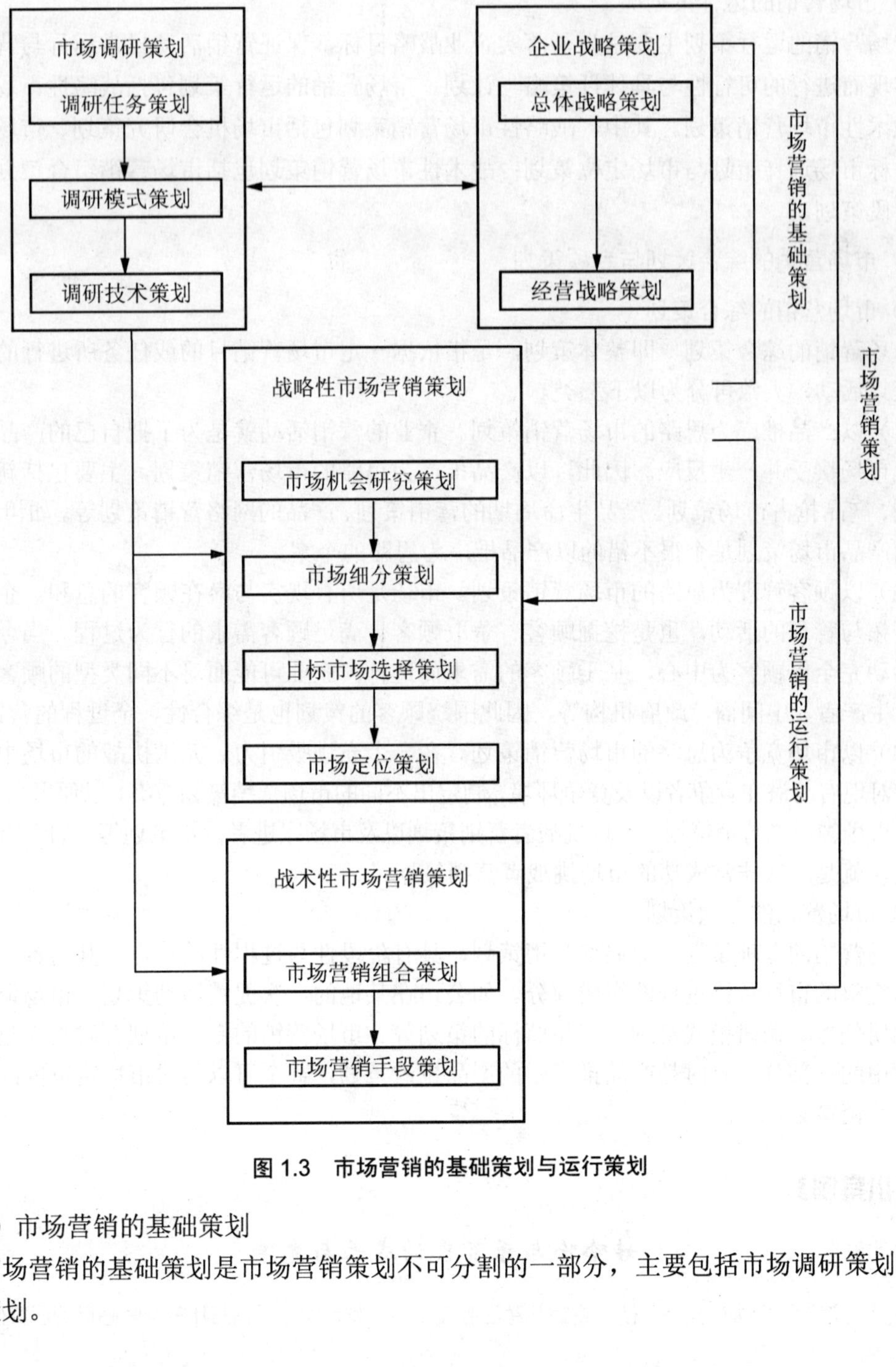

图 1.3　市场营销的基础策划与运行策划

1）市场营销的基础策划

市场营销的基础策划是市场营销策划不可分割的一部分，主要包括市场调研策划和企业战略策划。

（1）市场调研策划是市场营销人员根据企业战略策划、市场营销运行策划的需要，以科学的方法系统地收集、记录、整理和分析有关信息，提出问题和解决问题的过程。市场调研策划具体包括调研任务策划、调研模式策划与调研技术策划。

（2）市场战略策划，包括总体战略策划和经营战略策划。总体战略策划，是为实现企业总体目标，对企业未来发展方向作出的长期性和总体性的战略策划。经营战略策划，主要是对市场营销和销售管理的方法和技巧进行的策划。

2）市场营销的运行策划

市场营销的运行策划主要是为了落实企业战略目标，保证营销活动日常运行与营销基础策划实现而进行的可行性与具体性策略与计划。市场营销的运行策划包括战略性市场营销策划与战术性市场营销策划。其中，战略性市场营销策划包括市场机会研究策划、市场细分策划、目标市场选择策划与市场定位策划；战术性市场营销策划包括市场营销组合策划与市场营销手段策划。

3．市场营销的综合策划与专项策划

1）市场营销的综合策划

市场营销的综合策划，即整体策划，是指依据一定市场营销目的或任务所进行的全过程式的策划活动，大致可分为以下三类。

（1）以产品推广为思路的市场营销策划。企业的营销活动就是为了把自己的产品打入市场、让市场接受并产生反应。因此，以产品推广为思路的市场营销策划，主要包括新产品上市策划、产品抢占市场策划、产品生命周期的营销策划、产品的网络营销策划等。如伊利 LGG 益生菌产品市场策划是个很不错的以产品推广为思路的个案。

（2）以顾客管理为思路的市场营销策划。市场是所有现实与潜在顾客的总和。企业进行市场开拓与管理的活动，也是挖掘顾客、争取顾客、满足顾客需求的行为过程。当今的一切营销活动完全以顾客为中心，基于顾客的需求而进行。企业可能面对不同类型的顾客，如消费者、生产者、中间商、政府机构等，因此围绕顾客的策划也是综合性、全过程的营销策划。

（3）以市场竞争为思路的市场营销策划。在一个充满吸引力、充满挑战的市场中，企业需要针对现有与潜在竞争者以及竞争环境，制定出不同的市场营销策划方案，以便提高竞争力，主要有市场领导者营销策划、市场挑战者营销策划以及市场跟进者营销策划等。如“2005 年蒙牛奇迹”就是一次非常成功的市场挑战者营销策划。

2）市场营销的专项策划

市场营销的专项策划，即局部营销策划，具有阶段性与过程性的特点，其内容往往是一个较为完整的市场营销过程的组成部分。如公司在某地的一次促销活动策划，市场调研策划中的调研任务、调研模式策划，产品商标的策划等。市场营销的专项策划有时是完整市场营销过程中的一部分，有时是产品推广中的产品抢占策划，甚至可以是对市场定位内的某一内容进行营销策划。

【小案例】

娃哈哈与乐百氏的成长与竞争

“喝了娃哈哈，吃饭就是香”使娃哈哈儿童口服液一炮打响。创业只有三年的娃哈哈产值已突破亿元大关。娃哈哈的新产品不断推出：纯净水、“非常可乐”、AD 钙奶、激活运动水、童装，以及新近推出的营养快线、果茶、咖啡可乐，都获得了市场成功。这些体现出娃哈哈在产品开发、定位、促销、渠道管理等方面的深厚功力。

“乐百氏奶”斥资千万购买马俊仁教练的“生命核能”配方，创下了中国历史上最大的一宗个人与企业间的知识产权交易，首开国内产品经销权拍卖之先河。乐百氏的产品线也不断丰富，推出了纯净水、AD 钙奶、脉动运动水、牛奶产品。乐百氏的营销人选了哈佛大学教学案例。

娃哈哈和乐百氏也是针锋相对的竞争老对手。娃哈哈推出了市场前景看好的“我的眼里只有你”的新产品纯净水。乐百氏立即迎接挑战，跟进推出乐百氏“27 层过滤”的纯净水，在各种媒体齐上阵，互不相让。

（资料来源：冯志强．经典的工业贸易思想[M]．北京：北京燕山出版社，2006：120-122.）

案例分析：

竞争越激烈的市场，营销策划越精彩。娃哈哈与乐百氏的竞争，充分演绎出营销策划的功效与魅力。他们的竞争就是营销策划的竞争。

1.2.2 营销策划的原理

营销策划的原理就是指通过科学总结而形成的对营销策划活动具有理性指导作用的规律性知识。营销策划的原理具有客观性、稳定性和系统性。营销策划所依据的原理主要有下列几个方面，如图 1.4 所示。营销策划的这些原理也促成了前文提到的营销策划的特点。

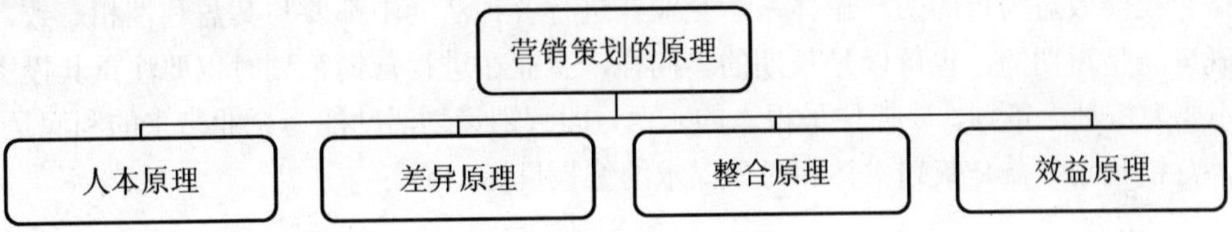

图 1.4 营销策划的原理

1．人本原理

人本原理是指营销策划以人力资源为本，通过探究消费者的需求和发挥策划人的创造性来推动企业发展的理论。这里的人主要是指消费者，也包括企业外部的消费者。在拟订营销策划方案时，一方面要调动和激发企业内部相关人员的积极性和创造性，以企业员工的智慧来充实和丰富营销策划方案；另一方面也要体现“以消费者为中心”的理念，把企业行为与销售对象紧密地连接在一起，使营销方案有利于目标顾客的接受。因此，营销策划不能脱离企业内部人员和企业外部目标顾客而孤立地设计，否则就会导致策划活动劳而无功。另外，人本原理特别崇尚“天人合一”的理念，即营销策划要把企业发展、社会发展和自然生态发展统一起来，形成绿色营销策划的最高境界，以实现可持续发展，维护人类的根本利益。

2．差异原理

差异原理是指在不同时期、对不同主体、视不同环境而做出不同选择的理论体系。营销策划不是空洞的玄学，在策划过程中必须审时度势，用动态的观念从客观存在的市场环境、策划对象、消费者等具体情况出发，因事制宜地进行营销方案的设计和制订。这就是说，营销策划没有固定的模式，营销策划工作不能刻舟求剑、生搬硬套。不同的策划主体和客体以及不同的时间和环境都决定了营销策划文案的差异性。那种无视客观环境变化而盲目照抄照搬别人现成的“模式”的营销策划行为本身就违背营销策划的内涵，是不科学的行为。当然，对于那些没有经验的初学者来说，一段模拟学习的过程是必要的，也是不可避免的，但真正的实战则不能停留在模仿的水平上，而必须要有创意。在激烈的市场竞争中，只有有创意的营销策划方案，才能出奇制胜。

3. 整合原理

整合原理是指营销策划人员要把所策划的对象视为一个系统，用集合性、动态性、层次性和相关性的观点处理策划对象各个要素之间的关系，以正确的营销理念将各个要素整合统筹起来，从而形成完整的策划方案并达到优化的策划效果。整合原理要求营销策划要围绕策划的主题把策划所涉及的各方面以及构成文案的各部分统一起来，形成一个有机整体。同时，整合原理还强调策划对象的优化组合，包括主附组合、同类组合、异类组合和信息组合等。营销策划在整合原理的指导下，就会产生产品功能组合、营销方式组合、企业资源组合、企业各种职能组合等策划思路。

4. 效益原理

效益原理是指营销策划活动中，以成本控制为中心，追求企业与策划行为本身双重的经济效益和社会效益为目的的理论体系。企业在进行各种活动中都要与其盈利性相一致，这种盈利既可能是短期的，也可以是长期的。同样，企业在进行营销策划时也要注重其投资回报率，不要为策划而策划，要抓住最根本的东西，即营销策划活动能为企业带来的利润是多少。所以，营销策划效益是策划主体和对象谋求的终极目标。

任务 1.3 营销策划的流程和步骤

【导入案例】

营销策划让王老吉从 1 亿到 10 亿

为了了解消费者的认知，成美公司的研究人员发现，消费者对红色王老吉并无“治疗”要求，而是作为一个功能饮料购买，购买红色王老吉的真实动机是用于“预防上火”，王老吉的直接竞争对手并未占据“预防上火”的饮料定位。研究显示，中国几千年的中药概念“清热解毒”在全国广为普及，“上火”、“祛火”的概念在各地深入人心，这就使红色王老吉突破了地域品牌的局限。最终红色王老吉的价值定位浮出水面，即“预防上火的饮料”。随后的工作就是将王老吉的价值主张传递给消费者，红色王老吉的电视媒体选择从一开始就主要锁定覆盖全国的中央电视台，并结合原有销售区域（广东、浙江）的强势地方媒体，投入广告，销量迅速提升。企业乘胜追击，再斥巨资购买了中央电视台黄金广告时段。王老吉迅速红遍了全国大江南北，年销售额增长近 400%，一举突破了 10 亿元！

（资料来源：陈文刚．市场营销策划[M]．北京：中国人民大学出版社．2012：97-103.）

案例分析：

红色王老吉的巨大成功，根本原因在于企业借助了营销策划的力量，发现了红色王老吉自身产品的特性，寻找到了产品的价值主张，从而成功地完成了王老吉的品牌定位并有效地将其传递给消费者。

1.3.1 营销策划的流程

营销策划在掌握了完整的知识体系以后，必须能够十分清晰策划的流程与步骤。营销策划作为一门实践性很强的科学性与艺术性相结合的企业市场活动行为，其本身既有严谨的内在逻辑联系性，又有可操作性的市场营销程序。因此在进行营销策划时，应该按照一定的流程逐步进行，以提高营销策划的质量和科学性。一般来说，营销策划应该按照工作流程逐步进行。如图 1.5 所示，营销策划的流程由 7 个环节组成，而且是一个闭合的通路。下面我们将对每一个环节进行讲述。

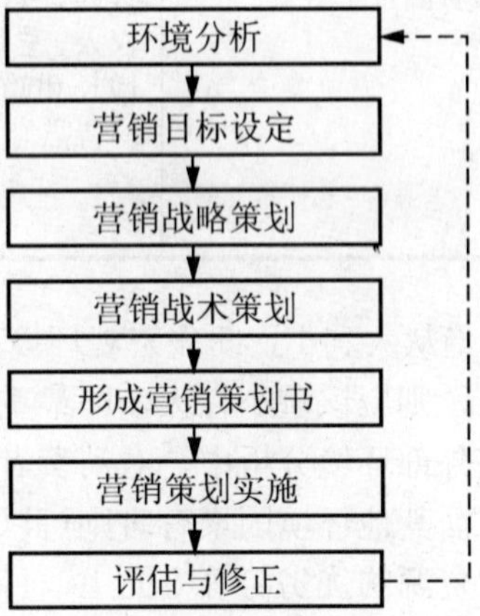

图 1.5 营销策划的流程

1．环境分析

环境分析是指企业营销策划者通过对企业的外部环境和内部条件进行调查和分析，进而确定外部市场机会和威胁以及企业自身的优势和劣势，从而明确企业目前所处位置的一种方法。任何营销策划都必须首先从环境分析入手，这一步骤对整个营销策划的质量是至关重要的，若不进行环境分析，那么所做的营销策划就没有根据，成了无源之水、空中楼阁了。

（1）环境分析的形式。任何一家企业都面临着两种变量：一种是企业无法直接控制的变量，它们以外部环境、市场和竞争变量的形式存在；另一种是企业完全可以控制的变量，即企业内部的经营环境。由此我们可以将环境分析分为两种形式：外部环境分析和内部环境分析。外部环境分析从调查分析整体经济信息入手，然后对企业所服务的市场以及竞争对手进行考察分析，与不可控变量有关。内部环境分析则与可控变量有关，目的是评价企业所拥有的与外部环境有关的资源以及与企业竞争对手有关的资源。进行营销策划时，必须既有外部环境分析又有内部环境分析，这样的环境分析才算完整，才可以作为营销策划后续流程中各环节的依据。

（2）环境分析的内容。这里我们按照外部环境分析和内部环境分析这两种形式，将营销策划中所要进行的环境分析的内容归纳起来，这些内容是十分广泛的，企业在具体的营销策划中应根据自身的具体情况而有所侧重。

环境分析的内容归纳，见表 1-2。

表 1-2　市场营销环境分析因素

外部环境			内部环境
宏观环境	行业环境	经营环境	
政治环境：国家政治局势、法律制度、税收、商业法规、人权立法等； 经济环境：金融货币政策、财政税收政策、收入分配政策、产业政策、通货膨胀、失业、能源、行业规则等； 社会文化环境：人口分布和流动、文化传统、伦理道德、风俗习惯、价值观念、环保意识、消费者生活方式等； 技术环境：与企业所在行业相关的技术改进和革新	产业结构：潜在入侵者、替代者、供方、买方、业内竞争者等； 产业盈利能力：进入市场的障碍、经营成本的结构、产业利润的来源、投资成本、投资回报率等	对企业营销活动影响最直接的因素，包括主要竞争对手的市场目标、现行市场营销战略、资源和能力、消费者的心理状况和购买行为、供应者、债权人、总市场规模、增长和趋势、市场的特点等	企业内部所有对营销活动产生直接和间接影响的因素，包括：企业资源、企业目标、企业任务、企业整体战略、企业组织结构、企业权力结构、企业文化、战略业务单位的竞争战略、营销部门在企业的地位、企业产品的市场占有率、产品质量、分销渠道、产品价格、促销、公共关系、产品开发、信息系统等

外部环境分析在顺序上，应当从大到小，即先宏观环境，再行业环境，最后是经营环境；但从关注的程度和花费的精力上，则应该重小轻大，即最重要的是经营环境，其次是行业环境，最后是宏观环境。另外，在外部环境分析中，对消费者和竞争者的调查与分析是重中之重，应该尽量做得细致和深入，而其他环境因素有时则可以省略。内部环境分析的重点一般应当放在企业的总体战略和企业资源的优劣势等方面上，目的在于找到符合企业自身状况的营销策划方案，因为一个营销策划方案的实行需要得到企业内部各方面的支持，因此切不可脱离企业自身的状况来进行营销策划方案的设计。

2. 营销目标设定

在完成了环境分析之后，下一步就是在环境分析的基础上，确定营销目标，而这也是营销策划整个流程的关键环节。目标就是你想完成什么，目标的设定应该遵循 SMART 原则，即具体（Specific）、可衡量（Measurable）、可操作（Available）、现实性（Realistic）和时限性（Timed）。因此，营销目标在设定时也要遵循上述的 SMART 原则。

营销目标就是营销策划要实现的期望值，例如一年内企业某一产品的市场份额达到 10%。应该明确的是营销目标只与产品和市场有关，通行的原理是仅仅通过把某些东西卖给某些人，从而达到公司的财务目标，而广告、定价、服务水平等只是取得成功的方式，所以定价目标、促销目标、广告目标以及其他类似目标不应与营销目标相混淆。营销目标应包括下列一项或多项内容：为已存在市场而生产的已存在产品；为已存在市场而生产的新产品；为新市场而生产的已存在产品；为新市场而生产的新产品。

营销目标的设定要明确，否则策划对象就会很模糊，不易产生策划构想。在设定营销目标时必须注意以下几点。

（1）营销策划目标要尽量量化，以便于测量。对于不易量化的目标，也要尽量想出较为客观的评价标准。

（2）营销目标不要设定得太高，也不要设定得太低。太低的话，起不到激励效果，达不到营销策划的目的；太高的话，又难以实现，容易造成消极影响。

（3）如果存在多个营销目标，那么应该使营销目标相互协调一致。在目标之间有难以协调的矛盾时，要明确表述目标的优先顺序。

值得一提的是，营销目标的设定应当在一定假设的基础之上，所有的公司在营销目标设定之前不得不做出一些假设，而这些假设则是营销策划能否成功的主要决定因素。所谓假设就是对企业未来所面临环境的一种预定，营销策划的成功程度取决于这种假设与实际情况符合的程度。一般来讲，假设与实际情况的符合程度越高，营销策划的成功率就越高。当然假设是不能任意做出的。例如，如果两个负责产品经销的经理做出了假设，其中一个相信市场将增长10%，而另一个则相信会下降10%，这种假设对企业是没有益处的。真正的假设应将营销策划环境标准化。例如，考虑到企业所处的产业气候，假设：①当新的工厂投入运营时，产业的过剩能力将从125%增长到130%；②价格竞争将迫使董事会把价格水平降低5%；③在第三个季度末之前，我们的主要竞争对手将在某个领域推出一项新产品。至于假设的数量应尽量少，避免一些无用假设的出现。有效地避免无用假设的方法是：如果对所做的假设不管不顾，而企业的营销策划仍然可行，那么这样的假设就是不必要的，应该加以剔除。

3．营销战略策划

营销策划目标告诉你要到达的目的地，而营销战略策划则勾画了你如何达到这一目的地的整体框架。营销战略策划在整个策划流程中居于十分重要的地位，因为营销目标的实现完全取决于营销战略策划这一环节，可以说是整个策划流程的核心所在。营销战略策划主要包括市场细分、市场目标化、目标市场定位等，也就是营销中常提到的STP（Segmentation，Targeting，Positioning）活动，详见表1-3。

表1-3　营销战略策划

形式	含　义	策划方法	特　点
市场细分	按照购买者所需要的产品或营销组合，将一个市场分为若干不同的购买者群体，并描述他们的轮廓的营销行为。属于一个细分市场的消费者群体是假设他们有相同的需要和欲望	在细分的市场上，企业能创造出针对目标受众的产品或服务、价格、分销渠道和传播渠道，并且面临较少的竞争对手	可衡量性，即用来划分细分市场大小和购买力的特性程度应该是能够测定的；足量性，即细分市场的规模大到足够获利的程度；可接近性，即能够有效地到达细分市场并为之服务；差别性，即细分市场在观念上能被区分，并且对不同的营销组合因素和方案有不同的反映；行动可能性，即为吸引和服务细分市场而系统地提出有效计划的可行程度
市场目标化	当公司进行了市场细分后，在权衡了外部各细分市场的吸引力和企业自身的能力和资源的基础上，公司决定要进入哪些细分市场的营销决策行为	只有那些与公司目标相一致并且公司有能力和资源进入的具有吸引力的细分市场才能最终成为公司市场目标化的对象，即目标市场	目标市场可以是密集单一市场、有选择的专门化、产品专门化、市场专门化和完全覆盖市场。在市场目标化过程中，必须考虑到其他一些因素，比如目标市场的道德选择、细分相互关系与超级细分、逐个细分市场进入的计划以及内部细分合作等问题。这些因素往往对市场目标化起着十分重要的影响，这就使得营销者在选择目标市场上必须考虑社会责任问题
目标市场定位	确定企业或其产品和服务相对于竞争对手在目标市场上处于一个什么样的位置。结合企业自身的具体条件选择适合于企业发展的市场位置	一是市场空间定位策略；二是市场竞争定位策略	企业争取成为新兴市场的第一进入者；市场深度开发者，通过营销策划，纵深开发，从而挤入已被占领的目标市场；抢占市场者，即凭借雄厚实力，打败竞争对手，从而使自己成为目标市场新的占领者。有市场领导者、市场挑战者、市场追随者和市场补遗者等定位选择

4．营销战术策划

营销战术策划是指企业根据营销战略策划而制定的一系列更为具体的营销手段，具体内容包括产品策划、价格策划、分销策划、促销策划、品牌策划等。营销战术策划是营销战略策划由宏观层面向微观层面的延伸，它在营销战略策划的总体指导框架之内，对各种各样的营销手段进行综合考虑和整体优化，以求达到理想的效果。在营销战术策划中需要强调以下两点。

（1）营销战术策划中可利用的可控因素有多种，且对于不同的企业其被侧重的程度是不同的。企业不能将可利用的营销策划的可控因素教条化，认为仅仅局限于在营销学科中常常被提及的4P，即产品、价格、分销和促销，或者认为只有这4个P才是最重要的。其实，企业在营销策划中可利用的可控因素远不止这4个，而且营销学中的4P理论是基于日常消费品提出的，对于其他的产品其有效性不一定像日常消费品那样可靠，因此企业应根据所处行业的具体环境以及自身的条件，有选择地侧重供营销策划用的可控因素，不能把自己设置在一个框框中，束缚住自己的手脚。

（2）企业的营销战术策划可以是全面的，比如一个企业整体的营销策划；也可以是单项的，比如一个企业的品牌策划。不管是全面策划还是单项策划，其策划的思路是基本相同的，需要考虑的战术要素也是相似的。

5．形成营销策划书

营销策划书是整个营销策划内容的书面载体，它一方面是营销策划活动的主要成果，另一方面也是企业进行营销活动的书面行动计划。营销策划书凝聚着整个策划活动的智慧，其写作水平的高低直接影响着营销策划方案的有效表达，从而影响市场营销决策。营销策划书的写作要遵循一定的基本格式，本书在后面的章节将对此进行详细的论述。

【小知识】

营销策划书的作用

（1）帮助营销策划人员整理信息，全面、系统地思考企业面临的营销问题。

（2）帮助营销策划人员与企业高层决策者进行沟通。

（3）帮助企业决策者判断营销方案的可行性。

（4）帮助企业营销策划管理者更有效地实施营销管理活动。

6．营销策划实施

一个营销策划通过营销策划书表现出来以后，接下来的工作就是将营销策划书中所写的营销策划方案在实践中加以实施。营销策划实施，指的是营销策划方案实施过程中的组织、指挥、控制和协调活动，是把营销策划方案转化为具体行动的过程。再理想的营销策划方案如果不通过企业各相关部门的有力实施，其结果只能是纸上谈兵，对企业来说毫无意义。所以，企业必须根据营销策划方案的要求，分配企业的各种资源，处理好企业内外的各种关系，加强领导，提高执行力，把营销策划方案的内容落到实处。

7．评估与修正

营销策划一旦进入实施阶段，伴随而来的就是营销策划的评估和修正。所谓营销策划的评估就是将营销策划方案的预期目标与现实中得到的实际目标加以比较，通过比较对营销策划实施的效果进行评价；营销策划的修正则是当发现营销策划的实际实施效果不理想时，对造成不利影响的因素加以修正，以便使营销策划能够达到策划者所希望获得的目标。营销策划的评估与修正主要包括项目考核、阶段考核、最终考评和反馈改进等内容，见表1-4。

表1-4　营销策划评估与修正的内容

形　式	内　容
项目考核	当一个项目完成以后对项目完成的情况所进行的一个评估，以便及时发现和解决存在的问题。当一个项目完成不理想时，营销策划人员和营销管理者应首先找出原因，然后提出相应的解决办法，必要时，还要对整个营销策划方案做出调整
阶段考核	当营销策划一个标志性的阶段进行完毕时，对其实施效果进行的评估。一般一个营销策划方案可分为几个标志性的阶段来进行，当一个阶段的实施完成后，就要对这一阶段的营销策划实施情况进行评估，以防止营销策划在实施过程中出现大的偏差
最终考评	对营销策划实施的结果进行分析，以便查看营销策划的期望值与实际结果是否有差异。若发现有较大的差异，就必须找出原因并提出相应的解决办法。营销策划人员要善于总结营销策划方案及其实施过程中所得到的经验教训，以便提高下一次营销策划的质量
反馈改进	营销策划书在实施过程中出现的问题，必须加以总结并反馈到下一次的营销策划中，只有这样企业营销策划的水平才会不断得到提高。这一步骤也使得营销策划的流程成为一个闭合的循环通路

1.3.2　营销策划的步骤

市场营销策划的过程一般是预先做好准备，进行时间、地点、人力、物力与财力等资源配置，然后进行调研分析，创意筛选等一系列过程。当然，具体的、操作性强的营销策划活动没有固定的模式，但可以从国内外成功策划案例中，了解到策划的一般运作过程，掌握策划过程中的操作技巧。市场营销策划的具体操作有章可循，按照一定步骤和阶段来进行，一般包括如图1.6所示的7个步骤。

1．确定策划目的

市场营销策划是一种目的性很强的思维规划活动，任何一种类型的营销策划方案，都是基于某种目的或目标而开展的。因此在进行策划之前，非常有必要明确策划目的。策划目的的主要表现在以下方面。

（1）企业开张伊始，尚无一套系统的营销策划方案，因而需要根据市场特点，策划出一套可遵循的营销策划方案。

（2）企业发展壮大，原有的营销策划方案已不适应新的形势，因而需要重新设计。

（3）企业经营方向改变与调整，需要相应的调整营销策略，所以需要进行新的营销策划。

（4）企业原营销策划方案严重错误，需要对原方案进行重大修改或重新设计营销策划方案。

（5）市场行情发生变化，原营销策划方案已不适应变化后的市场。

（6）企业在总营销策划方案指导下，需要在不同的阶段，根据市场特征和行情变化，设计新的阶段性方案。

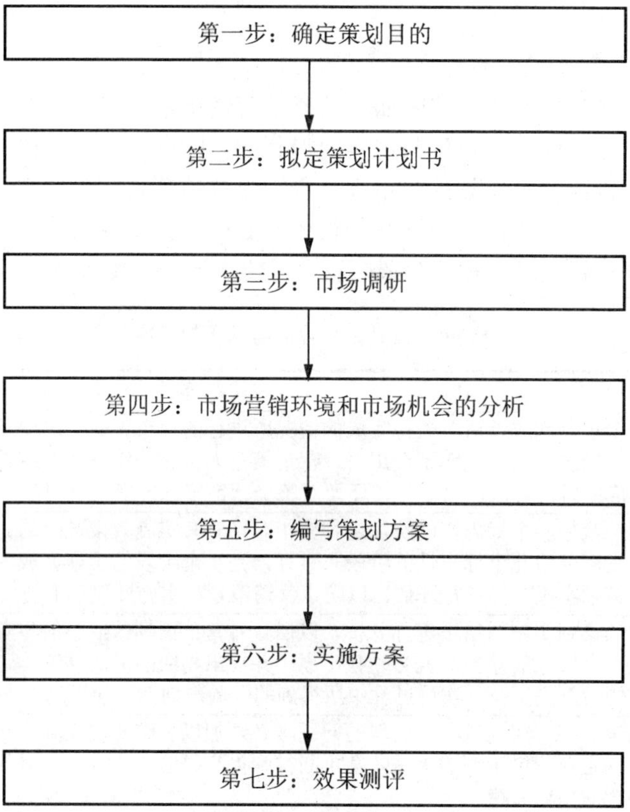

图 1.6　市场营销策划的一般步骤

2. 拟订策划计划书

（1）拟订策划过程及内容，见表 1-5。

表 1-5　策划过程及内容

策划阶段	策 划 内 容
准备阶段	为正式策划所进行的前期准备，包括物质准备、人员准备和组织准备等
调研阶段	本阶段主要是正式策划前收集资料与信息，是全面策划工作的基础
方案设计阶段	在大量调研与分析的基础上，借助于理论知识和实践经验所进行的思考和创意过程，是市场营销策划的核心
方案实施阶段	策划实施阶段的时间长短，由营销策划方案的性质来决定

（2）拟订预算经费，见表 1-6。

表 1-6　预算经费的形式与内容

形　式	内　容
市场调研费	主要包括项目开题、策划、论证、报告等一系列调研活动所需费用。市场调研费用取决于调研规模的大小和难易程度。调研规模越大，调研越复杂，企业需要支付的市场调研费用也越多
信息收集费	主要包括信息检索费、资料购置费、复印费、信息咨询费、信息处理费等。一般而言，信息收集费用的多少由收集规模来决定

续表

形　式	内　　容
人力投入费	人力投入费用的多少可以通过预计投入人力的多少来决定
策划报酬	用于支付给外聘策划人的报酬。策划报酬数额多少，由双方协商确定

3. 市场调研

市场营销策划的市场调研有其自身的特点，它不仅要进行常规的市场调查，了解现实和潜在的市场状况，了解企业自身优劣势，还要了解将要实施的策划方案在市场的创新度、认可度、可行性及可操作性。此时，市场调研由于出发点的不同，一般包括如下内容，见表1-7。

表 1-7　市场调研的内容

调研名称	调研内容
产品策略调研	产品线系列与产品组合结构，形象产品和主销产品的市场定位，核心利益诉求与销售表现，产品质量与产品形象的市场评价
价格策略调研	价格策略意图，形象产品、主销产品的价格水平及其市场的接受程度，进攻产品的价格水平和市场攻击力度，市场价格稳定情况与价格秩序规范情况
渠道策略调研	分销模式与分销渠道结构，主流渠道的业态形式与销售业绩构成，关键重点客户及其销售规模与比重，客户关系与客情维护情况，产品销售区域与渠道的规范程度，市场管理制度与执行力度
广告策略调研	广告传播主题与产品利益诉求点，广告传播的媒体形式与媒体重点，广告时间和广告频率的选择，广告费用与广告力度，广告的消费者接受度、认知度以及广告产品的试用率等广告沟通与促销效果
促销策略调研	促销活动的时间与频率，促销活动的主题与形式，促销活动的让利幅度与宣传力度，促销活动的消费者接受度与实际销售提升效果
营销组织调研	营销组织结构形式与人力资源配置，市场与销售部门职能、职责与权限的划分，营销人员的薪资结构与薪资水平，营销团队的业绩考核与激励制度，营销队伍的整体营销意识、营销能力与精神风貌等

对于收集到的各种资料要进行系统整理、予以细致分析和严谨表述，通过资料分析还要对今后的发展与走向作出预测。

4. 市场营销环境和市场机会的分析

营销策划是对市场机会的把握和利用，正确地分析市场机会，是营销策划的关键。通过市场调研分析可以从繁琐的数据中归纳得出问题所在，理出头绪，把握企业所处营销环境的真实状况，必要时可以通过对关键信息分析和SWOT分析等方法来完成。市场营销环境分析主要涵盖产业环境分析、竞争环境分析及企业自身环境分析。

5. 编写策划方案

市场营销策划书作为策划方案的物质载体，是策划的文字化。它使策划人的策划为他人所知、所接受，使策划创意一步步地变成现实。一个好的策划书不但要具有丰富、翔实的内容，能够完全表达策划人的意图，而且要有生动的、吸引人的表现方式。

（1）封面：策划书及客户名称、策划机构或策划人名称、策划完成日期、策划适用时间段、密级及编号、页数。

（2）前言：委托情况、策划原因、策划目的、策划及策划书特色。

（3）目录：策划内容标题及页码。

（4）概要提示：策划内容要点。

（5）环境分析：市场状况、竞争状况、分销状况、宏观环境状况。

（6）SWOT 分析：分析外部环境的机会与威胁、内部环境的优势与劣势。

（7）营销目标：财务目标、销售目标。

（8）营销战略：市场细分、目标市场、市场定位。

（9）营销组合策略：产品策略、价格策略、渠道策略、促销策略。

（10）行动方案：组织机构、营销活动程序安排、营销预算和技术设备。

（11）策划方案控制：营销控制方法。

（12）结束语：突出策划内容要点。

（13）附录：数据资料、问卷样本、座谈记录。

营销策划书各部分的内容可因具体要求不同而详细程度不一，后面章节将详细叙述。

6．实施方案

经过企业决策层的充分论证，最终定稿的策划方案即成为营销活动的指导纲领，经过细化后成为企业不同阶段的努力目标与行动计划，指导着企业市场营销活动。

7．效果测评

在计划时间内的营销活动结束以后，要根据结果对营销策划活动进行测评，评定营销目标是否达到，是否存在差距。测评的形式主要有两种。

（1）进行性测评。在方案实施过程中进行的阶段性测评。其目的是了解前一阶段方案实施的效果，并为下一阶段更好地实施方案提供一些建议和指导。

（2）终结性测评。在方案实施完结后进行的总结性测评。其目的是要了解整个方案的实施效果，为以后制定营销策划方案提供依据。

【小技巧】

营销策划书的写作技巧

1．寻找一定的理论依据

要提高策划内容的可信性以使阅读者接受，就必须为策划者的观点寻找理论依据。但是，理论依据要有对应关系，纯粹的理论堆砌不仅不能提高可信性，反而会给人脱离实际的感觉。

2．适当举例

这里的举例是指通过正反两方面的例子来证明自己的观点。在策划报告书中加人适当的成功与失败的例子，既能起调整结构的作用，又能增强说服力，可谓一举两得。举例以多举成功的例子为宜，选择一些国外先进的经验与做法以印证自己的观点是非常有效的。

3．利用数字说明问题

策划报告书是一份指导企业实践的文件，其可靠程度如何是决策者首先要考虑的。报告书的内容不能留下查无凭据的漏洞，任何一个论点最好都有依据，而数字就是最好的依据。在报告书中利用各种绝对数和相对数来进行比较对照是绝对不可少的。要注意的是，各种数字最好都有出处以证明其可靠性。

4．运用图表帮助理解

图表能有助于阅读者理解策划的内容，同时图表还能提高页面的美观性。图表的主要优点在于有强烈的直观效果，因此，用图表进行比较分析、概括归纳、辅助说明等非常有效。图表的另一优点是能调节阅读者的情绪，有利于阅读者对策划书的深刻理解。

5．合理利用版面

策划书视觉效果的优劣在一定程度上影响着策划效果的发挥。有效利用版面也是撰写策划书的技巧之一。版面安排包括打印的字体、字号大小、字与字的空隙、行与行的间隔、黑体字的采用以及插图和颜色等。如果整篇策划书的字体、字号完全一样，没有层次之分，那么这份策划书就会显得呆板，缺少生气。总之，通过版面安排可以使重点突出、层次分明、严谨而不失活泼。

6．注意细节，消灭差错

这一点对于策划报告书来说十分重要，但却往往被人忽视。如果一份策划书中错字、别字连续出现，阅读者怎么可能对策划者抱有好的印象呢？因此，对打印好的策划书要反复仔细检查，不允许有任何差错出现，对企业的名称、专业术语等更应仔细检查。

任务 1.4 营销策划的方法

【导入案例】

韩国汽车怎样打入美国市场

美国的三大汽车商出于最优利润的考虑，采取了保持销量、提高售价的做法。这就使低档小型的经济车市场出现了缺口，给韩国汽车提供了打入美国市场的机会。

在自己的产品上，现代汽车采用的并不是当代最先进的汽车技术，而是20世纪80年代日本三菱汽车公司的技术，与之成为对照的日本铃木汽车，采用的是当代最新技术生产的马达，油耗量是轿车问世以来最低的，但其维修难度相应上升，产品成本也相应偏高，而其可靠性、耐久性还是一个问号。

在产品的价格上，现代汽车采用了快速渗透定价策略，比同等级的日本车定价约低1 000美元，被美国汽车界评为“日本技术，韩国价格”。在销售环节上，保证100%的销售控制的市场运作方法。在营销渠道上，现代汽车选择了先出口加拿大，后打入美国的迂回路线。采取了“少而精”的网点策略，在全美只建立了总共200个经销点，使每个经销点都有较高的销售量，保证了经销商有厚利可图。把零部件的采购纳入到整个经营战略中，尽可能地采用美国零部件，以保证其产品有较高的“美国成分”。现代汽车集团总经理说：“我们必须考虑双向贸易。”

（资料来源：吴健安．市场营销学[M]．3版．北京：高等教育出版社，2012.）

案例分析：

韩国“现代汽车”把握住了国际市场营销环境造成的市场进入机会，牢牢地捕捉了机会，扩大其市场份额。在产品策略策划上采用了稳妥的策略，考虑了消费者的习惯，采用了被美国市场认可的技术，增加了购买的“安全感”和购后维修服务的便利与可靠感。在价格策略策划上，依靠延伸产品造成的经济批量，采用快速渗透的策略，一方面使捕捉到的国际市场机会得以充分利用，同时增强了自身的市场竞争力，形成独特的目标市场，避免了与美、日高档车的市场碰撞。在营销渠道策划上，借道加拿大市场形成市场进入的避难择易，从而避开了直接进入贸易壁垒相对较强的美国市场。坚持对销售环节的全面控制，保持销售中间商的经营规模，使“现代汽车”有了较为顺畅、有效的渠道。“现代汽车”的这些策略是通过各种市场营销策划方法策划出来的。

1.4.1 营销策划的常用方法

市场营销的真正成功，在于对市场的战略性思考。思维方法的不同，会导致不同的行为和结果。

1．工作流程法

工作流程法是指按照工作流程进行营销策划。企业在进行市场营销策划时一般经过 7 个阶段，即确定营销策划的目的，收集和分析营销策划信息，创意构思与提炼，制定策划方案，方案评估与论证，选择实施策划方案，评估策划效果。

2．模型法

模型法是指利用现有的模型进行营销策划，使企业的营销策划工作更为简便、高效。因为模型本身已经经过检验、判断和逻辑分析，并通过实践证明在某些情况下是适用的。因此，模型法是企业市场营销策划的重要工具。在市场营销策划工作中，常用的模型既有数学模型，如市场预测模型等，也有行为模型，如促销组合决策模型、购买者行为研究模型等。

3．案例研究法

在市场营销策划过程中，有些情况与过去发生的问题极为相似，甚至可以说是过去问题的复制或者再现。在这种情况下，可以利用过去案例的操作方法，就如同法律上的判例一样，作为研究新问题的依据。案例研究法是指根据过去成功的案例，吸取其经验进行策划的一种方法。运用案例研究法的最大优势是可以节省决策成本，提高决策效率，增强决策的可行程度。

4．点子方法

什么是点子？从现代营销角度来说，点子是指有丰富市场经验的营销策划人员经过深思熟虑，为营销方案的具体实施所想出的主意与方法。

5．创意方法

创意是指在市场调研前提下，以市场策略为依据，经过独特的心智训练后，有意识地运用新的方法组合旧的要素的过程。常见的创意方法有：①詹姆斯·韦伯·扬创意法；②奥斯本核对表法；③狄波诺的“水平思考”法；④凯斯勒的创意法。我们将在第 7 章中做详细地讲解。

6．谋略方法

谋略是关于某项事物、事情的决策和领导实施方案。

7．新行为促进法

选择一个情境，作为新行为的模式所希望的场合；找一个模仿对象；观察并聆听模仿对象在那个情景的言行举止；将模仿对象的影像及声音替换成你自己的影像及声音；走入这个电影情节之中，去体验那份感觉。感召策划是模拟未来，感受什么样的引子可以促发新的行为模式。

8．诱导程式法

自我催眠，检视你所构筑的影像，当你完全彻底的建立一个现实情境时，这个现实情境也将开始运作，严格精确地获得你想要的策划。

9．反向后设模式法

收集策划的资料，进行名词化，形成步骤词，选择因果模式或者连接，进行臆测，按步骤完成策划。

10．影响力诱导法

影响力制造了一种让人进入已呈现某种入神状态的特殊情境，把经验当作影响力，达到其他心理改变状态，建立潜在的反应，作出营销策划。

11．假设前提法

首先得想到任何可以引导学习的顺序，顺序之一是挑选出一些重要的过去经验；二是再广泛地去复习及重新听取一些可以学习的新事物，三是要求你的潜意识在未来适当的情况下运用新的知识。营销策划是你学习某事，就要有学习的方法，即如何应用新知识的方法，编序时把这些步骤和要素包括进来，进行营销策划。

12．头脑风暴法

头脑风暴法又称智力激励法，是一个集体创造法，创造过程的中心是发现设想，提出新构思。开展这种集体创造时，需要召集较多的人，一般6~12人为最好，共同讨论畅谈，畅谈会需要遵循两个原则四条规定。两个原则是：一是讨论者应自由表达自己的想法，任何人暂时不要对此做出任何评价，以使发言者畅所欲言；二是大量的想法中必定包含有价值的内容，畅谈会后要进行全面综合的评价，认真归纳总结，从中找出具有价值和新颖的方案设想。

13．方案比较法

方案比较法是运用多方案评价的指标及综合评价方法，通过计算分析，对方案进行优选。在项目提出的初期，对于项目的构造和策划会提出多个方案，而项目的计划与实施必须是经优选后确定的一个方案。运用方案比较法可以在众多方案中选出技术先进适宜、经济合理可行的方案，作为详细论证的基础。方案比较法带有很强的选优性、预测性。进行方案比较，首先必须使不同的方案具有可比性。方案可比性分为4个方面。①满足需要可比；②消耗费用可比；③价格可比；④时间可比。

14．典型方法

在商务策划中，人们常常习惯使用一些典型方法。比如：①罗列分解法；②重点强化法；③借势增值法；④逆向变通法；⑤连环伏笔法；⑥移植模仿法。这些方法我们在第7章商务策划中进行讲解。

1.4.2 营销策划的常用工具

1．SWOT 分析

SWOT 分析是指分析企业优势（Strength）、劣势（Weakness）、机会（Opportunity）和威胁

（Threat）。优势与劣势分析主要是着眼于企业自身的实力，及其与竞争对手的比较，而机会与威胁分析将注意力放在外部环境的变化及对企业的可能影响上。

2．7－S 模型

企业在市场营销工作中，仅具有明确的战略和深思熟虑的行动计划是远远不够的。7－S 模型指出了企业在发展过程中必须全面考虑各方面的情况，包括战略、结构、制度、风格、员工、技能、共同的价值观。其中，战略、结构和制度被认为是企业成功的“硬件”，风格、员工、技能和共同的价值观被认为是企业成功的“软件”。

3．PDCA 循环

PDCA 循环又称“戴明环”，是能使任何一项活动有效进行的一种合乎逻辑的工作程序。

P（Plan）——计划，包括方针和目标的确定以及活动计划的制订。

D（Do）——执行，就是具体运作，实现计划中的内容。

C（Check）——检查，就是要总结执行计划的结果，分清哪些对了，哪些错了，明确效果，找出问题。

A（Action）——行动（或处理），总结检查的结果，对成功的经验加以肯定，并予以标准化，或制定作业指导书，便于以后工作时遵循；对失败的教训也要总结，以免重现。对于没有解决的问题，应提给下一 PDCA 循环去解决。

4．核心竞争力分析

核心竞争力是在一组织内部经过整合了的知识和技能，尤其是关于怎样协调多种生产技能和整合不同技术的知识和技能。形象地说，一家多元化经营的企业好比一棵大树，核心产品（即核心零部件）是树干，业务单位是树枝，顾客所需要的最终产品则是树叶、花朵和果实。而支撑着所有这一切的正是企业内部能力的不同组合。核心竞争力实际上是隐含在核心产品（核心零部件）里面的知识和技能或者它们的集合。

竞争力是企业持续竞争优势的源泉，如果没有相应的机制和条件加以支持，核心竞争力将一无是处，毫无价值。

5．80/20 法则

80/20 法则是意大利经济学家兼社会学家维弗雷多·帕累托提出的，也叫帕累托效应。他通过研究发现，在任何特定的群体中，重要的因子通常只占少数，而不重要的因子则占多数，因此，只要控制重要的少数，即能控制全局。这就是所谓的“重要的少数与琐碎的多数原理”。该原理认为，世界上充满了不平衡性，比如 20%的人口拥有 80%的财富，20%的员工创造了 80%的价值，80%的收入来自 20%的商品，80%的利润来自 20%的顾客等。

这种不平衡关系也可以称为二八法则。该法则认为，资源总会自我调整，以求将工作量减到最少。抓好起主要作用的 20%的问题，其他 80%的问题就迎刃而解了。所以，在工作中要学会抓住关键的少数，要用 20%的精力付出获取 80%的回报。因此，这种法则又叫省力法则，是营销策划中的一个重要工具。

6．目标分解思维导图方法

就像剥洋葱，所有的答案都在我们心中，问题是寻找答案的指南针，通过对目标的上堆

（寻找价值观）、下切（具体方法）、横阔（可能性），层层找出核心目标的外层，直至所能执行的第一层（步），如图 1.7 所示。

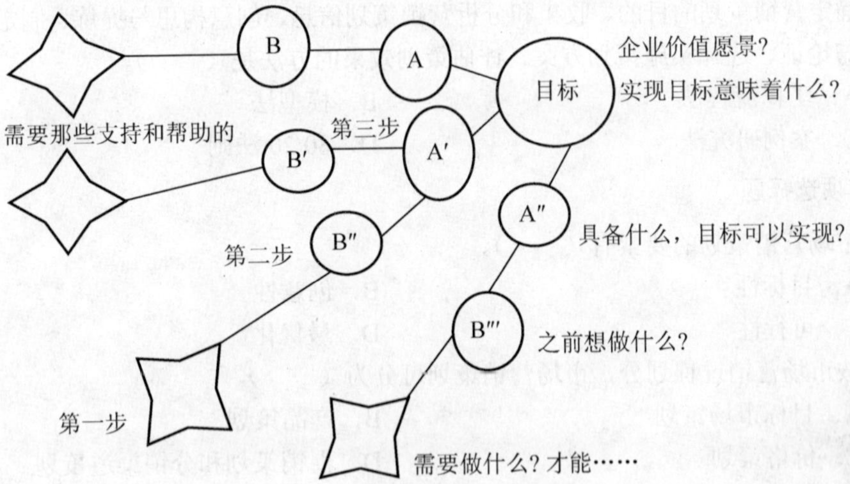

图 1.7 目标分解思维导图方法

7．SMART 分析

S：Specific 精确的（精确地提出想要什么？）

M：Measurable 可量度得到的（怎样知道自己达成了目标？）

A：As If Now 如果现在就得到（如果目标现在就实现了，会怎样？）

R：Realistic 实际可行的（是什么原因阻碍您？）

T：Timed 有时间性的，何时可做到（“什么时间开始做？”“什么时间完成？”）

企业要设计一个完整的绩效系统，它将帮助企业实现高效运作。由此，可以将目标管理视为 Value Based Management（价值管理）的前身。无论是制定团队的工作目标还是员工的绩效目标都必须符合上述原则，5 个原则缺一不可。制定的过程也是自身能力不断增长的过程，经理必须和员工一起在不断制定高绩效目标的过程中共同提高绩效能力。

基础巩固

1．名词解释

策划　市场营销策划　创新原则　系统原则

2．单项选择题

（1）在市场营销活动中，为某一企业、某一商品或某一活动所做出的策略谋划和设计，这是（　　）。

A．策划　　B．市场营销策划

C．营销策划的方法　　D．营销策划的方案

（2）把市场营销策划作为一个整体来考察，对整体与部分之间的相互依赖、相互制约的关系进行系统综合分析，选择最优方案以实现企业追求的目标，这是（　　）。

A．创新原则　　B．系统原则
C．人本原则　　D．效益原则

（3）确定营销策划的目的、收集和分析营销策划信息、创意构思与提炼、制定策划方案、方案评估与论证、选择实施策划方案、评估策划效果的方法是（　　）。

A．工作流程法　　B．模型法
C．案例研究法　　D．80/20 法则

3．多项选择题

（1）市场营销策划的要素有（　　）。

A．目标性　　B．创意性
C．可行性　　D．最优化

（2）按市场营销过程划分，市场营销策划可分为（　　）。

A．目标市场策划　　B．产品策划
C．价格策划　　D．促销策划和分销渠道策划

（3）市场营销策划常用的工具有（　　）。

A．SWOT 分析　　B．7－S 模型
C．PDCA 循环　　D．核心竞争力与 80 / 20 法则

4．判断题

（1）策划的工作内容是做什么，计划的工作内容是怎么做。（　　）
（2）市场营销策划必须有目标。（　　）
（3）市场营销策划是一个创造性的思维活动过程。（　　）
（4）效益原则是指在市场营销策划活动中，必须获取最佳的经济效益。（　　）
（5）由于对本企业情况较为了解，企业的营销策划应由企业自己做。（　　）
（6）企业营销策划需要在效果和成本之间寻找平衡，避免不必要的浪费。（　　）
（7）企业营销策划关键之处在于创意的独特，因此必须与其他企业不同。（　　）
（8）营销策划的根本目的在于促销。（　　）

5．简答题

（1）市场营销策划的要素有哪些？
（2）市场营销策划应遵循什么原则？
（3）市场营销策划有哪些分类？
（4）市场营销策划包括哪些步骤？
（5）市场营销策划有哪些方法？
（6）市场营销策划书的主要内容有哪些？

技能实训

【项目名称】营销策划流程和步骤操作能力训练

【实训目标】

引导学生参加名为"动感地带营销策划"业务胜任力的实践训练；在切实体验企业内外环境分析、市场机会分析等有效率的活动中，培养相应专业能力与职业核心能力；通过践行职业道德规范，促进健全职业人格的塑造。

【实训内容】

(1) 专业技能与能力：在学校所在地选择三家大的不同运营商，如中国移动、中国联通以及中国电信的门市店，了解各个门市店经营的类别、层次与定位，分析其产品和定位、定价上的差异。

(2) 相关职业核心能力：敏锐的观察力；信息的采集能力；科学的分析能力；快速的学习能力；丰富的想象能力；灵活的应变能力；优秀的表现能力；管理及组织能力；创新设计能力；策划技术应用能力；经济法律应用能力；策划写作能力；团队角色能力。

注： 上述相关职业核心能力的训练，属于中级训练，即营销策划职业生涯中，专业岗位必须进行的基本的、一般的能力训练。以岗位活动为向导，以岗位能力为核心，以岗位技能为主线，注重实践能力的锻炼，培养营销策划的技术和商业意识。

(3) 相关职业道德规范：爱岗敬业、信誉至上；忠于职守，坚持原则；兢兢业业、吃苦耐劳；谦虚谨慎、办事公道；遵纪守法、廉洁奉公；恪守信用、严守机密；实事求是、工作认真；刻苦学习、勇于创新；质量第一、竭诚服务；文明礼貌、团结协作；廉洁自律、开拓进取。

注： 上述相关职业道德规范的训练，属于认同级践行，即在专业岗位培养上，提高从业人员的职业道德素质，满足行业发展对人才的基本需要，提升岗位面向市场的综合竞争力，践行"实事求是，开拓创新"的核心价值观，培养营销策划的素质和社会意识。

【操作步骤】

(1) 将班级每 10 位同学分成一组，每组确定 1～2 人负责。

(2) 对学生进行商品类别划分培训，确定选择哪几类商品（如全球通）作为调研的范围。

(3) 学生按组进入门市店调查，并将调查情况详细记录。

(4) 对调查的资料进行整理分析。

(5) 依据对某产品营销策划的影响因素，找出各门市店不同产品的特点与差异。

(6) 进行企业内外环境分析、市场机会分析。

(7) 写出营销策划流程和步骤。

(8) 各组在班级进行交流、讨论。

【成果形式】

实训课业：撰写营销策划流程和步骤。

第 2 章

随机应变——营销市场分析

SUIJI YINGBIAN——YINGXIAO SHICHANG FENXI

【策划小语】

以天下之目视者，则无不见；以天下之耳听者，则无不闻；以天下之心虑者，则无不知（鬼谷子）。不谋万世，不足谋一时；不谋全局，不足谋一城（毛泽东）。打仗要弄清楚：任务，敌情，我情，时间，地形。五行不定，输得干干净净（刘伯承）。

【知识目标】

了解营销威胁与机会、优势与劣势，营销市场分析方法，选择目标市场，进行市场定位和市场竞争；

理解 PETSN 模型、六种力量模型、价值链、环境因素矩阵、SWOT 分析技术、市场机会分析、目标市场分析、市场定位分析、市场竞争分析；

掌握寻找与自身环境相匹配的营销市场机会，进行市场细分和目标市场选择，为企业进行正确的市场定位，在竞争中顺利发展。

【实训目标】

应用市场营销环境分析技术、市场机会分析、市场细分，选择正确的营销方向和目标；

具备市场细分的能力、目标市场选择及切入策划的能力、产品定位策划的能力以及市场竞争分析的能力。

重点：外部和内部环境分析，市场营销环境分析技术，市场定位分析，市场竞争分析。

难点：SWOT 分析，市场机会分析，市场细分，目标市场选择。

任务 2.1 营销市场外部环境分析

【导入案例】

《国民》报的营销方向出了什么问题

埃米洛·阿斯卡拉加是控制着墨西哥 90%的电视节目的亿万富翁，他确信公众存在着对体育日报的需求。公众对体育的兴趣与日俱增，观看体育比赛的人数几乎每年都创下新纪录。电视和广播频道中充斥着体育事件和体育消息的报导。广告商们把体育看作影响 25～50 岁有钱的男性公民的巨大载体。

《国民》报预测盈亏平衡点为 74 万份。按照《国民》报的规划，第 1 年的目标如果能够达到，将产生 4 680 万美元的销售收入和 1 630 万美元的亏损。4 年后，期望实现 1.65 亿美元的销售收入，从而达到盈亏平衡。

不幸的是，美国有发行 100 万份的报纸 30 多种，《国民》报最终的发行量远低于规划，而亏损甚至使阿斯卡拉加这样的亿万富翁都难以承受，《国民》报最终停刊。

案例分析：

《国民》报的创办，在很大程度上是基于其一定程度的市场潜力预测。但市场环境不是一成不变的，且市场环境的表象与真实的商业实践有很大的差异。市场营销的环境分析是一个系统而动态的过程。哪怕一个小的失误，也可能导致全盘皆输的结局。

古人云："知己知彼，百战不殆。"这句话的基本含义是只有明晰自身与竞争对手的优劣势，打仗才能有胜算的把握。商场如战场，企业在制订营销策划方案之前，必须进行严密的市场环境分析。从营销市场分析入手，确立正确的营销方向，通过市场营销环境分析技术，选择正确的市场营销目标，进行市场定位分析和市场竞争分析，为营销策划打下基础。

市场环境分析包括外部环境分析与内部环境分析。通过外部环境分析，企业可以很好地明确自身面临的机会与威胁，从而决定企业能够选择做什么方向；通过内部环境分析，企业可以很好地认识自身的优势与劣势，从而决定企业能够做什么策划。一般而言，企业的市场分析遵循先外部再内部、先宏观再微观的分析逻辑。企业的外部环境可分为三个层次：宏观环境、产业环境和竞争环境。

2.1.1 宏观环境分析

为了更好地从总体上把握宏观环境分析框架，一个常用的工具是 PESTN 分析模型，如图 2.1 所示。

1．政治要素

政治要素对企业行为的影响比较复杂，有些是直接的，有些是间接的，有些是积极的，有些是消极的。比如，博彩业在我国内地是非法的，而在我国香港或澳门地区却是合法的，甚至是主导产业之一。这种差异的主要原因在于两地政治制度与体制的不同。再如，美国环保局在对通用汽车公司 1991—1995 年生产的卡迪拉克牌汽车的调查中发现，该种汽车的一氧化碳排放量大大超过了法定标准。根据《空气洁净法》的规定，美国司法部要求通用公司收回并改装了 47 万辆卡迪拉克牌汽车，并交纳了 1 100 万美元罚金，通用公司为此损失了 4 500 万美元。所以，企业在制定营销目标时必须考虑所在国或地区的政治要素。

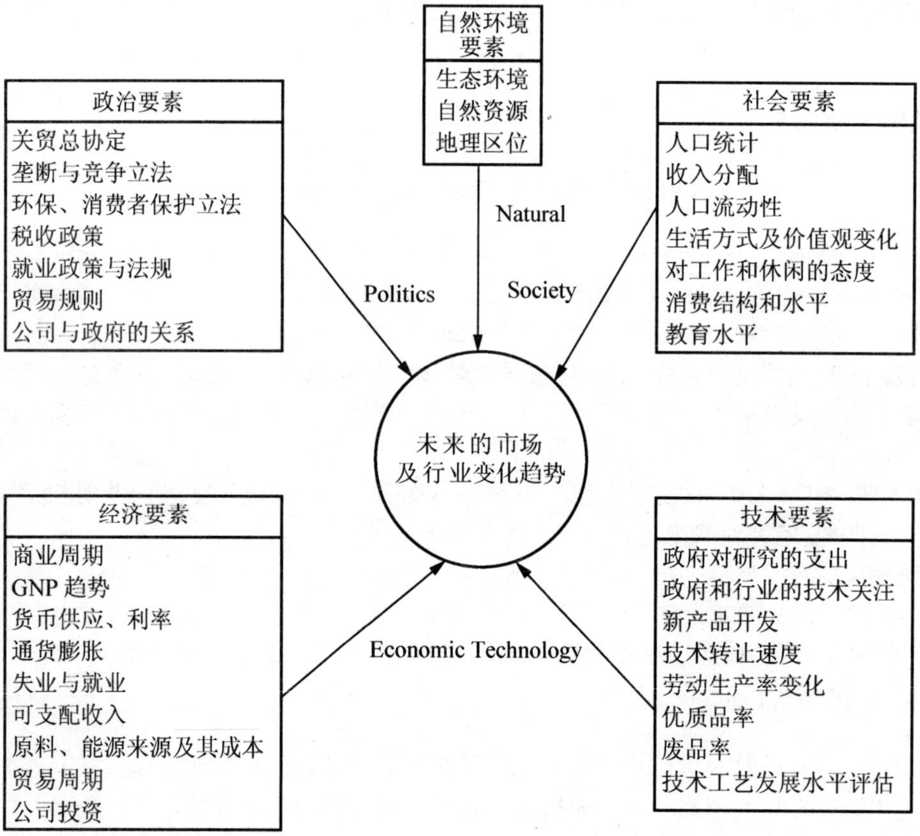

图 2.1 PESTN 分析模型

政治要素对于在国外市场占有较大份额的产品尤其重要，见表 2-1。

表 2-1 政治风险一览表

政治风险来源	产生政治风险的组织	对国际商业活动的影响
（1）竞争性的政治哲学（民族主义、社会主义、共产主义） （2）社会动乱 （3）当地商业团体的既得利益 （4）近期和迫近的政治独立 （5）争夺政治力量的武装冲突和国内叛乱 （6）新的国际联盟	（1）执政政府及其行政机构 （2）国会中的反动派 （3）国会以外的反对派 （4）开展游击活动 （5）无组织的公众利益群体：学生、工人、农民和少数民族等外国政府或国际政府组织 （6）愿意介入武装冲突或支持国内叛乱的外国政府	（1）没收：无补偿的资产损失 （2）有偿征用：失去经营权 （3）经营限制：市场份额、产品性能、雇佣政策、当地所有权分享等 （4）转移自由的损失：金融方面（比如红利、利息支付、商品、人员或所有者的权利） （5）违反或单边修改协议和合同 （6）税收或强制性转合同之类的歧视 （7）暴乱、起义、革命及战争对财产和人员的伤害

2. 经济要素

构成经济环境的关键战略要素包括GDP的变化发展趋势、利率水平的高低、财政货币政策的松紧、通货膨胀程度及趋势、失业率水平、居民可支配收入水平、汇率升降情况、能源供给成本、市场机制的完善程度、市场需求情况等，这些因素都对企业经营发展有着重要的影响。比如：GDP的变化发展趋势在一定程度反映了一国或地区的市场需求总量；利率水平的高低直接决定着企业投资成本的高低；财政货币政策的松紧直接影响着企业融资的难易程度；通货膨胀程度在一定程度上影响着企业各种投入成本的变化；居民的可支配收入水平的高低直接影响着高档品，如旅游、教育以及健康保险等市场消费能力；汇率升降情况则是企业跨国经营时必须考虑的因素。

3. 社会要素

一般社会大众的人口统计特征、生活方式、态度及大众个人价值观念的趋势等，往往是消费品制造商和服务提供商特别关注的因素。对于提供工业品的企业而言，在评估产品大类的吸引力时需要思考的关键问题是：产品的目标顾客是否处于“合适”的产业当中。毫不奇怪的是，提供“热门”产品的企业将会取得杰出的业绩，而那些提供冷门产品的企业则很难取得好业绩。

社会文化环境是指企业所在社会中成员的民族特征、文化传统、价值观念、宗教信仰、教育水平以及风俗习惯等因素。社会文化环境强烈地影响着人们的购买决策和企业的经营行为。比如：信仰伊斯兰教的民族忌食猪肉制品，可想而知“双汇”火腿肠虽然在中国大部分地区销售很好，但在一些回民聚居区或伊拉克等中东国家一定销量很差；独生子女观念被广泛接受，使人们对儿童保健食品、玩具、儿童医疗等方面提出了更多、更高的要求。

4. 技术要素

技术环境不仅包括那些引起时代革命性变化的发明，而且还包括与企业生产有关的新技术、新工艺、新材料的出现和发展趋势以及应用前景。

“科学技术是第一生产力”，但对于个别企业而言，技术环境可能给企业带来有利的发展机会，也可能给某些企业带来生存威胁。例如，互联网络的发展，一方面大大拓展了企业开拓市场的空间以及手段，如电子商务的兴起以及网络直销的普及；另一方面对一些传统企业来说则是一种威胁，如报纸等传统媒体。在考察一个地区或国家的技术环境时，企业应注意技术水平、技术政策、新产品开发能力以及技术发展动向几个方面。

随着“知识经济”时代的来临，企业之间的竞争更多地表现在科技的竞争层面上，所以，企业必须对技术环境给予高度的重视。图2.2描绘了一个对剖析产业技术变化的来源十分有用的技术环境模型。其中，“技术”和“推动力”这两个维度是不言自明的，“过程”这一维度则刻画了新产品的开发（发明）、产品的投放（创新）和产品在顾客中的推广（扩散）之间的区别。

5. 自然要素

自然环境类似于企业的“天赋”，是其他地区的企业难以效仿的，往往成为企业独特竞争优势的来源之一。比如，全国各地不少人到大连购买房地产，极大地推动了大连房地产市场的发展，这与大连三面环海、气候宜人、城市清洁等有很大关系。

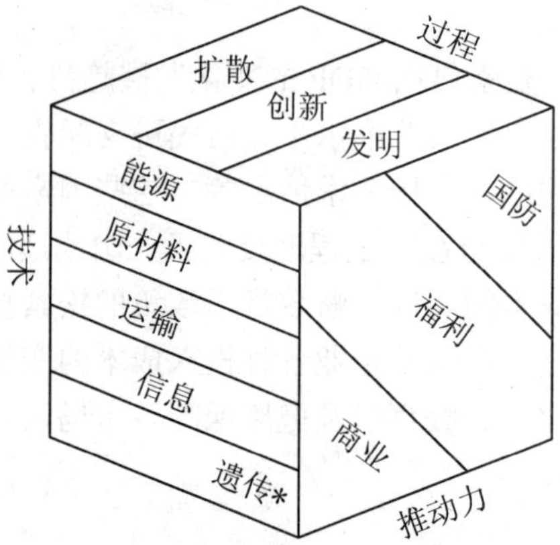

图 2.2 技术开发的类型

注：*包括农业和生物医学的开发。

2.1.2 产业环境分析

一个产业中的竞争，并不限于现有竞争对手之间，而是存在着六种基本竞争力量，如图 2.3 所示。

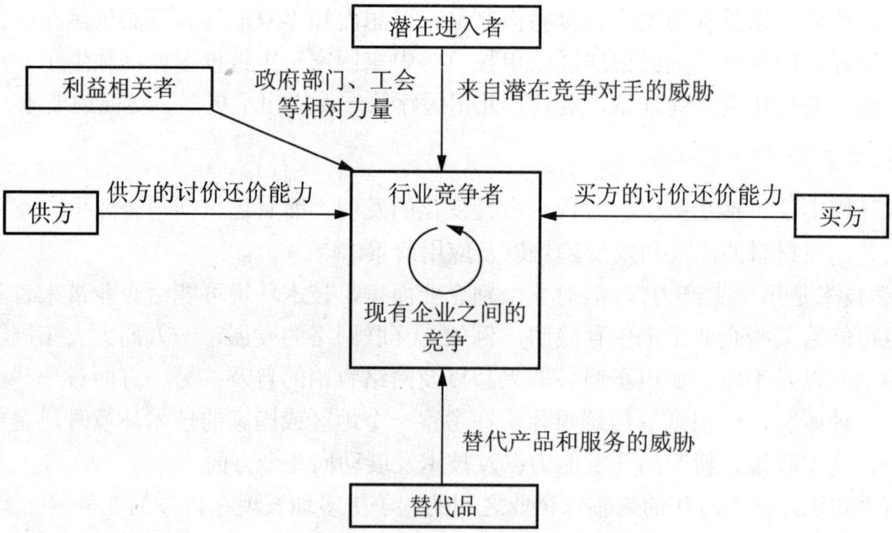

图 2.3 六种力量模型

六种力量模型分析的逻辑基础是竞争程度与盈利能力之间的反向关系，如图 2.4 所示，即一个产业的竞争程度越高，该产业的盈利能力就越低；反之，一个产业的竞争程度越低，该产业的盈利能力就越高。说明分析一个产业的竞争程度，实质就是分析该产业的盈利能力高低，从而为企业选择盈利能力高的产业奠定基础。一个产业盈利能力高低与上述六种力量的关系见表 2-2。

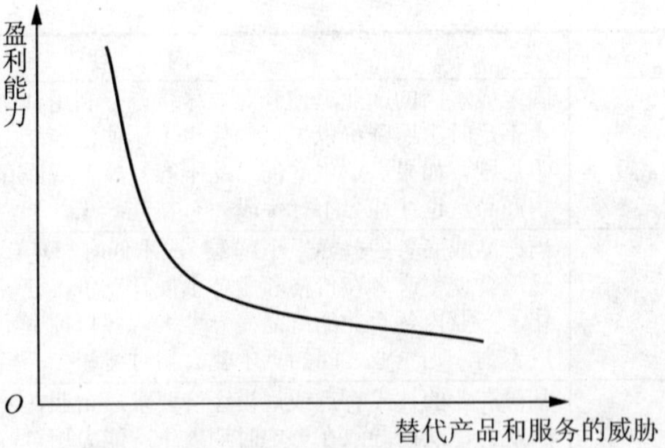

图 2.4 竞争程度与盈利能力之间的关系

表 2-2 产业盈利能力与六种力量的关系

项　目	降低盈利能力	提高盈利能力
进入壁垒	低	高
退出壁垒	高	低
供方讨价还价能力	强	弱
买方讨价还价能力	强	弱
产业内企业间竞争	剧烈	不剧烈
替代品威胁	易于替代	难以替代
利益相关者	多	多

1. 潜在进入者

由于潜在进入者的加入会带来新的生产能力和物质资源，并要求取得一定的市场份额，因此对本产业的现有企业构成威胁。这种威胁称为进入威胁。进入威胁的大小主要取决于进入壁垒的高低以及现有企业的反应程度。

2. 现有企业之间的竞争

现有企业之间的竞争是指产业内各个企业之间的竞争关系和程度。不同产业竞争的激烈程度是不同的。如果一个产业内主要竞争对手基本上势均力敌，无论产业内企业数目多少，产业内部的竞争必然激烈。在这种情况下，某个企业若想成为产业的领先企业或保持原有的高收益水平，就需要付出较高的代价；反之，如果产业内只有少数几个大的竞争者，形成半垄断状态，企业间的竞争便趋于缓和，企业的获利能力就会增大，见表 2-3。

表 2-3 决定产业内企业间竞争激烈程度的因素

因　素	内　容
竞争者的多寡及力量对比	一个产业内的企业数目越多，其企业间的竞争就越激烈
市场增长率	在产业快速成长期，市场增长率快，企业间的竞争相对缓和。当市场增长缓慢时，现有企业为了寻求出路，势必集中力量夺取现有市场份额，从而使竞争激烈化

续表

因　　素	内　　容
固定成本和库存成本	固定成本高的产业迫使企业要尽量充分利用其生产能力。当生产能力利用不足时宁愿降价以扩大销售也不愿使生产能力闲置，这就必然导致竞争加剧。如果产业生产的产品不容易库存或库存成本较高，企业急于销售产品，也往往会不择手段
产品差异性及转换成本	当产品或服务的差异性小、转换成本低时，购买者的选择是价格和服务，这就会使生产者在价格和服务上展开竞争，使现有企业之间的竞争激烈化。产业内各企业的产品差异性大，各自拥有不同的用户，用户的转换成本高，则企业之间的竞争就会相对缓和
生产能力的增加幅度	基于产业的技术特点或规模经济要求，企业在一定时间内大幅度提高生产能力，从而导致在一定时期内生产能力相对过剩，必然使竞争加剧。企业能逐步扩大生产能力的产业，竞争就不会太激烈
企业采用策略和背景的差异以及竞争中利害关系的大小	企业采用的策略和具有的背景差异很大，则竞争趋向激烈。产业内有一部分企业对在这个产业内取得的成就有很大的利害关系，这些企业必要时甚至不惜做出牺牲（如暂时的亏损）以达到预期目标，则企业间的竞争会很激烈
退出壁垒	如果退出壁垒比较高的话，那么即使是经营不善的企业也只能继续经营下去，加剧了企业之间的竞争

3．替代品的压力

替代品是指那些与本企业产品具有相同功能或类似功能的产品。如糖精在具有甜味的功能上可以成为糖的替代品，飞机在提供远距离运输的功能上是火车的替代品。当本产业中存在替代品时，生产替代品的企业就对本产业的现有企业形成了一定的竞争压力。替代品的竞争压力越大，对现有企业的威胁就越大；反之亦然。

4．供方的讨价还价能力

供方是指企业从事生产经营活动所需要的各种资源、配件等的供应单位。它们往往通过提高价格或降低质量及服务的手段，向产业链的下游企业施加压力，以此来榨取尽可能多的产业利润。供方的讨价还价能力越强，现有产业的盈利空间就相对缩小；反之亦然。决定供方讨价还价能力的因素见表 2-4。

表 2-4　决定供方讨价还价能力的因素

因　　素	内　　容
供方产业的集中度	如果供方所在的产业集中程度比较高，即由几家大企业控制，供方就会提高自己的重要地位，迫使购买商在价格、质量等条件上接受自己的交易条件
交易量的大小	如果供方的供应量占购买者购买量的比重大，则供方的讨价还价能力就大；反之亦然
产品差异化程度	如果产品的差异性大，购买者对产品的依赖性就大，供方就会处于优势地位，在交易中持强硬态度
转换供方成本的大小	如果购买者转换供方的成本较大，则供方讨价还价能力自然就高；反之亦然
前向一体化的可能性	如果供方实现前向一体化的可能性大，则对产业施加的竞争压力就大；反之亦然。例如，石油输出国家（如沙特阿拉伯）自己建造炼油厂与其客户进行竞争，从而对石油化工产业产生不利影响
信息掌握程度	信息影响着供方与买方的力量对比，谁拥有的信息量大，掌握信息的速度快，运用及时，谁就拥有主动权

5. 买方的讨价还价能力

作为买方（顾客、用户）必然希望所购产业的产品物美价廉，服务周到，且从产业现有企业之间的竞争中获利。因此，它们总是为压低价格，要求提高产品质量和服务水平而同该产业内的企业讨价还价，使得产业内的企业相互竞争残杀，导致产业利润下降。影响买方讨价还价能力的因素见表 2-5。

表 2-5 影响买方讨价还价能力的因素

因　素	内　容
买方的集中度	如果买方集中于少数几个企业，而且所购买的数量占企业产量的很大比例，具有很大的讨价还价能力
买方从本产业购买产品在其成本中所占比重	比重大则人们在购买时势必非常挑剔，千方百计寻找较为优惠的价格，其讨价还价的积极性与能力必然较高；反之，如果所购产品在成本中只占很小比例，则他们在价格上是不敏感的，可能不进行讨价还价
买方购买产品的标准化程度	标准化程度越高，则买方的选择余地就越大，因而讨价还价能力就越强；反之亦然
转换成本大小	转换成本越小，买方从一个企业转向其他企业购买的选择余地就越大，从而对企业施加影响的能力就越大，即讨价还价能力越强；反之亦然
买方的盈利能力	买方的盈利能力低，则在购买时对价格很敏感；高盈利能力的买方在购买时对价格相对不敏感
买方后向一体化的可能性	买方如果可能后向一体化，则他们有选择购买或自行生产的余地，这就增强了他们对本产业的讨价还价能力
买方的信息掌握程度	如果买方对需求、市场价格、所购产品的成本等有足够的信息，则他们就具有较强的讨价还价能力

6. 利益相关者的影响

政府机构以及企业的股东、债权人、工会组织等其他利益相关者群体对产业竞争的性质与获利能力也有着直接的影响。每个利益相关者都用自己的标准衡量企业经营业绩，按照对自己影响的好坏来衡量企业高级管理层的决策行为。

利益相关者的影响表现，见表 2-6。

表 2-6 利益相关者的影响表现

表现形式	举例说明
政府可能为某些产业建立进入壁垒	如出租车、药品、电信、铁路等
政府可以作为一些产业的买方或供方	如政府控制的一些自然资源，通过政策法令来影响产业竞争
政府的法律法规和执法监督	指导和约束各产业和企业间的竞争行为
政府可通过立法、减免税、补贴等方式来影响产业相对于替代品的处境	如发展新能源就对原有能源产业产生影响
股东	根据企业股息的大小、发放次数以及股市情况，决定是投资还是出售股权
债权人	通过审视企业财务、遵守合同条款、信誉可靠性等状况，确定对企业的信用政策和贷款条件
工会	从工资、就业、晋升机会等方面评估企业的优劣

2.1.3 竞争者分析

尽管所有的产业环境都很重要，但产业环境分析着眼于产业整体，是中观分析。所以，从个别企业的视角去观察、分析其竞争对手竞争实力的微观分析——竞争者分析就显得尤为重要。作为产业环境分析的深化，竞争对手分析的重点集中在与企业直接竞争的每一个企业身上。竞争者分析包括 8 个主要步骤，即识别企业竞争者，辨别竞争者的战略，判定竞争者的目标，评估竞争者的资源与能力，预测竞争者的反应模式，设计竞争情报系统，分析顾客价值，选择进攻或回避的竞争者。这些步骤之间的关系，如图 2.5 所示。下文对其中的一些环节进行了说明。

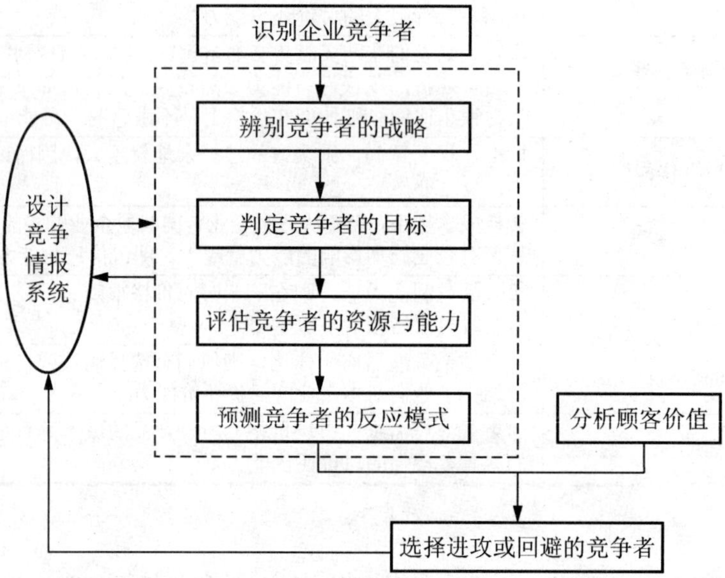

图 2.5　竞争者分析流程

1．识别企业竞争者

企业识别竞争者似乎是一项简单的工作。可口可乐知道百事可乐是其主要竞争者；索尼知道松下是它的主要竞争者。由于企业实际的和潜在的竞争者范围很广泛，一个企业可能被新出现的对手或新技术打败，而不是当前的竞争者。所以，竞争者的识别并不像看起来那样简单。如柯达企业，在胶卷业一直担心崛起的竞争者——日本富士企业，但真正受到的威胁却来自摄像机。由佳能与索尼销售的摄像机，既能在电视上展现画面，还可转录入硬盘，也能擦掉，因而，对柯达形成的威胁比同样从事胶卷业的富士大得多。

2．判定竞争者的目标

在辨别了主要竞争者之后，企业必须继续追问：竞争者在市场上追求什么？竞争者的行为推动力是什么？了解了竞争者的目标组合，便可了解竞争者是否对其目前的财务状况感到满意，对各类型的竞争性攻击会做出何种反应等。例如，一个追求低成本领先的竞争者对于竞争者在制造过程的技术突破所做出的反应远比同一位竞争者增加广告预算所做出的反应要强烈得多。

分析竞争对手的未来目标，主要应包括以下内容，见表 2-7。

表 2-7 竞争对手的未来目标

目标种类	具体内容
财务目标	竞争对手已声明和未声明的财务目标是什么？其对各种目标（如获利能力、市场占有率、风险水平等）之间的矛盾是如何权衡协调的
市场定位目标	竞争对手追求的市场地位总体目标是什么？是希望成为市场的绝对领导者，还是行业的领导者之一，还是一般的跟随者，还是竞争参与者，还是后来居上者，还是仅仅安于做一个积极进取的新手
管理目标	竞争对手各管理部门对未来目标是否取得一致性意见？如果存在明显的分歧甚至派别，是否可能导致战略上的突变
核心领导影响目标	竞争对手的核心领导者的个人背景以及工作经验如何？其个人行为对整个企业未来目标的影响如何
组织机构目标	竞争对手的组织结构特别是在资源分配、价格制定和产品创新等关键决策方面的责权分布如何？激励机制如何？财务制度和惯例如何

3．评估竞争者的资源与能力

竞争者能否执行其战略并达到目标，取决于竞争者的资源和能力。企业对竞争者资源与能力的评估主要应包括如下几个方面内容，见表 2-8。

表 2-8 竞争者的资源与能力

能力类型	具体表现
核心能力	竞争对手在各个职能领域内的潜在能力如何？最强之处是什么？最弱之处在哪里？随着竞争对手的成熟，这些方面的能力是否可能发生变化？随着时间的推移是增强还是减弱
增长能力	在人员、技术、市场占有率等方面有增长能力吗？财务方面、对外筹资方面是否能够支持增长
快速反应能力	竞争对手在财务、生产能力和新产品等方面是否存在着对竞争者的行为迅速做出反应或发动及时进攻的能力
适应变化的能力	竞争对手能否适应诸如成本竞争、服务竞争、产品创新、营销升级、技术升迁、通货膨胀、经济衰退等外部环境的风云变幻？是否有严重的退出障碍
持久力	竞争对手维持一场长期较量的能力如何？为维持长期较量会在多大程度上影响收益

4．预测竞争者的反应模式

单凭竞争者的目标、资源与能力还不足以解释其可能采取的行动和对诸如削价、加强促销或推出新产品等企业举措的反应。此外，各个竞争者都有一定的经营哲学、内在的文化和起主导作用的信念。企业需要深入了解某一竞争者的心理状态，以求预测竞争者可能做出的反应。

【小知识】

竞争者的反应模式

竞争者常见的反应模式，如图 2.6 所示。有些竞争者并不表露出可预知的反应模式。这一类型的竞争者在任何特定情况下可能会也可能不会做出反击，而且无论根据其经济、历史或其他方面的情况，都无法预见它会做什么事。这种类型的竞争者大多是小企业。

5．分析顾客价值

获得良好的竞争情况后，企业还必须对顾客价值进行分析。顾客价值分析的目的是测定顾客在目标市场中所要得到的利益和他们对相互竞争的供应商所提供的货物相对价值的认知。顾客价值分析的主要步骤，如图 2.7 所示。

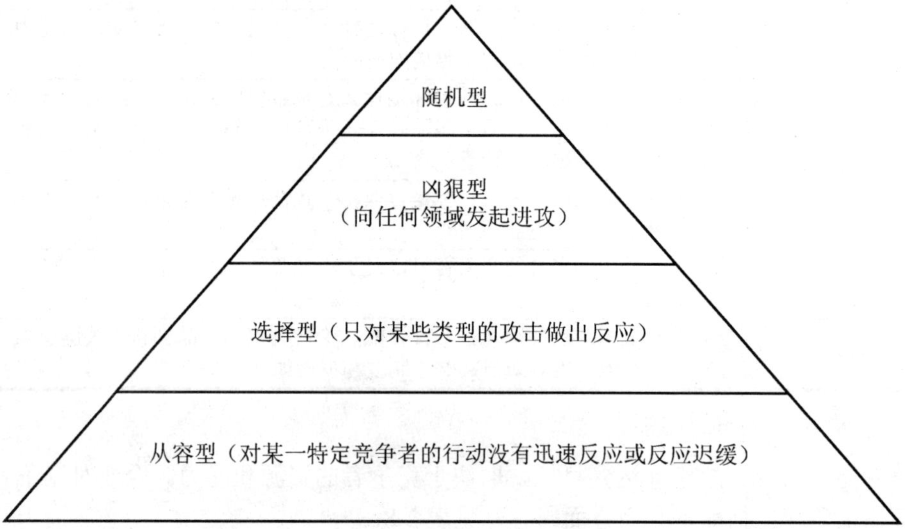

图 2.6　竞争者的反应模式

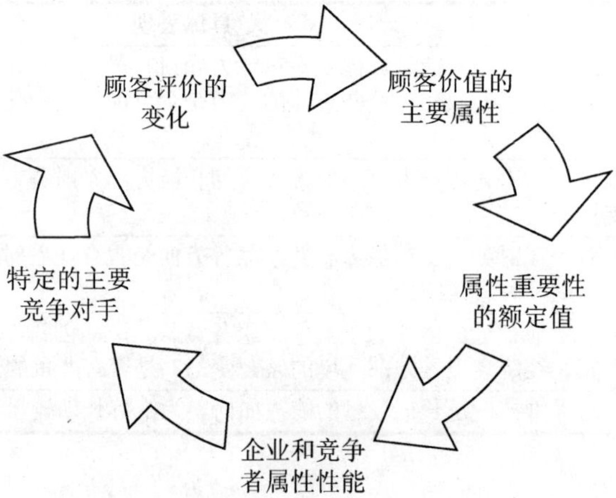

图 2.7　顾客价值分析的步骤

任务 2.2　营销市场内部环境分析

【导入案例】

铱星移动电话的悲怆交响曲

耗资 50 多亿美元建造 66 颗低轨卫星的美国铱星公司，宣告破产，全世界为之震惊。是什么原因使铱星陨落的呢？

铱星系统的高科技童话用 66 颗璀璨夺目的卫星将自己定位在了“贵族科技”之上。铱星手机每部价格高达 3 000 美元，其通话费用过于高昂（国内每分钟 9.8 元人民币，国际每分钟 27.4 元人民币），铱星公司在全球只发展了 1 万个用户，这使得铱星公司亏损达 10 亿美元。铱星系统技术的先进性在于用户不依赖于地面网而直接通信，它通过卫星之间星际链路直接传送信息，造成了铱星公司系统风险太大、成本过高、维护成本居高不下的竞争劣势。

铱星的决策动机向消费者传达了一个信息：只是扮演着一个投资方的角色，而不是直接参与运营，很多时候只能是心有余而力不足。公司股票在纳斯达克交易所“停牌”。纷至沓来的到期债务又使公司的运营举步维艰。一连串的致命打击将铱星公司推下了悬崖。

案例分析：

市场分析错误，进而营销决策失误，债务危机雪上加霜导致铱星移动电话失败。做市场的引领者并没有错，但如果不能正确的估量所引领的市场走向，自身所能承受的力量，“第一个吃螃蟹的人”就很容易会成为市场的“先烈”。

内部环境分析主要对企业的资源和能力状况进行分析，以便明了企业自身的优势与劣势，推断企业能够做什么。只有把企业能够做什么与企业可以做什么结合起来，才能够决定企业真正应该干什么，向什么方向发展。内部环境分析包括两个方面：一是企业的资源条件；二是企业的能力状况，特别是企业核心竞争力状况。一般来说，产品销售的快慢和多少，主要取决于企业的营销能力。企业营销能力可以分解为产品竞争能力、销售活动能力、新产品开发能力和市场决策能力等。这 4 种能力虽然自成系统，但相互联系、相互影响，在一定的市场环境下共同决定着企业的经营成果，影响着企业存亡兴衰。因此，营销能力分析通常都离不开对这 4 种能力的分析评估，如图 2.8 所示。

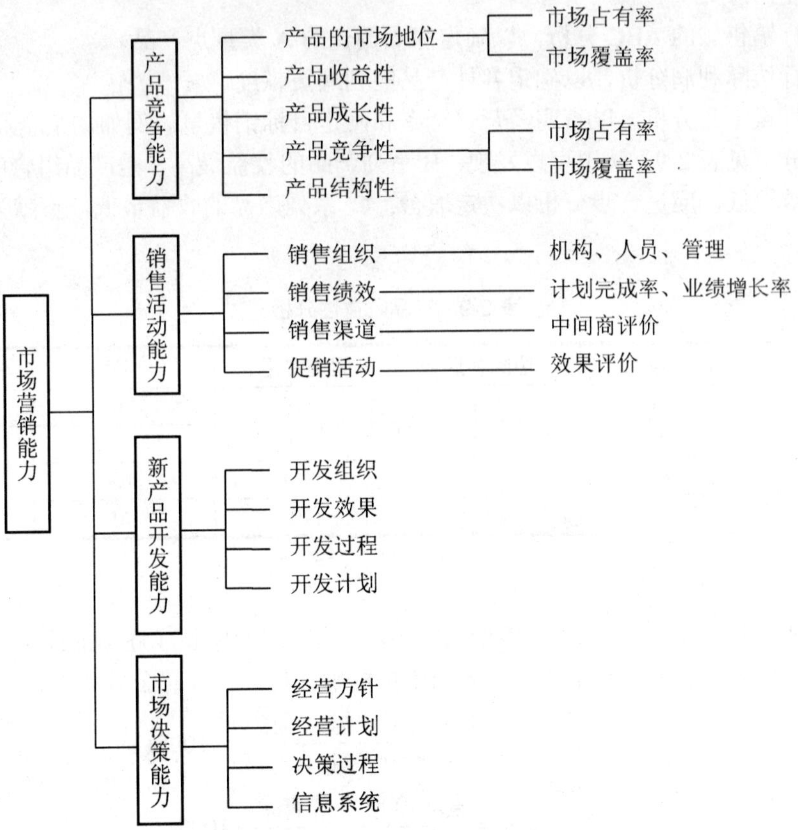

图 2.8　营销能力分析

2.2.1 产品竞争能力分析

反映一个企业产品竞争能力的指标包括产品的市场地位、收益性、成长性、竞争性与结构性。下面就每一个指标的具体含义与分析方法进行介绍。

1. 产品市场地位分析

分析产品的市场地位，不仅要定性地分析其知名度，更要定量地测评市场占有率和市场覆盖率。市场占有率计算公式如下。

$$市场占有率=\frac{本企业产品销售量}{市场上同类产品销售量}\times 100\%$$

市场占有率应分品种、分地区、分时期进行统计，并与竞争企业进行对比分析，找出本企业市场占有率低的产品和地区，以便进一步查明原因。市场覆盖率计算公式如下。

$$市场覆盖率=\frac{本企业产品投放地区数}{全市场应销售地区数}\times 100\%$$

公式中的销售地区可以是省、市或者县，但在进行对比时，销售地区是市或县等，其概念必须统一。

2. 产品收益性分析

产品收益性是决定经济效益的重要因素，企业应确立以高效益为中心的产品组合。收益性分析的主要内容如下。

（1）进行销售额的 ABC 分析，以确定深入调查的 A 类重点产品。

（2）进行边际利润分析，以确定各种产品的利润贡献度。

（3）进行量本利分析，以查明经营安全率和确定目标销售量。例如，某企业 3 个产品系列的收益性分析见表 2-9，从中可以发现：B 系列产品的收益最高，是产品组合的核心；A 系列产品的收益较低，应进一步分析以决定取舍；C 系列产品的收益最低，贡献为负，应予以淘汰。

表 2-9 产品收益性分析

产品系列	销售收入	边际利润	固定费用	利润	利润率（%）
A	1 000	200	150	50	5
B	800	240	120	120	15
C	500	−20	−100	−100	−20
合计	2 300	420	170	70	0

3. 产品成长性分析

一般是把企业最近 3～5 年的销售量或销售额，按时间顺序画成逐年推移图来观察其增长趋势。通常利用销售增长率和市场扩大率两个指标来分析，其计算公式如下。

$$销售增长率=\frac{某年度销售量（金额）}{上年度销售量（金额）}\times 100\%$$

$$市场扩大率=\frac{某年度市场占有率}{上年度市场占有率}\times 100\%$$

4．产品竞争性分析

产品竞争性分析就是分析相对于其他竞争产品来说，本企业的产品在质量、外观、包装、商标、价格、服务等方面所具有的优越性，通常采用加法评分法。其步骤如下。

（1）选择几个竞争产品，确定产品竞争力的评比项目。

（2）规定各个项目的评分标准，绘制评比表格。

（3）确定参加评比的人员，应尽可能吸收企业各部门有关人员和中间商代表参加，以期客观公正地评定。

（4）进行评比，把企业的产品与竞争产品的各评比项目的评比结果填入表格并计算总分，根据评分结果研究本企业产品的优劣势。

表 2-10 是某西装企业的产品竞争性分析，从中可以判明，在 A、B、C 三种西装产品中，A 略逊于 B，但优于 C。

表 2-10　产品竞争性分析

（单位：分）

评分项目	最高评分	A	B	C
款式	95	90	95	85
做工	90	85	80	90
布料	95	90	95	85
颜色	100	100	100	90
价格	90	80	80	90
商标	100	95	100	80
服务	85	85	80	70
合计	655	625	630	590

5．产品结构性分析

产品结构是指企业产品线的宽度与深度结构。宽度结构是指产品的系列结构；深度结构是指同一系列的规格结构。产品结构性分析的目的是从系列产品中找出优势产品、重点产品，通常采用市场增长率——相对市场占有率（波士顿）矩阵分析。

2.2.2　销售活动能力分析

经过产品竞争能力的分析，可以了解企业产品的市场竞争能力，发现优势产品和销路不畅产品。接着，还要对优势产品和劣势产品进行销售能力分析，即通过分析其销售组织、渠道、业绩和促销等方面，找到销售活动中的问题和原因、优势和劣势。

（1）销售组织分析，主要是对销售部门的组织机能、人员素质和管理状况进行分析，目的是揭示组织机能是否有效率、人员素质如何、销售活动的管理控制是否良好。

（2）销售渠道分析，包括分析销售渠道结构、销售渠道管理和中间商评价等内容，其中重点是对中间商进行评价分析。根据与各中间商的交易额大小以及交易额增长的高低，从各中间商的重要性和发展性两个侧面进行分类评价。表 2-11 为中间商评价表，其中 Aa、Ab、Ba 为关键中间商，Ac、Bb、Ca 为重点中间商，Bc、Cb、Da 为维持现状中间商，而 Cc、Dc、Db 为不适当中间商。

表 2-11　中间商评价表

重要性 \ 发展性	a	b	c
A	Aa	Ab	Ac
B	Ba	Bb	Bc
C	Ca	Cb	Cc
D	Da	Db	Dc

（3）销售绩效分析，包括分析计划完成率、地区发展性及销售活动效率等内容。主要指标及计算公式，见表 2-12。

表 2-12　销售绩效分析主要指标及公式

项　目	计算公式
销售计划完成率	实际销售额÷计划销售额
销售额增长率	本期销售额÷前期销售额
销售价格保持率	实际销售价格÷计划销售价格
销售毛利率	销售毛利÷实际销售额
销售费用率	直接销售费用÷实际销售额
欠款回收率	本期回收金额÷（本期应收款＋本期销售额）
新顾客销售额比率	新顾客销售额÷实际销售额
平均访问销售额	实际销售额÷总访问次数

（4）促销活动分析，主要是看促销经费占销售额的比例是否适度，促销手段、方式的选择和组合是否恰当，促销活动对提高产品知名度、促进产品销售能力的贡献如何等。

2.2.3　新产品开发能力分析

新产品开发能力分析是在现有产品市场竞争力分析的基础之上，着重从新产品开发组织、开发效果、开发过程和开发计划 4 个方面进行分析。其目的在于提高新产品开发的效果，改进企业的产品组合，增强企业的应变能力。

2.2.4　市场决策能力分析

市场决策能力分析是以前述产品的市场竞争力分析、销售活动能力分析以及新产品开发能力分析的结果为依据，对照企业的经营方针和经营计划，指出企业在市场决策中的不当之处，探讨企业的中、长期市场营销课题和应采取的市场战略，以提高企业经营领导层的决策能力和决策水平，使企业获得持续的发展。

任务 2.3 营销市场环境分析技术

【导入案例】

香港大屿山巴士公司

大屿山巴士公司是一家合股公司，它是由大屿山岛的 3 家巴士公司“联德”、“昂平”和“大澳”合并而成。在那以前，由于岛上人烟稀少，香港几家较大巴士公司虽曾试图在这里开设线路，却都因为客流量过少，收不敷出而告吹。饱尝交通不便之苦的岛民只得自己凑资购买村车来对付。几经周折，渐渐形成了前述的 3 家巴士公司。但这些小公司经营原始，管理混乱，不断有交通事故发生。前香港当局针对这种情况，从 1970 年开始策划 3 家公司合并。几经筹备，大屿山巴士公司遂正式于 1975 年成立。该公司享有前香港当局赋予的独家经营大屿山巴士公司业务的专营权。由于大屿山的发展，香港几家大的巴士、的士公司，寻找机会在这“被遗忘的角落”中插上一脚，因此大屿山巴士公司的专营权预计迟早要被取消。

案例分析：

要想制定合理的营销目标，首先要运用科学的理论工具对企业所处的环境以及自身状况有详细了解。运用 SWOT 分析工具，将材料加以整理并分析，见表 2-13。

表 2-13 香港大屿山巴士公司 SWOT 分析

内部环境 外部环境	优势-S 1．“大屿山人的巴士公司” 2．享有前香港当局赋予的独家经营大屿山巴士公司业务的专营权 3．员工参股，利于发挥积极性 4．目前赢利状况比较好（利润率达 54.3%，税前）	劣势-W 1．规模较小 2．业务面较窄 3．融资来源较为单一 4．人员缺乏
机会-O 1．政府打算在大屿山建立新的旅游点，将吸引更多的客流 2．政府计划建立新机场，将对区域经济发展带来新的机遇	OS 战略 开发新的服务产品，利用现有专营权及地理位置优势，增加与客运和旅游相关的服务产品	OW 战略 1．与旅游公司合作或者合资经营，开发新的服务产品 2．建立有竞争性的薪酬待遇体系，以吸引并留住员工 3．聘请专业人员，重新进行市场定位
威胁-T 1．客流的波动性 2．竞争对手的出现，争夺专营权	TS 战略 加大投入，增加运营车辆，从而降低该市场对其他竞争对手的吸引力，延缓竞争对手进入的时间。同时，也可以满足旺季客流的需要，并为将来的发展做好准备	TW 战略 1．调整资本结构，引入外部资本。可采取与联合经营，将专营权争夺转化为共同经营，垄断岛内运输 2．战略联盟、合资、合作

2.3.1 战略要素评价矩阵法

营销市场战略要素评价矩阵法可以帮助企业战略决策者对企业外部或内部各个领域的主要优势与劣势进行全面综合的评价。具体分析步骤如下。

（1）由企业战略决策者在企业外部或内部战略环境要素中找出关键战略要素，通常列出10～15个为宜。依据80/20法则，选择20%的重点要素，它们影响着营销市场的发展方向。

（2）为每个关键战略要素指定一个权重，以表明该要素对企业战略的相对重要程度。权重取值范围从0（表示不重要）到1.0（表示很重要），但必须使各要素权重值之和为1.0。

（3）以1、2、3、4各评价值分别代表相应要素对于企业战略来说是主要威胁（劣势）、一般威胁（劣势）、一般机会（优势）、主要机会（优势），然后以此标准对每一关键战略要素进行评分。

（4）将每一关键战略要素的权重与相应的评价值相乘，得到该要素的加权评价值。

（5）将每一关键战略要素的加权评价值加总，求得企业外部或内部战略环境要素的总加权评价值，然后把这个总加权评价值与第3步中的“四分制”标准比较，就可以判定企业面临的环境机会（优势）与威胁（劣势）程度。

表2-14为某企业内部环境战略要素评价矩阵分析情况。从中可以看出，该企业的主要优势是产品质量，评价值为4，劣势是组织结构上适应性差，评价值为1；从加权评价值来看，产品质量为0.8，职工士气为0.6，这两个关键要素对企业战略产生的影响最大；该企业总加权评价值为2.4，说明该企业内部环境的综合地位处于行业平均水平（2.5）以下，应引起高度重视。外部环境战略要素评价方法与此类似。

表2-14　企业内部环境战略要素评价矩阵

关键战略要素	权　重	评 价 值	加权评价值
职工士气	0.20	3	0.60
产品质量	0.20	4	0.80
劳动资金	0.10	3	0.30
利润水平	0.15	2	0.30
技术开发能力	0.05	2	0.10
组织结构	0.30	1	0.30
总加权平均值	1.00		2.40

2.3.2　SWOT分析法

SWOT分析法是将企业外部环境的机会（O）与威胁（T）、内部环境的优势（S）与劣势（W）同列在一张十字形图表中加以对照，可一目了然，又可以从内外环境条件的相互联系中做出更深入的分析评价。SWOT分析法是一种最常用的企业内外环境战略因素综合分析方法。表2-15为某洗衣机厂的SWOT分析。

表2-15　某洗衣机厂的SWOT分析

	威　胁（T）	机　会（O）
外部环境	1. 城市市场中洗衣机滞销 2. 原材料价格涨幅40%以上 3. 新进入洗衣机行业者	1. 城市郊区农村购买者日益增多 2. 政府将限制洗衣机进口 3. 本厂有两种型号洗衣机有出口的可能
	优　势（S）	劣　势（W）
内部环境	1. 技术开发能力强 2. 产品质量稳步提高	1. 设备老化 2. 技术工人年龄结构有断层

续表

	优　势（S）	劣　势（W）
内部环境	3．管理基础工作较好 4．协作、公众关系紧密	3．资金严重不足 4．无国际化经营的经验

在战略管理中，仅有上述分析内容还远远不够，还必须对企业的内外环境条件综合情况做深层次分析，从所列关键要素中归纳出问题的实质，研究潜在的机会与威胁、优势与劣势，见表 2-16。

表 2-16　SWOT 分析关键要素

	潜在外部威胁（T）	潜在外部机会（O）
外部环境	市场增长较慢 竞争压力增大 不利的政府政策 新的竞争者进入行业 替代产品销售额正在逐步上升 用户讨价还价能力增强 用户需要与爱好逐步转变 通货膨胀递增及其他	纵向一体化 市场增长迅速 可以增加互补产品 能争取到新的用户群 有进入新市场或市场的可能 有能力进入更好的企业集团 在同行业中竞争业绩优良 扩展产品线满足用户需要及其他
	潜在内部优势（S）	潜在内部劣势（W）
内部环境	产权技术 成本优势 竞争优势 特殊能力 产品创新 具有规模经济 良好的财务资源 高素质的管理人员 公认的行业领先者 买主的良好印象 适应力强的经营战略 其他	竞争劣势 设备老化 战略方向不明 竞争地位恶化 产品线范围太窄 技术开发滞后 营销水平低于同行业其他企业 管理不善 战略实施的历史记录不佳 不明原因导致的利润率下降 资金拮据 相对于竞争对手的高成本及其他

2.3.3　市场机会分析

【小案例】

美国电报电话公司的市场保卫战

美国电报电话公司（AT&T）垄断了美国电话机市场。但当美国最高法院宣布，消费者可以自行决定购买哪家公司的电话机时，数百家企业挤入当时容量只有 15 亿美元的电话机市场。

AT&T 推出数百种电话机进行防御。从 7 美元的简单电话机，到几百美元的豪华电话机，功能应有尽有。电话机销量上升，市场需求却发生了变化。一是廉价电话机销量增长缓慢。二是顾客对高档豪华电话机反应冷淡。三是 AT&T 拥有的上万家连锁店、近千家专卖店，在分销渠道上反而成为一个包袱。大力发展中档且高可靠性电话机是明智的。顾客一旦用惯了高科技电话机，就不会再选择中、低档电话机。AT&T 在电话机业务上并不赚钱，原有中、低档电话机已经形成一定的产能，不能轻易放弃，它的市场保卫战该如何进行下去？

案例分析：

AT&T 在电话机的市场上遇到了不可预测的市场变化，给企业带来的既有机会与挑战。如何在复杂的市场变化中躲避风险、寻求机会，这是企业寻求生存和长期发展的根本所在。

1．市场机会概述

市场机会是指某种特定的营销环境条件，在该营销环境条件下企业可以通过一定的营销活动创造利益。市场机会可以为企业赢得利益的大小表明了市场机会的价值，市场机会的价值越大，对企业利益需求的满足程度也越高。市场机会的产生来自于营销环境的变化，新市场的开发、竞争对手的失误以及新产品新工艺的采用等，都可能产生新的有待满足的需求，从而为企业提供市场机会，见表 2-17。

表 2-17　识别市场机会

市场机会类型	具体内容
环境机会与企业机会	随着环境的变化而客观形成的各种各样未满足的需求，就是环境机会；环境机会中那些符合企业战略计划的要求，有利于发挥企业优势的可以利用的市场机会，才是企业机会
表面的市场机会与潜在的市场机会	在市场上，明显的没有被满足的现实需求，就是表面的市场机会；现有的产品种类未能满足的或尚未完全为人们意识到的隐而未见的需求，就是潜在的市场机会。企业应注意发现和利用潜在的市场机会
行业性市场机会与边缘性市场机会	在企业所处的行业或经营领域中出现的市场机会，称为行业性市场机会；在不同行业之间的交叉或结合部分出现的市场机会，称为边缘性市场机会。由于自身生产经营条件的限制，企业一般都较为重视行业性市场机会并将其作为寻找和利用的重点。寻找和识别边缘性市场机会的难度较大，需要企业的营销人员具有丰富的想象力和较强的开拓精神
目前市场机会与未来市场机会	在目前的环境变化中市场上出现的未被满足的需求，称为目前市场机会；在目前的市场上仅仅表现为一部分人的消费意向或少数人的需求，但随着环境的变化和时间的转移，在未来的市场上将发展成为大多数人的消费倾向和大量的需求，称为未来市场机会。重视未来市场机会并不意味着可以轻视目前市场机会，否则企业将失去经营的现实基础，而对未来市场机会缺乏预见性和迎接的准备，对企业今后的发展也很不利
全面市场机会与局部市场机会	在大范围市场上出现的未满足的需要为全面市场机会；在小范围市场上出现的未满足的需要为局部市场机会。前者意味着整个市场环境变化的一种普遍趋势，后者则意味着局部市场环境的变化有别于其他市场部分的特殊发展趋势。区分这两种市场机会，对于企业具体地测定市场规模，了解需求特点，从而有针对性地开展市场营销活动是必要的
大类产品市场机会与项目产品市场机会	市场上对某一大类产品存在着的未满足需求为大类产品市场机会；市场上对某一大类产品中某些具体品种存在着的未满足需求为项目产品市场机会。大类产品市场机会显示着市场上对某一大类产品市场需求发展的一般趋势，而项目产品市场机会则表明社会上对某一大类产品市场需求的具体指向。了解前者对于企业规定任务，明确业务发展的总体方向，制定战略计划具有重要意义；了解后者对于企业明确如何行动以实现战略计划的要求，制定市场营销计划，搞好市场营销工作具有重要意义

2．发现和分析市场机会

企业应如何寻找和发现市场机会？企业寻找和发现市场机会的根本措施是建立完善的市场营销信息系统，开展经常性的调查研究工作。

1）发现市场机会

企业通过调查研究，寻找和发现市场机会的具体方法如下。

（1）企业的市场营销人员，可以通过阅读报刊资料、观察市场现状、召开各种类型的调查会议、征集有关方面的意见和建议、分析竞争者的产品等形式，寻找和发现市场机会。

（2）企业的市场营销人员，也可以以产品或业务的战略规划中所使用的分析评价方法为工具，或以发展新业务的战略方法为思路，结合实际寻找和发现产品或业务增长与发展的机会。

（3）企业的市场营销人员，还可以利用市场细分的方法，发现未满足的需要与有利的市场机会。

通过上述工作，企业往往可以寻找到许多市场机会。但是，并非每一种市场机会都能够成为一个企业可以利用的有利可图的机会。因此，必须在对发现的市场机会进行认真分析与评价的基础上决定取舍。这项工作相当重要，正确地分析、评价、选择和利用市场机会，可以使一个企业走向繁荣；反之，则使企业坐失良机，甚至招致企业营销的失败。

2）分析市场机会

在如何进行市场营销分析时，并不是单一地运用某种方法，最重要的是综合分析。市场营销环境分析常用的方法为SWOT法。

（1）外部环境分析。环境机会的实质是指市场上存在着“未满足的需求”，它既可能来源于宏观环境，也可能来源于微观环境。消费者需求不断变化和产品生命周期的缩短，引起旧产品不断被淘汰，要求开发新产品来满足消费者的需求，从而市场上出现了许多新的机会。

（2）内部环境分析。识别环境中有吸引力的机会并不等于拥有在机会中成功所必需的竞争能力。每个企业都要定期检查自己的优势与劣势，这可通过“营销备忘录优势/劣势绩效分析检查表”的方式进行。

3．市场机会的价值分析

不同的市场机会，为企业带来的利益大小并不相同，即不同市场机会的价值具有差异性。为了在千变万化的营销环境中找出价值最大的市场机会，企业需要对市场机会的价值进行更为详细具体的分析。

（1）市场机会的价值因素。市场机会的价值大小，由市场机会的吸引力和可行性两种因素决定。

① 市场机会的吸引力。市场机会对企业的吸引力是指企业利用该市场机会可能创造的最大利益，它表明了企业在理想条件下充分利用该市场机会的最大极限。反映市场机会吸引力的指标主要有市场需求规模、利润率、发展潜力，见表2-18。

表2-18　市场机会吸引力指标一览表

指标名称	指标内容
市场需求规模	市场需求规模表明市场机会当前所提供的待满足的市场需求总量的大小，通常用产品销售数量或销售金额来表示
利润率	利润率是指市场机会提供的市场需求中单位需求量可以为企业带来的最大利益（这里主要是指经济利益），反映了市场机会所提供的市场需求在利益方面的特性
发展潜力	发展潜力反映市场机会为企业提供的市场需求规模、利润率的发展趋势及速度情况

【经验谈】

利润率和市场需求规模一起决定了企业利用该市场机会可创造的最高利益。

② 市场机会的可行性。市场机会的可行性是由企业内部环境条件、外部环境状况两方面决定的，见表 2-19。

表 2-19 市场机会的可行性决定因素一览表

决定因素名称	决定作用内容
内部环境条件	（1）市场机会只有适合企业的经营目标、经营规模与资源状况，才会具有较大的可行性 （2）市场机会必须有利于企业内部差别优势的发挥，才会具有较大的可行性。所谓企业内部差别优势，是指该企业比市场中其他企业更优越的内部条件，通常是先进的工艺技术、强大的生产力、良好的企业声誉等 （3）企业内部的协调程度也影响着市场机会可行性的大小。市场机会的把握程度是由企业的整体能力决定的。针对某一市场机会，只有企业的组织结构及所有部门的经营能力都与之相匹配时，该市场机会对企业才会有较大的可行性
外部环境条件	企业的外部环境从客观上决定着市场机会对企业可行性的大小。外部环境中每一个宏观、微观环境要素的变化都可能使市场机会的可行性发生很大的变化

【小案例】

企业的市场价值与市场吸引力到底怎么了

某企业已进入一个吸引力很大的市场。由于该市场的产品符合企业的经营方向，并且该企业在该产品生产方面有工艺技术和经营规模上的优势，企业获得了相当可观的利润。

随着原来的竞争对手和潜在的竞争者逐渐进入该产品市场，并采取了相应的工艺革新，该企业的差别优势在减弱，市场占有率在下降；该产品较低价的替代品开始出现，顾客因此对原产品的定价已表示不满，但降价意味着利润率的锐减；环保组织在近期的活动中已经把该企业产品使用后的废弃物列为造成地区污染的因素之一，并呼吁社会各界予以关注；政府即将通过的一项关于国民经济发展的政策，可能会使该产品的原材料价格上涨，这也将意味着利润率的下降。针对上述情况，该企业决定逐步将一部分的生产能力和资金转投其他产品，部分撤出该产品市场。

案例分析：

尽管企业的内部条件即决定市场机会可行性的主观因素没变，由于决定可行性的一些外部因素发生了重要变化，也使该市场机会对企业的可行性大为降低。利润率的下降又导致了市场吸引力的下降，吸引力与可行性的减弱最终使原市场机会的价值大为减小，以至于企业部分放弃了当前市场。多数企业在做出市场机会的选择的时候，只是关注市场的需求也就是市场机会的吸引力，但对市场机会的可行性考虑较少，导致选择过于片面。

（2）市场机会的价值评估。确定了市场机会的吸引力与可行性，就可以综合这两个方面对市场机会进行评估。按吸引力大小和可行性强弱组合可构成市场机会的价值评估矩阵，如图 2.9 所示。

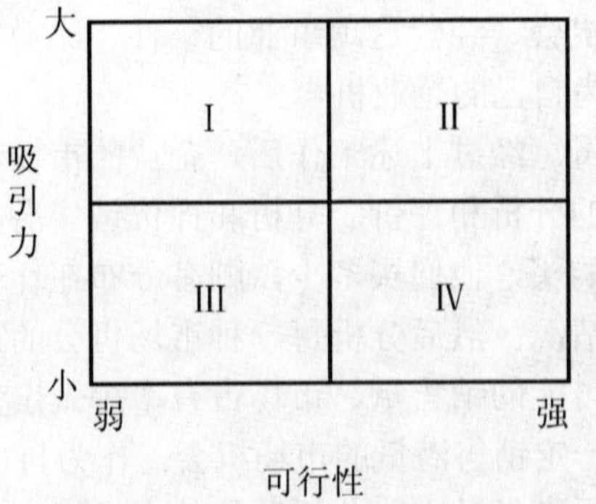

图 2.9　市场机会价值评估矩阵

区域Ⅰ为吸引力大、可行性弱的市场机会。一般来说，该种市场机会的价值不会很大。除了少数喜欢冒风险的企业，一般企业不会将主要精力放在此类市场机会上。但是，企业应时刻注意决定其可行性大小的内、外环境条件的变动情况，并做好当其可行性变大迅速反应进入区域Ⅱ的准备。

区域Ⅱ为吸引力、可行性俱佳的市场机会。该类市场机会的价值最大，却常常是既稀缺又不稳定的。企业营销人员的一个重要任务就是要及时、准确地发现有哪些市场机会进入或退出了该区域，该区域的市场机会就是企业营销活动最理想的经营内容。

区域Ⅲ为吸引力、可行性皆差的市场机会。通常企业不会去注意该类价值最低的市场机会。该类市场机会不大可能直接跃居到区域Ⅱ中，它们通常需经由区域Ⅰ、Ⅳ才能向区域 Ⅱ转变。当然，在极特殊的情况下，该区域的市场机会的可行性、吸引力可能突然同时大幅度增加，企业应对这种现象的发生做好必要的准备工作。

区域Ⅳ为吸引力小、可行性大的市场机会。该类市场机会的风险低，获利能力也小，通常稳定型企业、实力薄弱的企业以该类市场机会作为其常规营销活动的主要目标。对该区域的市场机会，企业应注意其市场需求规模、发展速度、利润率等方面的变化情况，以便在该类市场机会进入区域Ⅱ时可以立即有效地予以把握。

需要注意的是，该矩阵是针对特定企业的。同一市场机会在不同企业的矩阵中出现的位置是不一样的。这是因为对不同经营环境条件的企业，市场机会的利润率、发展潜力等影响吸引力大小的因素以及可行性均会有所不同。

在上述矩阵中，市场机会的吸引力与可行性大小的具体确定方法，一般采用加权平均估算法。该方法将决定市场机会的吸引力或可行性的各项因素设定权值，再对当前企业这些因素的具体情况确定一个分数值，最后加权平均之和就从数量上反映了该市场机会对企业的吸引力或可行性的大小。

4．选择市场机会

（1）分析和评价市场机会是否与企业的任务、目标及发展战略相一致。一致的时候可以初步决定利用；不一致的时候可以决定放弃，但如果这一市场机会的潜在吸引力很大，也可以考虑利用，这会涉及企业战略计划及有关方面的适当调整问题。

（2）分析和评价差别利益。某种市场机会能否成为一个企业的企业机会，还要看企业是否具备利用这一机会、经营这项事业的条件，以及是否在利用这一机会上、经营这项事业上比潜在的竞争者具有更大的优势，从而享有较大的差别利益。企业应选择那些与自己的资源能力相一致，具备利用这一机会、经营这项事业的条件，比潜在竞争者具有更大优势，享有较大差别利益的市场机会作为自己的企业机会。

（3）分析和评价销售潜量。经过上述工作后，企业的市场营销人员还要对拟加以利用的市场机会进行销售潜量方面的分析和评价。分析和评价销售潜量，首先要深入了解谁购买这种产品，他们愿意花多少钱购买，他们买多少，顾客分布在什么地方，需要什么样的分销渠道，有哪些竞争者等方面的情况；然后分析每一种市场机会的市场规模、市场容量以及销售增长率；最后对本企业产品可能的销售量、市场占有率等做出预测。一般情况下，企业只能选择那些对本企业产品具有一定销售潜量的市场机会，作为自己的企业机会。

（4）进行财务可行性分析。经过上述分析评价的市场机会，企业的营销、制造、财务等部门还要对其进行财务可行性分析，即估算成本、利润等，以便对其做出最后的评价和选择。

总之，企业寻找、发现、分析和评价市场机会的过程，就是通过调查研究、收集信息、分析预测等工作，结合自身条件从环境机会中选择能够与本企业的战略计划相衔接并能有效地促使其实现的企业机会的过程。

2.3.4 市场细分

【小案例】

奇瑞 QQ

奇瑞 QQ 的目标客户是收入不高但有知识有品位的年轻人，同时也兼顾有一定事业基础，心态年轻、追求时尚的中年人。一般大学毕业两三年的白领都是奇瑞 QQ 潜在的客户。人均月收入 2 000 元即可轻松拥有这款轿车。许多时尚男女都因为 QQ 的靓丽、高配置和优性价比就把这个可爱的小精灵领回家了，从此与 QQ 成了快乐的伙伴。中国微型车市场是整个汽车市场的细分。

（资料来源：冯志强．中小企业集团战略管理[M]．北京：中国广播电视出版社，2005：267-269.）

案例分析：

中国是世界上最具潜力的市场，绝大多数活跃于其间的企业都能够认识到，他们根本不可能获得整个市场，或者至少不能以同一种方式吸引住所有的购买者。一方面购买者实在太多、太分散，他们的需要也千差万别；另一方面，企业在满足不同市场的能力方面也有巨大差异。每个企业都必须找到它能最好满足的市场部分。

1．市场细分策划概述

市场细分策划是把市场分割为具有不同需要、性格或行为的购买者群体。市场研究中使用不同的方法定义细分市场，目的是使同一细分市场内个体之间的固有差异减少到最小，使不同细分市场之间的差异增加到最大。

对于市场决策者而言，进行市场细分的目的是针对每个购买者群体采取独特的产品或市场营销组合战略以求获得最佳收益。

事实上，目标顾客群最大的营销方案，未必是市场资源的最优配置方案。对大部分产品或服务而言，都存在一个目标市场，与其他普通市场相比，这个市场更具收益潜力。而市场细分研究的目的，就是为企业找到并描述自己的目标市场，确定针对目标市场的最佳营销策略。

2. 市场细分策划的作用

市场细分研究能够有效提高市场决策者面对复杂环境时的应对能力，如图 2.10 所示。

图 2.10 市场细分的作用

【经验谈】

顾客需求的差异性是客观基础，顾客需求的相似性是理论基础，企业有限的资源是外在基础。

【小知识】

企业如果具有下列问题之一，即可应用市场细分。

(1) 有明确的概念或产品，但不清楚哪些人最有可能购买。

(2) 产品定位已经非常明晰，但不了解采用何种促销组合能最大限度地吸引目标顾客。

(3) 不同的消费者对产品有不同的偏好，企业希望知道哪些偏好是企业自身能满足的。

(4) 销售额没有变化，但企业感觉顾客群的构成正在发生变化，希望获得变化的详情。

(5) 企业准备打人竞争者牢固占领的地盘，希望先获得一小块根据地。

(6) 企业在市场占据主导地位，但有竞争者开始蚕食其领地。

(7) 尽管企业有好的产品，但市场数据显示营销计划遭受重大挫折。作为新的市场决策者，企业需要重新审定公司的营销计划，市场细分是第一步。

3. 市场细分策划的原则

1）可衡量性

可衡量性是指细分的市场是可以识别和衡量的，即细分出来的市场不仅范围明确，而且对其容量大小也能大致做出判断。有些细分变量，如具有“依赖心理”的青年人，在实际中是很难测量的，以此为依据细分市场就不一定有意义。

2）可进入性

可进入性是指细分出来的市场应是企业营销活动能够抵达的，即企业通过努力能够使产品进入并对顾客施加影响的市场。一方面，有关产品的信息能够通过一定媒体顺利传递给该市场的大多数消费者；另一方面，企业在一定时期内有可能将产品通过一定的分销渠道运送到该市场。否则，该细分市场的价值就不大。

3）有效性

有效性是指细分出来的市场，其容量或规模要大到足以使企业获利。进行市场细分时，企业必须考虑细分市场上顾客的数量，以及他们的购买能力和购买产品的频率。如果细分市场的规模过小、市场容量太小、细分工作烦琐、成本耗费大、获利小，就不值得企业去开发。

4）对营销策略反应的差异性

对营销策略反应的差异性是指各细分市场的消费者对同一市场营销组合方案会有差异性

反应，或者说对营销组合方案的变动，不同细分市场会有不同的反应。如果不同细分市场顾客对产品需求差异不大，行为上的同质性远大于其异质性，此时，企业就不必费力对市场进行细分。对于细分出来的市场，企业应当分别制定独立的营销方案。如果无法制定出这样的方案，或其中某几个细分市场对是否采用不同的营销方案不会有大的差异性反应，便不必进行市场细分。

4. 市场细分策划的方法和步骤

1）依据需求选定产品市场范围

任何企业都有自己的任务和追求的目标，作为制定发展战略的依据。它一旦决定进入哪一个行业，接着便要考虑选定可能的产品市场范围。

产品市场范围应以市场的需求而不是产品特性来定。例如，一家住宅出租公司，打算建造一幢简朴的小公寓。从产品特性如房间大小、简朴程度出发，它可能认为这幢小公寓是以低收入家庭为对象的，但从市场需求的角度来分析，便可看到许多并非低收入的家庭也是潜在顾客。有的人收入并不低，市区已有宽敞舒适的住房，但又希望在宁静的乡间再有一套房间，作为周末生活的去处。因此，公司要把这幢普通的小公寓看做整个住宅出租业的一部分，而不应孤立地看成只是提供低收入家庭居住的房子。

【经验谈】

企业的产品市场范围最终是由消费者的需求来确定的，不能过分强调企业的产品。因为满足消费者的需要是企业的目标所在，消费者的需求是无限的，而企业的产品及其寿命则是有限的，如果片面强调以产品特性来确定产品市场范围，必然会导致“营销近视”。

2）列举潜在顾客的基本需求

选定产品市场范围以后，公司的市场营销专家们可以通过头脑风暴法，从地理变数、行为和心理变数方面大致估算一下潜在的顾客有哪些需求。虽然这一步掌握的情况有可能并不全面，但却为以后的深入分析提供了基本资料。例如，前文提到的住宅出租公司在列举顾客需求时发现，人们希望小公寓住房满足的基本需求包括：遮蔽风雨，停放车辆，安全，经济，设计良好，方便工作、学习与生活，不受外来干扰，有足够的起居空间，有满意的内部装修、公寓管理和维护等。

3）分析潜在顾客的不同需求

公司可依据人口变数做抽样调查，向不同的潜在顾客了解哪些需求对他们更为重要。例如，在校外租房住宿的大学生可能认为，最重要的需求是遮风避雨、停放车辆、经济、方便上课和学习等；新婚夫妇的希望是遮蔽风雨、停放车辆、不受外来干扰、满意的公寓管理等；较大的家庭则要求遮蔽风雨、停放车辆、经济、足够的儿童活动空间等。这一步骤至少进行到有三个分市场出现。

4）移去潜在顾客的共同需求

下一步需要移去各分市场或各顾客群的共同需求。这些共同需求固然很重要，但只能作为设计市场营销组合的参考，不能作为市场细分的基础。如前例所述，遮蔽风雨、停放车辆和安全等项，几乎是每一个潜在顾客都希望的，那么，公司可以把它用作产品决策的重要依据，但在细分市场时则要移去。

5）为分市场暂时取名

对移去共同需求后市场剩下的需求，要做进一步分析，并结合各分市场的顾客特点暂时安排一个名称。

6）进一步认识各分市场的特点

对每一个分市场的顾客需求及其行为更深入地考察，看看各分市场的特点掌握了哪些，还要了解哪些，以便进一步明确各分市场有没有必要再作细分或重新合并。上例中，经过这一步骤可以看出，新婚家庭与较大家庭的需求差异很大，应当作为两个分市场。同样的公寓设计，也许能同时迎合这两类顾客，但对他们的广告宣传和人员销售的方式均不相同。企业要善于发现这些差异，如果他们原来被归属于同一个分市场，现在就要把他们区分开来。

7）测量各分市场的大小

以上步骤基本决定了各分市场的类型。接着应把每个分市场同人口变数结合起来分析，以测量各分市场潜在顾客的数量。因为企业进行市场细分是为了寻找获利的机会，这又取决于各分市场的销售潜力。不引入人口变数是危险的，有的分市场或许根本就不存在顾客。

任务 2.4　目标市场选择

【导入案例】

小油漆厂如何选择目标市场

英国有一家小油漆厂，访问了许多潜在消费者，调查他们的需要，并对市场作了以下细分：本地市场的60%，是一个较大的普及市场，对各种油漆产品都有潜在需求，但是本厂无力参与竞争。另有4个分市场，各占10%的份额。一个是家庭主妇群体，特点是不懂室内装饰需要什么油漆，但是要求质量好，希望油漆商提供设计，油漆效果美观；一个是油漆工助手群体，顾客需要购买质量较好的油漆，替住户进行室内装饰，他们过去一向从老式金属器具店或木材厂购买油漆；一个是老油漆技工群体，他们的特点是一向不买调好的油漆，只买颜料和油料自己调配；最后是对价格敏感的青年夫妇群体，收入低，租公寓居住，按照英国的习惯，公寓住户在一定时间内必须油漆住房，以保护房屋，因此，他们购买油漆不求质量，只要比白粉刷浆稍好就行，但要价格便宜。

经过研究，该厂决定选择青年夫妇作为目标市场，并制定了相应的市场切入策略：①产品。经营少数不同颜色、不同大小包装的油漆。并根据目标顾客的喜爱，随时增加、改变或取消颜色品种和装罐大小。②分销。产品送抵目标顾客住处附近的每一家零售商店。目标市场范围内一旦出现新的商店，立即招徕经销本厂产品。③价格。保持单一低廉价格，不提供任何特价优惠，也不跟随其他厂家调整价格。④促销。以“低价”、“满意的质量”为号召，以适应目标顾客的需求特点。定期变换商店布置和广告版本，创造新颖形象，并变换使用广告媒体。

（资料来源：吴健安．市场营销学[M]，北京：高等教育出版社，2000：62-63）

案例分析：

由于市场选择恰当，市场营销战略较好适应了目标顾客，虽然经营的是低档产品，该企业仍然获得了很大成功。可见，目标市场的选择非常重要。

2.4.1 选择目标市场的影响因素

作为目标市场的细分市场对企业必须具有很大的吸引力。有一定规模和发展前景的细分市场，对企业来讲不一定就具有足够大的吸引力。吸引力的大小除该市场具有一定的需求规模外，还有以下四种因素，见表 2-20。

表 2-20 四种选择目标市场的影响因素

因　素	内　容
细分市场的竞争状况	同行业竞争对手数目的多少和潜在的竞争对手数目的多少。同一细分市场中，竞争对手愈多势必导致竞争愈加激烈，意味着企业进入并占领市场的成本将愈高
细分市场中替代产品是否存在	一旦细分市场中发现替代品，该细分市场将逐渐失去吸引力
购买者的购买能力和各种选择能力是否提高	购买者对产品价格、质量的分析和选择能力很高，讨价还价的情况可能不断出现，甚至会买其他产品，从而使细分市场为企业所能提供的收益减少，失去对企业的吸引力
企业的资源状况和企业营销活动的基本目标	细分市场已具有足够的吸引力，但将它作为目标市场来经营与企业的长远营销目标相矛盾，或者并不具备在该细分市场中获胜所应具备的资源条件，那么企业也应放弃这一细分市场

【小知识】

选择目标市场

企业要确定目标市场，必须解决如何评价不同细分市场的价值问题。并非所有的细分市场都会成为企业的目标市场。作为目标市场的细分市场需求，必须具有一定的规模和发展前景。只有当细分市场需求具有一定的规模，并且有尚未满足的需求存在时，市场才具有广阔的发展前景。企业将其作为目标市场后，为进入、占领这一市场所付出的各项投入才有可能得到丰厚的回报。得到一个较大的细分市场，所需的投入也一定较大。

2.4.2 评估不同细分市场吸引力的原则

评估不同细分市场吸引力的原则，见表 2-21。

表 2-21 评估细分市场吸引力的原则

评估原则	原则说明
足够大	细分市场必须足够大以保证其有利可图
可识别	细分市场必须是可以运用人口统计因素进行识别的
可达到	细分市场必须是媒体可以接触到的
差异性	不同的细分市场应该对营销组合有不同的反应
稳定性	就其大小而言，各细分市场应该是相对稳定的
增长性	好的细分市场应该具有增长的潜力
空白点	细分市场如果被竞争者牢固占领，则其吸引力会大大降低

2.4.3 目标市场的选择策划

在完成市场细分，又明确了确立目标市场应考虑的因素以后，应考虑如何策划选定目标市场的问题。选择目标市场的方法，也叫做策划目标市场策略，对企业而言通常有三种形式，详见表2-22。

表2-22 目标市场的选择策划分类与方法

分 类	内 容	举例说明	注意问题
无差异营销	着眼于满足整个市场的共同需要，而舍弃在细分市场中所表现的某些差异；以整个市场为目标市场，推出一种产品，以一种市场营销组合力求满足整个市场的某种需求	美国的可口可乐公司，由于拥有世界性的专利，在相当长的一段时间内仅生产一种口味、一种规格和形状的瓶装可口可乐，来满足世界各地消费者对饮料的共同需求	同一细分市场上有几家企业都采取无差异性营销，必将导致竞争日趋激烈，给企业带来较大的风险。不注重需求的差异性，容易忽略较小细分市场的开发将会给企业带来的营销成功的机会
差异性营销	选择几个子市场为目标市场，并针对每个子市场的不同需求特征，设计不同的产品和采用几种不同的营销组合	可口可乐公司针对各地区消费者的不同口味、消费习惯等特征，设计不同的饮料、包装容器、广告形式和广告用语	经营几个细分市场，会使企业资源过于分散，失去竞争优势。导致生产成本和营销费用的增加，降低营销活动效益
集中性营销	选择一个细分市场为目标市场，集中企业的资源，实行专业化经营	格兰仕只做微波炉，做到了世界第一	在一个大市场或几个细分市场上占有一个小份额，不如在一个细分市场中占有大份额

2.4.4 目标市场的切入策划

在选定目标市场以后，还必须就以下几方面进行策划，见表2-23。

表2-23 影响目标市场策划的主要因素

因 素	策划策略
企业的资源能力	资源雄厚的大企业可采用差异性营销策略，而资源能力弱小的企业应主要采用集中性市场营销策略
产品的同质性和相似性程度	同质或相似性较高的产品可采用无差异营销策略，反之通过变换款式、型号等来满足不同需求的产品，则可采用差异性营销或集中性营销策略
竞争对手所采取的目标市场策略	通过与竞争对手在各方面条件的对比，并掌握竞争对手所采用的目标市场策略后，可采用“针锋相对”的方法，即以相同目标市场策略与之一争高低；或用“避实就虚”的方法，即以相反的目标市场策略与之各显身手

1. 目标市场切入策划的方式

【经验谈】

目标市场切入策划的方式是企业进入选定的目标市场的方式。

1）切入新产业市场的方式

新产业市场往往具有经营风险大、市场潜力大、科技含量高及进入成本高等特点。切入新产业市场的策略主要有三种。

（1）以技术优势挺进市场。对于高新技术产业，企业必须凭借自身的技术优势切入市场。这些技术可以是企业的专利，也可以通过与科研单位、高等院校联合开发获得，使企业一进入市场就树立起技术力量雄厚的形象，确定企业的市场位置。

（2）借助企业原有的声誉切入。如果企业属知名企业，长期经营中已形成了较高的声誉、广阔的营销网络和驰名商标，这些都是企业切入新产业市场的条件。

（3）填补空白，大胆全面切入。如果企业具有与众不同的能力，足以填补某类市场的空白，就可以大胆地全面切入市场。

2）切入非新产业市场的方式

切入非新产业市场的方式是指企业在原有目标市场上拓展或进入非新产业但属企业新选定的目标市场的方式。

（1）收购现成的产品或企业，是进入目标市场最快捷的方式之一。一般在下列两种情况下采取这种方式：一是企业进入某个目标市场，但对这一行业的知识还很不足；二是尽快进入该市场对企业有很大的利益，但靠内部发展的方式进入新市场将遭到种种阻碍，如在专利权、经营规模、原料及其他所需物资供应方面受限制等。

（2）以内部发展的方式切入市场。企业依靠自身的科研、设计、制造及销售目标市场需要的产品进入市场。这种方式适用于下列情况：对于巩固该企业的市场地位有利，没有适当的企业可供收购或收购价格过高，收购现有产品或企业的障碍太多等。

（3）与其他企业合作进入市场。企业间的合作可以是生产企业与生产企业合作，也可以是生产企业与销售企业合作。这种方式在企业界运用比较广泛，因为采用合作的方式将使风险由于合作分担而降低，合作企业在技术上、资源上相互支援，优势互补，发挥出整体组合效应，形成新的经营能力。

2. 切入目标市场策划的具体方法

【经验谈】

企业切入目标市场，在选择适合企业切入方式的同时，选用一定的具体方法，见表2-24。

表2-24 切入目标市场参考的方法

方 法	内 容
广告宣传法	通过精心策划推出广告，使目标市场上的顾客知晓企业、了解产品，激起购买欲望，促成购买行为
产品试销法	通过产品小批量试产、试销，广泛征求用户及顾客的意见、建议，为改进产品及经营提供依据。这种方式可以减少企业经营的盲目性及由此带来的风险
公共关系法	通过各种形式的公关活动如专项活动、开业庆典、赞助公益事业、策划新闻等赢得目标市场上公众的信赖和支持
感情联络法	人是有感情的，在做购买决策时往往受到感情因素的影响。为此，企业切入目标市场就要注意感情投入，加强联络

续表

方 法	内 容
利益吸引法	在利益上给购买者以实惠是切入目标市场的有效方法
权威人士推介法	切入某个目标市场可以巧妙地利用名人效应，达到进入市场的目的。除上述方法外，推介会、展销会等都是切入市场行之有效的方法，策划者要根据目标市场的特点、产品特征、市场态势及竞争状况、费用高低等加以选用

3. 切入目标市场的时间选择

企业切入市场的时间安排也很重要，过早或过晚切入市场都对企业经营不利。确定切入市场的时间主要取决于以下两个方面。

（1）正常准备时间。在切入目标市场之前，要计算在正常情况下做好一切准备工作需要花多少时间，这些准备工作包括：产品设计、试销、批量生产、推销培训、建立销售渠道等。

（2）适应市场形势变化的调整时间。市场形势发生变化时，可以比正常切入市场的时间提前或推迟。另外，也要注意准确切入市场的时机，尤其是季节性强或具有特定消费对象的产品，视情况适时切入市场会收到事半功倍的效果。

任务 2.5 市场定位与市场竞争分析

【导入案例】

银行市场定位

在金融业兴旺发达的香港，“银行多过米铺”，各银行使出全身解数，走出了一条细分市场、利用定位策略、突出各自优势的道路，使香港的金融业呈现出一派百家争鸣、百花齐放的繁荣景象。

汇丰银行：定位于分行最多、实力最强、全港最大的银行。这是以自我为中心、实力展示式的诉求。20 世纪 90 年代以来，为拉近与顾客的情感距离，它重新定位，立足于“患难与共、伴同成长”，旨在与顾客建立同舟共济、共谋发展的亲密朋友关系。

恒生银行：定位于充满人情味、服务态度最佳的银行，通过走感情路线赢得顾客心。突出服务这一卖点也使它有别于其他银行。

渣打银行：定位于历史悠久、安全可靠的英资银行。这一定位树立了渣打银行可信赖的“老大哥”形象，传达了让顾客放心的信息。

中国银行：定位于有强大后盾的中资银行。这一定位直接针对有民族情结、信赖中资的目标顾客群，同时暗示它提供更多更新的服务。

廖创兴银行：定位于助你创业兴家的银行，以中小工商业者为目标对象，为他们排忧解难，赢得事业的成功。

（资料来源：冯志强．经典的工业贸易思想[M]．北京：北京燕山出版社，2006：201-203.）

案例分析：

在香港银行业激烈竞争的市场上，行业的领先者和主要参与者已经树立了各自独特的形象并且拥有了各自稳定的客户群。花费巨资去和力量远超过自己的对手在对方占优势的市场进行竞争显然不是明智之举。寻找对手的市场空缺，抓住对手疏忽的市场，是更加可行的定位竞争方法。

2.5.1 市场定位策划的含义及原则

1．市场定位策划的含义

企业的市场定位策划是企业营销策划的重要任务之一，是指企业要找到自己的目标市场，然后根据目标市场的特点来确定营销方案。具体说，市场定位策划首先要求对市场进行细分，然后根据细分市场的特征和本企业的实际，综合考虑选择企业产品可以进入的细分市场。企业可以进入的细分市场一旦确定，它就成了企业营销的目标市场。市场定位策划在企业营销策划中占有重要位置。

【专家提示】

(1) 市场定位策划能创造差异，有利于增强企业的竞争能力，是营销策划的前提。

(2) 市场定位策划是市场营销组合策划的基础。市场营销组合策划是企业占领目标市场、进行市场竞争的基本手段。

(3) 市场定位策划是整合市场传播策划的依据。整合市场传播策划的最大优势在于用多样化的传播或促销手段向目标市场传达同一诉求，实现各种传播资源的合理配置，从而以相对较低的投入产出较高的效益。

(4) 市场定位策划有助于树立企业及其品牌形象。以市场定位为依据，以在顾客心目中创立企业、产品或品牌的特定形象为中心，这是一种十分有效的方案及措施。

2．市场定位策划的原则

进行市场定位策划需要遵循可入性、现实性、价值性 3 个基本原则。

（1）可入性原则，指在营销策划中的目标市场是可以进入的，否则它就不能成为本企业的目标市场。

（2）现实性原则，指作为市场定位的细分市场必须是现实的、可操作的，而不能仅仅是从理论上分析存在某种市场定位。

（3）价值性原则，指作为市场定位的目标市场必须有可开发的价值。要考虑 3 个问题：一是作为定位市场，企业能否从中获取利润；二是作为定位市场，它应该具有相对的稳定性，使企业在占领该市场后相当长一段时间内不需要改变目标；三是定位市场必须适应企业扩大发展的要求。

2.5.2 市场定位策划的模式与内容

1．市场定位策划的模式

市场定位策划的模式主要有三种，其具体方法和优缺点见表 2-25。

表 2-25 市场定位策划的模式

模式名称	方　法	优点与缺点
统一定位模式	对市场不进行细分，而把整个市场都当作目标市场来推进营销	可以降低生产成本，节约销售费用

续表

模式名称	方法	优点与缺点
集中定位模式	针对某一特定的细分市场开发特定的产品，策划、制定特定的营销方案	优点：可以减少市场竞争，节约资金。但同时也存在风险较大的缺点：一是市场开辟风险较大，因为一般企业都没有十分的把握保证新开辟的市场启动成功；二是市场维系风险较大，因为集中定位的市场一般都比较小，即便启动成功，也可能会因市场风云突变而损失惨重
差异定位模式	针对多个细分市场分别设计不同的产品和不同的营销方案，来占领这些细分市场	优点：可以增加销售总额，化解企业经营风险。缺点：一是增加了经营成本，二是市场比较脆弱，三是市场开拓深度不够，很难集中资金对某个细分市场深入开发

2. 市场定位策划的内容

企业营销的市场定位策划可分为产品定位、市场定位和企业定位等。

1）产品定位

产品定位是在营销策划时确定产品各种属性的位置、档次。具体包括：产品的质量定位、产品的功能定位、产品的造型定位、产品的体积定位、产品的色彩定位、产品的价格定位等。

确定产品的特色，让本企业的产品与市场上的其他竞争者有所区别，这是市场定位策划的根本出发点。要做到这一点，必须进行创新策划，强化产品的差异化。产品差异化策划方法，见表2-26。

表2-26 产品差异化策划方法一览表

方法名称	方法说明	举例
产品实体的创新	产品在功能、质量、构造、外观、包装等方面与其他企业生产的同类产品的差异。同一产业内不同企业所生产的产品，虽然其用途是基本相同的，但各企业的产品在设计、构造、功能、包装等方面却可以通过不同的创新形式形成产品的差异化，从而赢得购买者的偏好	改进质量、完善产品的使用性能；改进特性，在产品大小、重量、材料或附加物等方面改变或增加某些属性，扩大产品的适用性；改进产品的款式和包装，增加产品美感，这些做法能吸引消费者的注意
通过服务创新	企业除向购买者提供产品外，还可向买方提供信息、服务、维修乃至提供信用资助等，在服务上形成产品差异化	利用帮助安装培训、调试、使用指导、分期付款、良好的维修服务和质量承诺等服务手段实现产品差异化，使购买者产生对本企业产品的偏好，从而提高企业产品的市场占有率
通过信息传递	企业通过文字、图像、声音等媒体，利用各种传播手段，将有关的特征等信息传递到目标市场，让顾客感到本企业的产品与同类产品的差异，从而在顾客心目中树立该产品与众不同的形象	通过广告、宣传册、视频等，把企业的标志、独特的形象设计和针对性广告宣传语传递给目标客户，引发消费者的购买欲望

2）市场定位

市场定位是指确定产品进入的目标市场。在进行营销策划时，首先必须进行市场定位，只有确立了目标市场，才能考虑推出与其相适应的产品。市场定位从总的方面看主要有地域定位、气候定位、性别定位等多方面内容，见表2-27。

表 2-27　市场定位方式一览表

名　称	内　容
地域定位	考虑本企业产品的市场区域是世界范围、全国范围还是本地范围，是北美还是东南亚或是其他什么地区
气候定位	产品在什么气候类型的地区销售，是北方还是南方，是少雨干燥地区还是多雨潮湿地区
性别定位	产品是男性用还是女性用，是两者兼用还是男女有所偏重
年龄定位	不同年龄段的消费者对产品的要求往往有较大的区别，只有充分掌握和利用这些特点，才能赢得各个年龄段的消费市场
层次定位	不同阶层的消费特点也会有所不同，通过阶层划分来确定自己的目标市场也是市场定位的一个重要因素，阶层定位可以按知识层次、收入层次、职位层次等标志进行多种划分
职业定位	这种定位除了按工人、农民、学生等明显不同的职业区分外，更应善于划分那些不太明显的职业
文化定位	不同地区、国家、民族有着不同的文化，市场定位应充分考虑不同文化对产品需求的不同特点
性格特点	考虑把自己的产品销售给具有什么样性格的消费者

3）企业定位

企业定位是对产品定位、市场定位的强化，它通过企业在市场上塑造和树立良好的形象，形成企业的魅力，并产生马太效应，推动营销活动。企业定位一般要运用独特的产品、独特的企业文化、企业的杰出人物、企业环境和公共关系手段进行。

产品定位、市场定位与企业定位分别是 3 个不同层次。产品定位是基础，是前提；企业定位是完成整个企业营销定位的最后阶段；市场定位则居于二者之间，是承前启后的阶段。市场定位与产品定位、企业定位存在着相互重叠、相互影响、相互依赖的内在联系。企业营销定位策划需要各个方面的通力合作和相互照应，为最终实现共同的目标努力。

2.5.3　市场定位策划的过程和步骤

1. 市场定位策划的过程

市场定位策划的过程是指企业明确其潜在的竞争优势、选择相对的竞争优势以及显示其独特的竞争优势的方案及措施的过程。

（1）明确潜在的竞争优势，即要求一个企业从以下 3 个方面寻找明确的答案：目标市场上的竞争者做了什么，做得如何？目标市场上的顾客真正需要什么，他们的欲望满足得如何？本企业能够为此做些什么？

（2）选择相对的竞争优势。相对的竞争优势是一个企业能够胜过竞争者的能力，有的是现有的，有的则是具备发展潜力的，还有的是可以通过努力创造的。简而言之，相对的竞争优势是一家企业能够比竞争者做得更好的方面。

（3）显示独特的竞争优势。选定的竞争优势不会自动地在市场上显示出来，企业要进行一系列活动，使其独特的竞争优势进入目标顾客的心中。应通过自己的一言一行，表明自己的市场定位。要做到这一点必须进行创新策划，强化本企业及其产品与其他企业及其产品的差异性。主要在于创造产品的独特优势，创造服务的独特优势，创造人力资源的独特优势，创造形象的独特优势等。

2. 市场定位策划的步骤

（1）分析目标市场的现状与特征。主要通过对目标市场的调查，了解目标市场上的竞争者提供何种产品给顾客，顾客实际需要什么产品。一般是将本企业产品与主要竞争对手的产品，按照消费者最感兴趣的两个主要特征画在坐标轴上，然后寻找坐标轴上有利的位置，以确定产品开发的方向和目标。最常用的两个变量是质量与价格。

（2）目标市场的初步定位。在分析了目标市场上的消费者需求及企业产品差异、确定了有效差异的前提下，策划者就要权衡利弊，初步确定企业在目标市场上所处的位置。

（3）对目标市场的正式定位。如果对目标市场的初步定位比较顺利，没有发生什么意外，说明这个定位是正确的，可以将其正式确定下来。但是有些时候初步定位也需要矫正，需对质量、包装、广告等方面的策略做相应的改变，这就是重新定位。例如，专为年轻人设计的某种款式的服装在老年消费者中也流行开来，该服装就应因此而重新定位。

2.5.4 市场定位策划的常用策略

企业市场定位策划常用的策略较多，见表2-28。

表2-28 市场定位策略

名　称	内　容
针锋相对的定位策略	又称竞争性定位策略，指企业选择在目标市场上与现有的竞争者靠近或重合的市场位置定位，这种策略要与竞争对手争夺同样的目标消费者。采用这种策略时，企业与竞争对手在产品、价格、分销及促销等方面基本没有差别
填补空隙策略	又叫避强定位策略，指企业尽力避免与实力较强的其他企业直接发生竞争，而将自己的产品定位于另一市场区域内，使自己产品的某些属性或特性与较强的对手有比较明显的区别
重新定位策略	企业对已经上市的产品实施再定位即重新定位策略。采用这种策略的企业必须改变目标消费者对其原有的印象，使目标消费者对其建立新的认识。一般情况下，这种定位目的在于摆脱困境，重新获得增长与活力

2.5.5 市场竞争分析

【小案例】

“老牌”企业的竞争

20世纪30年代的美国街头，到处都设有饮料自动销售机，顾客只需扔下5美分，就可马上得到一个包装精美独特、内盛6.5盎司可口可乐的“魔瓶”，一享口福。新奇、方便的销售方式及遍布各地的销售网络，使创业于1892年素以“配方古老，口味独特”著称的可口可乐公司如虎添翼，独霸美国的软性饮料市场。但谁能想到，它的潜在竞争对手——百事可乐公司，正是从饮料瓶上看到自己的机会，向可口可乐发起了袭击。1939年，这个尚未显露锋芒的后起之秀，推出了一种5美分12盎司的百事可乐，辅以“一样代价，双重享受”的广告，向可口可乐发起挑战。到1960年，百事可乐的销售额上升了20%，与此同时，可口可乐则下降了33%。

（资料来源：冯志强．中小企业集团战略管理[M]．北京：北京燕山出版社，2006：267-268．）

案例分析：

此举正是钻了一个市场空隙：可口可乐的口味，虽老少咸宜，但瓶子的容量太小，刚够中老年人一次饮用；青年人饮量大，喝起来不过瘾，不如一瓶百事可乐痛快，何况价钱还便宜得多。这样，占消费总数 1/3 的青年，逐渐被百事可乐所吸引。

1．分析竞争对手

1）确定竞争对手

企业的竞争对手一般是指那些与本企业提供类似的产品和服务，并具有相似的目标顾客和相似的产品价格的企业。如美国的可口可乐公司将百事可乐公司作为其主要的竞争对手；通用汽车公司将福特汽车公司作为主要竞争者。

企业可以从两个方面去探讨如何确定企业的竞争对手，见表 2-29。

表 2-29　竞争对手确定方法一览表

确定方法名称	方法说明	举　例
行业确定法	企业要想在本行业处于领先地位，就必须了解本行业的竞争模式，以确定竞争者的范围	从行业方面看，可口可乐的竞争对手是百事可乐
市场确定法	企业的竞争对手是为与本企业相似的顾客群服务的企业	从市场方面看，顾客需要的是软饮料，因此，可口可乐的竞争对手也可以是果汁、矿泉水等饮料

【经验谈】

剖析竞争对手，可以开阔企业的眼界，使企业不仅看到现存的竞争对手，而且可以看到潜在的未来的竞争对手，有利于企业在市场竞争中获胜。

2）收集竞争对手资料

确定了竞争对手之后，就要收集主要竞争对手的大量情报。企业要收集各个竞争对手过去几年内的资料，包括竞争对手的目标、策略和执行能力。具体来说，就是销量、市场份额、毛利、投资报酬率、现金流量、新投资、设备利用能力等。有些信息收集起来往往比较困难，企业可通过第二手资料、个人资料、传闻来明确竞争对手的强弱。

3）分析竞争对手的情况

在一般情况下，企业在分析它的竞争对手时必须注意 3 个变量：市场份额，即竞争对手所拥有的销售份额；心理份额，即认为竞争对手在心目中排名第一的顾客所占的份额；感情份额，即认为竞争对手的产品是最喜爱的产品的顾客所占份额。

4）分析竞争对手目标

判断竞争对手的目标十分重要。每一个竞争者有一个目标组合，其中每一个目标都有其不同的重要性，如获利能力、市场占有率及其成长性、现金流量、技术领先、服务领先等。在了解了竞争对手的组合目标后，就可以判断竞争对手对其现状是否满意以及它对不同的竞争行动可能采取的反应。对竞争对手目标的掌握有助于本企业营销战略与决策的制定。

5）确认竞争对手策略

行业与企业之间的策略越相似，其竞争也就越激烈。在多数行业中，根据企业所采取的策略不同，可将竞争对手分成几个策略群体。策略群体是指某一行业内采取相同或类似策略的群体企业。如美国通用电气公司和惠尔浦公司都是提供中等价格的电器产品，他们可以划分为同一策略群体。

【经验谈】

由于企业的情况各异，因而进入各策略群体的难易程度也不同。一般小企业适合进入壁垒较低的群体，而实力雄厚的大企业则可以考虑进入竞争性强的群体。企业进入某一策略群体后，应先确定主要的竞争对手，然后再决定本企业相应的竞争策略。

2. 企业竞争战略分析

1）市场防御

面对市场挑战的主动进攻，能够稳扎稳打，保护自己的市场份额，在竞争中采取防御战略的大多是市场领先者，如信息行业的IBM公司、汽车行业的通用汽车公司、摄影行业的柯达公司、软饮料行业的可口可乐公司、快餐行业的麦当劳公司等，因为它们的市场份额大，处于行业第一的位置，守住原有阵地很不容易。市场防御一般有6种方式，见表2-30。

表2-30 市场防御策略一览表

策略名称	策略说明
先发制人的防御	在对手欲发动进攻的领域内或是在其可能发动进攻的方向上先发制人，在对手攻击前就挫伤它，使其无法再进攻或不敢轻举妄动
反击式防御	在对手发动进攻时，不仅仅采取单纯防御的办法，而是主动组织进攻以挫败对手
阵地防御	在现有市场四周筑起一个牢固的防御工事，防止竞争者的入侵。采取这种防御方式的典型做法是向市场提供较多的产品品种和采用较大的分销覆盖面，并在同行业中尽可能采取低价策略。这是被动型防御和静态型防御，若企业把全部资源用于建立保卫现有产品上，是相当危险的
侧翼防御	市场领先者不仅应该保卫好自身的领域，而且应该在侧翼或易受攻击处建立防御阵地，不给对手可乘之机
运动防御	不仅防御眼前的阵地，同时也扩展新的市场，作为未来防御和进攻的中心。该方法主要通过市场拓宽和市场多样化的创新活动来进行，形成一定的战略深度。具体运用时必须把握好拓宽的度，过度拓宽会分散力量，难以应付。市场多样化是指进入不相关的行业扩展经营业务
收缩防御	市场领先者因为自己的业务范围太广泛而使自己的力量太分散时，面对市场竞争者的进攻应该收缩战线，将力量集中到企业应该保持的业务范围或领域内。收缩防御并不是放弃企业现有的细分市场，而是放弃较弱的领域，把力量重新分配到较强的领域

2）市场进攻

在确定了战略目标和进攻对象之后，作为挑战者的企业可以策划选择进攻策略，见表2-31。

表2-31 市场进攻策略一览表

策略名称	策略说明
正面进攻	集中全力向对手的主要阵地发起进攻，而不是攻击其弱点。正面进攻的成败取决于双方力量的对比。条件是挑战者必须在产品、广告、价格等主要方面超过对手，才有取得成功的可能性。另一种方式是投入大量研究与开发经费降低产品成本，以降低价格的手段向对手发动进攻，这是建立持续的正面进攻战略的最有效的基础之一

续表

策略名称	策略说明
侧面进攻	集中优势力量攻击对手的弱点可以分为两种情况：一种是地理性侧面进攻，即在全国或全世界寻找对手力量薄弱的地区，在这些地区发动进攻；另一种是细分性侧面进攻，即寻找主导企业尚未占领的细分市场，在这些小市场上迅速填补空缺。侧面进攻符合现代营销观念，即发现需要并设法满足它
包围进攻	包围进攻是一种全方位、大规模的进攻策略。当进攻者对于对手而言具有资源优势，并确信围堵计划的完成足以打垮对手时，可采用这种策略。这时的进攻者可向市场提供比对手多的各种产品。由于进攻是在几条战线上同时发动的，并且深入到对手的领域中，使得对方必须同时保卫自己的前方、边线和后方
迂回进攻	避开对手的现有阵地而迂回进攻。具体办法：一是发展无关的产品，实行产品多元化；二是以现有的产品进入新的市场，实行市场多元化；三是发展新技术、新产品取代现有产品
游击进攻	对不同的领域或竞争对手进行间歇性的小型打击，其目的在于瓦解竞争对手的士气，逐步提高自己的市场地位。游击进攻的特点是灵活机动，因此对手很难防范。游击进攻特别适用于规模小或资本不大的挑战者

3）市场追随

假定目标市场上已有先切入的品牌，但是还没有建立领导地位，则市场追随策划的最简单也最有效的策略是采取“我也是”的策略，也就是可以明白地说：我也站在时代潮流的最前列。

对许多企业来说，领先进入市场并不是最好的选择。某些企业总是要想方设法打败其他企业成为市场领先者。那么，后进入市场的企业怎样同领先者，或者说是同当前主宰市场的对手进行竞争呢？市场追随策略可以分为 3 类，见表 2-32。

表 2-32　市场追随策略一览表

策略名称	策略说明
紧密跟随	在各个细分市场和营销组合方面尽可能仿效主导领先者。这种跟随者有时好像是挑战者，但只要它不从根本上侵犯到主导者的地位，就不会发生直接冲突
选择跟随	在有些方面紧跟主导者，但在另一些方面自行其是。也就是说，这不是盲目跟随，而是有选择地跟随，在跟随的同时还要发挥自己的独创性，但不进行直接的竞争。采取选择跟随时必须集中精力去开拓适合本企业的那些市场，这样才可能赢得丰厚利润，甚至超过市场主宰者
距离跟随	在目标市场、产品创新、价格水平和分销渠道等方面都追随主导者，但仍与主导者保持若干差异。这样领先者并不注意模仿者，模仿者也不进攻主导者

【小知识】

营销市场分析报告的结构

一般来说，营销市场分析报告的内容大体有：标题、导语、概况介绍、资料统计、理性分析、总结和结论或对策、建议，以及所附的材料等。由此形成的分析报告结构包括标题、导语、正文、结尾和落款。报告写作要经过 5 个程序：①确定主题；②取舍材料；③布局和拟定提纲；④起草报告；⑤修改报告。

基础巩固

1．名词解释

营销环境　外部环境分析　内部环境分析　PETSN 模型　六种力量模型应用　SWOT 分析技术　市场机会　市场细分　目标市场　市场定位　市场竞争分析

2．单项选择题

（1）企业营销方向最终要确定企业的营销目标，规定企业的营销行动，追求企业的效果。这一特征属于（　　）。

A．全局性　B．长远性　C．抗争性　D．纲领性

（2）企业营销目标的基本特征可归纳为几个，最本质的两个特征是（　　）。

A．全局性与长远性　B．全局性与纲领性

C．纲领性与对抗性　D．纲领性与风险性

（3）为了弄清行业内各企业总的生产能力与社会需求之间的关系，对企业进行分析，这项内容属于（　　）。

A．行业技术状况分析　B．行业寿命周期分析

C．行业规模分析　D．行业内战略集团分析

（4）厂商进行大规模的广告宣传以提高产品的知名度，争取在市场中取得领先地位，此产品处于产品生命周期的（　　）。

A．投入期　B．成长期　C．成熟期　D．衰退期

（5）进入壁垒高和退出壁垒高对产业获利能力影响表现为（　　）。

A．稳定的高利润　B．稳定的低利润　C．高利润高风险　D．低利润低风险

3．多项选择题

（1）在营销目标制定进入决策过程时，应主要抓住的工作是（　　）。

A．进行环境调查　B．确定企业使命　C．规定战略目标

D．拟定和选择战略方案　E．规划战略行动

（2）行业内现有企业之间存在着竞争，影响其竞争激烈程度的主要因素有（　　）。

A．同行业企业的数量与力量对比

B．行业的发展速度

C．技术水平

D．产品差异化程度与用户的转换成本

E．经营国际化的程度

（3）企业能力分析包括（　　）。

A．财务能力　B．营销能力　C．生产能力

D．成长性能力　E．流动性能力

（4）对宏观环境中的政治法律环境进行分析，其主要内容包括（　　）。

A．政治制度　B．军事形势　C．经济走势

D．法律法规　E．自然条件

（5）依据消费者行为因素进行市场细分包括（　　）。

A．购买习惯　B．利益因素　C．顾客状态
D．品牌忠诚度　E．企业外部环境

（6）市场机会的特点包括（　　）。

A．利益性　B．针对性　C．度量性
D．公开性　E．重点性　F．可衡量性

（7）市场定位的方式不包括（　　）。

A．地域定位　B．收入定位　C．文化定位
D．习惯定位　E．性格定位

4．判断题

（1）市场的领导者因为有地位优势，所以应该选择进攻性竞争策略。（　　）

（2）市场机会就是企业的机会。（　　）

（3）可口可乐与百事可乐的竞争采用了针锋相对的竞争策略。（　　）

（4）目标市场就是企业具有的优势和机会的那个市场。（　　）

（5）宏观环境分析、产业分析、企业竞争分析的目的是发现威胁和机会。（　　）

5．简答题

（1）企业为什么要进行宏观环境分析？

（2）企业的技术环境分析主要有哪些方面？

（3）简述行业环境分析所包括的内容。

（4）简述 SWOT 分析法的内容。

（5）如何分析市场机会？

（6）市场细分的方法有哪些？

（7）如何选择目标市场？

（8）怎样进行市场定位？

（9）怎样进行市场竞争分析？

技能实训

【项目名称】市场分析胜任能力训练

【实训目标】

引导学生参加“大众汽车市场分析”业务胜任力的实践训练；在切实体验大众汽车市场分析有效率的活动中，培养相应专业能力与职业核心能力；通过践行职业道德规范，促进健全职业人格的塑造。

【实训内容】

（1）专业技能与能力：在学校所在地选择一家大众汽车运营商以及“4S”店，了解经营的类别、层次与定位，分析大众途观的市场行情。

（2）相关职业核心能力：中级训练。

（3）相关职业道德规范：认同级践行。

【操作步骤】

（1）将班级每 10 位同学分成一组，每组确定 1～2 人负责。

（2）对学生进行大众汽车商品培训，确定选择大众途观市场分析的范围与内容。

（3）学生按组进入“4S”店调查，并将调查情况详细记录。

（4）对调查的资料进行整理分析。

（5）依据对大众途观产品营销策划的影响因素分析，找出市场的影响因素。

（6）写出大众途观汽车市场的分析报告。

（7）各组在班级进行交流、讨论。

【成果形式】

实训课业：撰写大众途观汽车营销市场分析报告。

第3章

创业良机——产品策划

CHUANGYE LIANGJI——CHANPIN CEHUA

【策划小语】

产品策划要以消费者需求为宗旨；产品策划要以提高市场竞争力为目的；产品策划要以标新立异为手段。在市场经济条件下，获得尽可能多的最终利益是用户购买和使用产品的核心需求。企业进行产品策划的目的是获得良好的营销效果，即顾客获得的利益越多，产品对消费需求吸引力越大，产品的竞争力越强。

【知识目标】

了解产品策划、新产品策划、产品组合策划、品牌和包装策划的基本观念；

理解产品策划、新产品策划、产品组合策划、品牌和包装策划的基本原理；

掌握产品整体概念、产品线及产品组合、产品生命周期、品牌和包装策划的程序和方法。

【实训目标】

重点：产品策划，新产品策划，产品组合策划，品牌和包装策划的基本理论。

难点：产品策划，新产品策划，产品组合策划，品牌和包装策划的基本方法。

任务 3.1 产品的基本理论与策划

【导入案例】

产品策划无处不在

统一润滑油专注于车用润滑油领域，并且不断地细分市场，现在产品已经发展到 10 000 多个品种 3 000 多个品级，几乎每年都在央视推广 4 款新产品，2005 年主推了统一防冻液、夏粘宝、摩托车润滑油、省燃料润滑油 4 款新品，并做到每一个细分产品领域的领先位置。统一与其他润滑油品牌在央视上投广告的侧重点也不同：统一即使在央视也是力推新产品，而其他竞争产品更多的是宣传企业形象、品牌形象。换句话说，统一更“现实”。统一的“现实”不仅体现在电视广告传播上，而且连赞助一些重大赛车赛事，也不忘借势力推自己的新品。统一赞助了参加第 27 届达喀尔拉力赛的中国帕拉丁车队，在比赛期间，力推统一专门为 SUV 车型特制的润滑油产品，在赞助的 16 天里，一炮打响，销售了 30 000 桶 SUV 专用油，在自己新的细分市场里做到了第一。

（资料来源：吴厚斌．产品策划无处不在．http://news.cnfol.com.）

案例分析：

统一润滑油公司做与车有关的赞助活动，借势推广新产品，以销售为中心，一切为了形成销量并迅速占领这一细分市场。围绕产品的策划，可以有广阔的空间。

3.1.1 产品的整体概念与策划

1．产品的整体概念

人们通常理解的产品是指具有某种特定物质形状和用途的物品，是看得见、摸得着的实物，这是一种狭义的定义。从市场营销策划的意义上讲，产品是指通过占有、使用或消费等手段，来满足某种欲望和需要而提供给市场的一切载体。它既可以是有形载体，也可以是无形载体。

产品是一个整体概念，产品整体概念包含核心产品、有形产品、附加产品和心理产品 4 个层次，如图 3.1 所示。

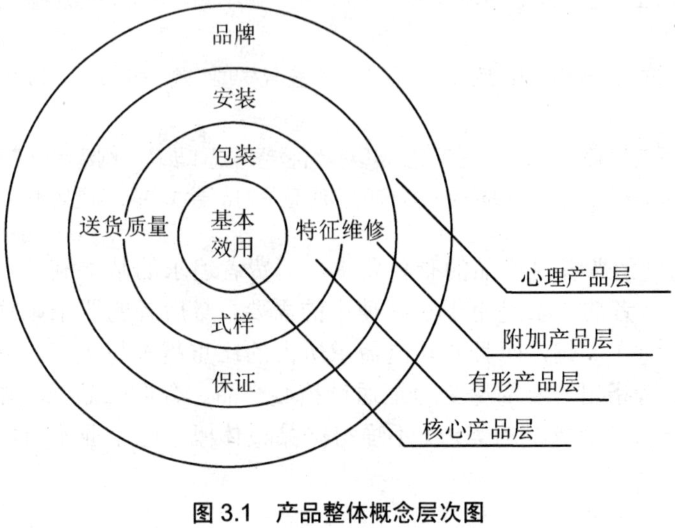

图 3.1 产品整体概念层次图

产品整体概念的内容，见表 3-1。

表 3-1　产品整体概念

产品整体内容的形式	产品整体内容的内涵
核心产品	核心产品也称实质产品，是指消费者购买某种产品时所追求的利益。消费者购买某种产品，并不是为了占有或获得产品本身，而是为了获得能满足某种需要的效用或利益。例如，消费者购买钻头不是为了获得钻头，而是为了获得钻头钻出的孔。因此，企业在进行产品策划时应明确消费者所追求的核心利益，确定产品能提供的实质利益，提升产品的吸引力
有形产品	有形产品是核心产品借以实现的形式，即向市场提供的实体和服务的形式。产品的基本效用必须通过某些具体的形式才得以实现。产品的有形特征主要指质量、式样、特征、包装等。例如，自行车的有形产品不仅仅指自行车的骑行功能，还包括它的质量、造型、颜色等内容。营销策划者应着眼于顾客购买产品时所追求的核心利益，提供完美的有形产品，以求满足顾客需要
附加产品	附加产品指顾客购买有形产品时所获得的全部附加服务和利益。它包括送货、保证、维修、安装等。消费者的目的是为了满足某种需要，因而他们希望得到与满足该项需要有关的一切载体。随着竞争的加剧，竞争不仅发生在各个公司生产什么产品，而且还发生在其产品能提供何种附加利益，例如服务、广告、顾客咨询、融资、送货、仓储及具有其他价值的形式
心理产品	心理产品指产品的品牌和形象提供给顾客心理上的满足。产品的消费是生理消费和心理消费相结合的过程。随着人们生活水平的提高，人们对产品的品牌和形象看得越来越重，它是产品整体概念的重要组成部分

2．产品整体概念对营销策划的意义

【小案例】

中国民办高等学校的产品整体概念营销

我国民办高等教育已经进入市场化阶段。许多民办高校建立与市场相适应的运作机制，运用市场营销的理念和策略招生办学。以市场需求为导向开设新专业，在招生中实施营销策划，借助各种媒体以新闻和广告等形式宣传学校，开始注重品牌建设。同时，随着经济全球化和教育市场竞争的加剧，民办高校面临来自国内外的挑战。

（资料来源：陈宝瑜．民办高等教育发展问题．http://www.cnhei.com.cn.）

案例分析：

在教育市场上，民办高校为社会提供的产品是以教育服务形式体现的，构建民办高校教育服务产品整体概念，实现差异化经营策略，有助于提高民办高校的核心竞争力，寻找更多的市场机会和发展空间。

（1）有助于明确消费者对产品的整体要求。消费者追求的基本利益包括功能和非功能两大类。消费者对前者的要求是出于实际使用的需要，对后者的要求则往往是出于心理动机。二者又往往交织在一起，而且非功能需求所占的比重越来越大。产品整体概念明确地向产品的生产经营者指出，要竭尽全力地通过核心产品、有形产品、附加产品和心理产品的有机结合去充分满足消费者的需求。不懂得产品整体概念的企业不可能真正贯彻市场营销观念。

【小链接】

保健品策划。只有好的治疗理论，缺乏有感召力的诉求理念，会使产品缺乏感性力量。在产品同质化的今天，市场已进入理念营销阶段。理念才是呼唤市场、引导市场、壮大市场的旗帜。此类产品在策划时，在产品用法上进行设计，提出了一些组合的概念；在功能定位上，明确把男人、女人的需要提出来，在理念定位上作出创新。

（2）有助于产品策划的整体把握。只有通过产品四层次的最佳组合才能确立产品的市场地位。营销人员要把对消费者提供的各种服务看做是与产品实体的统一体。

科学技术在今天的社会中能以更快的速度传播，企业要提供具有垄断性质的产品越来越困难。然而，消费者却越来越以产品的整体效果来确认哪个厂家、哪种品牌的产品是自己喜爱和满意的。产品如果能在产品整体概念的外层次突出差异，就能获得更好的产品形象，进而确立有利的市场地位。

【小链接】

香熏产品策划。香薰产业已经步入了中国这个全球最大的消费市场。香薰就如其自身一样，散发着不可抗拒的魅力。在一个结合科技、环保与健康的时代，尤其在健康成为最宝贵财富的今天，在经历非典、甲流疫情之后，健康成为一个敏感而时尚的话题，而现代人在繁杂的都市生活中承受着日益沉重的心理压力和精神压力。香薰不仅能舒缓神经，减轻压力，让身心得到滋润和调理，而且香薰产生的大量负离子和臭氧分子都能预防病毒传染、净化空气，增强人体免疫力和抵抗力。香薰凸显出国人更为殷切的消费需求。

（3）有助于在产品竞争中层次上的外延。产品差异是构成企业特色的主体，企业要在激烈的市场竞争中取胜，就必须致力于创造自身产品的特色。

不同产品之间的差异可以是非常明显的。这种差异或表现在功能上，如鸣笛水壶与一般水壶之别；或表现在设计风格、品牌、包装的独到之处；甚至表现在与之相联系的文化因素上，如消费者对产品的生产地文化因素的关注。总之，在产品整体概念的 4 个层次上，企业都可以形成自己的特色，而与竞争产品区别开来。

【小链接】

美体瘦身产品策划。减肥行业内的竞争，表现为减肥药与减肥保健食品、外用美体产品、美体服务这三大主要业态的竞争。减肥产品市场的激烈竞争历来都发生在减肥食品与减肥药品之间，药品厂家死死抓住“特效”的主题，而保健食品商家则牢牢把住“无副作用”概念不放。大多数消费者对于减肥产品的第一要求是安全，其次是效果，再次是价格。鉴于国内相关产品名目繁多、效果难以确定的情况，多数人愿意尝试国外产品以及纯天然的中医药产品，中医药产品作为中国悠久历史和医学发展的产物，越来越为消费者所青睐。更多的消费者希望在成功瘦身的同时，达到综合提高身体素质，强身健身、保健、美体的目的。消费者观念的转变要求商家的经营策略从产品导向型变为消费导向型。必须重视消费者的个性化需求，必须能够灵活应对市场竞争。

【小技巧】

成功的产品策划遵循的原则

(1) 以消费者需求为中心的原则。市场营销一切活动都是以消费者需求为中心，一个产品策划成功与否，取决于产品满足消费者需求的程度。同时，产品策划成功与否最终是要由消费者来检验的。

(2) 凸显市场竞争力的原则。现代市场经济环境下，市场竞争日益激烈，企业要立足市场，必须要做好产品策划，以高品牌、高价值、高吸引力、高服务来满足消费者的需求，提高自身竞争力。

(3) 坚持标新立异的原则，抓住时机的原则。高效地把高价值产品推入市场，才能使企业立于不败之地。

3.1.2 产品的市场生命周期理论与策划

1．产品生命周期理论

产品生命周期是指一种新产品从开始进入市场到被市场淘汰的整个过程。典型的产品生命周期一般可以分成 4 个阶段，即导入期、成长期、成熟期和衰退期，如图 3.2 所示。

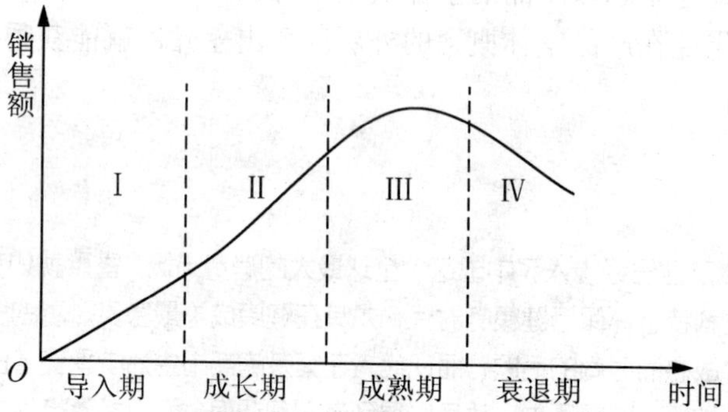

图 3.2 产品生命周期图

(1) 第一阶段：导入期。导入期是产品从设计投产到投入市场进行销售的阶段。在导入期产品品种少，顾客对产品还不了解，除少数追求新奇的顾客外，几乎无人实际购买该产品。生产者为了扩大销路，不得不投入大量的促销费用，对产品进行宣传推广。该阶段由于生产技术方面的限制，产品生产批量小，制造成本高，广告费用大，产品销售价格偏高，销售量有限，企业通常不能获利，反而可能亏损。

【经验谈】

产品的整体市场均属导入期时，推广重点在于强调产品功效方面的特色优势，以培育市场认知度为主。

【小链接】

"海藻泥系列墙面漆"。此类产品在整体涂料市场属导入期，应当大力推介海藻泥的独特功效，突出其以下优势：①源自深海的天然海藻泥，表面微孔比活性炭多出若干倍，吸附净化能力更强大，不仅能净化甲醛，更能吸附净化苯、氨、一氧化碳等有害物质；②采用最新净化技术，以天然深海海藻泥为原材料，创新采用独有的柔质手感专利技术，令产品柔滑细腻，抗污耐擦洗性能更优，能全面解决多项墙面问题；③产品融合顶级的原材料及配方，不含 APEO，超低 VOC，是一款真正的环境友好型产品。同时，在媒介广告、渠道、终端等各方面同步推广。通过强势宣传推广，让广大消费者对此类产品的市场定位及独特功效有初步了解，逐渐提升市场知名度。需要注意的是，在这个阶段一定要做好精确的产品定位，找到自己的利基市场。比如"海藻泥"概念产品，由于其成本、技术含量与价格都比较高，它的利基市场应在高端客户群。这就要求广告策划方案、渠道推广方案和终端展示方案不能偏离定位轨道。

（2）第二阶段：成长期。在成长期产品试销效果良好，购买者逐渐接受该产品，产品在市场上站住脚并且打开了销路，这是需求增长阶段。需求量和销售额迅速上升，生产成本大幅度下降，利润迅速增长。同时，竞争者看到有利可图，纷纷进入市场参与竞争，使同类产品供给量增加，价格随之下降，企业利润增长速度逐步减慢，最后达到生命周期利润的最高点。

【经验谈】

产品的整体市场均属成长期时，推广的重点应该以品牌诉求为主，以树立品牌形象带动产品成功导入。

产品整体市场已经进入成长期，首先通过大量的媒体广告、软文、CF 片、公共关系、事件热炒等手段，轰轰烈烈地制造有关企业与品牌的正面效应新闻，来提升市场信心，以品牌带动产品的快速导入；其次，给渠道商优惠而又灵活的销售政策，如各种各样的折让、赠送、补贴等，强调由于产品的特色与品牌所带来的溢出性市场价值，以及给渠道商带来的利益空间等；同时，配合终端促销，利用各种产品体验工具和 POP（即吊牌、促销海报、宣传单页、小贴纸）等形象店促销工具进行生动的品牌展示。

（3）第三阶段：成熟期。产品成熟期是产品经过成长期之后，开始走入大批量生产并稳定地进入市场销售。随着购买产品的人数增多，市场需求趋于饱和。此时，产品普及并日趋标准化，成本低而产量大。销售增长速度缓慢直至转而下降。由于竞争的加剧，导致同类产品生产企业之间不得不加大在产品质量、花色、规格、包装服务等方面的投入，在一定程度上增加了成本。

【经验谈】

产品的整体市场均属成熟期时，推广的重点应该以突出企业文化优势与大品牌形象为主，不断开辟新的细分市场。

产品在整体市场中处于成熟期，行业内的各种品牌均形成了一定的知名度和忠诚度。导入新产品时要有创新思维，善用自己的各种优势，重点放在细分市场与开辟新市场以及建立大品牌形象上面。一是，依靠长期建立起来的企业形象和企业文化积淀，强化企业品牌对新产品的文化影响，并通过各种形式的公共广告和形象广告强化品牌吸引力。二是，开辟新的细分市场，迅速建立大品牌形象。当一类产品进入成熟期后，市场会逐步呈现饱和状态，市场份额也会逐渐萎缩，这就要求在营销策略上做到创新思维，与时俱进，切不可固步自封，坐以待毙。三是，依靠差异化产品特色，找到自己的目标市场，拥有自己产品与同类产品相区别的个性化特色。

【小链接】

“三棵树”长期致力于彰显“道法自然”、“创造健康生活”等企业哲学和历史使命，撰写了系统性的企业文化手册——《道法自然》，并立志做中国涂料业发展最快的企业、做最佳雇主企业、做最受尊敬企业等。其目的就在于通过持续不断的文化建设树立企业的长青形象，再借企业形象影响品牌形象，促使新品一经上市，便注入了良好的企业文化元素，具有强有力的市场竞争力。有些涂料企业则能在激烈的市场竞争中，凭借创新思维，在产品开发和营销策略上不断细分，开辟新的市场领域，甚至把目光投向国际市场。以一般的清漆为例，在市场上，清漆无论是产品技术还是品牌都早已进入成熟期。“妙清超柔韧清漆”虽然只是一款普通的双组份 PU 木器清漆，却比传统木器漆节省 10%～20%的用漆量，其个性化特点很明显。

（4）第四阶段：衰退期。产品衰退期是产品进入了淘汰阶段。由于科技的发展以及消费习惯的改变等原因，产品的销售量和利润持续下降。产品在市场上已经老化，不能适应市场需求，市场上已经有其他性能更好、价格更低的新产品，以满足消费者的需求。此时成本较高的企业就会无利可图而陆续停止生产，直至该类产品最后完全退出市场。

企业要想使其产品有一个较长的销售周期，以便赚取足够的利润来补偿在推出该产品时所付出的成本，就必须认真研究和运用产品的生命周期理论。

【经验谈】

许多产品从表面上看虽进入衰退期，并不是产品本身出了问题，而是人们价值观念、消费观念的变化，认为再消费该商品，有点不合潮流。如果换一套思路，宣传新的消费观念，并能引起消费者的共鸣，这些产品又将成为时尚。

【小链接】

20 世纪 60 年代，香港人的生活并不富裕，营养不良和各种疾病很普遍，人们的日常饮品以豆浆为主。当时，豆浆是以“穷人的牛奶”、“廉价饮品”形象出现的，它以“维他奶”来命名。“维他”来自拉丁文 Vitamin 和 Vitality，其意为生命、营养、活力等。而舍“浆”取“奶”则来自英语 Soymilk 豆奶的概念。可到了 20 世纪 70 年代，香港人的生活水平大大提高，营养对一般人并不缺乏，反而担心营养过剩，而标榜“穷人的牛奶”，喝了不就掉价了吗？豆品公司的业务陷入低潮。20 世纪 70 年代中期，“维他奶”以一种“消闲饮品”形象再度在市场上出现。1983 年，豆奶公司推出一个电视广告，背景为现代化城市，一群年轻人拿着“维他奶”随着明快的音乐跳舞，并配以“岂止像汽水那么简单”的广告语。20 世纪 80 年代末期，广告又重点突出其亲切、温情的一面。对很多香港人来说，“维他奶”是个人成长过程的一个组成部分，大多数人对其有一种特殊的亲切感和认同感，“维他奶”对香港人如同可口可乐对美国人一样。由此，“维他奶”又开始树立起一个“经典饮品”的形象。在同一时期，“维他奶”以高档“天然饮品”的形象进入美国市场，迎合美国人避免吸收太多的脂肪特别是动物脂肪的需求，价格当然比牛奶高。

2．产品不同生命周期的营销策划思路

产品不同生命周期的营销策划思路，见表 3-2。

表 3-2　产品不同生命周期的营销策划策略

产品生命周期	基本思路	具体策略	策略目的
导入期	快	先声夺人（高价高促）	树立品牌，赢得高消费人群的青睐
		密集渗透（低价高促）	应对潜在的激烈竞争，扩大市场规模
		愿者上钩（高价低促）	当竞争、市场不大时赢得高消费群体
		以廉取胜（低价低促）	价格敏感、市场较大时扩大市场规模
成长期	好	建立品牌形象	树立品牌忠诚
		开辟新市场	细分和扩大市场份额
		密集分销	扩大市场规模，降低生产成本
		改进产品	提高产品质量，增加产品品种

续表

产品生命周期	基本思路	具体策略	策略目的
成熟期	改	改进市场	扩大市场规模，提高销量
		改进营销组合	保持市场占有率
		改进产品	吸引新顾客
衰退期	退	立即放弃	尽快转入新产品
		逐步放弃	逐步转入新产品
		自然淘汰	最大限度获取利润

对于处在生命周期不同阶段的产品，其策划的基本思路有所不同。产品导入期的基本思路是突出一个“快”字。在产品导入期，企业营销策划重点主要集中在促销与价格方面。进入成长期，营销策划主要强调一个“好”字，即不断提高产品质量，改进服务，树立良好的企业及品牌形象，抓住难得的市场机会，扩大市场占有率。在成熟期，策划人员应系统地考虑市场、产品和营销组合改进等主动进攻的策略。衰退期是产品销售每况愈下的阶段，企业利润很低，越来越少的采用者继续购买该产品，大部分消费者购买行为发生转移，竞争者大批退出市场，面临上述情况，可采取的策略主要是“退”字。

任务 3.2　新产品上市推广策划

【导入案例】

可口可乐随大流

可口可乐进入中国市场，为了随中国消费者需求这一大流，可口可乐宣布在中国推出全新茶饮料——“原叶”系列调味茶饮料。“原叶”系列茶饮料与目前市场上其他各类茶饮料的区别在于，“原叶”是100%用真正茶叶泡制的。该系列茶饮料主要有冰红茶和绿茶两种，由可口可乐公司和雀巢公司的合资企业——全球饮料伙伴有限公司生产。可口可乐公司有关人士介绍，“原叶”茶饮料面对16～50岁消费者，在全国30个省份100多万个网点进行了铺货，销售势头良好。

（资料来源：姜承禹．可口可乐公司的营销．http://blog.sina.com.cn.）

案例分析：

可口可乐这样的老牌企业也在不断地开拓新产品，且将新产品策划作为整个营销策划的重点。新产品的好坏影响到整个营销战略与策略的运用，影响到企业的发展。因此，新产品上市推广策划非常重要，成为新产品进入市场的“第一炮”。

3.2.1　新产品开发概述

1．新产品的概念

从市场营销的角度看，凡是企业向市场提供的过去没有生产过的产品都叫新产品。具体地说，新产品是产品整体概念中的任何一部分的变革或创新，并且给消费者带来新的利益、新的满足的产品。

2．新产品的分类

市场营销意义上的新产品含义很广，除因科学技术在某一领域的重大发现所产生的新产品外，在生产销售方面，只要产品在功能或形态上发生改变，与原来的产品产生差异，甚至只是产品从原有市场进入新的市场，也可视为新产品；在消费者方面，则是指能进入市场给消费者提供新的利益或新的效用而被消费者认可的产品。

一般可以将新产品分为全新产品、改进型新产品、模仿型新产品、形成系列型新产品、降低成本型新产品和重新定位型新产品。见表 3-3。

表 3-3　新产品分类及内涵

分　类	内　涵
全新产品	应用新原理、新技术、新材料，具有新结构、新功能的产品。该新产品在全世界首先开发，能开创全新的市场
改进型新产品	在原有老产品的基础上进行改进，使产品在结构、功能、品质、花色、款式及包装上具有新的特点和新的突破，改进后的新产品，其结构更加合理，功能更加齐全，品质更加优质，能更多地满足消费者不断变化的需要
模仿型新产品	企业对国内外市场上已有的产品进行模仿生产
形成系列型新产品	在原有的产品大类中开发出新的品种、花色、规格等，从而与企业原有产品形成系列，扩大产品的目标市场
降低成本型新产品	以较低的成本提供同样性能的新产品，主要是指企业利用新科技，改进生产工艺或提高生产效率，削减原产品的成本，但保持原有功能不变的新产品
重新定位型新产品	企业的老产品进入新的市场而被称为该市场的新产品

3．新产品开发的意义

（1）新产品开发是企业生存和发展的根本保证。任何一家企业不可能单纯依靠现有产品求得生存与长远发展。

（2）新产品开发能够更好地满足人们日益增长的生活需求。现代经济迅猛发展，人们生活水平日益提高，可任意支配收入也日益增加，导致人们的物质与文化生活要求也日益增长。

（3）新产品开发是提高企业竞争能力的重要手段。产品是市场竞争的主要要素之一，任何企业只要能开发出适销的新产品，就可以具有产品竞争优势，提高自身的市场竞争能力。

（4）新产品开发是提高企业经济效益的重要手段。企业开发新产品意味着开发新市场，满足新市场的需求，提高企业的销量，增加企业的收入，提高企业经济效益。

【小知识】

新产品开发注意事项

(1) 根据市场需求开发适销对路的产品。市场需求，精确为顾客需求，永远是企业进行市场营销需要考虑的第一要素与基础要素。产品是企业进行一切经营活动的基点，开发出适销对路的产品在企业生存与发展中占有举足轻重的地位。

(2) 从企业实际出发确定开发思路。企业开发新产品时，需要结合自身发展目标及可运用的研发与营销资源。

(3) 密切关注新产品开发的动向。企业不仅仅要考虑开发新产品过程中自身的优劣势，还需要关注行业发展状况与竞争对手情况。

3.2.2 新产品开发的流程

新产品开发流程如图 3.3 所示。

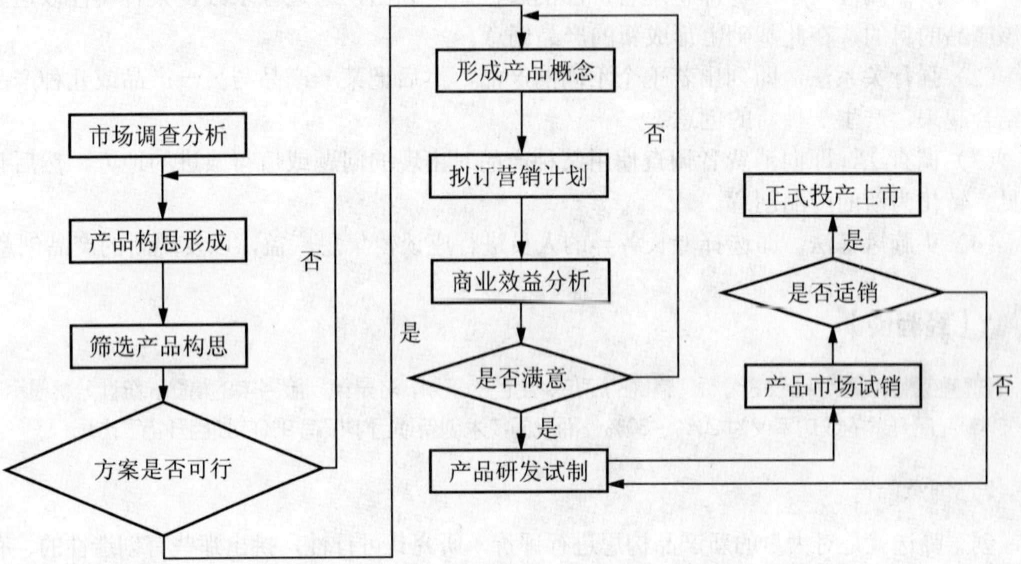

图 3.3 新产品开发程序图

新产品的开发过程是指从创意产生、创意评价发展到最终产品的过程。一般而言，新产品的开发程序包括几个主要步骤：创意产生，创意筛选，新产品概念的形成、测试与筛选，初拟营销战略，商业分析，产品研制，市场试销和商业化。

1. 创意产生

在经济全球化、竞争白热化的今天，谁能够抢先推出适应市场需求的产品，谁就获得了竞争优势。无数国内外企业的成功案例充分说明了开发适合市场需求产品的重要性。例如，宝洁公司将顾客需求作为其创新的出发点，要求每个业务单位每年提供一份按照重要程度排列的顾客需求清单。

【经验谈】

开发适合市场需求的新产品已经成为企业获得竞争优势的重要来源。零售商是企业获得新产品开发创意的重要源泉，通过零售商获得新产品开发创意的途径，这些关键的市场需求成为创新方向的指针。

【小案例】

创意尼龙的新用途

尼龙是杜邦公司在二战前发明的一种重量轻、强度高的材料，当时它被用来制作军用降落伞。大战结束后，对尼龙的大量需求随之停止，尼龙又转向非军事用途，从妇女长筒袜到轮胎芯、地毯、帐篷以及包装材料，通过不断发现尼龙的用途，创意新产品。

新产品创意的来源很多，主要来源于顾客、竞争者、中间商、科技人员、销售人员等。此外，还可以从发明家、专利代理人、大学、研究机构、咨询公司、广告代理商、行业协会和有关出版物寻求新产品创意。寻找和收集创意的主要方法有以下几种。

（1）产品属性列举法，即将现有产品的属性一一列出，通过寻求改良某种属性以达到改良该产品的目的，在此基础上形成新的产品创意。

（2）强行关系法，即列出若干个不同的产品，然后把某一产品与另一产品或几种产品强行结合起来，产生一种新的创意。

（3）调查法，即向消费者调查使用某种产品时出现的问题或值得改进的地方，然后整理意见，转化为新的产品创意。

（4）头脑风暴法，即选择专长各异的人员进行座谈，集思广益，以发现新的产品创意。

【经验谈】

唯有独到的创意、细致的分析、精确的定位、出色的策划，才是策划服务中的精髓。统计分析显示美国和欧洲新产品开发的成功率仅为20%～30%，而我国技术创新项目中仅有9%的项目开拓了市场。

2．创意筛选

创意筛选就是对大量的新产品构思进行评价，研究其可行性，挑出那些有创造性的、有价值的创意。一般要考虑3个因素：一是环境条件，即涉及市场的规模与构成、产品的竞争程度与前景、国家的政策等；二是企业的战略任务、发展目标和长远利益，这涉及企业的战略任务、利润目标、销售目标和形象目标等方面；三是企业的开发与实施能力，包括经营管理能力、人力资源、资金能力、技术能力和销售能力等方面。新产品设想筛选的加乘评分法见表3-4。

表3-4　新产品设想筛选的加乘评分法

评价项目		评　分	分　数		合计分数
技术优势	质量标准	最优 中等 技差	5 3 2	*A*	(*A*+*B*)
	专利权	独占 相争 劣势	5 3 2	*B*	
生产	生产水平	很好 一般 技差	5 3 2	*C*	(*C*+*D*)
	技咨水平	不需要 少量 大量	5 3 2	*D*	
利益情况	生产费用	低 较低 较高	5 3 2	*E*	(*E*+*F*)
	利润率	20%以上 10%～20% 10%以下	5 3 2	*F*	
	加乘评分总数	(*A*+*B*)×(*C*+*D*)×(*E*+*F*)			

3．产品概念的形成、测试与筛选

经过筛选后保留下来的产品构思必须发展成产品概念。产品概念是指已经成型的产品构思，即用文字、图像、模型等给予清晰阐述，使之在消费者心目中形成一种潜在的产品形象，即用有意义的消费者语言来详细描述的产品构思。

【小链接】

本田摩托车刚进入美国市场时，许多美国人对摩托车非常反感，他们把摩托车与黑皮夹克、弹簧刀、犯罪等联系在一起，结果可想而知。经过研究，本田公司耗费巨资发动了一场以“骑上本田摩托车去接你最亲近的人”为主题的广告活动，改变了人们的价值观念，成功地打入美国市场。

形成的产品概念要通过消费者的产品概念测试，如果不能通过，则应当放弃或者继续修改，直至通过。通过新产品筛选相对指数评分法选出适合开发条件的新产品设想，见表 3-5。

表 3-5　新产品筛选相对指数评分法

	评价项目	权数（*g*）	新产品设想			
			方案 P1		方案 P2	
			评分 *n*	*n*•*g*	评分 *n*	*n*•*g*
开发实力与未来	1．销售的专长	4	5	20	2	8
	2．销售的潜力	3	5	15	5	15
	3．生产技术专长	3	5	15	2	6
	4．生产技术潜力	2	5	10	2	4
	5．研究开发专长	2	5	10	1	2
	6．开发潜力	1	5	5	2	2
	7．独资额	4	5	20	5	20
	8．投资额增长率	4	5	20	2	8
	9．可供使用资源	1	5	5	3	3
	10．获得专利工艺	1	5	5	0	0
	11．获得专利产品	1	3	3	0	0
	12．降低费用潜力	4	4	16	3	12
	小计	30		144		80
市场吸引力	1．近 5 年增长率	9	5	45	5	45
	2．市场占有率	5	5	25	4	20
	3．市场容量	13	5	65	5	65
	4．近 5 年发展机会	8	5	40	4	32
	5．投资回报可能性	11	5	55	4	44
	6．产品适应性、质量	4	5	20	2	8
	7．开始盈利的产量	5	4	20	2	10
	8．代用品威胁	5	4	20	3	15
	9．发展变型品可能性	6	4	24	5	30
	10．竞争优势	4	5	20	4	16
	小计	70		334		285

4．初拟营销战略

对经过测试后确认的产品概念，紧接着就要为该产品拟订营销战略。初拟的营销战略应包括 3 个部分。

（1）说明目标市场的规模、结构、行为、新产品的市场定位、近期的销售量和销售额、市场占有率、利润率等。

（2）略述新产品的计划价格、分销渠道、促销方式和营销预算。

（3）阐述新产品的远景发展情况并提出设想，如长期销售额和利润目标、产品生命周期各阶段的营销组合策略等。

5. 商业分析

商业分析是对新产品概念进行经济效益分析，即对新产品的销售情况、成本和利润做出进一步的评估，判断其是否符合企业的目标，以此决定是否进入新产品的正式开发阶段。

6. 产品研制

顺利通过商业分析的产品概念可以进入产品开发阶段。这一阶段将用文字、图形或模型等描述的产品概念转化为实体形态的产品模型或样品。

7. 市场试销

如果企业对产品测试的结果感到满意，接着就是市场试销。市场试销是将新产品与品牌、包装及价格和初拟的营销规划组合起来，然后将新产品小批量投入市场，以检验新产品是否真正受市场欢迎的过程。

8. 商品化

新产品试销成功后，就可以正式批量生产，全面推向市场。

新产品开发各阶段的目的与方法见表 3-6。

表 3-6 新产品开发各阶段的目的与方法

	细分阶段	目　的	方　法
概念开发	产品设想	千方百计酝酿出大量的产品设想	头脑风暴法、特性列表法、问题编目法、笔记本法
	评价筛选	评价产品设想，选出好的设想	指定评价标准，进行筛选
	经营效益分析	从财务角度评价新产品	编制预算，采用回收法、平均收益法、现估法进行评估
样品开发	概念试验与产品实体开发	指定产品的主观设想并进行用户调研，决定产品的设计与试制	概念模型试验，产品设计、偏好试验，选择品名，包装
商品开发	市场试销	设想与检验营销组合	在一个划定的市场范围内试销
	商品化	将产品推销到全国性市场	要求最大限度地协调销售制造以及费用等各个环节

3.2.3 新产品开发中的产品改良策略

所谓产品改良策略也称为“产品再推出”策略，即将产品的某一部分显著变革，以便吸引新顾客、维持老顾客的营销策略。产品改良最好的办法就是对产品整体概念的不同层次进行调整，产品改良是新产品开发的重要手段。

【小链接】

“万宝路”香烟是20世纪50年代生产的一种过滤嘴香烟，其焦油和尼古丁含量很低。同市场上其他名牌香烟相比，它被看成妇女吸的烟，市场业绩一直平平。它的生产者通过市场预测得出20世纪70年代妇女市场将呈疲软之势，原因是：年轻的妇女吸烟者将少于年轻的男人；吸烟妇女的平均消费量比吸烟男子要低得多；怀孕妇女遵医嘱要停止吸烟，以后往往也不再吸烟，或更换牌子。有鉴于此，生产者决定对其进行重新定位：从原来“女性烟”转为“男性烟”。于是，通过广告创造出一个西部地区（“万宝路”故乡）粗犷牛仔的形象，强化了“万宝路”作为男士享用香烟的市场定位和品牌形象，成为世界上最畅销的香烟。

产品改良的具体手段包括以下几种。

1．品质改良

品质改良可以从两个方面进行：一是提高产品的耐久性、可靠性、安全性等；二是将产品从低档上升为高档，或从高档变为低档。

2．特性改良

特性改良就是增加产品新的特性（诸如大小、重量、材料、附加物等），以此扩大产品的多方面适用性，提高其安全性，使之更方便使用。

3．式样改良

式样改良就是基于美学欣赏观念而进行款式、外观和形态的改良，形成新规格、新花色的产品，从而刺激消费者，引起新的需求。

4．附加产品改良

附加产品改良就是向消费者提供良好服务、优惠条件、技术咨询、质量保证、消费指导等。

3.2.4 新产品开发的基本策略

【小链接】

铁皮文具盒曾走过一段辉煌的历程，结果被涌现的塑料文具盒挤垮了，后者以不易生锈、色彩鲜明、造型多样等特点而大受青睐。铁皮文具盒为再铸辉煌，随即向豪华、高档、多功能方向发展，甚至外观形象上也与玩具接近，出现了变形金刚盒、汽车文具盒等。

企业进行新产品开发时，只有采取正确的策略才能获得成功。一般而言，新产品开发策略有以下几种。

1．基于顾客需求策略

满足顾客需求是新产品开发的基本出发点。顾客需求一般包括现有需求和潜在需求，企业在开发新产品时，应把精力放在捕捉、挖掘市场的潜在需求上，并尽可能地把握市场需求。

2．基于产品功能策略

基于产品功能策略主要是通过对老产品改进使其增加新功能、新用途，从而满足新顾客需求，占有新市场。例如，香港手表有时装表、运动表、笔表、链坠表、情侣表、儿童表、计算表、打火表、时差表、报警表、里程表等，依靠多功能产品才闻名于世。

3. 开发边缘产品策略

开发边缘产品策略主要要求开发出跨行业的多功能产品，如既可遮阳又可避雨的伞，集洁齿与治牙痛为一体的药物牙膏等。边缘产品是各行业相互渗透的结果，能满足消费者的多种需求，因此具有广阔的市场需求。

4. 运用他人优势开发策略

运用他人优势开发策略是企业通过购买专利权、其他企业的许可证或特许权等方式获得其他企业现成的新技术，为发展本企业的新产品服务。采用该种策略可以节省大量的研究时间，从而使产品能够尽快上市，获得先机。

【小知识】

新产品策划书样本，见表3-7。

表3-7 新产品策划书样本

编号：　　　　部门：　　　　负责人：　　　　年　月　日

主　题	
策划目的	
策划内容	
营销目标	
商品形象	
商品定位与感性定位	
商品感性力与市场力	
市场定位与广告定位	
存在问题	
解决途径	
新产品营销战略	

任务3.3 产品组合策划

【导入案例】

芭比娃娃的生命力

美国的文化造就了美国人自由与浪漫的性格。当玛丽莲·梦露诞生后，她的形体特征、她的光芒与魅力，很快成了美国人的性感偶像和时尚女性的追求。在这种形势下，商家及时推出了造型特征与玛丽莲·梦露类似的“芭比娃娃”玩具，让人们很自然地想到了性感偶像玛丽莲·梦露，正好满足了人们对性感偶像的崇拜与追求的心理，“芭比娃娃”也就成了当时女性形象的代言人而一举成名。

以“芭比娃娃”为主题的附加产品，如首饰、手表、家具等众多产品，芭比爸爸乔治、妈妈格丽特、宠物等后续产品，《芭比时尚》杂志推荐产品，引导消费者消费。“芭比娃娃”穿上了行政套装、挎起了公文包；“芭比娃娃”穿上了太空服；“芭比娃娃”也开始给朋友发“伊妹儿”等。还有黑人芭比、拉丁芭比、中国芭比等，代言的民族已达45种之多。

（资料来源：冯志强．经典的工业贸易思想[M]．北京：北京燕山出版社，2006：247-248.）

案例分析：

“芭比娃娃”的形象紧跟时代的潮流，创造出了极其丰富的产品组合，得到了追求时尚的消费者的青睐，使得该产品自1959年问世到现在，具有极强的生命力。

3.3.1 产品组合概述

现代企业进行产品组合策划的出发点是要开发出多样化、个性化的产品，形成不同的产品组合来满足不同消费者的需要。

1．产品组合的概念

产品组合是指企业生产销售产品的各条产品线及其产品品种、规格的组合或相互搭配。它反映了企业提供给市场的全部产品项目和产品线系列构成，也是企业的生产经营范围和产品结构。产品线是产品组合的大类，是指能够满足同类需要，在功能、使用和销售方面具有类似性的一组产品，产品线内一般有许多不同的产品项目。产品项目是指产品大类或产品线中各种不同的品种、规格、质量的特定产品，在企业产品目录中列出的每一种产品就是一个产品项目。

2．产品组合的4个要素

（1）宽度指产品组合中所包含产品大类的多少。

（2）长度指产品组合中所包含产品项目的总和。

（3）深度指每类产品所包含花色、式样、规格的多少。

（4）关联性指一个企业的各个产品线在最终使用、生产条件、分销渠道和其他方面相互关联的程度。

3．产品组合的特点

【小案例】

百事可乐的中国营销策划

百事可乐国际公司在中国市场的旗舰品牌是百事可乐、七喜、美年达和激浪。此外，还包括亚洲、北冰洋和天府等著名地方品牌。国际著名的调查机构尼尔森（ACNIELSEN）公司的调查结果表明，百事可乐已成为中国年轻人最喜爱的软饮料之一。百事在原来碳酸饮料的基础上整合果汁和运动饮料，推出茶饮料、纯净水等，让中国人有更多的选择。

（资料来源：管理人网．百事可乐的中国营销策略．http://news.pedaily.cn.）

案例分析：

百事的产品组合远比可口可乐要丰富，除了软饮料外，还涉足运动用品、必胜客快餐以及食品等。与贵格的联姻使百事可乐得到了含金量颇高的 Gatorade 品牌，并大幅提高了百事公司在非碳酸饮料市场的份额。非碳酸饮料的成长速度是碳酸饮料的3倍。

企业产品组合的特点一般通过其宽度、长度、深度和关联性来表现。通过研究产品线的宽度、广度、深度、关联性，制定产品组合决策，确定合理的产品线和产品项目。

如果企业拥有雄厚的资源，回避单一经营风险，要扩大经营领域，扩大经营范围，就必须扩大产品组合的宽度，即扩大产品线。如果企业要迎合广大消费者的不同需要和爱好，以招徕更多的顾客，就增加产品组合的长度和深度，即增加产品项目，增加产品的花色、式样、规格等。如果企业增强产品组合的关联性，则可以利用已有的生产资源、渠道优势和品牌优势，降低产品成本，提高产品的市场影响度和市场占有率。

3.3.2 产品组合的分析方法

1. 波士顿矩阵法（简称 BCG 法）

波士顿咨询集团是美国一家一流的管理咨询公司，在 20 世纪 60 年代初期首创和推广了“市场增长率—相对市场占有率矩阵”分析方法。由于该方法构造了一个四象限的分析矩阵，因此称为波士顿矩阵法（Boston Consulting Group，BCG）。该方法利用两阶矩阵，共分 4 个战略决策区。矩阵图中的纵坐标代表市场增长率，即产品销售的年增长速度，一般以 10%为高低分界线，10%以上为高增长率，10%以下为低增长率。矩阵图中横坐标代表相对市场占有率，它表示企业某产品的市场占有率与同行业最大竞争者的该产品市场占有率之比，一般以 1.0 为分界线，1.0 以上为高相对市场占有率，1.0 以下为低相对市场占有率。如果相对市场占有率为 0.4，则表示本企业的市场占有率为最大竞争者市场占有率的 40%；如果相对市场占有率为 2.0，则表示本企业的市场占有率是同行业最大竞争者市场占有率的 2 倍，则本企业是市场的领导者。据此可以将产品分为四类，如图 3.4 所示。

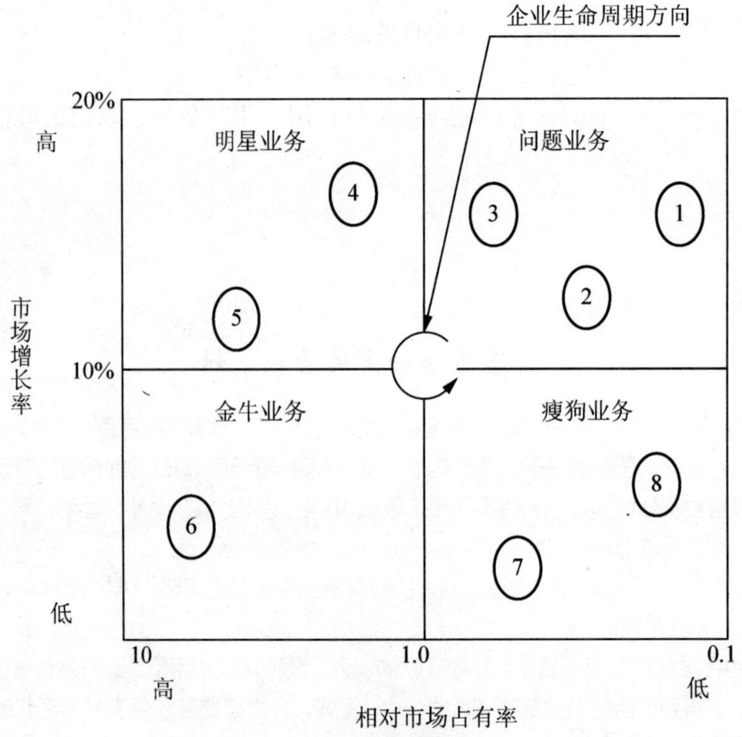

图 3.4 波士顿矩阵图

（1）明星类。市场增长率和相对市场占有率都高的产品（4 和 5）。这类产品由于市场增长迅速，企业必须投入巨资以支持其发展。当其市场增长率降低时就会成为“金牛类”。

（2）金牛类。市场增长率低、相对市场占有率高的产品（6）。这类产品能为企业提供较多现金，可用来支持其他业务的生存与发展。这类产品的多少，是企业实力强弱的标志。

（3）问题类。市场增长率高但相对市场占有率低的产品（1、2 和 3）。这类产品属于前途未卜的，对这类产品是大量投入使之转为明星类，还是精简合并以致断然淘汰，管理者应慎重考虑并及时作出决策。

（4）瘦狗类。市场增长率和相对市场占有率都低的产品（7 和 8）。这类产品有可能自给自足，也有可能亏损，但不太可能成为大量现金的源泉，不应追加投入。

2．通用电气公司法（简称 GE 法）

通用电气公司法是美国通用电气公司引用波士顿咨询集团法原理，扩大其考核内容而形成的一种规划企业产品组合、评价企业发展方向的战略分析方法。这种方法把市场容量、利润率、市场销售增长率等看做刺激企业生产的引力。把企业的技术力量、生产能力、市场占有率、推销能力、产品质量等看做企业在市场竞争中的实力。该方法考虑的要素见表 3-8。对企业产品加以定量分析、评价，划分出九种类型，针对每一种类型列出相应的发展、维持及淘汰等对策，在此基础上调整产品结构，确定企业产品发展方向，如图 3.5 所示。

表 3-8　通用电气公司（GE）法一般考虑的因素

内部因素	外部因素
广告	销售的周期性
产品线宽度	竞争情况
顾客服务	进入壁垒
经销	环境问题
财务实力	退出壁垒
商誉	市场集中度、结构
管理实力	市场增长率
生产能力	市场规模
市场份额	政治问题
营销	盈利性
新产品开发	法规
感觉质量	资源的获取可能性
维修和支持	社会问题
销售人员	技术进步

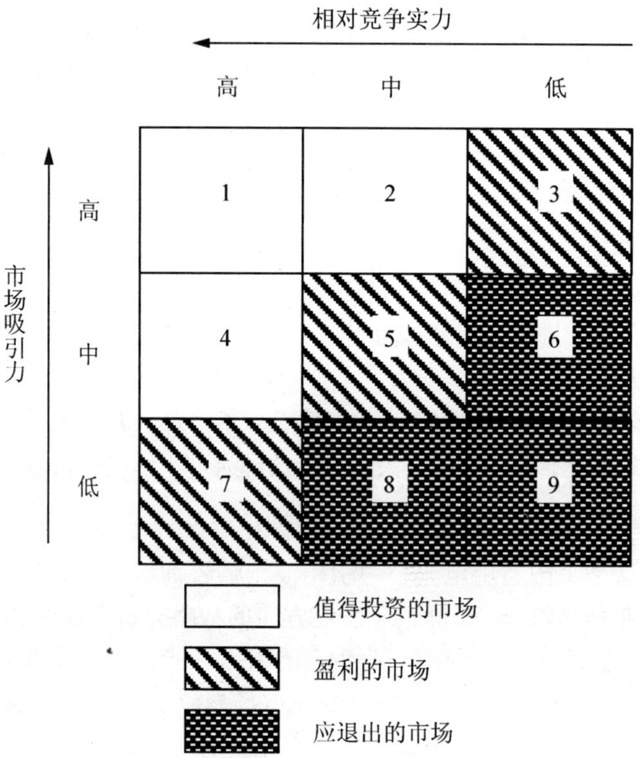

图 3.5 通用电气公司（GE）矩阵分析法

从图 3.5 分析后，我们进行 GE 法矩阵组合的策划战略选择，见表 3-9。

表 3-9 GE 法矩阵组合的策划战略选择

序号	产业吸引力	业务实力	建议采取战略
1	高	高	增长 谋求居于主导地位 尽量扩大投资
2	中	高	找出适宜增长的细分市场 大力投资 在其他方面保持地位
3	低	高	维持总体地位 谋求流动资金 按维持水准投资
4	高	中	通过市场细分估测达到主导地位的潜力 找出弱点 巩固强项
5	中	中	找出适应增长的细分市场 专门化 有选择地进行投资
6	低	中	削减产品系列 尽量减少投资 准备放弃

续表

序号	产业吸引力	业务实力	建议采取战略
7	高	低	专门化 谋求占据合适的市场小板块 考虑收购
8	中	低	专门化 谋求占据合适的市场小板块 考虑退出
9	低	低	信任领导者具有政治家才能 集中研究竞争对手中能产生现金的业务 及时退出和放弃投资

市场需求和竞争形势的变化会引起产品组合的变化，企业要对产品组合寻求一种动态平衡。产品组合动态平衡的形成需要综合性地研究企业资源和市场环境可能发生的变化，各产品项目或产品线的增长率、利润率、市场占有率将会发生的变化，以及这些变化对企业总利润率所起的影响。对一个产品项目或产品线众多的企业来说这是一个非常复杂的问题，目前系统分析方法和电子计算机的应用，已为解决产品组合最佳化问题提供了良好的前景。

3.3.3 产品组合策略

产品组合不是一成不变的，企业在调整和优化产品组合时，依据不同的情况，可以选择不同的策略。产品组合策略一般有扩展策略、填充策略、剔除策略、改造策略与品牌优化策略。

1. 产品组合的扩展策略

【小链接】

松下公司本是著名的家用电器厂商，但现在却在生产大型集成电路和精密陶瓷；丰田公司不仅生产汽车，还生产预制房屋，经营房地产业务；精工除大力发展钟表新品种，以求保持全球最大钟表商的地位外，还投资于机械、电脑、半导体等行业；索尼公司的经营范围也逐步由电子产品扩展到保险业与体育用品业；吉利公司过去98%的利润来自剃须刀，如今还积极从事有关化妆品如冷霜、花露水、香水以及理发工具等的开发，扩大了产品组合的宽度。

产品组合的扩展策略就是突破企业现有经营档次范围，使产品线加长、扩展的策略。如果企业服务的顾客范围发生变化，那么根据重新进行的目标顾客定位情况，可以采用产品线扩展策略。产品组合的扩展策略具体有向上的扩展、向下的扩展或是双向的扩展，如图 3.6 所示。

产品线向上扩展是企业从定位于低档产品扩展到高档产品的生产与经营；产品线向下扩展是企业从定位于高档产品扩展到低档产品的生产与经营；产品线的双向扩展是指企业定位于中端的产品朝上、下两个方向扩展。

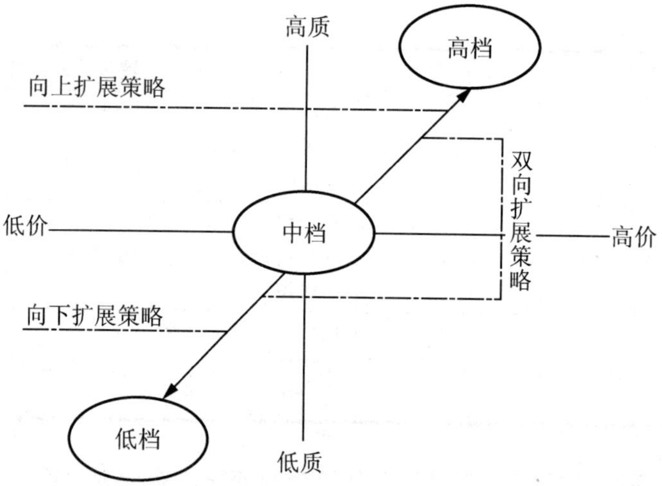

图 3.6　产品组合的扩展策略

【小技巧】

一般来说，拓宽、增加产品线有利于发挥企业的潜力、开拓新的市场；延长或加深产品线可以适合更多的特殊需要；加强产品线之间的一致性，可以增强企业的市场地位，发挥和提高企业在有关专业上的能力。

这三种策略都是根据市场需求的变化，以目标市场的调整为依据的，都能保证企业产品组合最优化。不论采取哪一种策略，企业都会存在一定的风险。如对于向下扩展，有可能使原来高档的产品形象受到损害，所以建议低档产品最好使用新的品牌和商标；而向上扩展，有可能使未来顾客产生怀疑，怀疑高档产品是否物有所值。所以，每一种产品线扩展方式的选择都将面临如何开发新顾客，如何维持老顾客。例如，联想家用台式电脑就开发出天骄系列、锋行系列以及家悦系列等，以不同产品类别来满足不同消费者的需求。企业只有充分了解市场需求，了解自身的研发与营销能力，才能制定适宜的产品线扩展策略。

2．产品组合的填充策略

产品组合的填充策略是指企业通过增加产品组合的宽度或深度从而增加产品组合的长度的策略。如果企业决定围绕现有顾客提供现有产品线和产品项目，为使产品线更丰满，对产品经销商更具吸引力，企业声望更高，或使市场不留空隙，防止竞争者的入侵，或使企业生产能力得到充分利用，那么企业可以采取产品线的填充，适当增加产品项目，来满足目标顾客的各种不同的需要。产品线填充时必须注意保持每一个产品项目具有一定的差异性，要与目标顾客的需求差异相吻合，例如：小护士的清泽产品系列与美白产品系列是选用的产品组合的填充策略。

【经验谈】

产品线填充策略存在的风险：过分填充会导致新推出的产品与原有的产品自相残杀，还会在顾客心目中造成定位混乱。

3．产品组合的剔除策略

产品组合的剔除策略是指企业减少产品大类数或者减少某一产品线内的产品项目数，从而减少产品组合长度的策略。如果发现企业目标顾客数量减少或转移，就需要检查现有产品线上产品项目对顾客需求的满足能力如何，从而决定剔除产品线上不获利或不能满足要求的产品，集中力量去生产那些可以为顾客服务的产品项目，以维持目标顾客群。娃哈哈非常系列进行产品组合剔除策略后，仅选择非常可乐与非常柠檬两项产品进行生产与经营。

【小链接】

杜邦对尼龙事业采取收割的策略。通用汽车决定要剔除凯迪拉克车系，考虑到伴随着此车系的声誉，这可能是一个难以定下的决定。虽然有情感上的理由，产品剔除的决策必须十分客观。

【小知识】

不好的产品应该加以剔除

当产品因为表现无法达成期望，以致于继续支持此产品已经不划算的时候，让产品退出市场是一个比较可行的做法。不良的绩效容易察觉，可能有下列的特征：①低获利。②销售量或市场占有率停滞或衰退，且重建需要的投资过大。③技术退化的风险。④进入产品的成熟或衰退阶段。⑤与企业的优势或任务不符，无法勉强存活的产品必须要加以剔除。它们耗用企业的财务与管理资源，这些资源在其他的地方可以获得更多的利润。有三种产品剔除策略，包括：收割、产品线简化以及把产品线完全撤出。

4．产品组合的改造策略

产品组合的改造策略是指企业产品线的宽度与深度不适应顾客需求必须加以改造的策略。如果产品线的深度适中，由于老化导致竞争力不断下降，就必须进行产品线的现代化改造，否则，现有顾客可能因为企业一成不变的做法而流失。

【小链接】

菲亚特兼克莱斯勒集团首席执行官赛吉奥·马奇奥尼称，克莱斯勒集团正在利用其所持有的50亿美元现金来全面改造产品组合，这一改造活动将以推出一种新款吉普为起点。

【经验谈】

产品组合是一个动态平衡。企业根据市场环境和资源条件变动的前景，适时开发新产品和淘汰衰退产品，从而保证随着时间的推移，企业仍能拥有维持住最大利润的产品组合。及时进行产品组合的改造是保持产品组合动态平衡的条件。

5．产品组合的品牌优化策略

在每条产品线上能够找到有特色的产品项目，通过品牌建设来吸引顾客，带动其他产品项目的销售。品牌上蕴涵着产品特征、利益和服务的一贯性承诺，最佳的品牌就是最好质量的保证，而品牌又与企业的文化和价值观念相融合，品牌就是企业的象征。企业可以通过品牌建设来优化产品组合。在选用此策略中，企业要明确是所有产品采用同一品牌，还是不同的产品线、产品项目采用不同的品牌。可以运用品牌决策，使其产品组合达到最有效。

【策划一线】

丝宝集团的洗涤用品、卫生用品等经营产品组合中凸显出“舒蕾、“美涛”、“风影”、“顺爽”、“洁婷”等知名品牌。

任务 3.4 品牌策划

【导入案例】

雪花啤酒，勇闯天涯

华润雪花品牌定位策划。2005 年，华润策划“雪花啤酒，勇闯天涯”，开展了“在全国范围内招募志愿者”、“在《绝对挑战》中从 6 名人围志愿者中招聘一位‘探索成长之旅’形象代言人”、“启动雅鲁藏布助学捐款”等一系列活动。雪花啤酒的核心诉求点是“畅享成长”，面向的消费者是 20~35 岁这一年龄段的年轻人。这群人正处于人生的黄金时段，充满激情，积极进取，敢于挑战自己，懂得享受生活，同时承受很多压力（买车、买房）。瞄准消费群体的情感特征来策划品牌活动，传播品牌内涵，倡导和鼓励消费者去选择自己的生活方式——在工作、事业上积极努力，敢于挑战，在生活上也要积极享受。这一系列活动使得雪花啤酒受益匪浅，众多消费者积极响应，品牌形象迅速提升。

（资料来源：张万新．雪花品牌神话背后．http://www.ppzw.com.）

案例分析：

“勇闯天涯”不仅有效提高了雪花的知名度和影响力，也为自己向产品品牌升级奠定了良好基础。无论是从知名度还是参与度都有较大飞跃，更大的飞跃是勇闯天涯已由一个原创性的活动品牌成功飞跃至具有较高忠诚度的产品品牌，由此可见品牌策划的威力。

随着竞争的加剧和技术的发展，产品同质化程度越来越高。竞争的层次逐步由产品实物形态的竞争过渡到产品所附着的文化和精神层次的竞争，而品牌恰恰是产品精神和文化的很好载体，品牌策划于是就成为营销策划中的重要一环。

3.4.1 品牌概述

1．品牌的概念

品牌是一种名称、术语、标记、符号或图案，或是它们的相互组合，用以识别企业提供给某个或某群消费者的产品或服务，并使之与竞争对手的产品或服务区别。通过品牌，人们可以获得很多关于产品和公司的信息，但是品牌往往是一个更为复杂的符号标志，它能表达六层意思。

（1）属性。一个品牌首先给人带来特定的属性。例如，沃尔沃轿车代表安全、工艺精良和耐用。

（2）利益。属性需要转换成功能和情感利益。属性“安全”可以转化为功能利益——“这车可以使我免受伤害。”属性“耐用”意味着“我可以开很长时间而不必担心车子坏掉”。

（3）价值。品牌还体现了该制造商的某些价值观。例如，沃尔沃轿车体现了公司对生命的呵护。

（4）文化。品牌可以象征一定的文化。例如，沃尔沃轿车代表了北欧国家以人为本的生活理念。

（5）个性。品牌还代表了一定的个性。例如，沃尔沃轿车可以使人想起一位高效率同时又对生活充满热情的人。

（6）使用者。品牌还体现了购买或使用这类产品的是哪一种消费者。例如，沃尔沃轿车使用者通常是严谨而热情的。

2．与品牌相关的概念

（1）品牌符号。品牌符号是区别产品或服务的基本手段，包括名称、标志、标准色、口号、象征物、代言人、包装等。这些识别元素形成一个有机结构，对消费者施加影响。品牌符号是形成品牌概念的基础，成功的品牌符号是公司的重要资产，在品牌与消费者的互动中发挥作用。

（2）品牌形象。品牌形象是指消费者基于能接触到的品牌信息，经过自己的选择与加工，在大脑中形成的有关品牌的印象总和。

（3）品牌文化。品牌文化是指品牌在经营中逐步形成的文化积淀，代表了企业和消费者的利益认知、情感归属，是品牌与传统文化以及企业个性形象的总和。

（4）商标。商标是一种法律用语，是具有显著特征的标志。商标由文字、图形或者其组合构成。

【小知识】

在商标右上角加注®，是“注册商标”的标记，表示该商标已在国家商标局进行注册申请并已经商标局审查通过，成为注册商标。®中的R是英文注册（Register）的开头字母。注册商标具有排他性、独占性、唯一性等特点，属于注册商标所有人所独占，受法律保护，任何企业或个人未经注册商标所有权人许可或授权，不可自行使用，否则将承担侵权责任。

在商标右上角加注的TM也是商标符号，但不一定已经注册。TM是英文trademark的缩写。与®不同，TM表示的是该商标已经向国家商标局提出申请，并且国家商标局也已经下发了“受理通知书”，进入了异议期，这样就可以防止其他人提出重复申请，也表示现有商标持有人有优先使用权。

商标与品牌既有密切联系又有所区别。严格地说，商标是一个法律名词，而品牌是一种商业称谓，品牌要注册成商标必须具备法律规定的条件。我国习惯上对一切品牌不论其注册与否，统称商标，而另有“注册商标”与“非注册商标”之分，其中注册商标受法律保护，非注册商标不受法律保护。

3．品牌的分类

品牌的分类标准和内容详见表3-10。

表3-10　品牌的分类标准和内容

分类标准	分类内容	举例说明
根据品牌知名度的辐射区域划分	地区品牌、国内品牌和国际品牌	地区日化牌洗发水；国内海飞丝、潘婷；国外飘柔、沙宣
根据产品生产经营不同环节划分	制造商品牌和经销商品牌	制造商品牌如新飞电器、长虹彩电；经销商品牌如王府井百货和国美电器
根据品牌来源划分	自有品牌、外来品牌和嫁接品牌	自有品牌如东风、永久；外来品牌如联合利华、琴岛—利勃海尔、摩托罗拉

续表

分类标准	分类内容	举例说明
根据品牌的行业划分	家电业品牌、食品饮料业品牌、商业品牌、服务业品牌、网络信息业品牌	美的、可口可乐；万达；万客来；奇虎
根据品牌的原创性与延伸性划分	主品牌、副品牌；母品牌、子品牌	现在有海尔冰箱、海尔彩电、海尔空调、海尔洗衣机等；洗衣机分小神童、节能王等

3.4.2 品牌策划的程序及原则

1．品牌策划的程序

企业营销实战中，为产品设计合适的品牌标志和品牌名称是营销策划的重要组成部分。一般来说，比较完整规范、科学有序的品牌策划包括策划说明会、策划任务会、品牌策划、正式提案与商标注册五大活动过程，如图 3.7 所示。

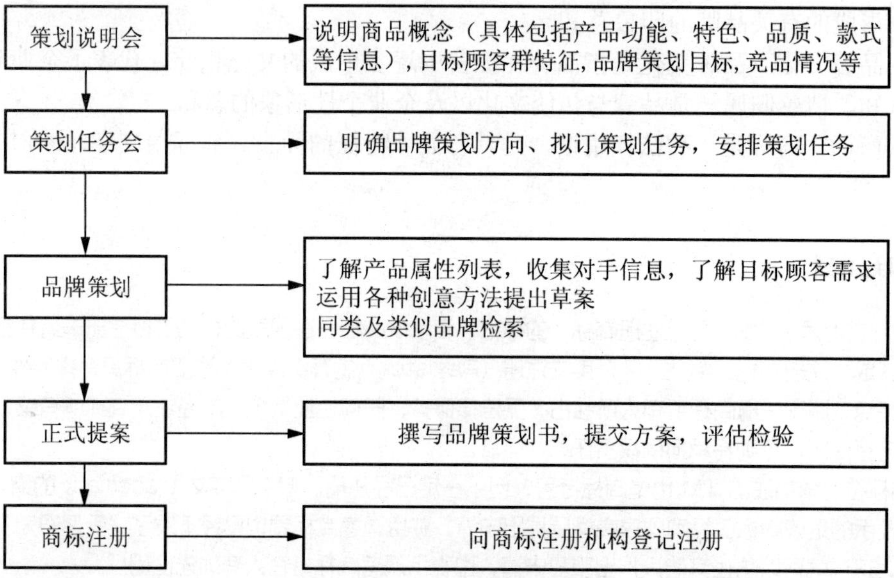

图 3.7　品牌策划的程序图

2．品牌策划的原则

1）简单明了

在品牌众多的市场经济社会中，人们不会特意去记忆某一个品牌，只有简单明了的标志才会留在人们的脑海中，至于复杂的标志在行色匆匆的人们眼里，简直就是累赘。

【策划一线】

苹果电脑的“被咬了一口的苹果”标志非常简单，却让人过目不忘，使得该品牌电脑一经面市便大获成功。耐克品牌的“钩”，可以说是最简单的标志了，代表着正确、表扬、顺利、圆满，它无处不在，给人以丰富的联想。

2）准确表达品牌特征

品牌的标志，归根结底是为品牌服务的，标志要让人们感知到这个品牌是干什么的，它能带给人们什么利益。比如食品行业的特征是干净、亲切、美味等，房地产的特征是温馨、人文、环保等。品牌的标志要很好地体现这些特征，才能给人以正确的联想。

【策划一线】

"M"只是个非常普通的字母，但是在许多小孩子的眼里，它不只是一个字母，它代表着麦当劳(McDonald's)，代表着美味、干净、舒适。同样是以"M"为标志，与麦当劳圆润的棱角、柔和的色调不一样，摩托罗拉（Motorola）的"M"标志棱角分明、双峰突出，以充分表达品牌的高科技属性。

3）设计有美感

造型要优美流畅、富有感染力，保持视觉平衡，使标志既具静态之美，又具动态之美。

【策划一线】

百事可乐的圆球标志，是成功的设计典范，圆球上半部分是红色，下半部分是蓝色，中间是一根白色的飘带，视觉极为舒服顺畅，白色的飘带好像一直在流动着，使人产生一种欲飞欲飘的感觉，这与饮用百事可乐后的舒畅、飞扬感官享受相呼应。

4）适用性与扩展性

标志的设计要兼具时代性与持久性，如果不能顺应时代，就难以产生共鸣，如果不能持久，经常变脸，就会给人反复无常的混乱感觉，也浪费了传播费用。例如，中国驰名品牌白象方便面，出口受阻，白象（White Elephant）在一些国家是笨重的意思，形象很不佳，当然没法打开市场。

【小知识】

产品品牌在字体与色彩运用上的策略与技巧

(1) 字体。首先，字体要体现产品特征；其次，字体要容易辨认，体现个性，以区别于同类品牌。

(2) 色彩。首先，不同的色彩会有不同的含义，给人不同的联想，适用于不同的产品。由于人们的生活经历不同，对于色彩的感觉有时会差异很大。红色容易让人联想到暴力和恐怖，白色容易让人联想到生病、死亡等。其次，相同的颜色也会因为地区、文化、风俗习惯的差异而产生不同的联想。企业进入不同的国家或地区市场，需要对色彩因地制宜，进行调整。色彩的不同含义见表3-11。

表3-11　色彩不同的含义

色　彩	联　想	含　义
红色	太阳、鲜血	热烈、刺激、活力、激动、温暖
黑色	黑夜寂静	庄重、深沉、肃穆、恐怖
白色	雪	单纯、洁白无瑕、干净
黄色	稻谷、黄金	权威、希望、快乐
青色	湖泊	凉爽、恬静
灰色	雾	平凡、温和、忧郁
蓝色	海洋、天空	广阔、远大、未来
绿色	大自然	生命、健康、和平

3.4.3 品牌策略

品牌策略策划流程如图 3.8 所示。

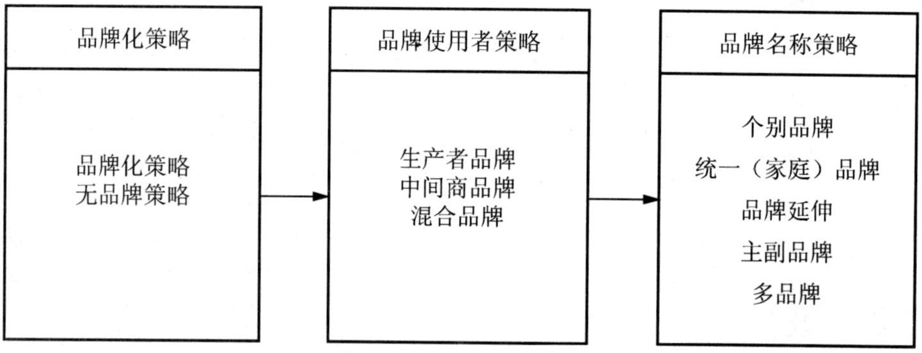

图 3.8 品牌策略策划流程图

1. 品牌化策略

品牌化策略是指企业决定是否使用品牌的策略。在当前很少有企业使用无品牌的策略，除非使用品牌的成本高于使用品牌所获得的收益时，无品牌策略才会被采用（如单个的农户销售自己生产的农产品）。

2. 品牌使用者策略

品牌使用者策略是指企业决定使用谁的品牌的策略。企业决定使用本企业（制造商）的品牌，还是使用经销商的品牌，或两种品牌兼用。

通常品牌是制造商的产品标记。近年来，经销商的品牌日益增多。西方国家许多享有盛誉的百货公司、超级市场、服装商店等都使用自己的品牌，有些著名商家（如美国的沃尔玛）经销的很多商品都使用自己的品牌。

制造商品牌和经销商品牌之间的竞争，本质上是制造商与经销商之间实力的较量。在制造商具有良好的市场声誉，拥有较大市场份额的条件下，多使用制造商品牌，无力经营自己品牌的经销商只能接受制造商品牌。相反，当经销商品牌在某一市场领域中拥有良好的品牌信誉及庞大的、完善的销售体系时，利用经销商品牌也是有利的。

【小知识】

制造商确定品牌归属的方式可有三种选择：①采用自己的制造商品牌（又称全国品牌）；②将产品出售给中间商，由中间商套上他们自己的品牌，这称为私人品牌（又称经销商品牌、中间商品牌或分销商品牌）；③一部分用制造商品牌，一部分用私人品牌。制造商可以付钱“租用”有名的品牌，即付商标专利费购买品牌名称。付了商标专利费之后，就可使用有其他制造商事先建立的名字或标志，或家喻户晓的名人的名字，或流行电影及书刊上所塑造的人物。以上的任何一种都可提供给制造商的产品一个现成且受欢迎的品牌名。一般地，销售儿童玩具、游戏器材、食品和其他产品的厂商会较广泛地租用热门的品牌或图案。专利授权的最新方式为品牌延伸(brand-extension)，就是租用在某类产品上已经成功的品牌，用于其他相关的产品种类。

3．品牌数量策略

品牌数量策略是企业决定使用多少个品牌的策略，详见表 3-12。

表 3-12　品牌数量策略策划

分　类	方　法
个别品牌策划	企业为其生产的不同产品分别使用不同的品牌。采用个别品牌策略，为每种产品寻求不同的市场定位，有利于增加销售额和对抗竞争对手，还可以分散风险，使企业的整个声誉不致因某种产品表现不佳而受到影响
统一品牌策划	企业生产经营的所有产品均使用同一个品牌。对于那些享有高声誉的著名企业，全部产品采用统一品牌名称策略可以充分利用其名牌效应，使企业所有产品畅销。同时企业宣传介绍新产品的费用开支也相对较低，有利于新产品进入市场
分类品牌策划	企业依据一定的标准将其产品分类，并分别使用不同的品牌。企业使用这种策略，一般是为了区分不同大类的产品，一个产品大类下的产品再使用共同的品牌，以便在不同大类产品领域中树立各自的品牌形象
企业名称加个别品牌策划	企业生产经营的各种不同的产品分别使用不同的品牌，且每个品牌之前都冠以企业的名称。企业多把此种策略用于新产品的开发。在新产品的品牌名称上加上企业名称，可以使新产品享受企业的声誉，而采用不同的品牌名称，又可使各种新产品显示出不同的特色

4．品牌延伸策略

品牌延伸策略是企业利用其成功品牌的声誉来推出改进产品或新产品。品牌延伸并非只借用表面上的品牌名称，而是对整个品牌资产的策略性使用。推出新产品时使用新品牌或延伸旧品牌是企业必须面对的品牌决策。品牌延伸一方面在新产品上实现了品牌资产的转移，另一方面又以新产品形象延续了品牌寿命，因而成为企业的现实选择。

品牌延伸具有减少新产品的市场风险、强化新产品的品牌效应和注入品牌时尚元素等优点，但是，也存在有悖消费者固有心理和品牌认知模糊化等不利因素。

5．多品牌策略

多品牌策略是企业对同一类产品使用两个或两个以上的品牌。应用多品牌策略的企业可能同时经营两种或两种以上相互竞争的品牌。多品牌策略虽然会使原有品牌的销售量减少，但几个品牌加起来的总销售量却可能比原来一个品牌时要多。

【策划一线】

上海家用化学用品公司分别推出“露美庄臣”、“清妃”、“白领丽人”、“雅霜”、“男宝”、“伯龙”、“尤维”、“友谊”、“六神”、“高夫”等许多品牌，以期占有不同的细分市场。

这种策略由宝洁公司首创。一种品牌树立之后，容易在消费者当中形成固定的印象，不利于产品的延伸，尤其是像宝洁这种横跨多种行业、拥有多种产品的企业更是如此。多品牌决策的最佳结果应是企业的品牌逐步挤占竞争者品牌的市场份额，或多品牌决策所增加的利润应大于因为相互竞争所造成的利润损失。

【经验谈】

经营多品牌的企业要有相应的实力，品牌的延伸绝非朝夕之功。从市场调查，到产品推出，再到广告宣传，每一项工作都要耗费企业的大量人力物力。这对一些在市场上立足未稳的企业来讲无疑是一个很大的考验，运用多品牌策略一定要慎之又慎。

尽管行业领先品牌没有强大到可以垄断市场的地步，但相对于竞争品牌无论是品牌知名度还是市场份额，都有领先优势。由于行业性质所限，它们的成长速度越来越缓慢，成长空间越来越小。由于它们在成本、技术、管理、服务、价格、渠道、形象等一个方面或多个方面的相对优势，使它们具备了推行多品牌策略的必要条件。推行多品牌策略的目的十分明显：谋求更大的市场份额，拉大与其他品牌的距离，努力成为行业领导者。一些行业挑战品牌在运作过程中发现，靠单一品牌的力量，很难追上并超越比它们更具优势的领先品牌。假如同时拥有几个定位和消费诉求各不相同的品牌，不仅可以更大程度地占有市场份额，而且还可以给领先品牌带来如同狼群围攻老虎时的威胁。行业挑战品牌推行多品牌策略的目的也变得非常清晰：以多敌少，打败领先品牌，成为领先品牌。

6．品牌重新定位策略

品牌重新定位策略是指由于某些市场情况发生变化，企业对产品品牌进行重新定位。当竞争者品牌逼近，使企业品牌的独特性逐渐消失，或消费者转向其他品牌时，即使某一个品牌在市场上的最初定位很好，随着时间的推移也必须重新定位，赋予品牌新的内涵。

3.4.4 企业形象策划与品牌建设

企业形象策划又名企业识别系统（Corporate Identity System，CIS），是运用统一的识别设计来传达企业特有的经营理念和活动，从而提升和突出企业形象，使企业形成自己内在独特的个性，最终增强企业整体竞争力。企业形象策划是品牌建设的重要组成部分，企业识别系统的建立可以对品牌形象起到立竿见影的效果。

1．企业形象策划的组成部分

企业形象策划的直接目标是塑造统一的系统的企业形象，突出企业自身特点。企业形象策划的最终目标是通过树立统一化的企业形象，提高企业的整体竞争力。它由以下 3 个方面的要素构成。①理念识别（Mind Identity，MI）；②行为识别（Behavior Identity，BI）；③视觉识别（Visual Identity，VI）。

2．企业形象策划中的理念识别系统

理念识别是企业识别系统的精神内涵，是企业文化的经典概括。企业理念识别相当于企业的“脑”，用以规范企业日常的行为和管理，指导企业长远的发展。

企业的经营理念要反映企业存在的社会价值、企业追求目标以及企业经营的基本思想。企业理念识别要准确、富有个性、表达简洁独到，这样才具有识别性。

【策划一线】

麦当劳的理念识别就是 Q、S、C、V。字面上的意思是质量（Quality）、服务（Service）、清洁（Clean）、价值(Value)，4 个字母概括了企业对全社会的承诺。它只要开业经营，就必须在任何情况下向顾客提供高质量的食物、良好的服务、洁净整齐的用餐环境以及物有所值。企业的经营管理模式、各项规章制度、对食物的科学配方及制作规程等均以此为指导；其视觉识别系统也是 Q、S、C、V 这一经营理念的具体体现，这一理念成为全体员工上下一致奉行的准则。

3．企业形象策划中的行为识别系统

企业行为识别是企业在内部协调和对外交往中应该遵守的规范性准则。这种准则具体体现在全体员工的日常行为中。员工的行为举动应该是一种企业行为，能反映出企业的经营理念和价值取向，而不是独立的随心所欲的个人行为。企业的行为识别是企业处理和协调人、事、物的动态运作系统，是一种动态的识别形式。它通过各种行为或活动执行和实施企业理念。

4．企业形象策划中的视觉识别系统

视觉识别是企业所独有的一整套识别标志，是企业理念识别的外在的、形象化的表现。视觉识别系统由两大要素组成：一为基础要素，包括企业名称、企业标志、标准字体、企业标准用色等内容；二为应用要素，即上述要素经规范组合后，在企业各个领域中的展开运用，诸如办公用品、建筑及室内外环境、衣着服饰、广告宣传、产品包装、展示陈列和交通工具等。

5．产品形象与 CIS

(1) 产品形象的概念。产品形象是实现企业的总体形象目标的细化，是以产品设计为核心而展开的系统形象设计。它把产品作为载体，对产品的功能、结构、形态、色彩、材质、人机界面以及依附在产品上的标志、图形、文字等内容客观、准确地表达出来，从而体现企业精神及理念。

(2) 产品形象的组成部分。产品形象包括视觉形象、品质形象、社会形象三方面的内容。产品的视觉形象包括产品造型、产品风格、产品包装、产品广告等；产品的品质形象包括产品规划、产品设计、产品生产、产品管理、产品销售、产品使用、产品服务等；产品的社会形象包括产品社会认知、产品社会评价、产品社会效益、产品社会地位等内容。

产品的视觉形象是人们对形象的认知部分，是通过视觉、触觉和味觉等感官能直接了解到的产品形象，诸如产品外观、色彩、材质等，属于产品形象的初级阶段层次；产品的品质形象是产品形象的核心层次，是通过产品的本质质量体现的，人们通过使用产品，对产品的功能、性能质量以及在消费过程中所得到的优质服务，形成一致性的体验；产品的社会形象是产品的视觉形象、产品的品质形象从物质的层面综合提升为精神层面，是物质形象外化的结果，最具有生命力。

【小知识】

食品行业（时尚、休闲食品）特征和应对策略见表 3-13。

表 3-13　食品行业（时尚、休闲食品）特征和应对策略

行　业	应对策略
在生活中处于“可有可无”的地位，零食开支不属于必须开支	增加其“必要价值”，提高其必需程度

续表

行　业	应对策略
相对于主食，不受地点、时间的限制	增加其携带的方便性和在视线中出现的频率
有副作用：增脂、影响肠胃、影响主食摄取、致病隐患	通过科技手段或人性化手段，降低或消除副作用；或用积极的作用替代
行业动荡、竞争激烈、技术壁垒低、容易模仿、高度依赖创新	增加附加值和品牌价值、缩短市场营销周期
客户忠诚度低、不仅众口难调，而且“一口难久”，客户分散游离，难以锁定	塑造“创新、时尚、爽口”等品牌感觉，用稳定的品牌弥补多变的客户需求
产品生命周期趋短，行业对广告、传播及品牌推广的依赖性加强	导入整合营销，走品牌化路线，降低重复广告投入和不必要的成本浪费
包装要求很高，视觉感官、品牌联想、品质感、携带等要求越来越高	专业设计，小投入大回报
儿童、女人是主流客户群，属感性人群，客户善变	在上市前期不培育市场，以降低资金投入风险
受众“去中心化、碎片化”日益严重	多品牌、受众切割产品的研发

（3）产品形象的作用。

① 产品形象是企业重要的无形资产。产品形象是建立和维护产品信誉的一种有效手段。产品形象作为有形的物质功能部分，满足人们对物质的基本要求；产品形象作为无形的精神部分，影响和左右着人们的生活态度和价值取向。通过产品形象建立在消费者心目中的对产品的忠诚度，使企业不断创造出持久的经济价值。

② 产品形象是社会的精神财富。可口可乐成功地把一种碳酸饮料产品变成了一种精神文化，在全世界推广美国精神和美国文化，从有形的物质转化为无形的资产。这种影响已不仅停留在通过使用产品来获取功能需求的层面上，而且还获得了一种精神层面上的需求。这些具有精神财富的产品，满足了社会的高层次需求。

③ 良好的产品形象有助于企业形象的建立。当企业显示出强烈的社会责任感，注重维护公众利益，为市场提供实用、便利、经济、安全、卫生的高品质产品和服务时，便在市场上树立起了良好的企业形象，增强了顾客对企业的美誉度和信任度。这种经验、感知、印象在顾客购买行为中往往起着决定性和长期性的作用。

具有良好产品形象的企业，企业员工有荣誉感和归属感。这种强大的向心力和凝聚力，不仅形成内聚效应，而且吸引各类优秀人才加盟企业，为创造市场竞争优势提供人才支持。

3.4.5 品牌老化及其避免的途径

【背景知识】

商务部曾在全国实施“振兴老字号工程”。提起很多中华老字号，可谓尽人皆知，然而在购物的时候人们却想不起它们。这种高知名度、低认可度的现象正是品牌衰老的表现。品牌的老化，让 2 000 多家中华老字号随着时间的流逝，几乎所剩无几。企业的品牌也像产品一样具有周期性，得当的品牌管理有助于避免品牌老化现象的发生。

1．品牌老化的概念及其表现

品牌老化是指由于内部和外部原因，企业品牌在市场竞争中的知名度、美誉度下降，销量、市场占有率降低的现象。品牌老化的一个典型特点就是：提起这个牌子人人都知道，即知名度已经相当高，但在发生消费行为时往往不是消费者的选择对象。

2. 避免品牌老化的途径

在维护品牌核心价值恒久不变的同时，与时俱进地对品牌进行不断创新，是品牌摆脱时间侵蚀，成就百年金字招牌的秘诀。动态的市场不存在一个恒久不变的品牌，品牌只有把握时代脉搏不断创新，才能焕发生机，永葆品牌的青春活力。避免品牌老化的途径见表3-14。

表3-14 避免品牌老化的途径

途 径	内 容
体制创新	企业必须建立现代运营体制，体制不改，一切创新都是空话。体制的创新不光带来企业灵活适应环境变化的能力和生产效率的提高等，更能在品牌的塑造和创新方面带来巨大的活力
技术创新	技术上的创新往往带来产品的创新甚至行业的革命。如历史上的数次产业革命都是由技术的创新而引发的。现代社会，技术进步愈来愈快，许多行业出现了替代性的甚至足以颠覆原来行业的新产品或服务
产品创新	技术创新必然带来产品创新，主要指产品开发方面的创新，即产品线上的横向延伸，包括档次上的延伸、结合消费者需求从功能上的细分等
企业形象创新	企业形象创新就是企业适应消费者心理的变化，不断创新形象，从而在消费者心目中形成新的印象的过程。纵观著名品牌的发展过程，无不伴随着企业形象的不断更新
促销活动	适当的促销活动是对市场的一种拉动和刺激，有助于开拓更广阔的市场。适当的促销活动可以加强消费者对企业形象的记忆
品牌策略的运用	从品牌创新的角度来看，副品牌策略无疑是能赋予品牌新意与活力的一种方法。通过科学的品牌延伸，既可以扩大业务范围，又能让消费者感觉到企业的活力

任务3.5 包装策划

【导入案例】

日本包装的艺术风格

日本的包装策划主要有两种类型。一类是传统的“和”式，另一类是现代的“洋”式。让人感到传统与现代，质朴与时髦和谐共存。“和”式包装反映了日本人对本民族传统文化精神依恋的情结；而“洋”式包装则彰显日本当今都市生活主流民众的消费心态——追逐时尚、开放和崇洋。

便当是日本日常用的快餐类食品，一般超市和小店都有售卖。针对上班族中的不同阶层，其产品档次和包装不同。经济型的包装是普通纸盒和仿木纸盒，高级的则是仿漆器的木盒或塑料盒。这种设计来自传统的日本餐饮，都用木、陶制器具，并用漆盒盛放。都市上班族追求这种饮食感觉，设计师便沿用这种方式，所不同的只是用容易回收的纸类材料（如再生纸、再生木）来制作，使人在食用的时候既能享受传统的美感，又可节省成本。

（资料来源：冯志强. 经典的工业贸易思想[M]. 北京：北京燕山出版社，2006：190.）

案例分析：

融入更多创意的包装，能在很大程度上满足顾客的审美需求。包装策划也因此成为现代商业服务中的重要领域，成为产品的加分项。

3.5.1 包装策划的定义

包装策划是以商品的保护、使用、促销为目的，将科学的、社会的、艺术的、心理的专业技术和能力等诸要素综合起来运用的行为。从包装策划的目的来讲，主要是针对消费者从而更好地实现销售；从包装策划的过程来看，它综合了科学的、社会的、艺术的、心理的专业技术和能力。

3.5.2 包装策划的要素

1. 视觉识别基本要素

包装是企业识别系统的应用，包装策划必须能够反映企业识别系统的三要素，即理念、行为和视觉识别，而通过包装表达理念和行为识别是有难度的。所以，可以简单地应用视觉识别的基本要素，将企业名称、企业标志、企业的标准色和企业的标准字通过包装策划充分表达出来，从而塑造企业形象。

2. 图形

图形在视觉传达过程中具有迅速、直观、易懂、表现力丰富、感染力强等显著优点，在包装策划中被广泛采用。它的主要作用是增加商品形象的感染力，使消费者发生兴趣，加深对商品的认识理解，产生好感。

在包装策划中，图形要为设计主题服务，为塑造产品形象服务，要注意准确传达商品信息和消费者的审美情趣。

3. 色彩

色彩是表现商品整体形象中最鲜明、最敏感的视觉要素。色彩具有象征性和感情特征，在包装策划中负有两重任务：一是传达商品的特性，二是引起消费者感情的共鸣。

【小链接】

色彩具有象征性，能使人产生联想。一种是具体事物的联想，另一种是抽象概念的联想。例如，红色可以联想到太阳、苹果等具体事物，也可以联想到热烈、喜庆等抽象概念。黑色、红色、橙色给人以重的感觉，绿色、蓝色给人以轻的感觉，所以笨重的物品采取浅色包装，会使人觉得轻巧、大方；分量轻的物品采用浓重颜色的包装，给人以庄重、结实的感觉。

4. 文字

商品包装可以没有图形，但不能没有文字。商品的许多信息内容，唯有通过文字才能准确传达，例如，商品名称、容量、批号、使用方法、生产日期等。文字在商品包装中同时起着两个作用：一是文字对商品内容的说明作用；二是文字字体对商品形象的表现作用。文字在包装装潢设计中可以分为主体文字和说明文字两个部分。主体文字一般为品牌名称和商品名称，字数较少，在视觉传达中处于重要位置。说明文字的内容和字数较多，一般采用规范的印刷标准字体。重点是字体的大小、位置、方向、疏密上的设计处理，协调与主体图形、主体文字和其他形象要素之间的主次与秩序，减少视觉干扰，以避免喧宾夺主或杂乱无章，达到整体统一的效果。说明文字通常安排在包装的背面和侧面。

3.5.3 包装策略

企业除了使包装能充分展现产品的特色外，还需要运用适当的包装策略，使包装成为强有力的营销手段。包装策划中的策略选择可以有以下几种。

1．类似包装策略

类似包装策略是企业对其各种产品采用相同或相似的形状、图案、色彩和特征等。这种包装策略的优点是：既可以节省包装设计的成本，又可以使消费者形成对企业产品的深刻印象，扩大企业及产品的影响，有利于产品迅速进入市场。但如果企业产品相互之间的差异太大，会形成负面影响，则不宜采用这种策略。

2．配套包装策略

配套包装策略是企业依据人们消费的习惯，把使用时有关联的多种产品配套装入一个包装物中同时出售。如将系列化妆品包装在一起出售，便是典型的配套包装。这种包装策略的优点是：一物带多物，既方便了消费者购买，又扩大了销路。

3．再使用包装策略

再使用包装策略又称为双重用途包装策略，即包装物在产品用完后，还可以做其他用途。这样可以利用消费者一物多用的心理，诱发消费者的购买行为，使顾客得到额外的使用价值。同时，包装物在再使用过程中，也能发挥广告宣传作用。

4．附赠品包装策略

附赠品包装策略是在产品包装物上或包装内，附赠物品或奖券，吸引消费者购买。采用这种策略可以增加购买者的兴趣，吸引顾客重复购买。但赠品要注意制作精良，不可粗制滥造，否则不但起不到促销的作用，还会影响产品或企业的形象。

5．等级包装策略

等级包装策略是企业把所有产品按品种和等级不同采用不同等级的包装，其优点是能突出商品的特点，与商品的质量和价值协调一致，满足了不同购买水平的消费者的需求，使价格歧视得以实现，扩大企业的利润。

6．改变包装策略

改变包装策略指企业对产品原包装进行改进或改换，达到扩大销售的目的。改变包装包括包装材料的改变、包装形式和图案设计的变化、包装技术的改进等。

基础巩固

1．名词解释

产品整体概念　产品组合　企业识别系统　产品形象　新产品　产品改良

2．单项选择题

（1）密集渗透策略是产品（　　）的主要营销策略。

A．导入期　　B．成长期　　C．成熟期　　D．衰退期

（2）吉列公司在剃须刀产品系列的基础上，又开发了香水等产品系列，这是从（　　）上来扩大产品组合。

A．宽度　　B．深度　　C．关联度　　D．长度

（3）企业生产的各种产品在包装上采用相似的颜色，体现共同的特征。这种包装策略叫做（　　）。

A．等级包装策略　　B．类似包装策略

C．配套包装策略　　D．再使用包装策略

（4）在普通牙膏中增加药物成分制作出药物牙膏，这样开发出的新产品叫做（　　）。

A．全新产品　　B．换代新产品

C．改进型新产品　　D．模仿型新产品

3．多项选择题

（1）产品整体概念包括（　　）。

A．核心产品　　B．改进产品　　C．有形产品　　D．附加产品

（2）新产品的开发过程一般经过（　　）。

A．创意产生　　B．创意筛选　　C．新产品试制　　D．商业化

（3）企业识别系统包括（　　）。

A．理念识别　　B．行为识别　　C．视觉识别　　D．产品识别

4．判断题

（1）产品的整体概念包括心理产品层。（　　）

（2）好的产品一经产生就不会被淘汰出市场。（　　）

（3）企业识别系统通过名称、标准字、标准色和企业标志来表达。（　　）

（4）名牌产品就一定会被消费者认可并购买。（　　）

（5）包装的功能就是便于运输和携带。（　　）

5．简答题

（1）产品的整体概念是什么？

（2）产品形象和企业识别系统直接的区别和联系是什么？

（3）产品改良有哪些方法？

技能实训

【项目名称】海尔产品品牌策划操作能力训练

【实训目标】

引导学生参加“海尔公司产品品牌策划”业务胜任力的实践训练；在切实体验企业营销策划有效率的活动中，培养相应专业能力与职业核心能力；通过践行职业道德规范，促进健全职业人格的塑造。

【实训内容】

（1）专业技能与能力：在学校所在地选择三家大的海尔公司产品运营商，如大型超市，专卖店了解各个海尔公司产品经营的类别、层次与功能，分析其产品性能、功能、服务差异。

（2）相关职业核心能力：中级训练。

（3）相关职业道德规范：认同级践行。

【操作步骤】

（1）将班级每10位同学重新分成一组，每组确定1～2人负责。

（2）对学生进行新产品和品牌培训，确定选择电视机、冰箱、手机、空调、洗衣机作为调研的范围。

（3）学生按组进入超市和专卖店调查，并将调查情况详细记录。

（4）对调查的资料进行整理分析。

（5）依据对海尔产品品牌策划的影响因素，找出不同产品的特点与功能差异。

（6）进行海尔产品的市场分析，写出海尔产品品牌营销策划报告。

（7）各组在班级进行交流、讨论。

【成果形式】

实训课业：撰写海尔品牌营销策划报告。

第 4 章

转动魔方——价格策划

ZHUANDONG MOFANG——JIAGE CEHUA

【策划小语】

价格是公司经营者最重要的决策之一，是市场营销组合中唯一为公司提供收益的因素，是市场竞争中的一种重要手段。

【知识目标】

认识价格策划的目的；

了解价格策划的基本知识；

理解价格策划的基本原理；

掌握价格策划的基本方法和技巧。

【实训目标】

熟练应用价格策划的步骤和程序；熟悉价格策划的方法与技巧，能够撰写价格策划书。

重点：价格策划的流程。

难点：价格策划的方法、技巧。

任务 4.1 价格策划概述

【导入案例】

机票的最优动态定价

美洲航空公司拥有一支由 400 多名管理专家组成的群体，由他们开发控制一套系统来管理公司的运行。激烈的竞争迫使其他的航空公司纷纷效法。这种做法带来了效率的提高和成本的降低。而这些都只是改良性质的，真正具有革新性质的是美洲公司带头启用的“最优动态定价法”的概念。这种定价法的目标就是在获取最大收入的条件下卖出机票。这种定价法的一个表现形式就是机票价格变化频繁，票价的变动反映需求和供给的状况。在美洲公司看来，一次航班，坐满顾客比空着若干座位赚钱。如果他们的观点正确，那么，没有采用最优动态定价法就是原来几家服务高级但是空运率低的航空公司破产的原因。如今，最优动态定价法已超出了航空业的范畴，扩展到其他的一些服务业。有证据表明，最优动态定价法即将闯入零售业，它的无穷威力，将会使市场竞争发生巨大变化。

（资料来源：邢继萍．最优动态定价法：神奇的力量[J]．销售与市场，2011，11：34-38.）

案例分析：

由于市场环境在不断变化，产品的价格要根据市场形势和企业经营目标作出适当的改变，但是由于市场对价格十分敏感，因此企业对传统产品进行价格调整时必须仔细谋划。每个企业在价格策划上不仅要作出单一产品的价格策划，还要重视公司产品价格体系的策划，理顺公司产品组合中各部分在价格上的相互关系。

4.1.1 价格策划的概念

1．价格及价格制定

价格的形成和运动是经济活动中最复杂的现象之一，现实中，产品价格受到多种因素的影响，商品价格是企业市场营销过程中十分敏感而又最难以控制的因素，它直接关系到市场对产品的接受程度，影响着市场销售量的大小和企业利润的多少。即使是最好的产品，如果定价过高或过低，也会使其市场缩小，销路不畅。

在营销组合里，价格是最直接影响销售收入的因素，定价所涉及的运作过程与变数相当复杂，如何在消费者可接受的价格范围里，制定出对公司最有利、最符合公司目标与政策的价格，是一门需要仔细谋划的艺术，是企业市场营销面临的重大挑战。

2．价格策划

价格策划是指企业如何使产品的价格或价格体系能适应消费者的需要与动态的市场开发活动的谋划。其内容主要包括新产品价格策划、传统产品价格策划和产品价格体系策划。

在企业日常经营活动中，产品价格的确定往往会比较偏重于产品生产经营成本，以致忽略了其他重要因素（如需求强度、顾客认知与心理感受等）。而且，在市场状况有所转变时，也未能机动调整价格。在绝大多数企业，价格制定往往都是独立于其他营销组合之外（只凭主事者个人的主观判断），而不是整体营销运作的一部分（未能综合其他营销变数做整体考虑），使得彼此之间可能脱节，甚至矛盾。

【经验谈】

价格策划作为企业营销策划的一部分，是站在整体的、全局的立场上看问题，是对企业市场营销的整体的谋划。

4.1.2 价格策划的原则及作用

1．价格策划的原则

（1）目的性：价格策划短期目的有促进销量、提高市场占有率等，其最终目的是为了盈利。

（2）标准性：对价格策划进行评价会以成本、价值、竞争、市场形象以及社会为标准。

（3）出奇性：价格策划出奇制胜，具有创新性，实施中能先发制人，达到价格策划的有效目的。

（4）适应性：价格策划应根据市场营销环境的变化而适时变动。

2．价格策划的作用

随着同质化竞争激励程度的加剧和消费者需求的不断变化，产业和市场的逐渐成熟，价格策划在市场竞争要素中的地位日益凸显。价格策划对企业的作用一般分为以下几种：首先，价格策划关系到企业成败，是维持企业生产的基础；其次，价格策划是争取当期最大利润的手段；再次，价格策划是保持、扩大市场占有率的武器；最后，价格策划是抑制或应对市场竞争的方法之一。

4.1.3 价格策划的目标

1．生存目标

当公司面临产量过剩、竞争激烈或者消费需求变化时，它可能将维持生存作为自己的主要目标。

2．预期收益目标

产品定价是在成本的基础上，加入了预期收益。这样公司要事先估计，产品按什么价格、每年销售多少、多长时间才能达到预期利润水平。确定收益率时要考虑所定价格是否既能实现利润目标，又能被顾客接受。预期收益率一般都高于银行利率。大多数公司的长期预期收益率往往定为 10%～20%，实际比例则要根据生产和销售的实际业绩以及竞争情况而定。有的公司想防止潜在的竞争，收益率就定得适中一些。也有的公司短期收益率定得高，因为它们垄断性强，竞争对手少。采用这种定价目标的公司，应具备两个条件：第一，该公司具有较强的实力，在行业中处于领导地位；第二，采用这种定价目标的多为新产品、独家产品或低价高质量的标准化产品。

3．最大利润目标

以最大利润为定价目标，指的是公司希望获取最大限度的销售利润或投资收益。这几乎是所有公司的共同愿望。很多公司即使面临严峻的价格竞争，也还在力争最大利润。小公司，尤其是成功地打开销路的中小厂家，最常用这种目标。

最大利润目标并不必然导致高价。产品价格过高，迟早会引起各方面的对抗行为。比如替代品的出现，需求的减少和竞争的加剧，消费者的抗议及政府的干预。这些力量的作用，会使供求接近于平衡，价格回到合理的水平。最大利润也有长期和短期之分，还有公司全部产品和单个产品之别。一般来说，刚成立的新公司，或公司的一种新产品上市，往往会有一段时间的亏损。一个公司的各种产品，也会有此赔彼赚的现象。所以，最大利润应该是一个公司长期的、全部产品的最大利润。

4. 适当利润目标

有的公司为保全自己，减少风险，或者由于力量不足，将适当利润作为定价目标。比如按成本加成法决定价格，就可以使公司投资得到适当的收益。而“适当”的水平，则随着产量的变化、投资者的要求和市场可接受程度等因素有所变化。

5. 销售增长率最大化目标

许多公司都喜欢用增加销量的办法来争取最大销售收入。因为传统观念认为，大量销售必然带来高额利润。但是实践证明，销售额增加，利润不一定相应增加。现有不少公司已逐步改用销售额与利润并重的原则考虑定价。

6. 保持或扩大市场占有率目标

市场占有率是一个公司经营状况和产品竞争能力的反映，关系到公司的兴衰。许多公司把保持或扩大市场占有率看得很重要。市场占有率比最大利润容易测定，也更能指出公司努力的方向。一个公司一段时间收益甚好，可能就是由于过去占优势的市场占有率所带来的；市场占有率下降，收益也会逐渐递减。不少力量雄厚的大公司，喜欢以低价渗透来建立一定的市场占有率。一些中小公司为了在某一细分市场夺得绝对优势，也很注意扩大市场占有率。经营得法的公司，既能扩大市场占有率，又能得到最大利润，而不是盲目追求市场占有率。

7. 减少一定数量顾客目标

一家公司想减少一部分或一定层次的顾客对它的产品的兴趣。采用这种定价目标，主要是从长远利益着想，抑制需求的过度膨胀，或排斥那些不受欢迎、不大愿意接受的需求。

【小链接】

一些城市为了限制使用桥梁和高速公路进入商业中心的汽车数量，就提高过桥和隧道收费标准，停车场也课以重税。一些专以接待高收入阶层人士为目标的高级旅馆，也以高额收费标准拒绝其他的旅客。

8. 质量领先地位目标

一个公司的目标可能是成为市场的产品质量的领先者。

【策划一线】

某洗衣机的价格高出竞争对手近1/3，其广告宣传为：“修理工没事可干”，这种高质量高价格策略可创造比该行业平均收益水平更高的收益。

9．适应竞争目标

大多数公司对竞争者价格都很敏感，定价以前要多方搜集信息，把自己产品的质量、特点同竞争者的产品进行比较，然后做出以下 3 种抉择：①低于竞争者的价格出售；②与竞争者相同的价格出售；③高于竞争者的价格出售。

公司在遇到同行业的价格竞争时，常被迫采取相应对策。比如，竞相削价，压倒对方；及时调价，地位对等；提高价格，树立威望。价格战容易使双方两败俱伤，风险很大。所以，许多公司在定价时，也常常考虑如何避免价格竞争，开展非价格竞争。产品定价往往随行就市，同时在分销、促销和产品质量、特色等方面多下工夫，不动声色地巩固和扩展自己的市场地位，夺得竞争的胜利。

【小案例】

高价吸引好奇顾客

前些年，日本东京 TOMSON 咖啡屋推出了一种 5 000 日元一杯的高级咖啡，这着实让东京人大吃一惊。在当时的东京，一杯普通的咖啡只有 100 日元左右，5 000 日元一杯咖啡的确太昂贵了。也许会有人以为如此昂贵的咖啡无人问津，可事实上，咖啡店却忙得不可开交。因为高价引起了人们的特别注意，反而刺激了人们非要尝尝这昂贵咖啡的心理。

有人认为这个店推出 5 000 日元一杯的咖啡，一定有厚利可图，其实这个店卖这种咖啡几乎是不赚钱的。TOMSON 的咖啡是用世界上最高级、最豪华的法国杯子盛的，这种杯子一个价值 4 000 日元，等你喝完咖啡回去时，店员就把这种杯子包好送给你。当然，咖啡本身也是货真价实，味道特别好。为什么无利可图，还要推出这么高级的咖啡？该店老板森元二郎说：“卖 5 000 日元一杯的咖啡，我们是不赚钱的，我们要靠卖其他便宜的饮料来维持。然而这 5 000 日元一杯的咖啡比任何宣传都有效，它能吸引成千上万的好奇顾客前来光临。”的确，该咖啡店用好的产品，优质的服务，为消费者提供了一次完美的享受。虽然这种价格高于市场一般价格，但它却是与质量、服务相匹配的。该店老板别出心裁地用高价来吸引顾客的做法，给顾客留下了好的印象，达到了一般宣传所达不到的效果，这种定价方式也不失为一种良策。

（资料来源：冯志强．经典的工业贸易思想[M]．北京：北京燕山出版社，2006：172-174.）

案例分析：

公司和市场营销人员需要分析诸多影响因素，然后再选择一定的初始定价方法。公司首先需要确定的是它要从特定的产品中实现什么目标，如果公司已经认真地选择好目标市场和市场定位，那么它的市场营销组合（包括价格）策略就非常简单。所以，定价策略在很大程度上由最初的市场定位决定。

4.1.4 价格策划的程序

一个完整的价格策划过程应包括定价目标的确定、需求价格弹性的测定、成本的估算、竞品与竞价的分析、定价方法的选择以及最后价格的敲定。

【经验谈】

价格策划是营销策划中的一个重要内容，有一定的工作程序。企业在选择与决策时需要经过反复调研、评价、分析与筛选。

4.1.5 定价环境分析

定价目标的实现，受到一系列因素的制约。这些影响产品价格制定的因素，构成了定价环境。

1. 需求

公司每制定一种价格，都会对应于一个不同的需求水平，不同的价格会导致不同的需求量，并对市场营销目标产生不同的影响。较高的价格，会减少一定的需求量（有时提高名牌商品价格，销售量反而上升）；较低的价格，会引起需求量的增加。虽然需求量的多少与公司收益并不一定呈正比例关系，但是产品定价必须考虑需求的约束。一般来说，预定规模的消费者或用户的最大价格承受能力，是这个产品定价的上限。

2. 成本

需求为公司的定价确定了上限。而公司的成本是价格的下限。任何公司都希望所制定的价格至少能等于已经耗费的成本，包括固定成本和变动成本，以补偿其活劳动和物化劳动的耗费，否则无法维持再生产。售价高于成本的部分，才是公司的盈利，是对公司所作努力和承担风险的合理报酬。

3. 竞争

市场的需求和公司的成本分别为产品的价格确定了上限和下限，而竞争对手的成本、价格和可能的价格反应则有助于公司确定合适的价格。公司需要将自己的成本和竞争对手的成本进行比较，来分析自己是处于成本优势还是成本劣势。同时，公司也需了解竞争对手的价格和质量。公司可以获得竞争对手的价格表，并购买其产品进行拆卸比较，模拟定价；公司还可以询问购买者对每一种竞争对手产品的价格和质量的看法。一旦公司了解了竞争对手的价格和产品，就可以将它作为自己定价的出发点。如果公司的产品与主要竞争对手的产品十分相似，则公司制定的价格应与竞争对手的相近，否则就会使销售量受到损失。如果公司的产品质量较低，那么其定价就不能高于竞争对手的价格。如果公司的产品质量较高，则定价可以高于竞争对手的价格。但必须认识到，竞争对手会根据公司的价格做相应的价格调整。同类产品，由于知名度不同，价格定位也不同，名牌产品在市场上即使价格较高，也仍然好销。

4.1.6 定价方法的选择

从总体上说，定价的方法是很多的，公司为其产品定价时应采用何种定价方法和定价的目标有直接关系。当定价目标是特定的时候，定价目标本身常常已经提出了适用的定价方法。例如，以生存为定价目标，就只适于采用变动成本定价法；以提高市场占有率为目标的定价方法，必须首先考虑以竞争者的价格作为定价的基础。但是当以一般的当前利润作为定价目标时，定价方法的选择就需要或根据行业的惯例，或为了简化定价工作，或为了减少竞争风险，或遵从顾客心理而从影响定价的制约因素中侧重一个方面来选取具体的定价方法。

1. 成本导向定价法

这类方法就是以成本作为定价的基础，最常用的有以下两种。

（1）成本加成定价法。在单位产品成本上附加一定的加成金额作为公司的盈利。其计算方法有两种：第一种是在成本上附加一个对成本而言的百分数，作为出售价格。其计算公式如下。

单位售价＝成本×（1+加成率）

例如：一双皮鞋的单位成本是 100 元，加上 20%的利润，那么售价＝100×（1+20%）＝120（元）。

第二种是指售价中包含了一定的加成率作为公司的收益，其计算公式如下。

产品售价＝单位产品成本/（1－售价中包含的利润率）

如上例生产商想要在产品售价中包含 20%的利润加成，则皮鞋的售价＝100/（1－20%）＝125（元）。

一般所说的成本加成法定价，实际上都是按第二种方法计算的。

不同商品之间的成本加成存在很大的差别，低的不到 10%，高的超过 50%。即使同一种商品，在不同的时间与地点，加成也有显著的变化。加成定价法以成本为中心，忽视了价格的需求弹性。不论从长远还是短期来看，不易获得最大利润。因此，应用成本加成定价法应当考虑需求弹性和其他因素的变化而作必要的调整。

（2）目标利润定价法。这种定价法的要点是使产品的售价能保证公司达到预期的目标利润率。目标利润率定价法和成本加成法的区别在于前者着眼于产品的总成本，而后者则着眼于单位成本。

例如，美国通用汽车公司以总投资额的 15%～20%作为每年目标收益率，摊入汽车售价中。西方国家的许多大型公用事业也这样定价。因为它们投资的业务具有垄断性，又和公众利益息息相关，所以政府对它们的定价有一定限制，只能依据投资额确定一定的百分比，计算收费标准。其步骤如下。首先确定固定成本。这种成本短期内不随产量变化而变化。然后确定总成本。这是固定成本与变动成本的总和。变动成本包括所有随产量变化而变化的费用开支。当产量为零时，总成本等于固定成本。假设公司的生产能力为 100 万单位产品，估计未来时期 80%的生产能力能够运行，那么就可以向市场提供 80 万单位产品；生产 80 万单位产品的总成本是 1 000 万元；假设公司想得到 20%的成本收益率，那么目标利润就是 200 万元，总销售收入要达到 1 200 万元。则目标价格如下。

$$\text{目标价格}=\frac{\text{总成本}+\text{目标利润}}{\text{产量}}=\frac{1\,200}{80}=15\text{（元/单位产品）}$$

这种定价方法的一个主要缺陷，就是公司根据估计的预期销量倒过来推算价格，而价格又是影响销量的一个因素。上例中，公司只有全部卖出 80 万单位产品，才能得到 20%的收益率，即 200 万的利润。但是，每单位 15 元的价格，对实现预期销量，是不是高了呢？会不会低了呢？所以，公司还应该考虑价格和需求的函数关系，也就是不同价格下可能卖出的产品数量，从而使价格与销量相一致。这样，就可以避免确定了价格而销量又达不到预期目标的情况。

2．需求导向定价法

常用的需求导向定价法有下列两种。

（1）市场认可价值定价法。认可价值定价法较多地考虑了需求情况。它根据顾客所认可的产品价值，而不是卖主的成本定价。公司首先要通过市场研究该产品由于质量、服务、广告宣传等因素在顾客心目中所形成的价值，据此确定产品的售价。然后，估计这种价格水平所达到的销售量。根据销售量，决定所需要的生产量、投资额和单位成本。最后，核算在此价格和成本下，能否获得满意的利润，若可则继续发展此产品，若不可，则予以放弃。

认可价值定价法的关键在于，公司要对顾客承认的产品价值有一个正确的估计和判断。公司要进行市场调研，找到准确的顾客认可价值。

【小案例】

凌志挑战奔驰

丰田公司的设计师和工程师在开展市场研究之后便着手开发"凌志"汽车，并通过多种途径来推销。这种汽车的外表犹如雕塑艺术品，十分舒适完美，内部非常豪华。丰田公司在美国宣传凌志车时，将其图片和奔驰的并列在一起并加上大标题："用 36 000 美元就可以买到价值 73 000 美元的汽车，这在历史上还是第一次"。同时，丰田公司开辟了独立的经销网来销售凌志车，并挑选了最有能力的经销商。公司对陈列室和销售计划的关心丝毫不亚于对汽车的设计。在凌志车的陈列室中，场地十分宽敞，周围有鲜花和树木，提供免费的咖啡，配有专业的销售人员，经销商列出了潜在顾客的名单，送给他们一套精美的礼品盒，内装展现凌志车性能的录像带。例如，录像带中有一片段内容如下：一位工程师分别将一杯水放在奔驰和凌志的发动机盖上，当汽车行驶时，奔驰车上的水就晃动起来，而凌志车上的水却没有；在车辆突然转弯时，凌志上的杯子仍然立在那儿。那些早期购买凌志车的顾客不仅满意，而且十分快乐。他们向朋友们极力推荐，成为新的凌志车的最佳免费推销员。

（资料来源：冯志强．市场营销学[M]．北京：华夏出版社，2000：162-163.）

案例分析：

在价值创造方面，丰田公司称得上是行家。丰田公司认识到全世界有相当多的消费者希望购买并有能力购买昂贵的小汽车。该消费群体中，有许多人想购买奔驰，但认为它的定价太高。因此，他们希望能买到具有奔驰的质量，价格更合理的小汽车。这就激发了丰田公司的构思：开发出与奔驰质量相同的新型汽车，具有更优越的价格。购买丰田车的人会认为自己作出了明智的选择，而不是为了显示地位而大量花费。

（2）需求差别定价法。根据市场对产品的需求强度不同而定出不同的价格，价格的差别并不和成本成比例。所谓需求强度是指对某种商品需求的迫切程度。

需求差别定价法的主要形式有以下几种。

① 以顾客为基础的差别价格。公司对同一项产品，根据顾客的需求强度不同和内行程度的不同，而定出不同的价格。例如，供电公司对民用电收费高，因为其需求弹性小；对工业用电收费低，因为其需求弹性大。如果对工厂的收费高于厂内发电设备运转费用，工厂就会自行发电。

② 以产品改进为基础的差别价格。这种定价法是对一项产品的不同型号确定不同的价格，价格上的差别并不和成本成比例。

【小例子】

洗衣机厂生产三种型号的洗衣机。A 型是普及型的单缸洗衣机，成本为 150 元，售价为 180 元。B 型是带有甩干装置的双缸洗衣机，成本为 200 元，售价为 400 元。C 型是带有甩干筒的全自动洗衣机，成本为 400 元，售价为 850 元。

这三种型号的洗衣机，因为成本不同，当然售价要有所不同，但是后面两种型号，较高的售价不仅反映了更多的生产成本，而且反映了更大的顾客需求强度。但是有时候，这种差别价格也可以反过来，成本高的高档型号的产品，毛利率较低，而简易型的毛利率却较高。

③ 以地域为基础的差别价格。如果同一种商品在不同地理位置的市场上存在不同的需求强度，那么就应该定出不同的价格。但定价的差别并不和运费成比例。

【小链接】

我国出口的传统产品茶叶、生丝、桐油、猪鬃在国际市场上需求十分强烈，我们的定价就应该比国内高得多。旅游点和名胜古迹地区的旅馆、饮食的定价通常也高于一般地区。

④ 形象定价。同样的产品当采用不同的包装后，其价格也不同。

⑤ 时间定价。价格随季节、日期或钟点的变化而变化。例如，长途电话费在周末、节假日和工作日的收费不同。

⑥ 以时间为基础的差别价格。当商品的需求随着时间的变化而有变化时，对同一种产品在不同的时间应该定出不同的价格。

需求随时间的变化而出现显著变化的情况是很多的。在西方市场，影响范围最大，涉及面最广，随时间而变化的需求就是周期性经济危机。不景气时需求量猛烈下降，价格下跌；景气时需求量上升。

【经验谈】

不同季节（春、夏、秋、冬）的应季商品的需求量有很大的变化。夏季对电扇、冷饮、夏季服装、凉鞋的需求量增大，冬季需求量就大减。至于以天来改变需求量的情况也有很多，如节假日对礼品的需求量和平时的市场需求量也会有明显的不同。以一天中的某个时间来改变需求强度的，通常在公共运输、电话、电视广播方面最为明显。电视广告在晚餐前后所谓黄金时段播出时费最高，其余时间收费较低。

【小案例】

一个咖啡馆四个价

巴黎的咖啡馆有诸多奥妙。路边许多咖啡馆里座位空空，而人们都拥在吧桌旁，倚靠着柜台，或是同老板，或是同顾客谈天说地，甚至有人仅举着个空杯子。

原来有些咖啡馆一种商品有四个价，看在什么位置喝。以一杯咖啡为例，在柜台旁站着喝 4 法郎；坐在一般座位上喝 6 法郎；坐在靠近马路的座位上喝，可以隔窗看景，收费 8 法郎；坐在露天座，可直接欣赏街景，看看过往行人，收费 10 法郎。看来，法国人倚靠柜台站着喝咖啡，除了传统因素外，还因为它最便宜。

（资料来源：冯志强．市场营销[M]．北京：华夏出版社，2000：187–188.）

案例分析：

咖啡馆老板采取了差别定价策略。在这里价格差异并不能反映出产品成本的比例差异。差别定价可根据顾客不同、产品花色不同、地点不同、时间不同等来进行。咖啡馆的差别定价就是根据地点不同来进行的，因为顾客偏爱某些位置，同时顾客收入水平也存在差异。实行多种价格，可以吸引更多的顾客光顾，另外，这样也维持了咖啡馆诸多的古老文化传统，让人觉得更有味。

3．竞争导向定价法

所谓竞争导向定价是指完全根据竞争的需要，以竞争者的价格作为定价基础的定价方法。常见的竞争导向定价方法有如下三种。

（1）流行水准定价。就是公司使自己的产品价格跟上同行业的平均水准。因此，此法也称为随行就市定价法。流行水准定价主要适用于匀质产品，如食物、纸张、钢铁、肥料等，这种产品不论是哪个公司生产的，只要规格相同，产品的质量都是相似的。

在完全竞争的市场上，经营匀质产品的公司对产品的定价，除了按流行水准以外，可以说毫无选择余地。因为价格完全是由市场自发形成的，单个公司如果把价格定得高于流行价格，就会失掉顾客。公司也没有必要把价格定得低于流行价格，因为在流行水准时，已经可以把产品全部卖光。因此，匀质产品在完全竞争市场上出售，公司是没有什么定价策略可言的。公司在这种条件下，唯一的竞争手段是成本控制，努力降低成本，以便在流行价格水平上取得更多的利润。

在少数几家大厂商把持整个行业的寡头垄断的情况下，匀质产品的价格，在少数几家大厂商之间也像完全竞争市场上一样，倾向于采取相同的价格。个别公司如果提高定价，别的公司决不会跟进；个别公司如果降低价格，别的公司就会立刻下降。因而价格将僵持在流行水准上。这种情况说明，每个个别公司的需求曲线是一条折线，如图 4.1 所示。

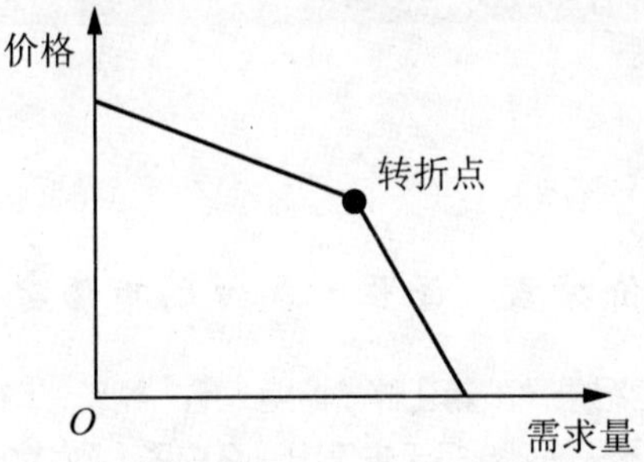

图 4.1　垄断性竞争下的需求曲线

流行价格水平正好处在转折点上。在折点以上，需求弹性很大，价格提高一点，需求量大大下降；在转折点以下，需求弹性很小，价格降低，并没有什么好处。

（2）渗透定价。以打进新市场或扩大市场占有率、巩固市场地位为目标的定价策略。它的特点是价格偏低，低到什么程度完全根据竞争形势，而不顾成本。采取这种定价策略时，成本和利润需要在较长时间内才能收回。

渗透价格早期的方式称为“倾销价格”，这是垄断组织争夺国际市场时的惯用手法。它以特别低的价格，向市场上大量投放商品，排挤掉所有的竞争者，占领了市场后，再提高价格牟取暴利。这种策略在经济政治上不独立的殖民地半殖民地市场上曾经是屡见不鲜的。倾销价格策略由于很容易受到政治经济上独立的主权国家的反击，目前已经比较少见，已演变为渗透价格的形式。

【小链接】

中国的植物油市场的价格已经被国际市场渗透，我国大豆产业约 70%的加工能力和 80%的大豆进口为相关跨国公司渗透所控制，自给率不足30%，转基因食品构成中国食品安全问题。外资对我国种子、棉花产业的价格渗透、价格控制也初露端倪，形势非常严峻。一旦我们失去主要的市场，市场的竞争格局发生巨大改变，会出现粮食安全破窗效应、蝴蝶效应、近因效应、马太效应。中国城市化、工业化、农业现代化过程中，国际粮食价格长期低于国内价格2倍，对于中国粮食安全构成严重的威胁。

所谓渗透价格是指比流行价格水准要低，但是，不像倾销价格那样相差悬殊，而且着眼于维持一个较长的时间，并有可能作进一步的下降，以对付竞争形势的变化的价格。

（3）投标竞标定价法。投标竞标定价法在需要通过投标竞标方式取得承包工程合同的场合已被广泛采用。所谓投标竞标价格是指公司以竞争者可能的报价为基础，兼顾本身应有的利润所确定的价格。

公司确定投标竞标价格是以取得承包合同，又能得到尽可能大的利润为目标的。但是这两个方面是有矛盾的，为了取得承包合同，报价必须低于所有竞争者，但是又不能太低，如果低于成本，公司将得不到利润反而受到损失、即使取得合同也将失去意义。另一方面为了取得利润，报价必须尽可能提高，但也不能太高，定价提高，可能的利润将增加，而取得合同的机会必将减少。如果失去中标的机会，则报价再高也毫无意义。

任务4.2　新产品价格策划和产品组合价格策划

【导入案例】

天价楼盘“汤臣一品”的市场宿命

2005年10月底，中国的豪宅纪录被黄浦江畔“汤臣一品”刷新，均价高达12万元每平方米；大半年后，“汤臣一品”又创造了一项纪录——250多天未售出一套房子。到2006年8月，“汤臣一品”似乎出现了转机，售出1套，预订3套。然而好景不长，2007年6月，上海掀起一轮房地产市场秩序整治“风暴”，上海市房屋土地资源管理局宣布，为更好地执行建设部、国土资源部等八部门联合下发的《关于开展房地产市场秩序专项整治的通知》，将对上海房地产企业进行专项检查，首批专项检查对象为“汤臣一品”、“嘉和国际大厦”、“经纬城市绿洲”3个商品房开发项目，其中，“汤臣一品”因其定价是市场价格的26倍，成为重点整治对象。“汤臣一品”的价格神话几近破灭。

（资料来源：上海市房地产市场研究报告(2012). http://www.51baogao.cn.）

案例分析：

经济学原理告诉我们：过高的利润附加值会造成投资冲动，违背正常的市场规律。“汤臣一品”的命运预示着企业定价不能只考虑自身利润，必须将价格制定在市场可承受的范围之内。无论是新产品还是之后的各种产品组合，都需要在价格制定上进行周密的策划。

新产品是指在产品整体概念中的任何一部分进行的变革或创新，并能给消费者带来新的利益和满足的产品。新产品大致可分为全新的技术型新产品、改进产品和新牌子产品。

新产品价格策划是指企业使自己的新产品适应消费者需要的活动谋划。新产品价格策划是企业新产品开发中的重要组成部分，其策划适当与否关系到新产品能否顺利进入市场、打开销路以至取得较好的经济效益。

4.2.1 新产品价格策划

1．市场撇脂定价策略

市场撇脂定价策略是指企业的新产品一上市，把价格定得尽可能高，以期及时获得较高的收益，在商品经济生命周期的初期便收回研制开发新产品的成本及费用，并逐步获得较高的利润，攫取市场"第一桶金"，随商品的进一步成长再逐步降低价格。采用此策略的企业商品一上市便高价厚利，其做法很像从牛奶的表面撇取奶油，好的鲜牛奶可以撇取7～8层牛奶皮，故又称"撇脂法"。

1）策划的目的

在新产品上市之初立即赚取丰厚的市场营销利润，以追求短期利润最大化，获取高额利润，以迅速收回投资和弥补产品的研究和开发费用，增强企业产品的高级品形象定位，以确立企业的优势竞争地位，掌握调价主动权。

2）策划的条件

该策略的优点是尽早争取主动，达到短期最大利润目标。采用这种策划是有先决条件的，市场撇脂定价策略应在以下条件具备时才能采用。

（1）企业需要迅速收回投资时。企业需要迅速获得大量利润，以收回研究开发费用。利润可用来改良产品，当竞争者进入市场时，可以支持其他各种竞争性活动。

（2）产品价格缺乏弹性，高价造成的需求或销售量减少的幅度很小，或者早期购买者对价格反应不敏感。

（3）企业定位在于增强高级品形象。

（4）新产品质量与价格相符。

（5）产品或服务处在介绍期，企业希望通过高价策略多获得利润。

（6）新产品比市场上现有产品有显著的优点，能使消费者"一见倾心"；有足够多的消费者能接受这种高价并愿意购买。

（7）短时期内由于仿制复制等方面的困难，类似仿制品出现的可能性小，竞争对手少。

（8）产品生命周期过短时，采用高价策略有助于短期内收回成本。

（9）企业重视利润胜过销售量，希望保持较高利润率。

（10）受专利保护时。

3）策划应注意的问题

（1）由于定价过高，可能会导致缺乏渠道成员的支持。

（2）由于定价过高，可能得不到消费者认可。

（3）由于定价过高，高价厚利会吸引众多的生产者和经营者转向此产品的生产和经营，加速市场竞争的白热化。

2．渐取定价策略

渐取定价策略也称低额定价策略，与速取策略截然相反。在向市场推出新商品时，尽量把价格定得低一些，采取保本微利，薄利多销的方法。在商品上市后以较低价格在市场上慢取利、广渗透，可以占有比较大的市场份额，通过提高销售量来获得企业利润，也较容易得到销售渠道成员的支持，低价低利对阻止竞争对手的介入有很大的屏障作用。

1）策划的目标

企业的目标是渗透新市场，立即提高市场营销量与市场占有率，并能快速而有效地占据市场空间。企业不追求短期利润最大，并以低价低利阻止竞争对手的介入。

2）策划的条件

商品的市场规模较大，存在着强大的竞争潜力；商品的需求价格弹性较大，稍微降低价格，需求量会大大增加；通过大批量生产能降低生产成本。

3）策划的优点

（1）扩大市场，让无法支付高价的新消费者成为实际购买者。

（2）低价可使现有消费者增加产品使用量。

（3）对于价格弹性大的产品，低价会促进销售，虽然单位利润低，但销售量的增加仍会提高利润总额。

（4）作为先发制人的竞争策略，有助于夺取市场占有率。在成熟的市场价格策划中经常采用。

（5）和竞争者保持均势。如果大多数竞争者都降低价格，就必须跟进，尤其当产品价格很敏感时。而且如果强大的竞争者提供公司无法与之匹敌的附加价值时，为了做出反应，只好降低产品价格。

（6）低价可阻止实力不足的竞争者进入市场。这种扩大市场的定价政策，使公司可在竞争压力最小的情况下，获得大量最忠实顾客。

4）策划可能存在的问题

（1）定价过低，一旦市场占有率扩展缓慢，收回成本速度也慢。

（2）有时低价还容易使消费者怀疑商品的质量保证。

3. 中间定价策略

中间定价策略是指按照本行业的平均定价水平或者按当时的市场行情来制定价格，即“随大流”。其优点在于，企业制定的产品价格易于被消费者认可，企业可以在不承担较大风险的情况下，获得比较稳定的市场；同时，价格不高不低，销售渠道成员觉得稳妥，因此能保持经营的积极性；从企业自身看，可有计划地在不太长的时期内收回企业的研制成本。企业因有一定的利润而乐于经营，消费者、中间渠道及企业自身都满意，故这种定价法又称“满意法”。

“中间定价”的最大优点是“稳”，通过对前两种策略的调和和折中来避免前两者的明显缺点，但同时也在很大程度上将两个策略的优点抹杀。采用此策略最应注意的问题是避免商品没有特色而打不开销路。

【小案例】

低价开盘，火爆卖房

正逢广州高温，而广园东碧桂园凤凰城售楼处的热度尤为高涨，来这里的人们坐车要排队，看样板房要排队，下订金要排队，甚至上厕所也要排队。广园东碧桂园凤凰城是碧桂园集团的第九个也是面积最大（10 000亩）的楼盘，离广州市中心 30 公里。这次能够在当地引起如此火爆反应的一个最直接的原因就是低廉的房价。此次作为广园东碧桂园凤凰城主卖点的低价别墅 TOWNHOUSE 的浪漫阳光别墅，分为北美古典与现代两种风格，面积为160～180平方米，户型多达9种，价格仅从50万元起。而这个价格如果放在市区，只能买到 80～90 平方米的房子，而且风景绝对比不上凤凰城。在一块显示楼房销售进展的告示牌面前，销售人员每隔几分钟就往上贴一个红圈，表示该楼房被预订。据统计，“五一”当天，有超过3.5万人到碧桂园凤凰城看楼，仅进出车辆就达5 000辆次。凤凰城当日售出独立别墅260套、联排别墅120套、洋房600套，销售额达7.5亿元。

（资料来源：碧桂园凤凰城热度高涨. http://www.vmarketing.cn.）

案例分析：

低廉的价格可以使企业迅速地占领市场空间，但同时企业的利润率也可能受到影响，利用低价格占领市场而不是通过提供优质的产品获得竞争优势，对企业的长期发展和品牌建设并没有很大的作用。

4.2.2 产品组合价格策划

当产品只是某一产品组合中的一部分时，公司必须对定价方法进行调整。这时候，公司要研究出一系列价格，使整个产品组合的利润实现最大化。因为各种产品之间存在需求和成本的相互联系，而且会带来不同程度的竞争，所以定价十分困难。我们可以区分出三种情况，见表4-1。

表4-1 产品组合定价策划方法

策划方法	简　介
产品线定价	公司通常开发出来的是产品线，而不是单一产品。例如，松下公司设计出五种不同的彩色立体声摄像机，简单型的只有4.6磅重，复杂型的有6.3磅重，功能包括自动聚焦、明暗控制、双速移动目标镜头等。产品线上的摄像机依次增加新功能，策划部门要确定各种摄像机之间的价格差距，以期不断获取高价。制定价格差距时要考虑摄像机之间的成本差额、顾客对不同功能的评价以及竞争对手的价格。如果价格差额很大，顾客就会购买价格低的摄像机
选择品定价	在许多行业，销售商都为产品线中的某一种产品事先确定好价格点。例如男士服装店可能经营三种价格档次的男士服装：150元、250元和350元。顾客会从3个价格点上联系到高、中、低三种质量水平的服装。即使这三种价格同时提高，男士们仍然会按照自己偏爱的价格点来购买服装。销售商的任务就是确立认知质量差别，来使价格差别合理化
补充品定价	有些产品需要附属品或补充品。例如剃须刀片和胶卷。生产主要品（剃须刀和照相机）的制造商经常为产品制定较低的价格，同时对附属品制定较高的加成。例如，柯达照相机的价格很低，原因是它从销售胶卷上盈利。而那些不生产胶卷的照相机生产商为了获取同样的总利润，而不得不对照相机制定高价。一些厂商向购买家庭计算机的消费者赠送打印机，目的是希望消费者购买打印机的专用墨盒，专用墨盒的价格一般订得比较高
分部定价	服务性公司经常收取一笔固定费用，再加上可变的使用费。例如，电话用户每月都要支付一笔最少的使用费，如果使用次数超过规定，还要再交费。游乐园一般先收门票费，在园内其他游玩的地方，还要再买小门票。服务性公司面临着和补充品定价同样的问题，即应收多少基本服务费和可变使用费。固定成本应较低，来推动人们购买服务，利润可以从使用费中获取。如移动电话通过较低的入网费吸引顾客，而在通话费中获取较高的利润
副产品定价	在生产加工肉类、石油产品和其他化学品的过程中，经常有副产品。如果副产品价值很低，处理费用昂贵，就会影响到主产品定价。制造商确定的价格必须能够弥补副产品的处理费用。如果副产品对某一顾客群有价值，就应该按其价值定价。副产品如果能带来收入，将有助于公司在迫于竞争压力时制定较低的价格

续表

策划方法	简　介
产品束定价	销售商经常以某一价格出售一组产品，例如化妆品、计算机、假期旅游公司为顾客提供的一系列活动方案。这一组产品的价格低于单独购买其中每一产品的费用总和。因为顾客可能并不购买其中所有的产品，所以这一组合的价格必须有较大的降幅，来推动顾客购买

1．产品线价格策划

产品线（产品大类）是指相互关联或相似的一组产品，如功能相似、消费上连带、销售对象相同等。

1）功能相似的产品线价格策划

具有相似功能的产品，其产品线定价策划的目的是使顾客确信本企业是按质论价的，一分钱一分货。其定价过程是利用消费者对产品线系列产品的价格所形成的理解来确定价格，消费者通常会把不同价格的产品分为高、中、低几档，即使这几种价格都有所变化，顾客仍然会按他们的习惯去购买某一档次的产品。

2）供给同一目标市场的产品线价格策划

由于消费者受经济、文化、社会风俗等各方面因素的影响，形成不同的消费群体，不同消费群体对同一产品的需求评价是不同的，而同一消费群体对同一产品的需求评价却是相似的，把符合某一消费群体需求的产品组合在一起，就形成了这一消费群体需求的产品线，如廉价品、高档品等。企业应根据这一消费群体对不同产品的评价，制定符合其需求的商品价格体系。

3）消费上具有连带性的产品线价格策划

对于化妆品、炊事用具等产品，消费在购买这类产品时，连带购买的可能性比较大，这就需要有一个合适的价格关系，企业在价格策划中往往会采用合理的价格体系或以某种商品的超低价带动其他产品销售等方法。

2．非必需附带产品价格策划

许多企业一般在提供主要产品的同时，还提供一些与主要产品密切相关的附带产品，这些附带产品对主要产品的正常使用影响不大，但能完善主要产品的功能，提高消费者的满足程度。在市场营销中这些非必需附带产品的定价是个棘手的问题，如汽车，哪些附件计入汽车价格，哪些不计入汽车价格，这需要根据市场的环境、购买者的偏好等因素认真分析，因为虽然非必需附带产品不会影响主要产品的正常使用，但如果没有这些非必需附带产品，却有可能会影响主要产品的销量。在汽车销售中往往采用选装的办法来解决这一问题，以使更多消费购买本企业的主要产品。

3．必需附带产品价格策划

一般来说，对大公司而言，往往把主要产品价格定得很低，而把连带产品的价格定得较高，顾客一旦买了主产品后就非买连带产品不可，企业可以通过大量销售连带产品获利。

在服务行业的必需连带产品和服务定价往往是将价格分成固定部分和变动部分，一般将固定部分价格定得较低，以吸引顾客，而将变动部分的价格定得高一些，以获取利润。

4．产品群价格策划

为了促进销售，有时营销者不是销售单一产品，而是将有连带关系的产品组成一个群体，一并销售。这种营销策划，必须注意价格要比较优惠并有足够的吸引力，否则不会有人愿意购买，同时应防止采取引起消费者反感的硬性搭配。

任务 4.3 调价策划

【导入案例】

折价销售的经营策略

零售业"老大"沃尔玛能够迅速发展，除了正确的战略定位以外，也得益于其首创的折价销售的经营策略。每家沃尔玛商店都贴有"天天廉价"的大标语。同一种商品在沃尔玛比其他商店要便宜。沃尔玛提倡的是低成本、低费用结构、低价格的经营思想，主张把更多的利益让给消费者，为顾客节省每一美元是他们的目标。沃尔玛的利润率通常在 30%左右，而其他零售商如凯马特的利润率都在 45%左右。公司每星期六早上举行经理人员会议，如果有分店报告某商品的价格在其他商店比沃尔玛低，则可立即决定降价。沃尔玛商店销售的商品，比其他商店的同类商品一般要便宜 10%左右。低廉的价格、可靠的质量是沃尔玛的一大竞争优势，吸引了一批又一批的顾客。

（资料来源：余粤，靳敏．折价销售策略的决定因素分析[J]．财金贸易，2000.09:23-24.）

案例分析：

企业处在一个动态的市场环境中，产品价格的制定与修改都不是一劳永逸的。企业必须根据市场环境的变化，不断地对价格进行调整，发动价格进攻战略。

4.3.1 传统产品价格策划

一般来说，对企业而言，除了新产品就是传统产品，即在市场上已经销售了一段时间的产品，由于市场环境是在不断变化的，产品的价格也就不可能一成不变，而要根据市场形势和企业经营目标作出适当的改变，但是由于市场对价格十分敏感，因此，企业对传统产品进行价格调整时必须仔细谋划。

1．畅销期、饱和期、滞销期产品的价格策划

在产品生命周期的畅销期，由于消费者已经接受了该产品，销售量增加，一般来说，企业不会贸然降价。但如果产品进入市场时价格较高，市场上又出现了强有力的竞争对手，企业为较快地争取市场占有率的提高，也可以适当降价。因此，价格策划应在产品进入市场时已经准备就绪，随机应变。

在产品生命周期的饱和期，消费者人数、销售量都达到最高水平并开始出现回落趋势，市场竞争比较激烈，一般可适当降价。但如果竞争者少也可维持原价。

在产品生命周期的滞销期，消费者兴趣转移，销售量急剧下降，一般宜采取果断的降价销售策略，有时销售价格低于成本。但如果同行业的竞争者都已退出市场，或者是经营的商品有保存价值，也可以维持原价，甚至提高价格。

各类商品在其经济生命周期的某个阶段一般具有共同的特征，但由于不同种类商品的性质、特点及其在国计民生中的重要程度、市场供求状况的不同，应对不同的商品进行针对性的价格策划。

2．价格折扣策划

价格折扣是公司为了更有效地吸引买主，鼓励买主购买自己的产品所制定的价格政策。

1）现金折扣

现金折扣是公司为了加速资金周转，给尽快付清货款的买主的一种减价。因为买主欠账时间越长，货款就越有可能成为“坏账”；或要通过收账代理机构收回，增加收账费用。因此，只要能尽快收回货款，减少风险，公司情愿付出一定代价。

【小知识】

实行现金折扣应在付款条件上注明，如“2/10，NET/30”，意思是说，买主若在 10 天内付款，可得到原价的 2%的折扣；至迟在 30 天内付清，但已没有折扣；超过 30 天就是违约，要负担利息。由于提早付款使买主至少放弃了 20 天贷款使用权，作为补偿的现金折扣一般都高于银行利率，以至于有的买主就是向银行贷款，也愿意及早付款。

2）数量折扣

数量折扣是公司给大量购买的顾客的一种减价。购买越多，折扣越大，以鼓励顾客大量购买，或集中向其独家购买。数量折扣有两种计算方法。

（1）累进数量折扣。规定顾客在一定期限内，购买或订货达到一定数量或金额，即按总量大小给予不同折扣。比如报纸给当地零售商店提供优待，凡一年内在该报刊登整版广告 10 次者，有 10%的减价优待，超过 20 次为 15%，超过 30 次为 20%。

（2）非累进数量折扣。即对在一次性购买或订货时达到一定数量或金额的买主，给予统一的折扣优待。比如，顾客购买某种商品，一次在 100 单位以下单价 12 元，100 单位以上单价 9 元。这不仅鼓励顾客大量购买，而且有利于节省销售、储存和运输费用。但要确定适当的批量和折扣率比较困难，而且用折扣刺激顾客买下并不十分必需的产品，也容易产生副作用。

3）职能折扣

职能折扣也叫贸易折扣，是指当贸易渠道的成员愿意执行一定的职能时，如销售、储存等，制造商向他们提供的折扣。

【小计算】

某制造商的某产品向零售商报价 100 元，折扣 40%及 10%。这就是说该产品零售价为 100 元，而零售商的成本为 100×(1－40%) =60(元)，批发商的成本为 60×(1－10%)=54(元)。

因为贸易渠道成员执行的职能不同，所以制造商可以给予不同的职能折扣。但对于每个贸易渠道来说，制造商必须提供相同的职能折扣。

4）季节折扣

季节折扣适用于季节性强的商品，生产商利用这种折扣鼓励批发商、零售商早期购货，以减少自己的资金负担和仓储费用；有利于均衡生产。

【策划一线】

啤酒制造商在冬春两季给中间商季节折扣，以鼓励提前订货。旅馆、旅行社和航空公司，在旅游淡季给顾客一定的折扣优待，其目的就是使自己的资金、设备能充分利用，提高经济效益。

3. 折让或津贴

折让或津贴也是一种减价的形式。如抵换折让，即顾客以旧货折价抵换购买同类新货时，销售者在新货价格上给予的减让。抵换折让多见于一些耐用品的交易中。再如促销津贴，即制造商给参与产品促销活动的经销商的一种津贴。常见的有广告津贴、展览津贴、推销津贴等。

【策划一线】

经销商在报纸上刊登某个品牌服装广告，这家服装厂因此支付一定比例的广告费用（大多以价格折扣的方式），也是一种变相的广告津贴。

4.3.2 统一定价策划

统一定价是指企业不分市场差异，同一产品均按同一价格销售。例如一些名牌产品实行全国统一价。

【策划一线】

微软公司无论是在美国本土还是在亚洲的印度，无论是在欧洲的瑞士还是在非洲的突尼斯，“微软帝国”的软件产品官方定价都是完全相同的，参考美国的生活标准制定出美元价格再转换成所在国家的货币即可。

4.3.3 差价策划

【小案例】

北京国美上演夜市“砍价”大戏

北京国美举行的“砍价”夜市活动开创了京城首个销售模式。此次活动中，知名主持人将凭借自己的影响力和公信力为消费者在国美争取到尽量低的价格，而北京国美为了配合此次活动，将拿出大量的促销资源以极低的价格回馈消费者。

在主持人带领消费者砍价之前，北京国美给消费者策划了一场非常有意思的拍卖活动，只要消费者敢于喊出愿意出的价格，就会有机会将低价格商品纳入囊中。此次假期的促销活动，国美将打造新的京城家电市场价格盆地，使消费者在全城都可以享受到国美给予的让利。

除了此类活动外，国美还将在全城投入大量惊爆机和赠品资源，投入的力度之大直达以往“五一”、“十一”黄金周力度。国美准备了丰富的产品资源、赠品资源、包销定制机资源等将大量出现在卖场中，为消费者带来真正的实惠。

（资料来源：张桐．北京国美上演夜市“砍价”大戏．http://digi.ti.sohu.com.）

案例分析：

市场经济环境下，消费者的购买行为越来越理智，讨价还价能力越来越强。作为耐用品的家电，消费者的购买决策过程愈加复杂。家电的零售商在价格方面策划越来越精彩，投入力度非常大，让消费者感受到可以在实实在在的优惠价格基础上获得优质商品。

差价策略策划方法，见表 4-2。

表 4-2　差价策略策划

差价策略类型	内　容
地区差价策略	同一商品在不同地区销售，所定价格不同。例如，康师傅矿泉水在超市与在火车站的售价就不相同。百威啤酒在超市、酒店、酒吧的售价均不同，且差异较大
分级差价策略	企业对同一类商品进行挑选整理，分成若干级别，各级之间保持一定价格差额
用途差价策略	同一商品供不同用途时采用不同价格的策略。例如，奥运会期间，标有会徽或吉祥物的产品的价格，比其他未做标记的同类产品价格要高出许多
品牌差价策略	同品种的商品因品牌不同而定价有别的策略

4.3.4　心理定价策划

心理定价策划，见表 4-3。

表 4-3　心理定价策划方法

类型	内　容	举　例
尾数定价策略	企业给商品定一个接近整数、以零头尾数结尾的价格。可以在直观上给消费者一种便宜的感觉，从而激起消费者的购买欲望，促进产品销售量的增加	如一种毛巾的价格定为 6.99 元，而不定 7 元；将台灯价格定为 29.9 元，而不定为 30 元
方便定价策略	也称整数定价策略，是指企业给商品定价时取一个整数。整数定价常常以偶数，特别是“0”作尾数	如精品店的服装可以定价为 1 000 元，而不必定为 998 元
如意定价策略	按照顾客希望吉祥如意这一心理和要求来确定价格	如商场的有些产品价格为 168 元、1 688 元等
声望定价策略	依照人们的虚荣心理来确定商品价格	如宝丽来太阳镜价格高达 240～980 元，我国的景泰蓝瓷器在国际市场上的价格为 2 000 多法郎
招徕定价策略	将商品价格定得略低于同行生产者和经营者，以招徕顾客	如美国有家“99 美分商店”，极大地刺激了消费者的购买欲望，商店每天门庭若市。一个月下来，每天按每台 99 美分出售 10 台彩电的损失不仅完全补回，企业还有不少的利润

4.3.5　价格调整策略策划

1．企业主动调整产品价格

1）降价

企业应该加强营销调研，及时掌握竞争对手的动态，同时做好应对意外情况的准备，应对竞争对手降价行为可以采取以下的反应模式，如图 4.2 所示。

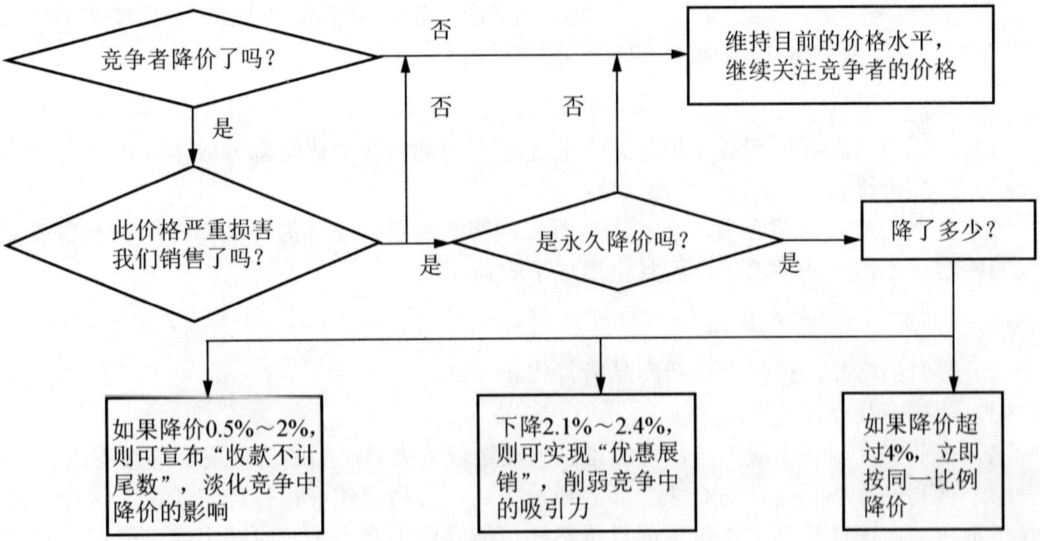

图 4.2 应对竞争对手降价的反应模式

（1）企业在通过加强促销、产品改进等手段都不能达到扩大销售的目的时，应该考虑降价。

（2）企业面临激烈的价格竞争并且市场占有率正在下降，为了增强竞争能力、维持和提高市场占有率，企业必须降价。

（3）企业为应付竞争者降价压力，采取“反价格”战，即制定比竞争者的价格更有竞争力的价格。

（4）当企业产品成本低于竞争者，在市场上并未处于支配地位时，应该降价。通过降价可以提高企业的市场占有率，再利用销量的增加和生产的扩大进一步降低成本和提高市场占有率，形成良性循环。

（5）在宏观经济不景气或行业需求不旺时，降低价格是企业借以渡过难关的重要手段。

【小案例】

新威驰定价“有绵有针”

一汽丰田新威驰在珠海上市，定价为 9.5 万元至 12.7 万元。虽然它拥有 2 550mm 的轴距，拥有丰田招牌式的双 VVT-i 的发动机，拥有明显的经济性优势，但产品定价有点高。新威驰的这一定价方法运用得很巧妙。原来威驰 1.3L 的价格是 8.1 万元至 10.19 万元，而新威驰 1.3L 的价格则是 9.5 万元至 10.3 万元；老威驰 1.5L 的价格是 10.05 万元至 13.7 万元，而新威驰 1.6L 的价格则是 10.7 万元至 12.7 万元。对比可见，新威驰 1.6L 车型排量提升但价格却有所下降，可谓是“针”。而新威驰 1.3L 低端车型价格大幅度提升，之所以让大家觉得价格高，主要是因为 1.3L 低端车型卖 9.5 万元太高了，这可以看做是新威驰定价的“绵”。新威驰定价与其他车型的定价可以说是完全相反，一般企业都会将入门车型价格定得很低但产量很小，以此来吸引消费者的目光。

（资料来源：袁涛．新威驰定价“有绵有针”．http://news.idoican.com.cn.）

案例分析：

新威驰如此定价的原因有：第一，基于对威驰现有市场状况的分析。据统计，威驰销量的 80%都是 1.5L

车型，只要1.5L车型价格没有问题就守住了威驰80%的市场，守住了威驰的销量。第二，把无关市场销量的一款车型价格定高一点，就是让中国消费者明白一个道理：同档次的车型，丰田就是要比其他日系车价格高，在全球都一样，在中国也应该如此，这就是品牌的价值。

2）提价

（1）由于通货膨胀引起成本增加，企业无法在内部自我消化这部分成本，这时企业必须考虑提高产品价格。

（2）企业的产品供不应求，无法满足所有顾客的需要，通过提价可将产品卖给需求强度最大的顾客，不但平衡了需求，而且也增加了收益。

2．顾客对企业调价的反应

（1）过时的产品，很快会被新产品所替代。

（2）这种产品存在某些缺陷。

（3）企业资金周转出现困难，可能难以继续经营下去且产品的价格还将继续下跌。

（4）有利的反应是会认为企业产品的质量提高，价格自然应该提高；或认为这种产品畅销，供不应求，因此提高了售价，而且价格还可能继续上升，不及时购买就可能买不到。不利的反应是会认为企业想通过提价获取更多的利润。顾客还可能作出对企业无害的反应，如认为提价是通货膨胀的自然结果。

3．竞争者对企业调价的反应

在变动价格时，花很长时间分析企业的选择是不可能的。竞争者可能花了大量时间来准备变价，而企业可能必须在数小时或几天内明确果断地作出适当反应。缩短价格反应决策时间的唯一途径是：预料竞争者的可能价格变动，并预先准备适当的对策。

【小案例】

洋奶粉缘何涨价

品牌洋奶粉接二连三地涨价，深深触动着处于通胀敏感期的消费者，尤其是高端奶粉消费者。如美赞臣、惠氏、雀巢，中国任何一家品牌奶粉都难以撼动外资品牌的地位，所以这些外资品牌的话语权自然要大。对于外资奶粉品牌的涨价原因，主要有以下几个。消费者盲从：外资奶粉品牌在中国市场供不应求，出于对外资品牌的信赖，消费者是越涨越买；洋奶粉“饥饿”控货：对于市场窜货，外资奶粉品牌在经营中运用的是一种“饥饿”疗法，即经销商难以从厂家拿到充足的货品。这种“饥饿”疗法所造成的后果就是经销商为维持与零售终端的关系，不得不从其他货源相对充足的经销商手里拿货。

（资料来源：福安．洋奶粉缘何涨价．http://www.globrand.com.）

案例分析：

国产奶粉企业开始积极向高端奶粉领域拓展，无论是奶粉业伊利、蒙牛等乳业巨头，如何保持对国产奶粉的优势呢？最直接的方式就是提价，这也暗合了中国消费者“一分价钱一分货”的消费心理，即高价就等于高质。这都在一定程度上形成了对外资奶粉的涨价压力。

【经验谈】

企业不论是降价还是提价，都必须考虑到降价或提价是否符合国家的政策和法律，避免触犯反不正当竞争法、价格法、合同法等法规而受到制裁。

任务 4.4 修订价格策划

【导入案例】

对比销售

一家专门经营玩具的商店，同时购进两种小鹿，造型相差无几，价钱也一样，可是摆在柜上台上却很少有顾客问津。后来，该店经理在标价上出了个主意，他把其中一只小鹿的标价3角8分提到5角6分，另一只小鹿的标价不变，仍是3角8分。两种小鹿放在一个柜台里，结果标价3角8分的小鹿很快销售一空。这位经理说，“这个结果是早料到的。对商品进行比较，是顾客的普遍心理。既然小鹿的质量相差无几，而价格却差这么多，当然人们都愿意买便宜的小鹿了。”没改变价格前，两种小鹿都卖不出去，有意提高了一种小鹿的价格，使两种小鹿形成强烈的价格对比，引起顾客的注意，从而刺激了顾客的购买心理，收到了奇妙的销售效果。

（资料来源：冯志强．市场营销学[M]．北京：华夏出版社，2000：147-148.）

案例分析：

公司一般不会制定单一价格，而是确定一个定价结构，来反映地理需求与成本、细分市场需求，以及采购时间、订货数量等因素的差异。

4.4.1 地理定价策划

地理定价是指公司如何根据顾客所处的不同地区和国家来对产品进行定价。如公司该向远距离的顾客收取高价、以弥补较高的运输成本，但同时要冒丧失业务的风险。许多公司要想赢得一定的用户，就需要对易货贸易和对等贸易进行认真考虑，并制定不同的价格政策，见表4-4。

表4-4 地理定价策划方法

方法名称	方法内容
产地交货定价	采用这种策划意味着卖主在自己门口索取相同价格。顾客按照厂价购买产品，卖主负责将产品装上某种运输工具即交货，交货后由购买者承担全部运费和风险。这种做法简化了卖主的定价事务，但也削弱了其产品在远方市场的竞争能力。远方买主为减少运输费用，会就近选择卖主
统一交货定价	这种政策与前者相反。公司的产品不论卖到何方，支付多少运费，都按一个价格向买主交货。即不论买主在哪里，公司都以相同的厂价，加上平均运费定价，没有地区差价。这种政策类似邮局的做法，所以又叫“邮政定价法”。公司要把各地顾客的平均运费加入厂价，实际上是由近处买主为远方买主承担了部分运费。这种定价方式，计算方便，也利于卖主事先预知总成本的确切数字。适用于运费占总价比重小的产品，否则近处的买主会感到不合算
分区定价	分区定价是统一交货定价的一种变化形式。它避免了产地交货定价引起的运费负担悬殊，又避免统一交货定价的远近一律拉平。分区定价政策也有一些缺陷：①即使在同一价格区，不同的顾客离卖主也有远近之分，较近的就不合算；②位于不同价格区接壤地带的顾客，虽然彼此相距不远，但价格差别较大

续表

方法名称	方法内容
减免运费定价	公司向其他地区市场渗透时，为弥补产地交货定价政策的不足所作的价格修订。因为市场范围扩大，会使销售地点离生产地点越来越远，运输费用随之增加，将导致交货价格不断上涨。这种趋势会促使买主就近寻找卖主，不利于扩大市场。公司采用减免运费定价政策，全部负担或与买主共同承担运输费用
基点定价	公司设定一个或若干个定价基点，即单一基点或复数基点，以基点与购买地点之间的运费加上基点价格，作为交货价格。不管公司从其所属的哪一个生产地点发货，买主承担的运费都从基点起算。基点定价使价格结构缺乏弹性，竞争者不易加入，避免了价格竞争。买方可任意向任何基点购买，卖方也可推销其产品到较远的市场，有利于扩大市场

4.4.2 促销定价策划

在一定情况下，公司可以暂时地将产品价格调整到低于价目表价格，甚至低于成本费用。促销定价一般有以下形式。

1. 牺牲品定价

超级市场和百货公司大幅度降低几种知名品牌的价格，来增加店内其他商品的销售。但制造商却不愿意看到自己的品牌成为牺牲品。因为这不仅会损害品牌形象，而且会遭到那些按价目表出售的零售商的抱怨。

2. 特殊事件定价

销售商在特定季节可以制定特定的价格来吸引顾客。

【策划一线】

有些商店在农历新年时对特定的家具制定新年价格。

3. 现金回扣

制造商向顾客提供现金回扣，来鼓励他们在某一特定时期购买其产品。回扣有助于制造商在不对价目表进行降价的情况下清理存货。回扣通常用赠券的形式出现在包装消费品的销售中。它可以刺激销售量上升，而且其费用低于降价时的成本。其原因是许多购买者买到产品后，没有将赠券寄回以获取回扣，部分原因是有些购买者认为兑换赠券不方便或不值得为此花时间。

4. 低息融资

公司不采取降价，而是向顾客提供低息贷款来促销。

【策划一线】

通过银行按揭购买住房，首期付款一定比例即可入住商品房。汽车制造商宣布降低贷款成本来吸引顾客。因为有些汽车用户是自己攒钱来买汽车，所以低息贷款对他们很有吸引力。

5．保证书与服务合同

公司可以通过增加免费担保或服务合同来促销产品。如果顾客愿意购买的话，公司将不对保证书或服务合同收费，而是免费提供或减价提供。这是降低价格的一种途径。

6．心理定价

公司人为地对产品制定高价，然后再大减价。例如“原价 359 元，现价 299 元”。服装的销售，往往采用心理定价。

【小链接】

九宫图在价格中的应用

中国人的行为法则是：乘势而行，待时而动。人们在制定产品价格的时候，也会用这样的行为法则。势，就是市场的势；时，就是市场变化的节奏。人们经常说：“抬头观天下大势，低头做身边小事。”现代科学研究证明，世界是一个隐藏起来的能量场。市场的价格对于人类来说，就是在做这样的游戏。

1．九宫图分析法定价

市场中产品的价格即产品成本的反映，也是产品利润的反映，是从市场部分包括整体所有的信息的过程。

九宫图法是一种有助于扩散性思维的思考策略，利用一幅像九宫格的图(如图 4.3 所示)将主题写在中央，然后把由主题所引发的各种想法或联想写在其余格中，由事物之核心出发，向 8 个方向去思考，发挥 8 种不同的创见。依循此思维方式加以发挥并扩散其思考范围。

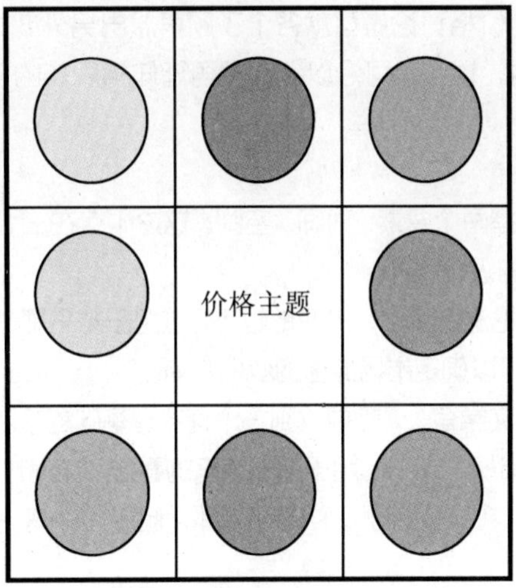

图 4.3　九宫格图

利用九宫格图，将价格主题写在中央，然后把由主题所引发的各种想法或联想写在其余的 8 个圈内，此法也可配合六何法从多方面进行思考。

九宫格法可作为扩散性思维的基本单位，由此演变出其他九宫格法。莲花法也是依循此思维方式加以发挥并扩散其思考范围，如图 4.4 所示。

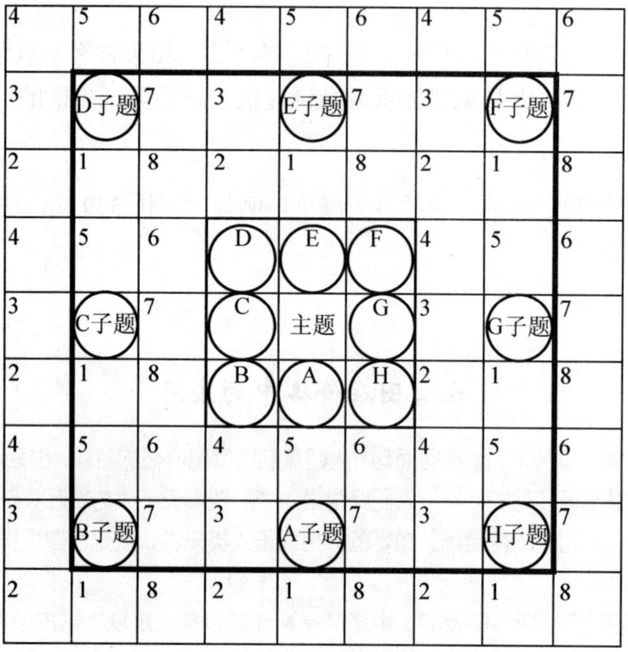

图 4.4　莲花法图

每位价格讨论者手持一莲花图，并将讨论之主题或问题写于图中央位置。把相关的意念写于围着主题四周的八个圈中（每个圈的左上角分别写上英文字母 A 至 H），成为 8 个子题，并于图中央部分构成了一幅曼陀罗法九宫图。随后，价格讨论者可就各个子题再想出另外 8 个意念，将之写于围着“子题”四周及标着 1~8 号码的方格内，讨论者可沿以上步骤再延伸构思新的意念。价格讨论直至整个莲花图写满为止。

2．价格的预测

价格预测是趋势判断，要把握两个要素：时间、空间。这之中存在三个难以解决的问题：时间唯一性问题；转折点的性质问题；转折点的级别问题。

人们考虑市场的规律，价格论涨跌变化，讲变化趋势。立足于未来预测，在长期趋势上下工夫，能够把握长期趋势，做到心中有数，就可以确定市场价格的变化方向。

凡是涉及时间序列的都跟天文学有关，需要找到一个有数理基础的东西。来自市场本身的循环周期：可以统计出周期后，进行平均，得出一个周期，用于指导未来的看法；或者市场自身产生的真实循环，加上一个时间序列，用来作为时间周期。市场受制于这种周期循环，但要允许有一定误差，要带着强弱去看待，因为时间周期具有漂移现象。

3．从九宫图寻找市场价格的变化规律

企业都有自己的目标市场，我们从目标市场选择的五种模式中，可以进行市场价格的确定，如图 4.5 所示，不同的市场 S_1、S_2、S_3，不同的价格 P_1、P_2、P_3，针对市场营销的市场不同，进行目标市场选择模式和价格选择。

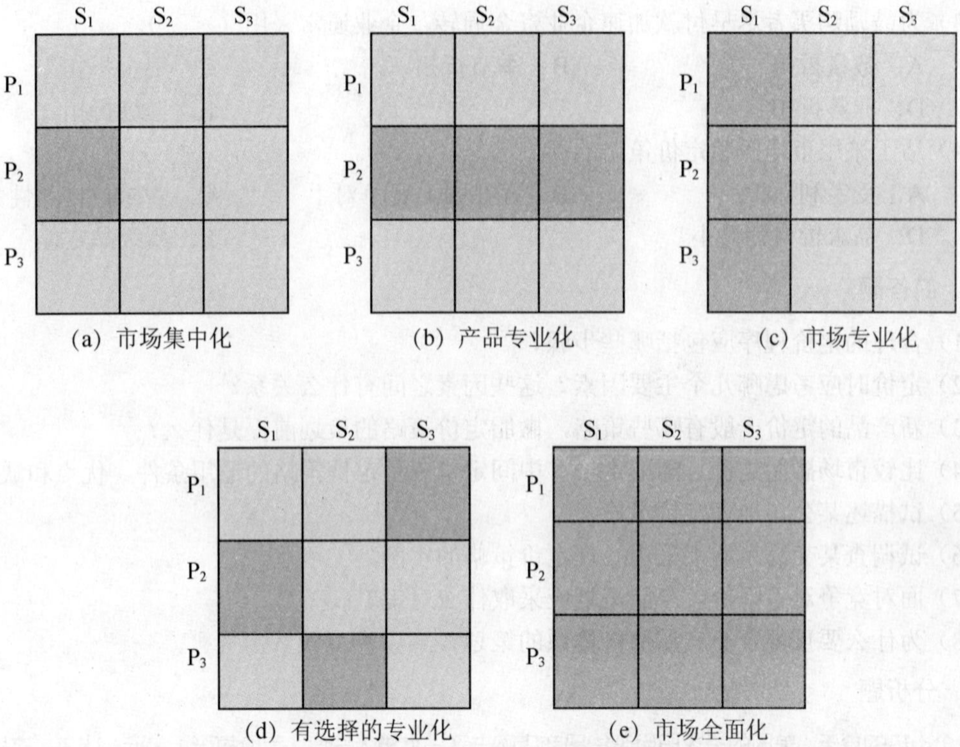

图 4.5 目标市场选择模式和价格选择

基础巩固

1．名词解释

产品价格策划　产品组合价格策划　产品价格体系策划　定价目标策划
调整价格策划　改价格策划

2．判断题

(1) 对价格策划影响最大的因素是企业经营目标。（　　）
(2) 企业为了尽快收回新产品成本，应当采取渐取价格定价策略。（　　）
(3) 在产品畅销期，为了增加销量以增加企业收入，应当降价销售。（　　）
(4) 在价格策划上要重视公司产品价格体系的策划。（　　）

3．选择题

(1) 价格策划主要包括（　　）。
　A．新产品价格策划　　B．传统产品价格策划　　C．产品价格体系策划
　D．折扣价格策划　　E．连带产品价格策划

(2) 新产品的价格策划包括（　　）。
　A．市场撇脂定价策略　　B．渐取定价策略　　C．中间定价策略
　D．折扣价格策略　　E．产品群定价策略

（3）为鼓励购买者尽早付款加速企业资金周转，企业通常采用（　　）。

A．数量折扣　　B．季节折扣　　C．现金折扣

D．业务折扣　　E．累进折扣

（4）适于采用市场撇脂定价策略的新产品是（　　）。

A．受专利保护　　B．存在强大竞争对手　　C．需求价格弹性大

D．需求价格弹性小　　E．高级品定位

4．简答题

（1）合理的定价程序应包括哪些步骤？

（2）定价时应考虑哪几个主要因素？这些因素之间有什么关系？

（3）新产品的定价一般有哪些策略，撇脂定价策略的策划前提是什么？

（4）比较市场撇脂定价、渐取定价、中间定价三种定价策略的适用条件、优点和缺点。

（5）试描述某公司地理定价策略。

（6）试调查某交易市场上采用心理定价策略的实例。

（7）面对竞争对手降价，产品策划应采取什么对策？

（8）为什么要重视企业产品价格体系的策划？

5．分析题

一个炎热的夏天，美国的一家日用杂货品商店购进了一批单人凉席，定价每张 1 美元。本来，这样炎热的天气，凉席会很快销售一空的，但结果是消费者购买并不踊跃。商店只得降价销售，但由于进价过高，每张凉席只能降价 2 美分，奇怪的是，顾客马上纷至沓来，凉席再也不愁销不出去了。这位老板在有了这个惊喜的发现后，马上照葫芦画瓢，大量进货，居然屡试不爽。

问题：为什么只降价 2 美分就能大幅度地增加销售量？

技能实训

【项目名称】价格策划操作能力训练

【实训目标】

引导学生参加“长虹系列手机价格策划”业务胜任力的实践训练；在切实体验企业市场价格分析等有效率的活动中，培养相应专业能力与职业核心能力；通过践行职业道德规范，促进健全职业人格的塑造。

【实训内容】

（1）专业技能与能力：在学校所在地选择三家大的长虹系列手机运营商，如专卖店和手机超市以及手机门市店，了解长虹系列手机价格的差异。

（2）相关职业核心能力：中级训练。

（3）相关职业道德规范：认同级践行。

【操作步骤】

（1）将班级每 10 位同学重新分成一组，每组确定 1～2 人负责。

（2）对学生进行手机产品价格培训，确定选择长虹系列手机价格作为调研的范围。

（3）学生按组进入手机市场调查，并将调查情况详细记录。

（4）对调查的资料进行整理分析。
（5）依据对长虹系列手机价格的影响因素，找出各门市店不同价格的特点与差异。
（6）进行市场价格分析。
（7）写出价格策划方法。
（8）各组在班级进行交流、讨论。

【成果形式】

实训课业：撰写长虹系列手机价格营销策划报告。

第 5 章

开辟通路——分销策划

KAIPI TONGLU——FENXIAO CEHUA

【策划小语】

每年都有无数的新产品上市，有的很快就销声匿迹，有的却历久不衰。产品为何会有不同的命运？市场中有了营销渠道，就可以更好地进行交换，没有营销渠道，生产商、批发商、经销商、代理商、零售商的风险就无法转嫁。世界正在经历着渠道革命。

【知识目标】

认识分销策划基本知识；
了解分销策划的基本理论；
理解分销的发展趋势；
掌握分销策划的基本方法。

【实训目标】

掌握营销渠道策划的基本技能，懂得营销渠道的长度与宽度如何策划，理解厂商与中间商关系在渠道策划中的重要性，在再造厂商与中间商关系时，把握厂商主导型与中间商主导型、传统营销系统与垂直营销系统的关系和特点。

重点：能够运用本章所学的理论和方法，进行营销渠道的策划。

难点：熟练掌握营销渠道策划的基本原理、方法和步骤。

任务 5.1 营销渠道策划概述

【导入案例】

力帆渠道策划显奇功

力帆集团采用的是一个相对简单、层次较少的营销渠道。在渠道设计时，根据产品的特点，它们有个"六定"原则：第一，定区，即将营销网络以行政区域辅以销售有效半径划分成 25 个片区，每个片区设立 1 个办事处、1 个总代理；第二，定人，即每个片区由办事处主任、业务员、核算员、售后服务人员组成；第三，定客户，即建立客户档案，如零售商与批发商档案，内容涉及客户名称、地点、联系方式、经营品种、规模、购买周期、每次购买量、负责人及其信用状况，以及负责人和主要成员的父母、对象、孩子等人的生日等内容；第四，定价格，即为了保持地区价格稳定，所有片区，实行统一价格；第五，定占有率，即片区业务员将所在片区的零售商准确地标记在分区图上，按照销售量大小分为 A、B、C 三级，业务员要在规定时间内，协助总代理占领一定比例的零售店，并引导 B、C 级店向 A 级店发展；第六，定激励，即根据代理商完成任务情况（销售量完成率、价格控制、销售量增长率、是否窜货等），公平、公开地进行奖励。

针对市场开发初期的跨区窜货和低价竞争销售现象，力帆采用了标本兼治的办法。一是，完善渠道的控制系统，按照地域层层分区，中间构筑"防火墙"，以求治标。行走路线、签发负责人、公司负责业务员等，以便进行监督；公司设立监管队伍，利用每台车的条形码进行跟踪，对违章的经销商实行重罚，对受损市场进行补偿。二是，与经销商建立"厂商一体化"的关系，以求治本。力帆集团在渠道伙伴的甄选上，除了从规模、资金实力、财务状况、销售能力、销售额及增长速度、仓储能力、运输能力、社会关系和影响等多个方面考评外，经销商的目标和价值观也是考评的一项重要内容。

（资料来源：林湘钰.渠道为王——力帆，力推厂商一体化[M].成都：四川科学技术出版社，2011：38–39.）

案例分析：

力帆集团先为经销商提供服务，后与经销商建立伙伴关系，最后在互信的基础上实施管理。力帆集团为经销商提供的支持有三点：第一，界定经销区域，最大限度地保证经销商的权力；第二，为经销商提供"造血机制"——通过力帆的业务员给经销商一套解决方案，提高经销商的获利能力；第三，培训经销商，提升其整体素质。这些工作都属于渠道策划。

5.1.1 营销渠道及其分类

产品营销渠道亦称营销渠道，是指产品的所有权和实体从生产领域流转到消费领域所经过的通道。它由所有参与使产品从生产领域向消费领域运动的组织和个人组成，主要包括生产者、批发商、零售商、代理商和储运企业等，甚至还包括消费者，它们都是渠道成员。其中批发商、零售商和代理商通常被称为中间商。制造商只有与中间商、中介机构一起才能使产品由生产领域到达消费领域。

【背景知识】

一场革命正在静悄悄地发生，这就是渠道革命，无论是规模宏大的巨型企业，还是规模很小的微型企业，都不自觉地卷入了这场革命。在这场革命中，生产企业纷纷对自己的渠道策略进行调查，重组新的营销渠道。例如：变革促使着国美的厂商双方都在谋求更具优势的位置与话语权。国美的成功在于其由传统的利润率追求转变为对利润量的追求，一字之变便是企业整体战略的一次大胆突围。国美的成功同样是一种渠道成本领先的成果，国美的渠道使得厂家节约网络构建成本。

这场渠道革命的特点就是批发商业的衰落，销售渠道重组，销售渠道越来越短。有些大制造商设立自己的销售公司，直接向零售商进行批发销售；同时零售商规模越来越大，像连锁商店这样大规模的零售商越来越倾向于直接从制造商进货。

营销渠道按产品从厂商到消费者手中是否经过中间环节可以分为直接渠道和间接渠道。直接渠道是指厂商通过自建销售网点、邮寄、派遣营销人员直接推销等方式，直接把产品销售到消费者手中，而不经过其他中间环节。由于没有中间环节，一方面企业可以节省流通费用，降低成本，使产品具有价格优势；另一方面，企业可以拥有更大的营销自主权，迅速收集信息，对市场的变化做出反应，及时调整营销策略而不会为中间商所掣肘。直接渠道还能为消费者提供便捷的购物渠道及演示讲解、送货上门等多项服务，更好地了解顾客的需求，做到按需供货。

间接渠道是指厂商通过中间商或代理商将产品销售给消费者。按中间商或代理商层次的多少，间接渠道可以分为一层、二层和三层渠道等。间接渠道的主要优点在于厂商可以达到迅速铺货、占领市场的目的。中间商和零售商往往有着广泛的分销网络，有能力使产品迅速地出现在消费者面前。有些中间商还可以弥补厂商在人力财力方面的不足，为厂商节约开支和提供促销支持。间接渠道缺点也是显而易见的，首先，渠道的加长意味着流通成本和产品价格的提高；其次，会带来厂商控制渠道能力下降和市场反应迟缓等问题。再次，由于某些中间商或零售商在整个产业链中所处的强势地位，可能会压榨厂商利润空间，破坏厂商原有的渠道体系和价格体系。

5.1.2 营销渠道发展现状

1．营销渠道的不同形态竞争加剧

现在越来越多的商品和服务是通过不同的渠道通路进入市场的，这就存在不同形态的竞争。不同形态竞争的强度取决于爱好不同的消费者对不同的销售组织区别的程度，区别的程度越小，不同形态竞争的强度就越大。为了有效地适应营销渠道的不同形态竞争，生产商、批发商和零售商要经常分析目标市场与各种不同销路所产生的品牌效应和提供的服务水平的相关性。

【小案例】

宝洁和沃尔玛，从敌对到双赢

一份战略联盟协议让沃尔玛和宝洁化干戈为玉帛，成为供应链中的合作伙伴，从而结束了二者长期敌对的局面。宝洁甚至几乎停止了所有的降价推广活动，为此它几乎得罪了整个零售业，这样做的结果却是，宝洁的赢利大幅攀升。为了使合作可以运转，这两家公司把软件系统连接到一起，很多信息都实现了共享。据报道，现在，当沃尔玛的分销中心里宝洁的产品存货量低时，它们的整合信息系统会自动提醒宝洁要补货了。该系统还允许宝洁通过人造卫星和网络技术远程监控沃尔玛每个分店的宝洁产品专区的销售情况，而网络会把这些信息实时反映给宝洁的工厂。宝洁的产品无论何时在收银台扫描，这些工厂都可以知道。这些实时信息使宝洁能够更准确地安排生产、运输，以及为沃尔玛制订产品推广计划。节省下来的库存费用就使得宝洁可以向沃尔玛提供更加低价的产品，这样沃尔玛就能继续它的"每日低价"策略了。

（资料来源：张翠英．营销策划[M]．北京，中国水利水电出版社．2011（02）：86-87.）

案例分析：

现今的中国流通领域，制造商和连锁零售企业在合作中存在着激烈的对抗。从表象上来看，主要是源于在产品价格和营销政策上的分歧，实际上却是源于对渠道控制权的争夺，以及由此而带来的对产品资源、营销资源和人力资源的抢夺和攫取。连锁零售企业以压低进价、迟付货款以及收取进场费、节日促销费等方式企图尽量占有厂家资源，并将成本转嫁给制造商。制造商为了避免失去主动，不得不继续保持原有的效率不高的自有渠道，以最大限度地维持对产品价格和货物走向的控制，以期对连锁零售企业进行战略制衡。这样你来我往，双方的成本自然居高不下，赢利能力和成长性均受到严重制约。

【经验谈】

制造商和零售商应在建立充分信任关系的基础上，把对渠道资源的抢夺和攫取转移到对供应链的再造和价值的增值上来。

2．垂直营销系统的增加

为了应付日益复杂的环境，许多生产商、批发商和零售商组成统一的系统，以降低交易费用，开发新技术，确保供应和需求。市场竞争往往表现为整个渠道系统之间的竞争。由于垂直营销系统能有效地规避风险，一些小型的商业机构为了应对大型连锁组织、超级市场和百货商店的竞争，相继组成了垂直营销系统。

3．零售机构的生命周期缩短

随着市场竞争的日益激烈，零售机构自20世纪60年代以来从发展到成熟的时间不断缩短。像19世纪中叶在美国出现的百货商店从开始到成熟的时间是80年；20世纪50年代出现的购物中心从开始到成熟的时间是40年，20世纪60年代出现的便利店从开始到成熟时间是20年。经营成本和创造顾客价值决定了零售机构的命运，决定了生产商和零售商对零售机构形式的创新要以市场为导向。

4．营销渠道的形式和销售组织创新

在传统的渠道中生产商、批发商和零售商相互讨价还价，都是机会主义者，追求个人收益最大化。这种个人收益的最大化必然引起渠道成员的冲突，结果由于冲突反而导致交易费用增加，收益受损。在渠道系统中设计一套创新的有效制度，以保证渠道成员在经济活动中确定如何受益、如何受损及如何补偿，从而提高流通效率，降低交易费用。

营销渠道系统实行纵向一体化的实质就在于把市场交易内部化，降低交易费用，通过生产商、批发商的合作，在联合生产、销售、购货、控制及其他领域内获得经济实惠。同时由于提高了进入障碍，竞争对手进入一体化渠道花费的成本较高，保护了渠道成员的利益。代理制使经销商和生产商以合同契约的形式订立协议，使工商企业形成了长期稳定的产销关系，便于生产商降低开拓市场的交易成本，转嫁生产商的成本风险。在渠道内部通过建立渠道领袖来管理、控制、协调每个渠道成员的利益，避免渠道更高的交易费用。

【小案例】

娃哈哈“联销体”路线

娃哈哈的营销队伍目前走的是一条“联销体”路线。跟其他一些大型企业相比，娃哈哈在全国各地的营销员少得让人难以想象，只有200人，宗庆后表示，他不会让这个人数有太大的突破。娃哈哈的营销组织结构是这样的：总部—各省区分公司—特约一级批发商—特约二级批发商—二级批发商—三级批发商—零售终端。

其运作模式是：每年初，特约一级批发商根据各自经销额的大小打一笔预付款给娃哈哈，娃哈哈支付与银行相当的利息，然后，每次提货前，结清上一次的货款。特约一级批发商在自己的势力区域内发展特约二级批发商与二级批发商，两者的差别是，前者将打一笔预付款给特约一级批发商以争取到更优惠的政策。

娃哈哈保证在一定区域内只发展一家特约一级批发商。公司常年派出一到若干位销售经理和理货员帮助经销商开展各种铺货、理货和促销工作。在某些县区，甚至出现这样的情况：当地的特约一级批发商仅仅提供了资金、仓库和一些搬运工，其余的所有营销工作都由娃哈哈派出的人员具体完成。

这是一种十分独特的协作框架。从表面上看，批发商帮娃哈哈卖产品却还要先付一笔不菲的预付款给娃哈哈——对某些大户来说，这笔资金达数百万元。而在娃哈哈方面，则“无偿”地出人、出力、出广告费，帮助批发商赚钱。

（资料来源：陈君，等，市场营销策划[M]．北京：北京理工大学出版社，2012（01）：88.）

案例分析：

经销商十分喜欢娃哈哈这样的厂家。一是，企业大，品牌响，有强有力的广告造势配合；二是，系列产品多，综合经营的空间大，可以把经营成本摊薄；三是，有销售公司委派理货人员“无偿”地全力配合，总部的各项优惠政策可以不打折扣地到位。当然他们也有压力，首先要有一定的资本金垫底；其次必须全力投入，把本区域市场做大，否则第二年联销权就可能旁落他家。

5.1.3 营销渠道策划需要考虑的因素

营销渠道策划需考虑的因素有6个，即费用、资本、控制、市场覆盖面、特点及连续性，由于这6个因素的英文单词都以字母C开头，故称之为“渠道策划的6个C”。

1．费用

维持渠道的费用包括支付本企业推销人员的一切费用，付给各种中间商的佣金，商品流转过程中的储运装卸，各种单据和书面工作费用，广告宣传，洽谈买卖等各种业务行为的全部开支。

缩短营销渠道，可以减少渠道费用，一个企业可以取消中间商，却不能取消中间商所发挥的功能和他们所必须支出的费用。使用中间商的好处就是可以转嫁成本风险。

2．资本

一个企业如果要建立自己的营销渠道，拥有自己的推销队伍和推销力量，就要进行很大的现金投资。如果使用中间商，现金投资可以大大减少，但存货投资不一定就能减少。通常有两种情况：一是，将货售予批发商或经销商，他们购货后支付货款，不需要现金投资，也不需要存货形式的资本投资，但有时却需要对他们提供信贷。二是，委托代理商出售，尽管不需要对代理商作现金投资，但企业在代理商没有把货售出之前，先要提供大批量的货物，这是一种存货形式的资本投资。除了财力雄厚的企业有能力做大量现金投资，自己建立营销渠道之外，一般中小企业由于企业资源的限制，宜于通过中间商进行销售。

3. 控制

企业自己拥有推销队伍，自己建立营销渠道，当然最有利于控制。如果使用中间商，企业对渠道的控制程度取决于各中间商愿意接受控制的程度。一般来说，渠道愈长，对于售价、销售量、推销方式等的控制能力愈弱。在大多数情况下，当产品需要长渠道时，企业则放弃控制，放手让中间商负责。

4. 市场覆盖面

市场覆盖面主要从三方面着手：一是，这一市场区域能否获得最大可能的销售额；二是，这一市场区域能否确保合理的市场占有率；三是，这一市场区域能否取得满意的市场渗入。许多企业不热衷于广阔的市场区域，而是力求打入人口密集、购买力强的中心区域。

【策划一线】

60%的日本人口密集在东京——名古屋——大阪三大城市区域，打入这些区域，能以较少的营销费用取得最大的销售额。

一个企业的市场覆盖面，关键在于大批发商（或大代理商、大经销商）愿意经营本企业的产品，任何企业都希望选择市场覆盖面大的中间商，通过各种适当的促销手段，树立企业形象和产品形象，给予中间商较好的赚头，使这些市场覆盖面大的中间商愿意经营本企业的产品。

5. 特点

1）企业特点

如果企业本身有足够的财力、销售机构和管理经验，而销售规模又较大，就可以考虑少用中间商，自派推销员进行销售工作，这比交给中间商由它们把所有同类产品一揽子进行销售见效快。没有力量自己销售的企业，只能依靠中间商，最好能找一家进货量大的大型零售商进货，使销售渠道尽可能短些。如果企业经营的品种较多，宜直接找大型零售商，因零售商面向各种消费者。对一些大型零售商来说，愿意找一家同时能供应多种商品的供应者。经营大宗原料或初级产品的企业，应找专业中间商或用户，争取订立保持长期供货的固定关系的协议。

2）产品特点

一般地说，产品的单价越低，分销环节就越多。价格较高的产品一般采用短渠道流通。对于体大物重的产品，要尽量使用少环节的短渠道，以减少装卸搬运费用；而对于体积小、重量轻的产品则可根据需要用长渠道流通。对于技术性强、使用复杂的产品（如机器设备等），往往要求生产企业提供较多的服务，宜用短渠道的流通，以便生产企业向顾客提供一系列的服务。而对于使用简单、无需多少技术的产品则可考虑用长渠道流通。对于易腐性和易毁性较强的产品（如鱼、蔬菜等鲜活产品和玻璃制品等）应尽量用短渠道流通，尽快地将产品从生产领域转入消费领域，对于耐久性强的产品可用长渠道流通。款式或式样经常变化的产品（如流行服装）宜采用短渠道流通，而款式和式样相对稳定的产品则可用长渠道流通。对处于投入期的产品，因为生产企业要收集大量的信息，以进一步改进产品的质量和性能，所以宜采用短渠道流通，生产企业可把新产品在自己的门市部销售或由几家零售商店经销，以快速地收集信息，改进产品；而成熟期的产品由于质量、性能都已稳定，企业可根据需要采用长渠道流通。

3）市场特点

（1）目标市场的地理分布状况。如果企业的产品卖给广大地区的消费者，这就要求企业通过长渠道流通；如果企业的目标市场比较集中，企业就可考虑使用短渠道。

（2）潜在顾客的数量。如果企业的潜在顾客较少，企业就可采用短渠道；反之，就采用长渠道，由批发商和零售商把产品卖给众多的顾客。

（3）顾客的购买数量。对于购买数量大的顾客（如生产资料用户），生产企业可以直接供货；对于购买数量小的顾客则采用长渠道，通过中间商满足顾客的需要。

（4）消费者的购买习惯。对于便利品，消费者要求购买方便、服务迅速，这就需要有众多的中间商经销，通过大量的商业网点适应消费者的这种购买习惯；而对于选购品，尤其是特殊品，消费者愿意花较多的时间购买，所以，企业可用短渠道流通。

（5）消费的季节性。季节性较强的产品（如电扇、汗衫等），需要批发商提供储存功能，调节产品生产和消费由于时间的背离而引起的矛盾，宜使用长渠道；反之，对季节性较弱的产品，则可使用短渠道。

4）渠道特点

企业选用竞争产品所采用的营销渠道，通常会使企业比较容易地进入市场并占有一定的市场份额。在激烈竞争的情况下，企业必须发展不同于竞争对手的其他渠道形式。

【策划一线】

日本手表最初打入美国市场时，鉴于美国手表市场竞争十分激烈，他们选择了杂货店和折扣商店的销售渠道。

5）中间商特点

对中间商的企业资源、资信条件、经营能力和市场覆盖面作出判断：①该中间商是否有足够的支付能力；②是否有一支训练有素的推销队伍；③它的市场渗透能力有多强；④销售地区有多广；⑤还经营哪些其他产品；⑥有无必要的销售设施；⑦是否愿意和本企业真诚合作；⑧在社会上是否信誉比较高。

6．连续性

灵活的渠道要比僵化的渠道更有效益，渠道的连续性并不意味着原来的渠道一成不变，而是一个企业的营销渠道应当连续持久、不中断。一是，对已发展的渠道中的中间商，只要符合本企业营销目标的要求，就不宜轻易变更，因他们已经具有了经营本企业产品的经验。二是，大多数中间商在看到经营该产品能赚钱时就愿意经营，一旦获利不足就拒绝继续经营，这样会使企业丧失经销力量。这就要求企业必须慎选中间商，并不断加以鼓励，在中间商中间建立品牌忠诚。同时，对有可能退出经营的中间商预先作出估计，预先安排潜在接替者，以保持渠道的连续性。

5.1.4 营销渠道策划的标准和程序

1. 营销渠道策划的标准

一个销售渠道设计好坏的标准在于它是否能以最快的速度、最好的服务质量、最经济的流通费用，把商品送到消费者手中，实现经营者的利益。要达到这一基本要求的销售渠道，必须具备以下条件。

（1）能够不间断、顺利、快速地使商品进入消费领域。

（2）具有较强的辐射功能。一种产品从生产厂商把它生产出来一直转移到消费者手中，中间要经过许多环节。如果销售渠道的各个环节都具有较大的辐射功能，就可以从各个环节的辐射点开始，向周围辐射，从而可形成地域相当广泛的销售渠道，提高产品的市场占有率，扩大销量，增强企业的市场竞争力。

（3）具有商流与物流一致性的特点，方便商流和物流。

（4）能够带来显著的经济效益。交易成功率高，物流速度快，流通费用少，资金周转快，销售环节少的销售渠道，经济效益就好；否则，经济效益就不好。

（5）有利于实现为消费者服务，保护消费者的利益。一般比较好的销售渠道，不仅从自身的利益出发，而且还必须充分考虑消费者的利益，必须真正地为消费者服务。

2. 销售渠道策划的程序

企业在设计销售渠道过程中，一般需要经过分析消费者需要，建立渠道目标，确立可供选择的主要渠道及对其进行评估等几个阶段，见表5-1。

表5-1 销售渠道策划的程序

设计阶段		具体内容
1	分析顾客对渠道服务提出的要求	表现在以下方面：批量小，交货时间短，购买方便，花色品种多及提供服务能力与费用
2	建立渠道目标	企业可以根据用户需求的不同服务和产出要求，划分出若干分市场，然后决定服务于哪些分市场，并为之选择和使用最佳渠道
3	设定可提供选择的渠道方案	渠道选择方案由中间商类型、中间商数目及每一渠道参与者条件和相互责任等因素组成。选择中间商类型，确定中间商数目，规定渠道成员的条件和责任
4	评估渠道方案	从经济性、可控性和适应性方面进行。经济性标准评估是比较每一方案可能达到的销售额水平及其费用水平。可控性标准评估是比较和综合分析渠道的控制问题。适应性标准评估是考察企业在每一种渠道承担的义务与经营灵活性之间的关系，包括承担义务的程度和期限

5.1.5 营销渠道系统策划

营销渠道系统的策划可以从以下两个方面来考虑。

1. 营销渠道系统的确定策略

营销渠道系统的确定策略，见表5-2。

表 5-2　确定营销渠道系统的策划方法

确定渠道系统的内容	定　义	说　明
确定渠道模式	采用直接营销渠道还是间接销售渠道，这需要从销售业绩和经济效果两个方面来考虑	销售业绩就是销售额的大小，一般说来是越大越好；经济效果就是利润额的多少，当然是越多越好。但这两个方面并非总是一致的，究竟以谁为重，应视企业的营销战略而定。如果扩大市场占有率，那么应重视前者；如果追求利润，那么应重视后者。一种产品的销售，可以通过多种销售渠道形式来实现
确定渠道成员数量	确定每个渠道层次使用多少个中间商，即采取宽渠道还是窄渠道	在营销渠道策划中，除了有三种可供选择的策略之外，还必须对中间商的开业年限、经营产品范围、赢利与发展状况、财务支付能力、协作愿望与能力及信誉等级等予以考察评估
确定渠道成员的责任与条件	一般情况下，相互的职责和服务内容包括供货方式、促销的相互配合、产品的运输和储存、信息的相互沟通等	交易条件包括价格政策、销售条件、区域权利等方面。价格政策要求企业必须制定出其产品具体的价格，并有具体的价格折扣条件。可以刺激中间商推销产品，扩大产品储备，更好地满足顾客的需求。销售条件要求企业确定相应的付款条件，这样有利于中间商及早付款，加速企业的资金周转，引导中间商大量购买。区域销售权利是中间商比较关心的一个问题，尤其是独家分销的中间商

2．营销渠道系统的管理策略

（1）激励渠道成员。中间商认为适销对路的产品是销售成功的一半，因而生产者提供符合市场需求的产品会受到中间商的欢迎。促销支持，是指厂商应该承担推广宣传产品的全部或部分费用，并派人员协助成员安排商品陈列，举办展览和操作表演，帮助培训推销人员等，都会得到中间商的支持；合理分配利润，是指厂商在产品定价方面应该充分考虑到中间商的利益，对供货数量、信誉、财力、管理等不同的中间商给予不同的价格折扣，使中间商感到经营某生产者的产品会得到较理想的利益收入；资金支助，是指厂商可通过融资，采取售后付款或先部分付款的方式，促进中间商积极进货努力推销产品。提供情报，是指厂商将获得的市场信息及时通报给中间商，同时将生产方面的信息告诉中间商，使其心中有数，能够积极有效地销售。

（2）评估渠道成员。评估的标准一般包括：销售定额完成情况、平均存货水平、向顾客交货时间、损坏和遗失货物处理、对公司促销与培训计划的合作情况、货款返回的状况及中间商对顾客提供的服务等。

（3）调整销售渠道。一是，增减成员，这是指在某一分销售渠道里增减个别中间商，而不是渠道模式。厂商决定增减个别中间商时，需要做经济效益分析，要考虑到增减某个中间商对企业的赢利是否有影响，是否会引起渠道其他成员的反映，其他成员的销售是否会受影响等。二是，增减渠道，这是指增减某一渠道模式，而不是增减渠道里的个别中间商。当生产者利用某一分销渠道销售产品不理想时，或者当市场需求扩大而原有的渠道不能够满足时，或者当生产者所利用有些分销渠道一方面销售量低下，而另一方面市场的需求又难以满足时，生产者就要考虑减少或增加渠道，或者减免某条渠道的同时又增加某条渠道。三是，调整全部渠道，这是指生产者对所利用的全部渠道进行调整。

【经验谈】

直接渠道改为间接渠道，单一化渠道变为多元化渠道等，这种调整是最困难的。它不仅使全部销售渠道改观，而且还会涉及营销组合因素的相应调整、营销策略的改变。作为生产者，对调整全部渠道要特别谨慎，进行系统分析，以防考虑不周，影响企业的全部销售。

5.1.6 营销渠道管理策划

1．营销渠道冲突管理策划

（1）渠道冲突的表现形式。渠道冲突的类型有水平渠道冲突、垂直渠道冲突和多渠道冲突，见表5-3。

表5-3 渠道冲突的表现形式

渠道冲突类型	定义	说明
水平渠道冲突	某渠道内同一层次中的成员之间的冲突	同级批发商或同级零售商之间的冲突，表现形式为跨区域销售、压价销售、不按规定提供售后服务或提供促销等
垂直渠道冲突	指同一条渠道中不同层次之间的冲突	制造商与分销商之间、总代理商与批发商之间、批发商与零售商之间的冲突，表现形式为信贷条件的不同、进货价格的差异、提供服务（如广告支持）的差异等
多渠道冲突（交叉冲突）	两条或两条以上渠道之间的成员发生的冲突	当制造商在同一市场或区域建立两条或两条以上的渠道时，就会产生此类冲突。如直接渠道与间接渠道形式中成员之间的冲突，代理分销与经销分销形式中渠道成员之间的冲突。表现形式为销售网络紊乱，区域划分不清，价格不同等

【经验谈】

营销渠道冲突管理是分销渠道管理的一项非常重要的内容，也是让营销管理人员非常头痛的问题。渠道成员之间的合作程度、协调程度如何，将直接影响到整个渠道的分销效率和效益。

（2）化解营销渠道冲突的对策。营销渠道冲突的存在是一个客观事实，不能消灭，不能根除，只能辩证分析，区别对待。低水平的渠道冲突可能对分销效率无任何影响，中等水平的渠道冲突有可能会提高渠道的分销效率，而高水平的渠道冲突才会降低渠道的分销效率。适当冲突的存在会增强渠道成员的忧患意识，刺激渠道成员的创新。

① 销售促进激励。为减少渠道成员的冲突，有时成员组织的领导者不得不折中其政策，对以前的游戏规则进行修改。这些折中和修改，是为了对成员的激励，以物质利益刺激他们求大同，存小异，大事化小，小事化了。如价格折扣、数量折扣、付款信贷、按业绩的奖励制度、分销商成员的培训、成员的会议旅游等。

【小案例】

美的的销售渠道策略

为了应战格兰仕公司掀起的新一轮微波炉价格大战，美的公司一改往常的做法，将眼睛盯在了中间商身上。美的公司一掷千金，投资3 000万元，购买了奔驰、宝马、奥迪A6等83辆奖励车，并承诺送120家优秀中间商出国深造。投入3 000万元奖励中间商，其力度连中间商自己也颇感意外。一位奥迪A6的得主说："谁也没有想到会有这份奖励，当初的合同中并没有这个说法。不用说，美的的销售量还会攀升。"

（资料来源：庄贵军．营销渠道管理[M]．北京：北京大学出版社，2005.）

案例分析：

销售促进激励：美的公司一改往常的做法，将眼睛盯在了中间商身上。

② 进行协商谈判。协商谈判是为解决冲突进行的讨论沟通。成功的富有艺术的协商谈判能够将原本可能中断的渠道关系引向取得成功之路。协商谈判是分销渠道管理之中常有之事。有效的谈判技巧是非常有用的，它是渠道成员自我保护和提高自己地位的手段。

③ 清理渠道成员。对于不遵守游戏规则，屡犯屡教不改的渠道成员清除出联盟。对那些肆意跨辖区销售、打压价格进行恶性竞争的分销商，长时间未实现规定销售目标的分销商等进行清理。

④ 使用法律手段。法律手段是指当渠道系统中冲突存在时，一方成员按照合同或协议的规定要求另一方成员行使既定行为的法律仲裁手段。譬如，在特许经营体系中，特许特权商认为特许总部不断新添的加盟商侵蚀了他们的利益，违反了加盟合同中的地理区域限定，这时就很可能要采用法律手段来解决这一问题。法律手段只能是解决冲突的最后选择，因为从长远来看，双方可能会不断卷入法律的纠纷中而使渠道关系不断恶化。

2．营销渠道整合策划

营销渠道网络中存在着诸多隐患，使得营销渠道整合成为一种趋势。

（1）营销渠道网络的隐患，见表5-4。

表5-4　营销渠道网络的隐患

隐患类型	说　明
分销商素质低，经营意识落后	不少分销商不能随着市场环境的变化而及时转换功能，没有公司化的经营管理意识，没有品牌意识，只看到眼前利益，不做网络建设，不搞终端维护，缺乏科学的库存管理、数据管理、客户资料管理，更谈不上区域经营的战略
窜货问题	各级分销商由于受到厂商销售唯量论的影响，为获得年终返利、争夺客户、带动杂牌产品销售等，只求薄利多销，只图眼前小利，不顾后果，竞相窜货，还有甚者，在自己辖区内卖正常价赚取薄利后贴钱低价争夺非责任区域内的客户，置厂商政策、区域内正常价差体系、竞争品牌状况于不顾
分销商忠诚度下降	从实际情况来看，各企业的渠道网络成员均有流失。这样，不仅会泄露许多机密文件，还会给企业造成巨大的经济损失
厂商之间的信用恶化	许多分销商不能按照厂商的规范操作，甚至货款也很难收回。有些大型超市和旺铺店"店大欺小"，产品的进店费、堆头费高得离谱
分销商不具备品牌运作能力和市场控盘能力	分销商因受规模、实力、素质、管理水平、经营意识等因素的影响，没有能力做到整合营销、优势最大化、成本最低化等
分销渠道的经营模式复杂、混乱	企业的分销渠道比较复杂，有直销的，有靠渠道网络经营的，有网络加平台的，还有既有网络经销商又有厂商派出大批业务员为其跑单，经销商只要送进货就可以的。分销渠道经营模式复杂、混乱，使渠道网络的作用明显下降

（2）营销渠道整合的途径。

【经验谈】

现代企业无非两大职能——营销和创新，而市场分销渠道便是两大职能的后勤。分销渠道如今已成为企业间竞争的一个重要砝码，畅通的销售渠道意味着成本的降低、效率的提高和利润的增加。营销渠道整合则使销售渠道的畅通有了保障。

营销渠道整合的途径及方法见表5-5。

表5-5　营销渠道整合的途径及方法

形　　式	方　　法	问题说明
渠道扁平化	多层次的销售网络不仅进一步瓜分了渠道利润，而且极可能产生经销商不规范的操作手段。经销商掌握的巨大市场资源，几乎成了厂商的心头之患	竞相杀价、跨区销售等常常造成严重的网络冲突
渠道品牌化	专卖店作为渠道品牌化的一种重要方式正在迅速地扩张到各个行业。专卖店的精髓就是渠道建设的品牌化、一体化和专业化。企业把销售行为上升为一种渠道品牌的经营	通过设立专卖店，企业可以建设统一的、具有个性、符合时尚的品牌文化，实现渠道增值。而统一规范的连锁经营一改过去厂商到用户之间的各级分销商、零售商的成本层层累加方式，让利消费者
渠道集成	传统渠道主要包括大商场、中小商场及专卖店。新兴渠道可细分为如下几种：综合性连锁、品牌专卖店、集团采购、网上订购等。传统渠道和新兴渠道都具有自己的竞争优势，新兴渠道使传统渠道面临着较大的挑战	传统渠道和新兴渠道之间的矛盾越来越突出。解决这类渠道冲突的最好办法就是渠道集成，把传统渠道和新兴渠道完整地结合起来，充分利用两者各自的优势，共同创造一种全新的经营模式
渠道关系伙伴化	通过渠道整合，建立伙伴型的渠道关系，各个代理商，不仅是利益共同体，而且是命运共同体，渠道本身就是一个战略的联盟	如联合促销，即厂商与经销商共同进行促销，厂商给予一定金额的补贴、样品、POP等；信息共享，即厂商与经销商共享市场调查、竞争形势、消费者动向等方面的信息；培训，即厂商为经销商提供销售、产品、管理和营销等方面的培训活动，以提高经销商的销售和管理水平等

3．选择营销渠道结构策划

【经验谈】

在渠道评价的基础上，选择最优的渠道结构，即在成本最低的情况下，选择能有效完成渠道目标及各项渠道任务的渠道结构。

下面介绍几种主要的方法，包括财务方法、交易成本分析法、直接定性判断法和重要因素评价法。

1）财务方法

财务是选择营销渠道结构最重要的变量。营销渠道结构决策，相当于资本预算的投资决策，决策过程就是比较不同渠道结构下的资本成本，以此得出不同渠道结构下的投资收益率。

除了比较不同的渠道结构投资收益率外，还需要比较渠道资本的机会成本。如果在一项渠道功能中的投资收率较大，大于资本用于生产制造功能或其他功能的投资收益率，那么企业就应该保留该渠道功能；否则就应该利用中间商来履行该渠道功能，把企业的资金投资到收益率更大的方面。

2）交易成本分析法

利用交易成本分析来选择营销渠道的结构。通过分析交易成本，来确定生产制造商应该采用垂直一体化渠道完成所有的渠道任务，还是采用独立中间商来完成部分渠道任务。

交易成本法以成本为标准来选择营销渠道结构，即最好的渠道结构应该是交易成本最低的。关键问题是确定营销渠道结构对交易成本的影响，焦点在于知道企业要实现其渠道任务所必需的交易成本是什么。

【经验谈】

在营销渠道中，渠道成员之间为了达成交易，需要针对彼此进行交易专有资产的投人，包括有形资产与无形资产。如果交易专有资产投人很大，为了防止渠道投机行为的伤害，企业应该选垂直一体化的渠道结构。相反，如果交易专有资产的投人不大，生产制造商面临的资产风险就比较小，因而有较大的选择余地，则可以通过中间商来承担渠道功能。

交易成本分析法的主要缺陷是对营销渠道的选择范围局限在一体化与独立中间商二者之内，而不能对其他渠道结构问题进行分析。此外，这种方法所用的渠道投机行为假设与现实中大量的渠道合作与信任并不完全吻合。

3）直接定性判断法

企业的渠道管理人员往往根据他们认为比较重要的决策因素对不同的渠道结构进行定性的评估、比较，至于什么是重要的因素，什么不是重要的因素，主要由渠道关联人员的认识而定，并没有一个统一的标准。企业短期或长期的成本及利润、渠道控制的愿望、渠道灵活度、企业发展总体规划等，都是渠道管理人员需要考虑的重要因素。

4）重要因素评价法

重要因素评价法是一种比直接定性判断法更为精确的定性判断方法。这种方法由以下 5 个步骤组成。第一，列出影响渠道选择的决策因素；第二，以百分比形式标出每个决策因素的权重，以反映它们的相对重要性；第三，每种渠道选择以每个决策因素按 1～100 的分数打分；第四，将权重与因素分数相乘，计算出每种渠道方案的加权总分；第五，将备选的渠道结构加权总分排序，加权得分最高的渠道方案即为最适合的选择。

【小案例】

一家公司决定在某地区采用精选的一级分销渠道模式（即厂商把自己的产品销售给零售商，再由零售商销售给消费者）。经过考察，初步选出 3 家比较合适的中间商。公司希望选取的零售商具有理想的市场覆盖范围、良好的声誉、较好的区位优势、较强的促销能力，并且愿意与生产厂商积极协作，主动进行信息沟通，财务状况良好。各个中间商在某些方面都有一定优势，但是很难找出一个最优秀者。因此，公司采用评分法对 3 个中间商进行评价，见表 5-6。

通过打分计算，从表的总分栏可以看出，第一个中间商得到最高的加权总分，该公司应当首选它作为当地的中间商。

表 5-6 用重要因素评价法选择中间商

评价因素	权数	中间商 1		中间商 2		中间商 3	
		打分	加权分	打分	加权分	打分	加权分
1. 市场覆盖范围	0.20	85	17	70	14	80	16
2. 声誉	0.15	70	10.5	80	12	85	12.75
3. 产品组合情况	0.15	80	12	90	13.5	75	11.25
4. 财务状况	0.15	80	12	60	9	75	11.25
5. 合作意愿	0.10	75	7.5	80	8	75	7.5
6. 区位优势	0.10	65	6.5	75	7.5	60	6
7. 历史经验	0.10	90	9	85	8.5	90	9
8. 促销能力	0.05	70	3.5	80	4	70	3.5
总分	1.00	615	78	620	76.5	610	77.25

任务 5.2 营销渠道的长度与宽度策划

【导入案例】

空调业的不同分销模式

春兰集团在全国约有 1 500 多家经销商，每家经销商都拥有各自的批发网点和二级分销商体系。为了对经销商的经营业绩建立一个衡量标准，春兰集团还在全国范围内建立了 150 家专营店，为了避免与经销商的利益发生冲突，春兰专营店的规模一般不超过经销商的水平。每座城市仅有 2~3 家专营店，而且在专营店中销售的春兰空调，定价也略高于经销商的价格，这种做法，对稳定价格、平衡市场起到了一定的积极作用。专卖店的专业售后服务系统，对部分在服务能力方面偏弱的经销商提供支持。

格力集团、科龙集团、美的集团等企业所采用分销模式是“大户激励机制”。它不限制经销商做大规模，而是在每个区域都着力培养数个销售大户。格力采取了一套有效的激励机制，在销售淡季有高达 7%~8%的返利，全年有 2%~3%的返利，销售额越高，返利回款比例也就越高等。

格力模式的优势在于极大地降低了销售管理成本。对于大型空调生产企业来说，如果在每个地区只保持几家关系较密切的经销大户，易于理顺关系，紧密协作，对于中小经销商的协调工作，可以放手由经销大户来完成。

海尔空调的分销方式不论是在省会城市、地级城市还是在县级城市，海尔集团都会依靠自己的分支机构建立销售网络和渠道，发展零售商。由于各地营销中心的存在，海尔有能力严格选择零售商，并配合市场销售，举行多种行之有效的宣传促销活动。这也为维护品牌形象和今后的规模化发展打下了良好的基础。

（资料来源：廖燕．格力集团：坚持专业化经营．）

案例分析：

企业为了使自己的产品能在较短的时间内，以较快的速度、较少的费用从生产领域流转到消费领域，需要进行一系列营销渠道策划，以上企业的渠道开发均从渠道长度、宽度决策开始。

5.2.1 营销渠道长度策划

渠道长度是以渠道层次（中间环节）的数量来衡量的，在产品从生产领域流转到消费领域的过程中，每经过一个中间商就构成一个渠道层次。若生产者直接将产品卖给消费者（用户），没有中间商参与，这类渠道叫零层次渠道；若生产者首先将产品卖给批发商，批发商又将产品卖给零售商，零售商最后将产品卖给消费者（用户），由于这类渠道有两个中间商参与，所以这是二层渠道，其余类推。

1. 生活消费品营销渠道

零层渠道，包括上门推销、邮购、电话营销、电视直销、自有商店。

一层渠道：制造商—零售商—消费者。

二层渠道：制造商—批发商—零售商—消费者。

三层渠道：制造商—代理商—批发商—零售商—消费者。

2. 生产资料营销渠道

零层渠道：这是生产资料营销渠道中最重要的类型，一些体积大、产品重、技术性强的生产资料一般都使用这种渠道，实行生产者和用户直接挂钩。

一层渠道：生产者—批发商—用户。

这是由生产者将产品卖给批发商，批发商再卖给用户的渠道类型，它主要适用于那些价值不大，比较标准化的生产资料；如机器的零配件、小型工具等。

另一种一层渠道：生产者—代理商—用户。

这是生产者委托代理商寻找用户，推销产品的渠道类型。

二层渠道：生产者—代理商—批发商—用户。

这也是由生产者委托代理商推销产品，代理商经过批发商将产品卖给用户。

与生活消费品营销渠道相比，生产资料营销渠道的一个重要特点是许多生产资料一般不通过零售商经销，这主要是因为生产资料用户一般是大批量购买产品，而且往往需要生产者提供一定的技术指导和一系列售后服务。

【经验谈】

每个生产企业都要对渠道层次的数量作出决策，即制定渠道长度决策。渠道的长短是相对的，一般地把零层渠道和一层渠道这两类渠道称为短渠道，二层渠道或二层以上的渠道称为长渠道。

5.2.2 营销渠道宽度策划

所谓营销渠道宽度策划，是指对每个渠道层次所用中间商的数量作出策划。例如，企业通过制定渠道长度策划，决定采用“生产者—零售商—消费者”这一短渠道策划，这时，渠道宽度策划就是企业要对同时使用多少家零售商作出策划。决定渠道宽度的 3 个因素是所需的投资水平、目标消费者的购买行为和市场中的商家数目。营销渠道的宽度包括广泛经销、独家经销、选择性经销。营销宽度的选择，必须依据企业自身的财务实力、产品数量与质量等因素来制定。然而，从我国企业目前的情形看，不少企业考虑得还不够。

1．广泛经销

广泛经销也称密集经销，即在某一市场范围内，生产者运用尽可能多的同层次中间商推销产品，通过众多的营销渠道将产品转移到消费者手中。通常，日用品和通用型原材料的生产企业都会寻求广泛行销方式。

【策划一线】

生产香烟制品的企业为使其产品达到品牌暴露最大化和消费者购买的便利化，一般都会选用数量极多的行销中介机构，以尽量覆盖较大范围的市场。

消费品中的便利品最适于这种策略，因为消费者对便利品一般不花较多的时间去挑选，主要追求购买方便、服务迅速，这就要求有众多的商业网点，通过大量的中间商把产品卖给消费者。

2．独家经销

独家经销，即在一定的市场范围内（如某一个城市），生产者只选择一家中间商（批发商或零售商）经销自己的产品。生产者授予中间商经销产品的特权，但要求中间商不得经营竞争者的同类产品。

生产企业将在某一地区经销企业产品的独家经销权利授予某一中介机构，作为总经销的中介机构必须向生产企业购买产品，承担风险，负担产品所需的多种通关费用并拥有隶属于自己的经销网络。独家经销适用于一些购买者较少、单价较高或技术较为复杂的产品。生产者采用这种策略是为了促使中间商更加积极地推销产品，讲求推销技术，有利于控制中间商在价格、促销、信贷和各种服务等方面的政策。

独家经销可以提高产品形象。对生产企业来讲，这种营销形式在相对广泛的市场范围内销售其产品，在产品定价、促销、信用和各种服务方面，对行销中介机构进行一定程度的管理和控制，作为独家代理的中介机构可从中获取较高的经济收益。

3．选择性经销

选择性经销也叫特约经销，这种策略介于广泛经销和独家经销之间，是指生产企业同时选择多个，但不是全部的行销中介机构经销其生产的某一特定产品。公司选择合适的几个中间商，与这些中间商建立良好的协作关系，得到高于平均水平的推销努力。

采用这种方式可以取得足够的市场覆盖范围，成本比独家经销低，容易控制。这一经销形式一般为原公司和新组建的企业所广泛采用，其目的只有一个：就是尽力打开市场并力争扩大产品的销路。采用这一经销形式，生产企业不仅无须为此付出过多的精力，而且有助于在企业与经销中介机构之间建立起良好的业务合作关系，从而有利于企业进一步打开市场，占据更多的市场份额。与广泛经销形式相比，选择性经销最大的优势在于不仅能促进生产企业扩大市场范围，而且无须付出过多的精力和经销成本。

【经验谈】

选择性经销（特约经销）最适用于消费品中的选购品的策划。

这种策略既能避免企业采用广泛经销时精力过于分散的现象，能同被选择的有限几家中间商保持良好的关系，掌握一定的渠道控制权，又能避免企业采用独家经销时渠道太窄的弊端，使企业获得足够的市场覆盖面。因而，这是多数生产者所采用的策略。

不少企业在营销渠道策划时，都在宽度的选择上陷入困境。例如，有些企业不自量力地想独家经销，但因营销网设计太窄及铺网的节奏太快，启动资金大等原因，面临着一系列问题，规模效益短时期内体现不出来；迅速膨胀着的渠道缺乏大量有经验的管理人员和销售人员；渠道的急速膨胀给企业的市场信息反馈、配货、运输及调控能力带来很大压力。

【小技巧】

如何选择经销商

古代兵书中曾有词："运用之妙，在乎一心"，企业选择一个经销商还是两个经销商，主要的是结合当时当地的具体情况，结合企业的整体营销策略，经销商的具体情况来作出一个最终的选择策划。

(1) 选择一个经销商的理由。

第一，企业在区域市场继续沿用单一的经销商制度，可以更好地维护经销商的利益，确保他们的未来收益，赢得他们的"忠心"，维系厂商双方之间的合作伙伴关系。

第二，企业采用单一经销商制，渠道策略调整幅度不大，有利于维护渠道稳定，安抚"军心"，刺激经销商继续加大市场投入力度，企业也会获得相应的回报。

第三，企业坚持选择一个经销商，可以给自己的经销商和其他经销商树立一个"楷模"。避免后期由于经销商众多而造成的利益纠纷、甚至导致的市场下滑局面。

选择一个经销商的弊端如下。

第一，企业选择的经销商实力不一定足够强大，难于覆盖整个市场，也满足不了日益增长的市场容量，这制约了企业向纵深方向发展的步伐。

第二，由于缺少竞争对手，市场压力不是很大，企业选择的经销商可能会懈怠下来，直至放松对市场的控制和拓展工作，造成市场滑坡。

第三，单一的经销商可能会误认为企业不能离开自己，对企业提出各种无理的要求，挑战企业的市场控制权，来"掌握"最终的话语权。

第四，单一的经销商可能通过价格垄断，获得高额利润，不思进取；周边市场不一定能做得同样出色，其他区域的企业营销人员、经销商为了完成销售任务或返利，必然会千方百计窜货进该区域，扰乱区域市场价格秩序。

(2) 选择两（多）个经销商的理由。

第一，选择两个经销商可以更快更好地覆盖整个市场。在市场中，许多产品、企业崛起的时间往往就在短短一两年内完成，如何尽快覆盖整个市场，完成整个市场网络建设，是企业能否赢得最终成功的一个重要因素。选择两个经销商恰恰可以弥补一个经销商的不足，迅速将企业势力拓展到每个角落。

第二，选择两个经销商易于打开整个市场，满足快速成长的市场需求。消费者的消费需求往往集中在一瞬间，如此庞大的市场容量是很难让一个经销商单独完成的。

第三，选择两个经销商，引进竞争机制，提高经销商的竞争意识，增强他们的市场活力，为企业赢得未来更大的市场奠定坚实的基础。

第四，选择两个经销商，便于企业总体控制，毕竟企业可以选择的余地会大大延伸。

选择两（多）个经销商的弊端如下。

第一，企业选择两个经销商，那么原有的价格垄断优势就会荡然无存，经销商之间会相互杀价，产品毛利大幅度下降，甚至接近乃至低于进货价，经销商无利可图，当然他们也就没有任何经销企业产品的信心和意图了，企业销量不升反降，市场大幅滑坡。

第二，经销商忠心不再。由于企业选择多个经销商，而平均利润又大幅度降低，经销商的积极性随之下降，并对整个企业失去信心，转而去经营其他竞争品牌。

第三，新加入的经销商不一定是真心当企业的经销商。一些经销商看到竞争对手经销的品牌极为畅销，往往会挖空心思，先加盟该品牌，然后以经销该品牌产品为幌子，重点销售其他竞争性品牌产品。企业是“赔了夫人又折兵”。

第四，企业随意变更自己的渠道策略，让原有的经销商心寒，让后来的经销商胆战，企业以自己的一着昏招毁掉了自己在行业内的所有形象。后期的市场拓展将极为艰难。

任务 5.3　中间商策划

【导入案例】

联想电脑的渠道建设

为了进一步完善渠道政策和提升渠道层次，联想提出了渠道的大联想计划，把厂商和经销商的关系提升为一体化的联盟关系。其中厂商作为原始产品的生产者和供应者，通过渠道来出货，代理商则是厂商的销售队伍，作为厂商的一部分，跟厂商的生产部门、研发部门、制造部门一样，这种渠道相当于厂商的销售部门。以这种眼光来看待代理，联想在选择代理时会更加严格和慎重，代理商则会更有安全感和归属感。

为了保证大联想机制的健全和这一计划的不断推进，联想还建立了一系列的监督、保障机制，成立了专门的大联想顾问委员会，从代理商中推选了近 30 家代表做顾问，他们分布在全国 28 个省份，都是当地的佼佼者，大联想渠道中的一些重大问题、前瞻性问题和亟待解决的问题都会在顾问委员会中讨论，由厂商和代理商一起来商量和决定。除此之外，联想还在每个季度进行代理商的意见调整，设立总经理接待日。

（资料来源：毛怀邦．软件销售的商业实施[M]．北京：IT 研究院，2011.）

案例分析：

联想推销 1+1 专卖店的形式，依然是代理销售的一种，不是自己来做，而是发动代理商一起来做，是一种加盟方式，但是要制定出统一的形象标准、统一的销售产品、统一的服务、统一的价格、统一的布局、统一的管理。围绕中间商展开的策划涉及从中间商的选择到中间商的管理的一系列决策。

各种中间商组成公司的销售渠道。除了直接分销，公司一般都要为其设计策划的分销结构配置合适的中间商。

5.3.1　中间商的类型选择

1．批发商

批发是为转售或加工服务大宗产品的交易行为。批发商一头连接生产者，一头连接零售商或其他转卖者及用户。通过批发商的购买，生产者可以迅速、大量售出产品，减少库存，加速资本周转。批发商可以凭借自己的实力，帮助制造商促销产品，提供市场信息。对零售商来说，批发商可按零售的要求，组合产品的花色、规格，便于其配齐品种；可对厂商购进的产品进行加工、整理、分类和包装，方便零售商进货，勤进快销；利用仓储设施储存产品，保证零售商的货源，减轻其存货负担；还可为零售商提供各种支持以帮助其开展业务。

批发商的类型很多。可从不同的角度和职能进行分类，如图 5.1 所示。

【经验谈】

传统的渠道主要是指代理营销制，对于中国的大多数厂商来说，代理营销制度依旧是主流，除了直销的环境不够成熟之外，另一个重要原因是，对一个厂商来说，若要在市场上获得较好的地位和较大的市场份额，它的渠道必须很丰满，很有实力，必须先在渠道上占据优势，否则，产品很难占据市场。

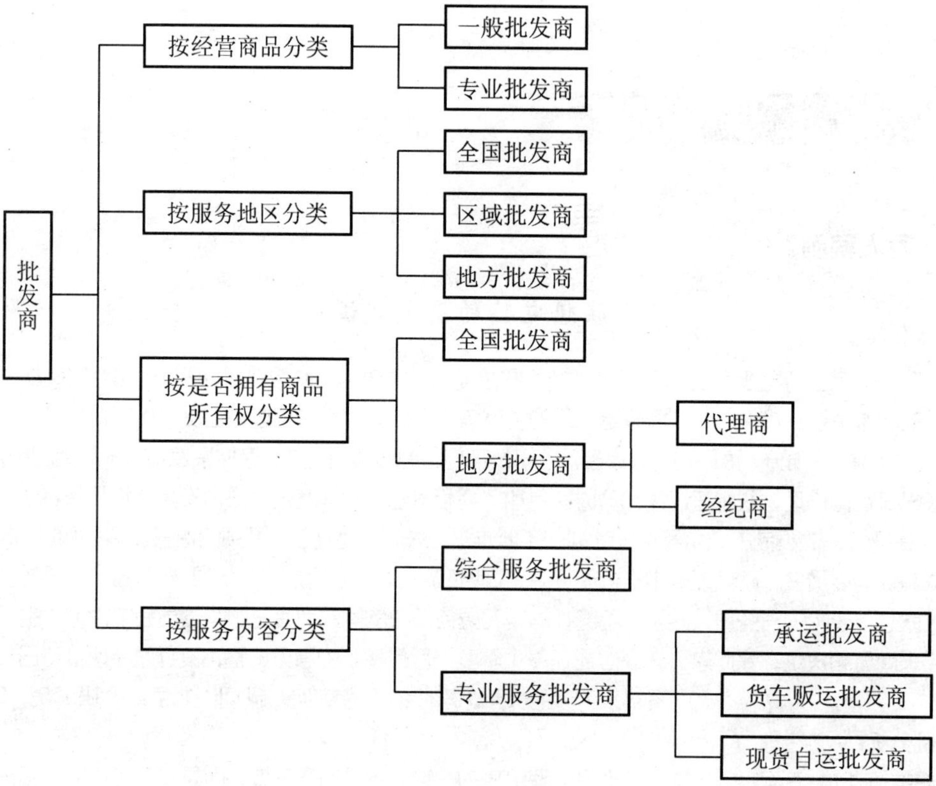

图 5.1 批发商的类型

2. 零售商

零售是指直接为最终消费者服务的交易行为。零售商在流通领域处于最后阶段。根据服务对象的特点，零售商在业务上有小量采购、零散供应的特点。其根本作用在于使产品直接进入消费者手中。零售商的类型最多。例如，按零售活动是否依托于店铺展开，分为店铺销售与无店铺销售。无店铺销售有邮购、电子购物、自动售货等。店铺销售又分百货商店、专业商店、超级商场、方便商店、折扣商店、仓储商场等。

3. 经销商和代理商

经销商是指从事商品交易业务，在商品买卖过程中拥有商品所有权的中间商。代理商是指接受生产者委托，从事商品交易业务，但不具有商品所有权的中间商。

【小案例】

立邦利华的分销系统

立邦利华有三条分销路线，分别负责清洁剂、消费者食品和工业食品。困难之一是要为每种品牌挑选各自的批发商，在批发层次上是高度专业化的。尽管通过不同的中介机构和路线，但在零售层次上这些产品却基本上集中在超级市场。为了搞好它的分销系统，立邦利华有三支推销队伍，两支面对消费者，一支面对产业用户。在消费者食品的推销队伍中，虽然对委托公司有一定程度的分工，但公司仍从减少推销人员在分销中的分工获得了好处。针对零售店的推销员主要与零售总店签订协议。

（资料来源：立邦利华的分销系统手册. 2012.）

案例分析：

立邦利华有三条分销路线，有系统的分工与协议。

5.3.2 分销渠道的运行策划

1．选择渠道成员

选择渠道成员是指根据营销渠道类型和所需不同类型中间商的数量确定合适的中间商。所选的中间商的能力对公司营销渠道的有效运行和公司的营销目标实现具有重要的影响，因而对中间商的选择必须谨慎。公司在确定中间商时，首先要明确所选的中间商必须满足的条件，这些条件一般包括从业时间、发展情况、信誉、财务能力、经营的产品组合、覆盖的市场面、仓储条件、发展潜力等。一般的中间商不大可能做到各方面都很好，公司必须将所要求的条件按照重要性进行排序，只要中间商所具备的条件能够保证公司营销活动正常开展即可。

根据公司所确定的选择中间商的条件，公司可能会面临几种不同的情况。一是，公司可毫不费力地找到许多合格的中间商；二是，公司费尽九牛二虎之力才能找到足够的合格中间商；三是，公司费尽各种努力还找不到或找不够中间商。在不同的情况下，公司在中间商选择中面临的任务是不同的。

【经验谈】

企业本身的规模、能力与信誉等直接影响渠道的选择，这涉及企业能否控制销售渠道，中间商是否愿意与企业合作。若公司的财务状况良好，营销管理能力强，则可承担一部分或全部的渠道管理的营销职能，若企业内部状况不允许或没有直接管理渠道的愿望，则可委托中介机构管理，当然这些中介机构是要同企业分享利润的。

毫不费力可以找到许多合格中间商的公司，一般来说对中间商选择的余地大，可以为入选的中间商制定较高的条件，通过比较选择最好的中间商。对于费尽九牛二虎之力才能找到足够合格中间商的公司，其中间商选择的主要任务是努力说服有条件的中间商能够加盟到本公司产品的营销队伍中来，向中间商努力推荐产品，使中间商能够看到经营公司的产品可以为其带来的利益，以尽量使所选的中间商具备较好的条件。

对于选不够合格中间商的公司，必须考虑降低中间商的条件，为中间商提供更多的利益，以吸引中间商经营其产品。如果采取各种优惠措施还找不到足够的合格中间商，则应考虑重新设计营销渠道。

公司寻找中间商的难易程度可以用公司产品对中间商的吸引力表示，对中间商吸引力大的公司容易找到更多的合格中间商。吸引力的大小，一般和产品的市场供需状况、公司及产品品牌的知名度等密切相关，无论何时，制造商必须保持清醒的头脑，即中间商绝不可能长期接受无利润的或周转慢的产品。

【小案例】

爱普生公司为其产品建立美国分销队伍

爱普生公司是日本制造打印机市场的领导者，当它打算扩大美国市场时，不相信美国现有分销商的能力。爱普生美国公司决定招募新的分销商以取代现有的分销商。他们雇用了一家人力资源公司，决定：①寻找在经营褐色商品（如电视机等）和白色商品（如冰箱等）方面有两步分销经验（从工厂到分销商到零售商）的申请者；②申请者必须具有领袖风格，他们愿意并有能力建立自己的分销系统；③他们每年的薪水是 8 万美元底薪加奖金，提供 37.5 万美元帮助其拓展业务，他们每人再出资 2.5 万美元，并获得相应的股份；④他们只经营爱普生公司的产品，但可以经销其他公司的软件；同时，每个分销商都配备一名培训经理并经营一个维修服务中心。

（资料来源：广东商学院精品课程网站[EB/OL]. http://61.145.119.78.）

案例分析：

人力资源公司分三步完成了营销队伍的建设：刊登广告；不提及爱普生公司带来了 1 700 封申请信，找到合格的申请者名称及电话，安排面试，选出了 12 名最合格的分销商负责 12 个分销区；中止现在的分销商业务，因为现有的分销商对事态发展一无所知，他们没有长期合同，他们缺少经营爱普生计算机生产线和接近目标零售店的能力，爱普生公司认为舍此别无他法。

2．激励渠道成员

为促使中间商尽心尽力为公司工作，完成公司所要求完成的营销职责，对所选的中间商采取适当的措施给予激励是非常重要的。

对中间商的激励可以在与中间商的交易条件中考虑进去，但是为了便于对中间商加强控制和监督，常常也在交易条件外根据中间商的表现制定一些补充的激励措施。

所使用的激励措施，可以是积极鼓励性的，如给中间商让利、奖金、合作营销补贴、提供某些服务、开展促销活动、协助其经营管理、提供情报与结成长期的伙伴关系等；也可以是消极处罚性的，如提价、推迟交货、减少所提供的服务，甚至中止双方关系等。但是在实际使用中，一般主要使用的是积极鼓励性的激励措施。

【策划一线】

世界上最大的工程机械生产厂家之一的卡特彼勒公司，在处理与中间商的关系中，一直采取的是积极鼓励的方式，为中间商提供各种服务。即使对于那些销售成绩不佳的中间商，也极少采取消极惩罚性的方式。

对中间商使用不同的激励措施，主要是根据公司营销渠道的组织形式。对于垂直营销渠道组织，中间商在很大程度上已经成为公司的一员，其他额外的激励措施使用较少。而如果使用的是传统营销渠道组织，则所使用的额外激励措施相对较多。

中间商激励的重要性现已为我国的多数公司所认识。很多生产企业对它所选的中间商和主要客户，每年由厂领导逐个上门访问，以激励他们努力工作，保证中间商与公司的良好合作。

3．评价渠道成员

渠道成员的评价是指对公司所选营销渠道的中间商所完成的职责进行评价，以此对中间商进行激励与管理。

【小案例】

轿车企业如何评价渠道成员

（1）流程是否建立，建立是否执行。分销商在经营管理中首先应当建立标准的销售流程，包括新车展示流程、试乘试驾流程、潜在客户挖掘流程、递交新车流程、售后回访流程、客户反馈投诉流程等。此外还应该建立各项基础管理流程，包括人员招聘流程、培训管理流程、绩效管理流程、环境管理流程、信息管理流程等。上述这些流程在具体工作中是否在执行，运行效果如何，流程本身有没有需要改进的地方等，都是评价渠道成员非常重要的方法和手段。

（2）组织机构是否健全，岗位描述是否完善。一个健全的组织机构应该根据流程来设计，组织内所有的人都能合理、清晰地明确自己的职能，明确自己所涉及的流程，并且明确在所涉及的流程中自己操作的部分，这样的组织才是健全的。岗位描述就是告诉公司每一名主管、员工他们每一个人所涉及的流程，以及自己在所涉及的流程中的操作部分。

部门的效能调查应该从以下7个维度进行测评。

A．专业知识：产品知识深度、市场趋势及竞争对手产品熟悉情况。

B．工作效率：自我发展情况、企业家精神、沟通能力、解决问题能力、时间管理情况、行政支持、个人仪态。

C．客户关系管理：客户关系、客户信息管理、客户需求的了解、客户购买行为的了解。

D．销售过程：潜在客户的开发、价值定位、售后服务、销售质量控制。

E．团队合作：公司内部关系、合作能力、团队业绩、内部资源利用。

F．绩效考核：业绩考核、绩效奖励的透明性、绩效奖励的有效性。

G．内部管理：员工招聘、训练发展、工作前景、流动率。

根据以上7个维度，对每个维度中的要素划分4个等级进行对应评定，最终生成数据进行分析，可以评定出每个部门在公司的效能状况。

（3）人员是否合格。有了流程，有了机构，如果没有具有履行能力的人员，企业在营运中同样不会有一个很好的结果。有了流程可以知道问题出在哪里，哪些人没有按流程操作，但如果是执行流程的人本身不具备执行流程的能力，那给企业带来的危害是非常大的，从这里暴露出的就是人员招聘流程出现了问题，没有招聘到岗位所需要的合适人员。

（资料来源：甘伟同．轿车企业如何正确激励和评价渠道成员．http://www.cnautotime.com.）

案例分析：

生产者必须定期评估中间商的绩效，如果某一渠道成员绩效过分低于既定标准，需找出原因，同时还应考虑补救方法。将每一中间商的销售绩效与上期绩效比较，以整个群体的升降百分比作为标准，将各中间商的绩效与该地区基于销售潜量分析所设立的配额相比较。针对发现的问题来设计改进方案，在具体执行实施过程中根据情况不断修订，再评价，再设计改进方案，再执行的一个往复过程。

评价渠道成员主要考虑的因素有：①各级经销商资信情况；②销售配额完成情况；③平均存货水平；④对损坏与遗失货物的处理；⑤店头摆设；⑥人员促销水平；⑦与企业的促销和培训计划的合作情况；⑧向顾客交货的时间；⑨中间商提供给顾客的服务等。

在公司选择中间商时，一般都对中间商有一定的要求，如在一定时期内应完成的销售额及销售增长率、平均存货水平、付款条件、为顾客提供的服务等，这些就构成了公司评价中间商的标准。公司应定期检查他们对各项要求的执行情况，看是否达到了公司的要求。通过检查评价，对完成任务好的中间商可以给予激励，对完成任务不好的中间商进行诊断，找出完成不好的原因，以决定是剔除这些中间商，还是帮助他们改进工作。

【经验谈】

如果中间商不能达到标准，必须迅速找到主要原因，采取改进措施。如果在一定期限内无法改进，就要考虑放弃或更换中间商。

4．改进营销渠道

营销渠道的改进是指根据市场营销环境的变化，对公司原来使用的营销渠道的某些方面或整体的营销渠道类型进行改进，以适应新的环境条件的要求，如图 5.2 所示。

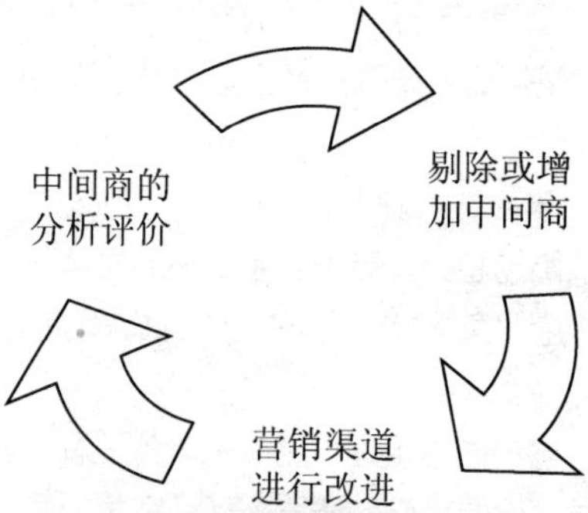

图 5.2　改进营销渠道策划的过程

随着环境条件的变化，对营销渠道进行改进是不可避免的。因为随着时间的推移，消费者的购买习惯和购买方式在发生变化；公司所经营的产品的性质及特点也在发生变化；公司原来所选的中间商有的能适应环境条件变化的要求，有的可能不能适应环境条件变化的要求；另外也有可能出现对公司所经营的产品更有效的营销渠道。

公司在考虑剔除或增加个别中间商时，需要评估对公司将会产生的影响。如在某一地区，有个别中间商的销量很少，公司为他们提供服务的花费可能已超过他们因销售产品而为公司创造的利润，从经济标准考虑，应剔除这些中间商。在考虑增加或剔除个别中间商时，既要考虑这些中间商对公司产品销量和利益的影响，还要考虑对渠道其他成员可能产生的影响，要把公司的营销渠道作为一个整体系统来考虑。

5．营销渠道的冲突、竞争和合作

营销渠道的冲突、竞争和合作是公司在处理营销渠道及其渠道成员关系中经常遇到的问题。对这些问题的正确处理，有助于营销渠道更有效的运行。

（1）营销渠道冲突的处理。营销渠道冲突的种类及其原因很多，针对不同类型的冲突及产生冲突的不同原因，可以采取不同的处理方式。首先，要建立统一的组织目标，即要求渠道成员必须充分认识他们是利益共享、风险共担的一个整体，只有他们之间团结协作，为了共同的目标而努力，才能使他们共同得到发展。否则将会使各方都受到损失。其次，要协调渠道成员的工作。渠道成员之间通过经常接触，相互通报工作中遇到的问题，可以就工作中的分歧互相达成谅解，能够减少冲突发生的可能性，并能对已发生的冲突及时采取适当方式进行解块，以防止矛盾激化。此外，公司要严格制定和执行管理渠道成员的细则。渠道冲突的发生往往是源于公司对不同的渠道成员的销售政策的制定与执行。

【经验谈】

制定合理的政策，明确渠道成员的目标和利益关系，使各成员都严格执行所约定的条件，会大大减少渠道冲突的可能。

【小案例】

斯洛罗伯公司适时调整分销渠道

第一次世界大战以后，许多美国人从乡村和偏远地区流入城市，这使消费市场出现了一种对邮购业经营不利的形势，加之经济危机的影响，使斯洛罗伯公司的营业额降到1.6亿美元。然而斯洛罗伯公司并未因此一蹶不振，而是因时制宜采取了灵活调整经营的决策。公司开始实行从邮购销售到城市商店零售的经营战略转变。1952年至1961年，斯洛罗伯公司在美国各城市先后开设了378个零售商店，形成了一个规模庞大的连锁商店系统，1964年一跃成为美国第一大百货公司。零售商店6年的营业额居然超过了邮购销售50年的营业额，充分显示了因时制宜调整经营战略决策的正确性。

新的经营策略确定了以后，面临新兴廉价商店和原有百货商店两个方面的竞争。斯洛罗伯公司所采取的对策是：制订实施“商店采购供应计划”，即由公司决定采购商品的种类和商品最高限价。为保证所采购商品质优价廉，商品从购买原料、生产制造到交付零售整个过程，全部纳入“商品采购供应计划”。他们以强大的销售能力为后盾，以巨额采购数量使生产者愿意接受公司极低的采购价格，并愿意按公司的规定和标准进行生产。

（资料来源：朱成钢．市场营销学[M]．2版．上海：立信会计出版社，2012.）

案例分析：

“商品采购供应计划”使斯洛罗伯公司的商品价格比廉价商店的价格还低，其利润却高于后者。他们的原则是：只要有利可图就要试一试。这种因时制宜灵活调整经营战略的决策，不仅使斯洛罗伯公司在美国国内大获全胜，而且在世界范围内享有头等盛誉，成为名符其实的世界百货大王。

（2）营销渠道的竞争与合作。营销渠道的竞争是营销渠道关系的另一种表现形式。渠道竞争对公司营销的作用表现为积极和消极两个方面。积极的方面表现为营销渠道及其各成员之间都努力更好地为自己的顾客服务，以正当的方式争取顾客，拓展市场，这样的竞争对公司来说是非常有利的，公司应该积极鼓励这种竞争。消极的方面表现为营销渠道及其各成员之间以挤垮对方为目的开展的不正常竞争，这种竞争的继续发展会转变为渠道的冲突。对于这种竞争，公司应及时采取措施加以制止，否则会给公司带来损失。对渠道竞争的管理就是使得渠道竞争朝着积极的方向发展。积极的竞争对公司、对渠道其他成员及对顾客都将是有利的。

因为渠道成员在利益关系上有共同的一面，这就奠定了渠道合作的基础。营销渠道成员的合作通过对营销渠道的管理来实现，如通过引导渠道成员开展积极的竞争，及时解决营销渠道中出现的矛盾，才可以使各自的利益得到提高。营销渠道的冲突和不正当竞争，对渠道任何成员都将是有害的。

任务 5.4 代理商策划

【导入案例】

台尔蒙雄风重现

美国台尔蒙的各种水果罐头、玉米酱罐头世界闻名，在美国销售量均占首位，而在中国台湾地区却大失风采，汉斯牌及绿巨人牌水果罐头、玉米酱罐头的销售量远远超过台尔蒙的同类产品销售量。台尔蒙公司总结经验，认为主要是代理商选择不慎带来的恶果。台尔蒙公司当时指定的代理商销售产品的主要方式是通过转手给批发商，再由批发商批发给零售商。而水果罐头、玉米酱罐头的保鲜要求高，消费者一般都注重生产日期。通过代理商的层层转售，延长了产品到达消费者手中的时间。因此，台尔蒙公司决定将代理权改为授权给味全公司接手。味全公司是中国台湾一家较大的食品公司，味全公司采用的是直销方式，因此台尔蒙公司的产品得以迅速发送到消费者手中。很快，台尔蒙雄风重现，在中国台湾地区很是威风了一段时期。

（资料来源：朱成钢．市场营销学[M]．2 版．上海：立信会计出版社，2012.）

案例分析：

味全公司采用的是直销方式，公司的产品迅速发送到消费者手中，保证了产品质量。由此可见，是否选择代理商，选择怎样的代理商等决策工作对产品的分销也很重要。

5.4.1 代理商的作用

代理指公司委托他人（包括自然人、法人及合作企业）或国外企业委托国内公司销售商品或完成其他行为。其中受委托方就相应地称之为代理商。

代理商对厂商而言，最大的好处在于它能帮助企业打开市场，其作用如下。

1．可帮助企业迅速掌握市场

代理商通常对其代理区域的市场较为熟悉，并且拥有一批基本客户，从而比制造商派出销售人员更易拓展市场。

2．可以回避交易风险与投资风险

由于代理商对本地市场较为熟悉，对客户的信誉状况也较为了解，因此厂商能获得较多的订单，并且收回货款也较为容易。

【策划一线】

西德拜耳（Bayer）化学公司，其年营业额相当巨大，在许多地区都投资建厂，但在韩国与中国台湾地区，拜耳公司考虑到投资环境不适合，没有建立分支机构，而委托台湾兴农公司代理销售事务。

3．可进行市场试销

制造商若对某地市场不太了解，或者是推出一种新产品而面临着新市场时，可以利用代理商进行市场试销。

【策划一线】

美国可口可乐公司最初是采用代理商销售的方式，后来发现市场潜力惊人，改用了特许经营的方式，建立起自己控制的销售网络，从而赢利大为增加。

4．销售成本低

通过代理商进行交易，可以减少自设销售网络所必需的高昂的固定成本，如营业地点租金、办公设备、通信设备的购置费、仓储费，企业唯一需支付的只是代理商的佣金。

5．可以减少交易次数

由于代理商可以将顾客的零星订单汇总，一次订购，从而可以避免零星订单的交易，减少接洽次数。

图 5.3 表明了使用代理商减少零星交易的情况。图 5.3（a）表示 3 个生产者采取直接市场营销方式为 3 个顾客服务，这需要 9 次接洽才能达成交易。图 5.3（b）表示 3 个生产者共同使用一个代理商将产品分销到 3 家客户，在这种情况下，只需 6 次接洽就可达成交易。

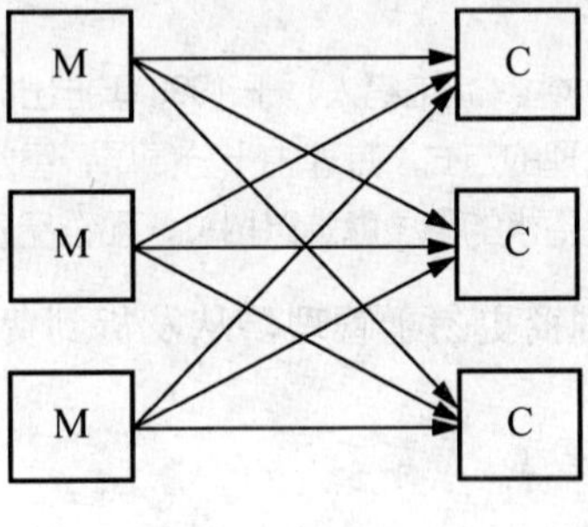

（a）接洽次数=M×C=3×3=9

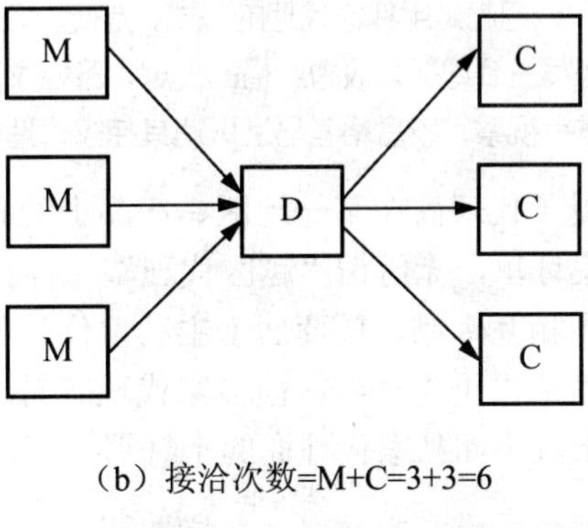

（b）接洽次数=M+C=3+3=6

图 5.3　使用代理商减少零星交易的情况

其中：M——厂家，C——客户，D——代理商

6. 可以提供售后服务

代理商可以为顾客提供售后服务，从而可以促进销售。规模大、力量雄厚的代理商在售后服务方面更有重大作用。销售代理商的售后服务日益为厂商所重视，尤其是为汽车、电脑等维修次数较多产品的厂商所重视。

5.4.2 代理商的类型

1. 独家代理与多家代理

独家代理是指厂商授予代理商在某一市场（可能以地域、产品、消费者群等区分）独家权利，厂商的某种特定的商品全部由该代理商代理销售。

【策划一线】

福建绿得饮料有限公司生产的绿得八宝粥，在中国香港的销售事务由香港金星企业有限公司独家代理，在中国澳门的销售事务由澳门华航贸易公司独家代理，在日本的销售事务由日本有限会社日光商事独家代理。对方不能进行“越区代理”，绿得饮料有限公司亦不得在该地区自设营销据点，进行厂商直销或厂商批发。

独家代理商更乐意做广告宣传与售后服务工作。

【策划一线】

法国男性香水系列——Chevignon（城市猎人）于1993年推出时，其在中国台湾、中国香港、新加坡及欧共体的各国市场分别采取独家代理的方式。其理由十分简单：香水行业是一种高广告投入的行业，不采用独家代理方式，广告必然跟不上，香水的形象就难以树立，那么品质再好，销售量也难上去。

在独家代理下，厂商对代理商更易于管理，从发货到费用、佣金控制，再到视察代理商的工作都较为方便。

【策划一线】

世界著名服装圣罗兰（YSL）公司就是用独家代理的方式，方便总公司对各代理商的管理。在价格、销售方式、广告宣传、售后服务上圣罗兰公司都有极为严格的规定，各独家代理商必须严格执行。圣罗兰公司总部常派职员到世界各代理区域进行视察，不合格者马上取消其独家代理权。

多家代理是指制造商不授予代理商在某一地区、产品上的独家代理权，代理商之间并无代理区域划分，都为厂商搜集订单，无所谓“越区代理”，厂商也可在各地直销、批发产品。

多家代理时，代理商之间相互牵制，厂商居于主动地位。各代理商相互竞争则更利于打开市场，厂商所拥有的销售网络也更为宽广。但多家代理容易造成代理商之间的恶性竞争。多家代理方式下，代理商的士气不如独家代理商的士气那么高。

【经验谈】

独家代理商拥有独家代理权，权责分明，在广告、售后服务上都比多家代理方式下的代理商要积极。

2．总代理与分代理

所谓总代理是指该代理商统一代理某厂商某产品在某地区的销售事务，同时有权指定分代理商，有权代表厂商处理其他事务。因此总代理商必须是独家代理商，但是独家代理商不一定是总代理商，独家代理商不一定有指定分代理商的权力。在总代理制度下，代理层次更为复杂，常常称总代理商为一级代理商，分代理商则为二级或三级代理商。分代理商也有由原厂商直接指定的，但是大多数分代理商由总代理商选择，并上报给厂商批准，分代理商受总代理商的指挥。

3．佣金代理与买断代理

佣金代理商仅为制造商在当地推销其产品，以厂商的名义与当地顾客签订买卖合约。产品的价格完全由厂商指定范围，代理商销售产品后，向厂商索取佣金（一般在10%~15%）作为报酬。厂商有足够的能力控制代理商，产品价格更为统一。

买断代理商与厂商是一种完全的“买断”关系。他们先自己掏钱向厂商进货再销售。若收不回货款时，再承担“坏账”损失。买断代理商承担的风险更大，他们对产品的销售价格拥有完全决定权，其收入来自买卖的差价，而不是佣金。

在消费产品的代理中，买断代理方式更为常见。买断代理商资金雄厚，销售能力一般来说更强，厂商所承担的风险较小，但产品的价格无法统一。

4．混合式代理

（1）代理商与原厂商互为代理。这种方式是指两厂商互为代理商，相互帮助对方开拓自己所在国家或地区的市场。互为代理的两厂商一般规模相近、声誉相当，若两厂商力量悬殊，互为代理是不会成功的。

（2）经销与代理混合使用。这种混合式代理有两种情况：一种是总代理下设经销商；另一种则是总经销商下设代理商。总代理商下设经销商，厂商与中间商的关系总体来说是代理关系；总经销商下设代理商，厂商与中间商的关系总体来说是买卖关系。

总代理与总经销并存的情况下，总代理商与总经销商在职能上是分工负责的。这样厂商收款风险小，同时，销售外的促销事务又有总代理商负责，从而达到两全其美的效果。一般只有名牌产品才能采用总代理与总经销并存的方式。

（3）分支机构指导下的代理方式。这种方式是指厂商在销售地设立分公司、办事处等分支机构，负责产品的广告、促销及售后服务和与代理商的联络，同时对代理商进行指导与监督，分支机构不具体从事销售事务，销售事务由代理商进行。

5.4.3 代理方式的策划

适合用代理方式进行销售的产品类型为日用品、电脑、机械设备、家用电器、服装、手表等。

确定采用代理商进行营销之后，公司紧接着要选择合理的代理方式。选择独家代理方式还是多家代理方式，佣金代理方式还是买断代理方式，或是将代理方式与其他营销方式配合使用，主要考虑因素如下。

（1）依据产品所处的生命周期和营销策略而采用不同的代理方式。新上市的产品，由于厂商要求代理商能对顾客提供使用指导、技术服务、售后维修等服务，因此，代理商必然会要求在某一市场区域拥有独家代理权。当产品处于成熟期或衰退期的前期时，产品也就越来越规格化、大众化，消费者与工业使用者所需的特殊知识越来越少，交货时间与价格的重要性相对地增加，厂商便可以考虑增加代理商的数目。

低价竞争导向的产品采用佣金代理方式更佳。高价反而畅销的产品，如名牌产品和高档、奢侈消费品则可考虑采用买断代理的方式。

（2）依据市场潜力而采用不同的代理方式。采取多家代理方式的前提是市场潜力较大，需要多家代理商共同开发市场。市场潜力过小，多家代理商同时代理，容易造成恶性竞争、相互削价。一般就采用独家代理的方式，不但节省了佣金支出，而且代理的效率比多家代理更高。

（3）依据厂商产品差异大小而采用不同的代理方式。制造商的产品类型区分十分明显时（譬如高级品与低级品，顾客可区别得十分清楚），厂商便可作更细的市场细分，对不同的市场授予各家代理商独家代理权，以掌握不同特性的顾客。若厂商的产品之间并无明显的区分，而市场容量较大时，还是以采用多家代理的方式为宜。

（4）依据现有代理商的能力而决定。独家代理商应当有较强的销售能力、较宽的销售网络，并且应当有较为雄厚的实力。否则，便会阻碍厂商营销目标的实现，厂商便得考虑采用多家代理的方式。厂商货物一到达总经销商处，便能从总经销商那里收到款，而不需要通过总代理商向经销商收款，款项才转到厂商。在厂商不充分信任中间商之前，只能给中间商以总经销权，总经销商下再设代理商。

在多家代理商并存时，代理商之间的冲突主要表现在代理区域的争执、代理价格的竞争及广告业务相互推诿上。为了加强对代理商的控制，协调代理商关系，公司可在当地设立分支机构。

5.4.4 代理商的选择策划

代理商的素质高低决定了代理业务是否能顺利进行，同时也是代理商是否能配合实现公司整体经销目标的关键。

1．征求代理商

一般说来，征求代理商的方式有两种，一种是直接信函询问的方式，另一种则是公开广告征求的方式。

（1）直接信函询问这种方式的第一步就是厂商应当搜集到本行业潜在代理商的名单与其他具体信息。

（2）广告征询代理商。广告征询代理商是指在报刊、杂志，电视、广播或街头广告栏上打出诚征代理的广告来征求代理商。由于需要打广告，因此要花费一定的广告费用。厂商由于没有商会等中间人的介绍，自我鉴定所花费的精力与时间投入也要增加。但是，广告征求代理的方式联系面广，对方若来联系代理，说明对方已有合作意愿，厂商有一定主动权。

征求代理商广告中的内容主要是有关产品介绍，表示合作意愿及公司地址与联系方式几项内容。

【经验谈】

发出征询函或者打出征求代理商的广告后，只要产品适销对路，会有一些公司前来联系担任代理商。这时厂商就面临着选择、确定合适代理商的任务。

2. 分析确定代理商

选择代理商可以通过考查潜在代理商寄送来的材料来进行，也可以与潜在代理商进行面谈。一般来说，选择代理商时应当考虑下列事项，见表 5-7。

表 5-7 选择代理商的标准

项　目	内　容
代理商的品质	厂商与代理商的关系，应是一种信任关系
代理商的营业规模	员工总人数及营业部门人数、所属经销商的情况、目前的营业情况等
代理商的经营项目	厂商选取的代理商，他们以前经营的产品应是与厂商同行业的产品，或是类似的产品
代理商的销售网络	就消费性产品而言，最终购买者通常是在零售店选购
代理商的拓展能力	包括代理商仓库仓储能力，渠道的规范管理，人员培训，公司的特别奖励或激励计划，该代理商是否愿给厂商提供重要市场情报，主要使用哪一种传播媒体促销产品，是否愿意拟订经销策略
代理商的财务能力	当厂商考虑使用买断代理方式，或是厂商本身出口量相当大时，要求代理商有足够的资金用以对付预付货款、垫付运费、仓储费、广告费、售后服务费用等。对于消费品来说，代理商更需要有一定的财务实力
代理商的营业地址	代理商的营业地址必须适中，而且最好处于商业中心，这样厂商的商品好以最低的成本配销至目标市场的各地区
同行业对代理商的评价	若大多同行业的中间商对代理商不满，或评价过低，则足以说明该代理商有不足之处存在。商场中的关系对于代理商与厂商都十分重要，同行业关系不好，则必然影响代理商所代理的产品的销售额

【小技巧】

选择代理商

务必调查对方背景。不对代理商仔细调查就授予代理权，是选择代理商最大的通病。规模大未必合适。寻求理想的代理商与寻找对象一样，大公司不一定是最好的代理商。新产品应当选择对此产品有代理经验的代理商进行代理。

代理商的代理动机，往往影响代理商日后长期的行动。一般应选择具下列动机的代理商：①代理产品是针对不同的细分市场，与代理商现有产品不冲突；②弥补产品线不足；③代理产品与代理商自己现有销售网络完全相容，可利用自己多余的销售能力。

任务 5.5 经销商策划

【导入案例】

西门子家电的渠道运作

西门子冰箱销售采取的是直接面对零售终端的渠道模式。其特点是不通过任何中间批发环节，直接将产品分销到零售终端，由厂商直接开拓和培育网络。这种方式虽然有网点拓展慢、交易分散、配送难度大、人力投人大的特点，但在家电产品销售成功与否还看终端的今天，企业对销售点的控制能力、维护能力、市场沟通能力、人际亲和力则更加重要，只有这样才能真正提高市场的渗透力。因此可以说这种渠道模式将成为家电销售发展的趋势。

如何创造一个与零售商互惠合作的良好环境，关系到产品销售的成败。西门子的做法是，采取一切有效措施把产品卖给消费者，而非仅仅把产品推销给零售商。这是一个观念问题，有了这个观念，区域公司销售人员的工作重点不仅仅在于说服零售商进货，也不仅仅在于从事厂商合作中的事务性工作，更重要的是分析研究消费者、竞争对手、产品行业动态，研究如何把握机会，帮助零售商提升销售业绩。“只有让消费者更多地购买产品，零售商才能赚到钱，企业因此也才能够得利”的观念深深烙印在每一个西门子销售人员心中。

西门子销售人员主动帮助他们出主意，做生意，推荐好销的产品，精打细算降低成本，遇到有要求的立即作出反应，行动快，效率高，分公司定期与零售商座谈，解决销售难题。西门子值得信赖。

（资料来源：杨明刚．国际知名品牌成功营销中国[M]．上海：华东理工大学出版社，2011．）

案例分析：

西门子的市场运作方式不仅是市场竞争的必然要求，更是市场竞争的必然结果。对零售终端的精耕细作是提高销售业绩的根本途径。厂商在销售过程中必须对终端市场所涉及的每一个环节及相关层面进行深入、细致、规范的管理和运作，供货、换货、展台布置、产品摆放、现场广告、产品介绍、营业沟通、信息反馈等，哪一个环节有问题都会影响销售效果。

5.5.1 经销商存在的必要性

制造商建立自己的销售网，直接与消费者或最终使用者接触时，可以了解消费者的心理、倾向、习惯、动机和需要，提高服务水准，掌握市场动向，缩短产销距离，满足消费者的需要。但是顾客常分散在各地，想要实现直接向顾客推销的目的，势必需要投入相当多的人力与资金，建立起庞大的销售队伍。此外，消费者在消费习惯上常需各式各样的产品相配合，例如。在使用录音机时，需要录音带与电池；吃面包时，可能需要牛奶与方糖。直接推销不仅无法使消费者在同时同地极便利地买到所需的物品，而且在时间、人力及金钱上也很不经济。

【经验谈】

大多数厂商必须依赖经销商来提高分销效率，减低分销成本。

经销商，尤其是零售商的最主要顾客就是邻近的居民，经销商对其顾客的收入、年龄、职业、家庭状况，甚至于个性、偏好、购物习惯，可以说是了如指掌。由于和公司接触频繁，经销商对于公司的信誉、市场地位及产品的品质、特性、效能、消费者的评价也有较深的认识。再加上掌握市场情报，了解市场动向，因此经销商不但为公司的产品提供了销售场所，更能针对不同消费者，以其专业化的推销技术、知识与经验，激起消费者的潜在需要，说服消费者购买公司的产品，成为制造商的“推销专家”。

经销商除了扮演消费者的购物代理与公司的推销专家等角色外，还提供了运输服务，减少了运输费用，沟通了产销间的空间差距，创造了空间效用；提供仓储与资金融通的服务，承担风险，缩短产销的间距，创造了时间效用；并且根据消费者的需要，发挥组合产品的功能，沟通产销之间产品组合的差距，满足消费者的需要。

5.5.2 经销商的类型

在贸易中，厂商若指定某特定的公司为其产品交易的中间商，双方明确合同，约定由原厂商持续地供给该中间商一定产品进行销售，就称该中间商为经销商。这个购销合同也就是"经销合同"，合同中除了明确该中间商的销售权利外，同时明确了其销售义务。

经销商与厂商的关系是一种法律上的买卖关系。经销商依据经销合同可以享受某些权利，如独家专卖权或是货物供应数量的承诺等；但也必须承担诸多义务，如一定时期内最低经销金额或数量。

【小技巧】

经销商的货物来源是根据经销合同由厂商保证供应，厂商能够通过经销合同对经销商在购货数量、价格、服务、分支机构与广告推广方面加以控制。经销商只能在一定限度内自行定价，定价过高，销售量下降，厂商会有意见；定价过低，影响自身利润。

需要看货成交与进行广告宣传的商品，如耐用消费品（汽车、冰箱、收音机、电视机等），一般策划采用经销这种销售渠道为妥。经销商主要有独家经销与非独家经销（分经销）两种形式。

1. 独家经销

所谓独家经销即指中间商以买方的身份从厂商购入商品替其销售，该中间商自负盈亏，而且在一定区域内，就该厂商的特定产品享有独家购买、销售权。因此，独家经销商与厂商之间的关系，在法律上与一般的买卖关系并无本质的区别，只是该经销商在一定时期、一定区域内对特定的产品独占采购权、销售权。独家经销合同是规定卖方将独家经销权授予经销商的有法律制约的文书。独家经销商合同一经签订，原则上授权人再不得通过其他途径将产品授权给约定的经销区域中的任何公司或个人。同时，独家经销商从原则上来讲也失去经销具有竞争性的其他厂商商品的权利与自由。

对于厂商而言，独家经销制度有如下优点。

（1）可获得经销商的充分合作。

（2）一般而言，与其他类型经销相比，独家经销商推销产品更为卖力，厂商可避免与顾客的直接接触，从而节省开支。

（3）宣传、广告方面易获得合作。

（4）彼此间的意见易沟通，由此获得必要的支援与建议，发生争议时较容易解决。

（5）独家经销商售后服务更为专心，从而使产品获得良好的声誉。

2. 非独家经销（分经销）

非独家经销指厂商的某一特定产品由几家经销商共同经销。在这种经销方式下，供货人（厂商）的商品除了可以通过这几家经销商销售外，还可以通过招揽更多的经销商或通过其他渠道进行销售。

实施非独家经销的优点是：厂商不易被某一个经销商控制其销售，诸多经销商的销售力量更为强大。中间商一旦取得独家经销权，易变得消极依赖厂商。在非独家经销制度下，经销商之间相互竞争，共同开拓市场。独家经销服务态度有可能不如非独家经销商好。

5.5.3 经销商策划的考虑因素

在选择经销商时，有以下选择因素需要重点考虑。

1. 一般考虑因素

（1）经销店的地点。不同的公司由于产品不同，政策不同，对于经销店所要求的地点也会有所差异，不会完全一样。

（2）经销店销售的产品品牌与种类。在选择经销商时，对于经销店所销售的产品应加以调查，以便能使经销商所销售的产品与本公司产品具有相互补充功能，以收到相辅相成的效果。

（3）经销商的零售价格。若经销商任意变动价格，往往造成经销商相互间的恶性竞争，削弱了经销商的力量，而且留给消费者不良印象，影响到公司信誉。

（4）经销商的服务能力。销售不是货物出店即结束，售前与售后服务已成为产品销售不可分离的部分。对于经销商所能提供的售后服务能力应有所要求。

（5）经销商的素质。一个强有力的销售网络的建立并非一朝一夕之功，经销关系的培养更依赖双方的努力。

（6）经销商经营管理能力。经销商的经营管理能力包括受教育程度，是否容易接受新观念、新方法以改进经营方式，是否对行业有深入的了解，对于推销及管理有无专门技术与知识，对于商店商品的陈列与摆设，对于员工与顾客的态度等。

2. 适当的抵押与保证

财务能力的好坏不仅决定着经销商的付款能力与付款速度，并将影响公司的经营与成长。

现金交易的方式，可以使财务风险降到最低程度。通常厂商要求经销商能提供适当的抵押品作为担保，或是保证人保证，或以信用额度等方式加以控制。

（1）担保。

① 担保金额：担保金额一般以经销商一个月的营业额为标准，再依付款方式、票据期限及经销商的支付能力加以调整。

② 担保方式：以现金为保证金，厂商要按照银行利率支付利息。以动产为担保，如银行定期存款、有价证券等，需办理动产质押权登记。以不动产为担保，需办理不动产抵押权登记。

（2）连带保证。有些厂商也要求经销商寻找保证人作为保证，通常要求有 2～3 位连带保证人，在经销商未能清偿债务或合约义务，致使厂商蒙受损失时，代为履行责任。

（3）信用额度的控制。有的公司因经销商过多，或经销商的经销金额有限，或因产品金额小，采用抵押或保证反不如利用信用额度加以控制较为方便。

任务 5.6 零售商策划

【导入案例】

经营有道的日本超级市场

日本消费者已由选择中意的商品转为选择中意的商店。为了适应这种变化，超级市场不仅要尽力降低商品价格，增加商品品种，而且要努力改善店铺的形象设计、内部管理、商品摆放等可能影响销售的各个方面。

日本流通界认为超级市场的商圈（指相对稳定的顾客范围半径）一般为3~5公里，方便店的商圈为500米左右，随着家庭汽车的普及，商圈有所扩大，如方便店可达汽车5分钟行程的距离，相应的停车场地也成为超级市场和方便店的设施。店铺规模和品种上，一般超级市场营业面积1 000~2 000平方米，商品10 000种；方便店大多50~100平方米，商品3 000种。食品超级市场同方便店尽管都是以经营食品为主，但在种类上有明显区分，超级市场主要经营鲜活产品（果、菜、肉等）及其半成品、加工食品等，回家后还要经过简单烹饪才能食用；方便店经营的鲜活产品很少，主要是盒饭、面包、糕点、饭料（分冷、热两种）等，当时即可食用，带回家也不需烹饪。

无论是连锁形式还是独立开办的超级市场，都非常重视研究货架摆放与商品陈列方案，并且视为重要的"商业秘密"，店内一般不准外人拍照。在连锁总部提供的经营诀窍中，货架摆放、商品陈列是其中的一项重要内容，店铺只要按总部提供的经营手册操作就行。什么商品摆在什么位置，依据商品的畅销程度，体积小的商品放在货架的最上层，中层放一般畅销商品，需求量小、体积小、薄利、儿童食品或只是为了保证店铺经营品种齐全的商品放在最下层，商店陈列要随顾客消费及商品季节的变化经营更换。

在日本，商超精益管理进入了更深的层次，贯穿于零售链条的各个环节，而且有不少创新的元素。精益管理的关键环节之一是精准的商品订货系统，是其独特的节能计划方式，能够将每家店的订货量汇总到总部，将上万家店的庞大订购量统一起来，然后下订单。这种集中式的计划采购，降低了采购、物流成本。

（资料来源：冯昭奎．日本超级市场的发展和现状[EB/OL]．http://bic.cass.cn.）

案例分析：

日本超级市场的本质在于市场销售的出发点是以消费者为中心。超级市场的廉价性立足于经营的合理性，经营者并不只限于廉价，通过卖场的不断变换给顾客逛新店的感受。

零售是直接面向广大消费者实现商品价值的经济行为。近年来，零售业发展迅猛，新的零售营销方式不断涌现，竞争日趋激烈。同时，消费者逐渐成熟，对零售商品和服务的要求愈来愈高，愈来愈多样化。零售业界面对这一现实，需要更多地研究营销策略，并综合运用现代营销理念和方法。

5.6.1 中小型零售店营销策划

店铺式的零售商店按其经营规模、营业面积和年销售额的多少可划分为大型零售店、中型零售店和小型零售店。中小型零售店的营销策略主要包括以下方面。

1．以顾客为中心的营销策略

通过市场细分，选择一定的顾客阶层作为自己的经营对象；按照特定的目标顾客的需要，提供特殊化的服务内容；努力认识顾客、亲近顾客，使顾客高兴而来，满意而归。

2．以商品为中心的营销策略

（1）商品组合要符合零售店的经营范围，并围绕主营商品在花色品种、价格、单位等方面有一个广泛的选择系列，使顾客能够"顺手购买"。

（2）勤进。尽量减少商品的库存，加速资金周转，又能保证顾客购买到新鲜商品。

（3）保持传统特色商品，适度淘汰陈旧商品，引进顾客欢迎的新商品，使商品构成比较合理，又能给顾客以新鲜的感觉。

3．以服务为中心的营销策略

倡导微笑服务，规范服务行为，创造愉快的购物气氛；以"便利"为宗旨，给顾客提供包括时间、空间等方面的多种便利，使顾客购物能够得心应手，随心所欲。

4．以发展为中心的营销策略

中小型零售店要不断利用自身优势，求生存、图发展，革新销售形式和营销策略，办超市，搞连锁，向大型零售企业挑战，向新市场进军。中小型零售店只有顺应大环境，突破旧模式，大胆改革、勇于创新，才能保持旺盛的生命力。

5.6.2 超级市场营销策划

1．超级市场最重要的特征是自助服务取货

自助服务使消费者充分享受自由自在的乐趣，可以任意在店内逗留，从容参观选择，不受别人干扰。正是由于这一特征，才使得超级市场发展如此迅猛。

2．非名牌商品在超级市场出售难

由于不用售货员，非名牌商品或不著名厂商的商品较难出售。这在客观上使得假冒伪劣商品被拒之门外。

3．低价竞争是超级市场重要的促销手段

低价的基础是由于大批量进货及自助服务而导致的成本降低，是超级市场给顾客的最直接的利益。

超级市场一般通过降低毛利率来体现薄利多销的原则，通常的做法是事先确定一个较低的毛利率，然后平均在每一种商品上实施，这种做法对顾客不会产生很强的吸引力。

【策划一线】

美国超级市场的创始人迈克尔·卡伦认为，超级市场低价格策略的实施在控制毛利率的做法上，可采取分品种分别加成而不是采取平均加成的做法。例如，在超级市场出售的商品种类中，有27%的品种按进价出售，18%的品种在进价上加成5%毛利出售，27%的品种在进价上加成15%毛利出售，还有28%的品种按进价加成20%出售。按这一设想，所有商品的平均毛利在9%左右，纯利率可确保在5%～20%。这种做法可使其中一部分定价特别低的商品能够对顾客产生很强的吸引力，有号召性，能够起到很好的效果。

4．使顾客节省时间

由于超级市场在结算方式上实行一次性结算，使顾客节省了由于传统售货方式分别结算的时间，其购物更为快捷。同时，又由于超级市场能满足消费者对生活用品一次性购足的需要，从而节约了消费者的购物时间。有资料表明，到超级市场购物比到其他商店购物可节省时间30%。

5．超级市场十分注重商品的包装

良好的包装便于顾客在挑选过程中不致破损，同时，精良的包装使食物易于保藏且又能感受到食品的内在品质，从而刺激购买，达到大量销售的目标。

6．扩展了销售空间和市场规模

超级市场借助于连锁经营的模式，进一步扩展了销售空间和市场规模，大大提高了商品的销售率和库存周转率，并增强了超级市场的批发功能。

5.6.3 连锁商店营销策划

连锁商店指在核心企业或总公司的领导下，由众多分散的、经营同类商品或服务的小规模的零售企业，通过规范化经营，实现规模效益的商业联合体。连锁商店的实质在于把现代化工业大生产的原理应用于传统零售商业，达到获取规模效益的目的。连锁商店的类型有直营连锁、特许连锁和自由连锁店 3 种形式。连锁商店作为店铺零售的一种形式，其营销策略与百货商店、超级市场等形式有许多共同之处。这就是说，百货商店、超级市场的营销策略一般也适用于连锁商店。此外，连锁商店在经营方面还有一定的特殊性。

1．营销策略组合统一

要明确市场定价，找准服务对象，推出连锁商店统一的营销策略组合，并使其更具有市场的适应性和灵活性。

2．提高规模效益

集中统一进货，保证商品质量，降低采购成本和流通费用，保持最经济的库存量，最大限度地提高公司的经济效益。

3．规范经营行为

制定营业规范，并编制成详尽的分店营业手册，指导并控制分店执行，这是连锁经营成功的关键环节。要实施有计划的促销活动，达到节约促销费用、增强促销效果的目的。

基础巩固

1．名词解释

渠道管理　营销渠道策划的“6C”　营销渠道的长度与宽度策划
厂商与中间商关系的再造　批发商策划　代理商策划　经销商策划
商店策划　超级市场策划　连锁商店策划

2．判断题

（1）营销渠道新趋势是渠道变短，直接向终端经销商和最终消费者销售。（　　）

（2）为了减少渠道费用，中间商越少越好。（　　）

（3）代理商取得产品所有权，通过买卖活动从进销差价中取得利润。（　　）

（4）销售渠道宽度越广越好。（　　）

3．选择题

（1）消费品中的便利品最适于采用（　　）。

A．广泛经销　　B．独家经销　　C．选择经销

（2）经纪人属于（　　）。

A．批发商　　B．零售商　　C．代理商

（3）垂直营销系统与传统营销系统相比，（　　）。

A．可以实现规模经济　　B．可以有效地控制成员的行动
C．增加渠道的稳定性　　D．渠道建设成本较低

（4）营销渠道发展的新趋势是（　　）。

A．营销渠道的不同形态竞争加剧

B．垂直营销系统增加

C．零售机构的生命周期缩短

D．营销渠道的形式和销售组织不断进行创新

4．简答题

（1）公司是否需要中间商，要考虑哪些因素？

（2）影响公司选择销售渠道的主要因素有哪些？

（3）制造商在处理与经销商关系时经常采用的主要方法有哪些？

（4）公司如何协调其渠道成员之间的矛盾？

（5）为什么公司应向多个供应商而避免向单一供应商采购？

技能实训

【项目名称】营销渠道策划操作能力训练

【实训目标】

引导学生参加“大宝化妆品营销渠道”业务胜任力的实践训练；在切实体验大宝企业营销渠道等有效率的活动中，培养相应专业能力与职业核心能力；通过践行职业道德规范，促进健全职业人格的塑造。

【实训内容】

（1）专业技能与能力：在学校所在地选择 3 家大型超市，了解大宝市场的渠道差异。

（2）相关职业核心能力：中级训练。

（3）相关职业道德规范：认同级践行。

【操作步骤】

（1）将班级每 10 位同学分成一组，每组确定 1～2 人负责。

（2）对学生进行化妆品商品培训，确定大宝化妆品营销渠道作为调研的范围。

（3）学生按组进入化妆品市场调查，并将调查情况详细记录。

（4）对调查的资料进行整理分析。

（5）依据对化妆品营销渠道的影响因素，找出大宝化妆品营销渠道的特点与差异。

（6）进行大宝市场营销渠道分析。

（7）写出大宝营销渠道策划方法。

（8）各组在班级进行交流、讨论。

【成果形式】

实训课业：撰写大宝化妆品营销渠道策划报告。

第6章

多管齐下——促销策划

DUOGUAN QIXIA——CUXIAO CEHUA

【策划小语】

促销的实质是信息传播、沟通行为，传播的效力和效果受到消费者知觉过程的影响。促销工具有广告、人员推销、营业推广、公共关系等，这些工具的组合使用往往比单独使用更加有效。选择促销工具受到产品性质、企业营销策略、产品所处的生命周期、消费者购买的不同阶段等影响。

【知识目标】

认识促销策划；

了解广告策划、公共关系策划、营业推广策划、人员推销策划；

理解广告策划、公共关系策划、营业推广策划、人员推销策划的原理和程序；

掌握广告策划、公共关系策划、营业推广策划、人员推销策划的方法和要求。

【实训目标】

掌握广告策划策略，并能根据市场变化正确地进行广告策划，使产品保持强劲的市场竞争力；熟悉公共关系策划、营业推广策划和人员推销策划的方法与技巧，撰写促销策划书和顾客异议处理方案。

重点：广告策划。

难点：营业推广策划。

任务 6.1 广告营销策划

【导入案例】

农夫山泉出奇制胜

课堂上，老师正在黑板上写字，一个调皮的小学生忍不住偷偷地喝着农夫山泉，会运动的瓶塞发出“蹦”、“蹦”的声音，引来同学们羡慕的目光。老师无可奈何地叹了口气，说：“上课的时候，不要发出这种声音。”同学们会心地笑了。课后，师生畅饮农夫山泉，齐声赞道：“农夫山泉有点甜！”

凭借其非凡的广告策划，农夫山泉不断推出差异化的广告卖点，吸引着越来越多的消费者，在短短 10 年内成为饮料市场的著名品牌，获得了巨大的成功。

案例分析：

在产品卖点上，农夫山泉的广告营销策划跳出了水的局限，放在了瓶子上。与其说是在卖水，不如说是在卖瓶子，卖可以发出声音的运动瓶塞。借着瓶子来卖水，其创意确实与众不同。很多对手感叹：原来水还可以这样卖！在市场定位上，农夫山泉把目标顾客放在儿童市场上。儿童好奇、调皮，对可以发出声响的运动瓶塞有浓厚的兴趣。从儿童市场切入，选择与娃哈哈、乐百氏不同的目标顾客，可以避免一开始就和两大品牌对立竞争的不利局面。于是随着“上课时不要发出这种声音”的广告引导，农夫山泉以出奇制胜的谋略一举打开了市场。

（资料来源：农夫山泉广告分析[N]．市场报．2012-5-22.）

6.1.1 广告策划的概念

广告策划的含义存在狭义和广义的理解。狭义的广告策划是指整个广告活动中的一个环节，在某种确定的条件下将广告活动方案进行排列组合和计划安排，以广告策划方案或策划书的编写为结果。

广义的观点认为，广告策划是从广告角度对营销管理进行系统整合和策划的全过程。它从市场调查开始，根据消费者需要对企业产品设计进行指导，对生产过程进行协调，并通过广告促进销售，实现既定的传播任务。具体来说，就是根据营销策略，按照一定的程序对广告活动的总体战略进行前瞻性规划的活动。

6.1.2 广告定位

1．广告定位在广告策划中的重要作用

广告定位是指企业通过广告活动，使企业或品牌在消费者心目中确定独特形象的过程。它的目的就是在广告宣传中，为企业的市场定位服务，树立独特的市场形象，从而满足目标消费者的某种需要和偏爱，为促进企业产品销售服务。

广告定位决策是企业制定促销组合策划的基础。自广告定位的概念出现以来，一直受到企业的广泛关注，越来越多的企业运用广告定位，参与竞争、扩大市场规模。

（1）广告定位是市场定位的具体体现。市场定位就是企业为其产品或企业创造一定的有别于其他产品或市场的特色，努力使自己的产品或企业在消费者的心目中树立良好的市场形象的过程。

广告的一个重要目标是让某一品牌或形象在公众心中留下深刻的特殊印象。广告应该突出品牌与众不同之处，而不完全是商品的利益信息，从而引导消费者建立对品牌的情感偏好。

（2）广告定位有助于品牌人格化的塑造。广告定位要突出品牌人格化的塑造，通过广告使产品和品牌具有特定的情感因素，进而在消费者心目中形成具有强烈感性色彩的特有形象。

广告定位对于消费者的理解起着十分重要的作用，通过清晰和恰当的广告定位塑造出鲜明的品牌个性，可以使消费者产生情感偏好。

【小知识】

品牌人格化

产品层次中的心理层次使企业认识到产品、品牌、广告等营销工具不应死板地运用，而是要结合消费者心理来应用。企业与消费者的沟通需要运用感性化的语言，如果能够赋予产品和品牌人格化的倾向，那么就可以更好地打动消费者的内心，引起消费者的共鸣。如果产品和品牌具有感情因素，那么人们就不再单纯地注重其功能等实体特征了。品牌人格化就是赋予品牌情感和气质，用人性化的手段描述品牌的内涵。有了这样的无形价值，品牌将被特定的群体所喜爱和接受，进而形成品牌忠诚。

【小案例】

寒山寺的情感因素

苏州的寒山寺可谓家喻户晓，可是如果没有一首《枫桥夜泊》，游客到苏州未必会去寒山寺，去了也未必有什么感触。单纯从寺庙的结构、布局、陈设上来讲，中国有许许多多类似的寺庙。可是因为这首诗千古流传，到苏州的游人均有游寒山寺的意愿。诗中“月落乌啼霜满天，江枫渔火对愁眠，姑苏城外寒山寺，夜半钟声到客船”的凄美意境，会令人发古人之幽思，体验离愁之别绪。因为这首诗，多年来无数中外宾客于岁末云集寒山寺，亲耳聆听108声吉祥祝福的钟声，已成为苏州旅游的一台不可或缺的压轴戏。

案例分析：

从寒山寺的案例中可以看到，如果产品和品牌具有感情因素，那么人们就不再单纯地注重其功能等实体特征了。

2．广告定位的方法

由于产品满足消费者需求可以分为有形和无形两大类，因此，广告定位可分为实体定位和观念定位两大类，见表6-1。

表6-1　广告定位方法

广告定位类型	广告定位方法	广告定位内容	代表产品（广告词）
实体定位	品质定位	突出良好品质	格力空调（好空调，格力造）
	功效定位	突出优异性能	云南白药（有药好得更快些）
	价格定位	突出高性价比	格兰仕微波炉

续表

广告定位类型	广告定位方法	广告定位内容	代表产品（广告词）
观念定位	改变消费观念定位	改变固有观念	一次性纸尿裤
	逆向定位	树立“非同类”形象	五谷道场非油炸方便面
	比附定位	比肩行业领导者	宁城老窖（塞外茅台）
	对抗竞争定位	挑战行业领导者	百事可乐

1）实体定位

实体定位就是从产品的功效、品质、价格等方面，突出该产品在广告宣传中的新价值，强调本产品与同类产品的不同之处，以及能够给消费者带来的更大利益。这种广告定位的方法注重突出产品的实体差异。实体定位又可以区分为品质定位、价格定位和功效定位。

【策划一线】

实体定位：天津的“狗不理”包子；“立白”不伤手；“农夫山泉”有点甜。

2）观念定位

观念定位是在广告中突出宣传产品新的意义和新的价值取向，诱导消费者的心理定势的改变，树立新的价值观念。这种广告定位的方法注重突出消费者的心理差异。

观念定位的具体运用有改变消费观念定位、逆向定位、比附定位、对抗竞争定位等方法。

【策划一线】

观念定位：人头马 XO 广告语为“人头马一开，好事自然来”。山叶钢琴广告语为“学琴的孩子不会变坏”。百事可乐广告语为“新一代的选择”。

【小知识】

比附定位

比附定位是通过与竞争品牌的比较来确定自身市场地位的一种定位策略，其实质是一种借势定位或反应式定位。借竞争者之势，衬托自身的品牌形象。在比附定位中，参照对象的选择是一个重要问题。一般来说，只有与知名度、美誉度高的品牌作比较，才能借势抬高自己的身价。常用的比附定位方式有 3 种。

(1) 甘居第二。就是明确承认同类产品中另有最负盛名的品牌，自己只不过是第二而已。这种策略会使人们对公司产生一种谦虚诚恳的印象，相信公司所说是真实可靠的，同时迎合了人们同情弱者的心理，使得消费者对这个品牌的印象会更深刻。例如：美国阿维斯出租汽车公司定位为“我们是老二，我们要进一步努力”之后，品牌知名度反而得到很大提升，赢得了更多的忠诚客户。

(2) 攀龙附凤。首先承认同类产品中已卓有成就的品牌，本品牌虽自愧弗如，但在某一地区或在某一方面还可以与这些最受消费者欢迎和信赖的品牌并驾齐驱，平分秋色。例如：内蒙古宁城老窖打出的广告语“宁城老窖——塞外茅台”，就属于这一策略。

(3) 进入高级俱乐部。公司如果不能攀附第二名，也可以利用模糊数学的手法，借助群体的声望，把自己归入高级俱乐部式的品牌群体中，强调自己是这一群体的一员，从而提高自己的形象和地位。例如：美国克莱斯勒汽车公司宣布自己是美国三大汽车公司之一，使消费者感到克莱斯勒和第一、第二一样都是知名轿车，同样收到了良好的宣传效果。

6.1.3 广告策划中的创意表现

广告的创意表现在广告策划中可以更好地明确广告定位，对广告的传播起到事半功倍的效果，因此要重视广告策划中的创意表现。

1. 广告创意的概念

广告创意是根据市场、商品、消费者等多方面的情况，结合广告目标的要求，把广告传播内容变成为消费者易于接受的表达艺术。

2. 广告创意的要求

（1）广告创意要以广告定位为核心。广告定位是广告创意的前提，广告创意是广告定位的表现。广告定位所要解决的是“做什么”，广告创意则要解决的是“怎么做”，只有明确了“做什么”，才可能发挥好“怎么做”。一旦广告定位确定下来，怎样表现广告内容和广告风格才能够确定。

【小案例】

猜猜这是什么广告

深夜，一位白衣女子被一个陌生男子跟踪。为了躲避，女子跑进了一个尚未完工的建筑工地，但陌生男子还是紧紧地尾随而来。工地里一片漆黑，地上积着水，白衣女子跌跌撞撞地跑着，可跟踪者还是追得越来越近。就在马上要抓住她的时候，突然，陌生人的头撞到一根横贯的钢管上。原来，钢管的高度正好在跟踪者额头的高度，他没有发现，所以没有低头而是直着走过去，结果一下子被撞晕了。姑娘总算幸免于难。这时字幕打出：“瑞士电信新资费，比你想象的还要低。”（答案：电信广告）

（2）创意具有首创性。创意要求构想新的观念，可以说首创精神是广告创意最鲜明的特征，是广告创意最根本的素质。

【小案例】

树上开花、借势造势——农夫山泉“一分钱”广告

2001年，农夫山泉宣布从1月1日开始到7月31日为止，每销售一瓶农夫山泉天然水都提取一分钱，捐献给中国奥委会用来支持中国2008年申奥行动。此举使其半年销售多达4亿多瓶，获得了巨大的成功。

2002年，针对申奥成功后人们的热情略有下降的形势，农夫山泉又推出“为孩子们的渴望捐一分钱”的“阳光工程”广告。宣布从销售的每瓶水中抽出一分钱支持中国贫困地区的儿童体育事业。随着孩子们天真渴望的眼睛在荧屏上不停的出现，农夫山泉又一次打动了消费者的心。

（资料来源：农夫山泉广告分析[N]．市场报．2012-5-22.）

案例分析：

农夫山泉的高明在于为体育事业加油、为阳光事业捐款的同时，总能以“一分钱”的代价把自己紧紧地和热点事件联系在一起，获得了越来越多消费者的称赞和支持，使自己从一个低关心度的产品变成一个高关心度的品牌，获得了消费者持续的关注。

（3）广告创意要注重实效性。广告创意往往通过一定的艺术形式来表现，但广告同纯粹的艺术又有着本质的区别，就是广告有着明确的销售目标。广告创意的最终结果要促进销售，给企业和消费者带来现实利益，这就要求广告创意要注重实效性。广告创意的实效性具有两层含义：第一，要注重广告的实际效果；第二，要具有可操作性，便于实施。

【小案例】

猜猜这是什么广告

令人期待的时刻终于来到了。静静的病房里，护士正小心翼翼地为中年男子一层一层地揭开缠在食指上的厚厚的纱布。病人惴惴不安，身边的妻子紧握着他的另一只手，主治医生则站在病人的对面，神情也并不轻松。终于，通过手术被加长了的食指活生生地“耸立”在了众人的眼前。手术成功啦！夫妻俩欣喜万分。回到家里，他们迫不及待地打开冰箱，从里面取出了番茄酱瓶子。丈夫把刚刚动过手术的长长的手指伸进瓶子，顺利地将瓶底仅存的一层番茄酱“捞”了出来，兴奋而又自豪地凝望着妻子，而妻子则眼巴巴地盯着丈夫食指尖上的番茄酱……（答案：番茄酱广告）

（4）广告的创意表现要通俗。广告主要是通过大众传播方式进行，为确保广告的创意能够被大众接受，必须考虑大众的理解力，采用简洁、明了的方式传递集中、单一的信息，成为雅俗共赏的作品。

【小案例】

猜猜这是什么广告

一对情侣驾车在澳洲腹地游览，天忽然下起了大雨。他们发现一只受伤的袋鼠卧在路旁，两人下车走近查看，小伙子还满怀爱心地脱下自己的雨衣给袋鼠披上。不一会儿，袋鼠蹦跳着跑开了。两个年轻人正要继续赶路时才发现车钥匙放在袋鼠穿走的雨衣口袋里。当两人正在为被困在荒野中而发愁时，穿雨衣的袋鼠回来了，旁边还跟着一名当地土著。土著拿出车钥匙并指着姑娘要求做个交换，小伙子竟然点头应允。这可气坏了姑娘，她愤怒地看着恋人。不一会儿却真相大白：那个土著要的只是姑娘身上所穿的雨衣。（答案：雨衣广告）

3．广告创意的思考方法

（1）头脑风暴法。头脑风暴法也叫综合思考法，或头脑激荡思考法，就是通过集思广益进行创意。这是一种“动脑会议”，会议前一两天发出通知，说明开会的时间、地点、议题等。参加人员包括广告营业人员和创作人员等，人数在10～15人，设会议主持者1位，秘书1～2位。组织头脑风暴法关键在于掌握以下特征，即确定议题、自由畅谈、禁止批评、创意量多多益善、不介意创意的质量。

（2）垂直思考法。垂直思考法是按照一定的思维路线或思维逻辑进行向上或向下的垂直式思考方法，是一种头脑的自我扩张方法，以思维的逻辑性、严密性和深刻性见长，是重要的创意思考方法之一。

（3）水平思考法。水平思考法强调思维的多向性，善于从多方面来观察事物，从不同角度来思考问题，思维途径由一维到多维，属于发散思维。水平思考法要求敢于打破占主导地位的观念，避免模仿，摆脱人们最常用的创意、表现方法等；要多方位思考，提出对问题各种不同的新理解、新见解；要抓住偶然一闪的构思，深入发掘新的意念，形成广告创意。

4．广告创意的基本表现手法

（1）夸张。夸张是指对客观事物的时空、形态进行不同程度的、有意无意的改变。对广告形象的品质或特征的某些方面进行明显的过分夸大，使之更加突出，以加深受众对这些特征的认识和把握。但夸张并不等于虚假，区分夸张广告和虚假广告非常重要。要特别注意药品、医疗、楼盘、食品等领域的夸张广告，不可逾越为虚假广告。

（2）幽默。幽默是一种理性倒错的手法，使人感到饶有风趣，甚至滑稽可笑。幽默的广告形象易于引起人们的注意，其生动的情趣、新奇的角度、独到的见解，完全突破了一般广告司空见惯、枯燥乏味的程序化表现，激发人们的关注和兴趣。

【小案例】

这是你们在非洲打猎时遗忘的东西

非洲肯尼亚广袤的原野，烈日当头，微风轻拂。一位非洲小伙子，一手提着锋利的长矛，一手紧抱着一个小包袱，神情焦急，一路小跑，一路寻觅……他循着路标，来到了首都内罗毕机场，毅然决然地搭上了走出非洲的航班。飞机上，他用双手把小包袱紧紧抱在怀里，惟恐有任何闪失。他只有一个想法：无论如何，也要把自己捡到的东西归还给它的主人。飞机降落在繁华的欧洲都市。在这个完全陌生的 文明都市里，小伙子处处感到不适，而他的出现也引来了好奇的都市人纷纷侧目。但非洲小伙子痴心不改，依然是一手长矛，一手包袱，在茫茫人海中苦苦寻觅。功夫不负有心人，他最后竟然幸运地找到了失主的家门。家门打开，年轻夫妇满脸疑惑，不知发生了什么事情 。非洲小伙子却如释重负，他小心翼翼地从小包袱里拿出一样东西，笑呵呵地说：“这是你们在非洲打猎时遗忘的东西。”原来，那是被年轻夫妇随手丢弃在非洲大陆的一个空矿泉水塑料瓶。广告最后告诫游人要懂得尊重大自然，不要在旅途中乱扔杂物、污染环境。（公益广告）

（3）欢乐。欢乐是表现现代人所追求的愉悦、欢快的心理体验。现代人由于生活过于紧张、压力过大，所以特别追求快乐、兴奋的感受。利用欢乐的感受是广告创意的基本手法。

【小案例】

喜马拉雅——？别逗了！

冰雪覆盖的世界屋脊上，狂风夹着雪花漫天飞舞。两名登山者沿着陡峭的山崖，异常艰难地向主峰攀登。作为专业登山者，他们都配备了最好的登山设备，但即便如此，由于路途极其险峻，加之长途跋涉，孤军奋战，他们的登顶之路可谓难于上青天。不过最终，他们还是凭借过人的毅力和过硬的专业技能，双双冲顶成功。正当他们舒展双臂，俯视群山，以征服者的豪情奋力狂吼的时候，耳边突然传 来了两声清晰的汽车鸣笛声。侧目一看，天哪，竟然是一辆大卡车缓缓地开到了他们的面前——他们经过千辛万苦、冒死抵达的峰顶！卡车司机似乎并不见外，他摇下车窗，冲着两个惊呆了的登山勇士打招呼说：“嗨，伙计们，去昂古达尔，路还远吗？”勇士们告诉他这里是喜马拉雅山。闻听此言，卡车司机还以为他们是在跟自己开玩笑，不满地回了一句：“喜马拉雅——？别逗了！”画面打出广告语：“ 乌拉尔卡车，无处不在。”（汽车广告）

（4）情感。情感是突出广告中的情感因素这一复杂的内心活动。情感是人类沟通的秘密武器，人的微妙的心灵琴弦一旦被拨动了，他就容易解除戒备，从而接纳广告内容。此时，广告中的情感因素，就会产生更好的效果。

【小案例】

暗中相助

这是一座普通的居民楼。楼梯上，一位新住进来的小伙子一边哼着小曲，一边飞快地下楼。突然，楼梯的灯光灭了，因为是晚上，楼道里顿时一片漆黑。小伙子不小心撞了什么东西，摔了一跤。就在这时，他听到楼道里有开门的声音，由于什么也看不见，就问道："是谁？请问你有打火机或者手电筒吗？"对方回答说没有。由于对方也看不见小伙子，就问小伙子是不是要下楼。小伙子回答说是的。对方很友好地说："跟我走吧。小心点儿。"黑暗中，小伙子跟着对方，一步一步走到了楼下。打开楼门，外面的灯光照了进来。小伙子一边掸着身上的泥土，一边向对方致谢："谢谢你。真是一分钟看不见都不行呀。"直到这时，小伙子才发现，对方竟然是个盲人，这让他呆呆地愣在了那里……广告语："学会看见。"（印度盲人协会公益广告）

（5）演示。演示是一种实证法，又叫典型示范或现身说法。演示就是借助于特定的人直接陈述或演示商品的功能、特点等，直观地表达有关的广告信息。

【小案例】

农夫山泉"PH试纸篇"广告

在国内饮料行业，农夫山泉的营销策略一贯独特。创业初期当竞争对手不时甩出明星牌时，它亮出"农夫山泉有点甜"的独特销售主张；当竞争对手宣扬纯净主张之际，农夫山泉发起一轮"纯净水无益健康"的世纪论战，搅起水市狂澜。2007 年，农夫山泉推出"PH 试纸篇"广告——这两杯水一样吗?放入 PH 试纸，一分钟之后我们就能够看到两杯水的差别：黄色是酸性，绿色是碱性。为了健康，你应该测一测你喝的水。健康的生命需要天然的弱碱性水。

案例分析：

农夫山泉引入"天然弱碱性水"概念，来替代消费者观念中的"纯净水"概念。通过广告对比，强烈暗示消费者纯净水呈酸性，长期饮用有害健康，而天然弱碱性水才是适宜人们的饮用水，试图引导消费者的需求习惯。

6.1.4 广告策划的程序

广告策划，实际上是对广告活动过程进行的总体策划，是流程的控制和实施。广告策划的程序，如图 6.1 所示。

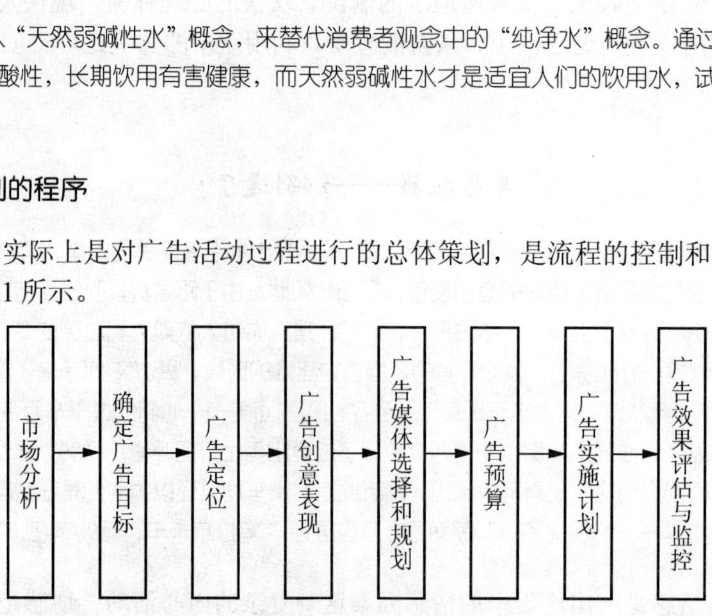

图 6.1 广告策划流程图

1. 市场分析

广告市场分析基于市场调查，通过一系列的定量和定性分析得出本企业和竞争对手在市场的地位，为后续的策划工作提供依据。

2. 确定广告目标

广告活动要有广告目标，并且尽可能是可测量的。它要明确回答3个问题。

（1）市场占有率提高的百分比及销售额或销售量提高的百分比。

（2）广告活动后，企业或产品的知名度及美誉度提高的百分比。

（3）消费者对企业品牌和产品形象认同感提高的百分比。

广告目标仍然包含很多的感性成分，这些感性成分是不容易测量的。广告目标既有短期目标又有长期目标，有时销售额的增长可能是广告策划的短期目标，如果单纯地追求短期目标有可能会损害企业的长期目标。所以广告目标的确立要在理性和感性、长期和短期等目标的选择中取得均衡。

3. 广告定位

通过广告定位可以为企业塑造与众不同的形象，从而使消费者形成品牌忠诚。

4. 广告创意表现

广告的创意表现是对广告定位的反映，良好的广告创意表现可以使企业形象和品牌形象在公众心目中更加清晰化。

5. 广告媒体选择和规划

广告媒体的选择要针对既定的广告目标，在一定的预算约束条件下利用各种媒体，把广告信息有效地传递给目标受众。广告媒体规划主要包括媒体的选择、广告发布日程和广告方式的确定等内容。

6. 广告预算

广告是种付费活动，如果不对广告活动进行科学合理的预算，广告费将不能得到有效控制。广告预算就是企业对广告活动所需费用的计划和匡算，它规定在一定的广告时期内，从事广告活动所需的经费总额、使用范围和使用方法。广告预算的制定会受到各方面因素的制约，如产品生命周期、竞争对手、广告媒体和发布频率及产品的可替代性等。

【工具箱】

广告费用预算的编制方法

1. 目标达成法

这种方法是根据企业的市场战略和销售目标，具体确立广告的目标，再根据广告目标要求所需要采取的广告战略，制订出广告计划，再进行广告预算。这一方法比较科学，尤其对新上市产品发动强力推销是很有益处的，可以灵活地适应市场营销的变化。广告阶段不同，广告攻势强弱不同，费用可自由调整。目标达成法是以广告计划来决定广告预算。广告目标明确也有利于检查广告效果，其公式如下。

广告费＝目标人数×平均每人每次广告到达费用×广告次数

2．销售额百分比法

这种匡算方法是以一定期限内的销售额的一定比率计算出广告费总额。由于执行标准不一，又可细分为计划销售额百分比法、上年销售额百分比法和两者的综合折中——平均折中销售额百分比法，以及计划销售增加额百分比法四种。

销售额百分比计算法简单方便，但过于呆板，不能适应市场变化。例如，销售额增加了，可以适当减少广告费；销售量少了，也可以增加广告费，加强广告宣传。

3．销售单位法

这是以每件产品的广告费摊分来计算广告预算方法。按计划销售数为基数计算，方法简便，特别适合于薄利多销商品。运用这一方法，可掌握各种商品的广告费开支及其变化规律。同时，可方便地掌握广告效果。其公式如下。

广告预算＝(上年广告费/上年产品销售件数)×本年产品计划销售件数

7．广告实施计划

广告实施计划是在上述各主要内容的基础上，为广告活动的顺利实施而制定的具体措施和手段。广告实施计划的主要内容包括：广告应在什么时间、什么地点发布出去，发布的频率如何；广告推出应采取什么样的方式；广告活动如何与企业整体促销策略相配合等内容。

8．广告效果评估与监控

广告发布出去之后，要衡量是否达到了广告的目的，这就要对广告效果进行全面的评估。通过广告效果的评估，可以了解到消费者对整个广告活动的反应，对广告主题是否突出、诉求是否准确有效，以及媒体组合是否合理等结果做出科学判断，然后通过反馈和修正使广告效果达到最佳水平。

【小知识】

广告监测效果评估分析内容

1．品牌广告总体投放效果分析

广告记忆率；广告到达率；喜爱程度；独特性；购买欲望。

2．品牌广告在不同传播媒介的投放效果分析

不同传播媒介的广告到达率分布；到达率；喜爱程度；独特性；购买欲望。

3．品牌广告在不同区域的投放效果分析

广告到达人群不同区域的分布；到达率分析；喜爱程度；独特性分析；购买欲望。

4．品牌广告在不同周期的投放效果分析

不同周期广告的到达率趋势；喜爱程度；独特性分析；购买欲望。

5．品牌广告在不同人群的投放效果分析

不同人群对总到达率的贡献比例、到达率；不同性别人群对该品牌广告的喜爱程度、独特性评价、购买欲望；不同学历人群对该品牌广告的喜爱程度、独特性评价、购买欲望；不同收入人群对该品牌广告的喜爱程度、独特性评价、购买欲望。

6.1.5　广告策划书的撰写

1．广告策划书的内容结构

一份完整的广告策划书，一般按下面的结构顺序来安排策划书的内容。

1）前言

前言是整个策划书的总纲部分，这部分主要是详细说明广告策划的宗旨和目标，广告策划项目的由来、经历时间、指导思想、理论依据及广告策划书的目录内容。必要时还应阐明企业广告主的营销战略。这部分一定要简洁，以使决策人员能够在最短时间内对本次广告策划的内容有一个大致的了解。

2）市场分析

这个部分一般涉及 4 个方面的内容：市场环境分析、企业经营状况分析、产品分析和消费者分析。

（1）市场环境分析包括：国家经济形势与经济策略分析、市场文化分析、消费者状况分析（例如，有效需求的规模、收入水平等）、市场商品格局状况、竞争对手的产品情况和广告策略等。

（2）企业经营状况分析包括：企业在社会上的形象、市场占有率、企业自身的资源和目标、品牌面临的机会与威胁等。

（3）产品分析包括：产品的特征分析（例如，性能、质量、价格、外观与包装等）、产品生命周期分析、产品的品牌形象分析、产品定位分析。

（4）消费者分析包括：消费者的构成分析（例如，总量、年龄、职业、收入等）、消费者的态度分析（例如，喜爱程度、偏好程度等）、消费者的行为分析（例如，购买动机、购买时间、购买频率等）、消费能力分析、消费时尚分析、潜在消费者分析等。

3）广告受众

具体说明目标消费者的基本状况，例如，年龄、性别、职业、收入、文化程度、数量等，分析其需求和心理特征，进而明确广告诉求的内容、媒体的传播策略。

4）广告地区

根据市场定位和产品定位，决定市场目标，从而确定广告宣传所针对的地区。

5）广告预算与分配

在这一项内容中，要详细列出媒体的选用情况、所需的费用、每次播出的价格。广告预算非常重要，科学合理的广告预算不仅可以提高广告工作效率，而且能够保证广告活动按计划进行。

6）广告策略

这一部分是广告策划书的核心内容，介绍广告决策、策划的基本结论，主要包括以下几个方面，见表 6-2。

表 6-2 广告策划策略

形　式	内　容
广告目标策略	介绍广告的目标、战略性方法、阶段广告工作任务
产品定位策略	对以往产品定位策略的分析与评估、产品定位的表述、定位的依据与优势
广告诉求策略	介绍本次广告宣传的诉求对象、诉求重点、诉求信息和诉求方法
广告表现策略	介绍广告的主题表述、文案表述、各种媒体的表现、规格及制作要求
广告媒体策略	包括媒体的地域、媒体的类型、媒体的选择、媒体的组合策略、广告的发布时机与频率

7）配套措施和策略

从整体策划的目标和要求出发，提出与广告传播活动相互配合的其他信息手段和方式，例如，公共关系活动计划、促销活动计划等。

8）广告效果评估

广告效果评估可以在广告前进行，也可在广告后进行。既有事前、事中、事后的测定评估，又有贯穿于整个过程的连续控制，从而总结经验，为下一次广告活动提供依据。

【经验谈】

在撰写完以上内容后，还应按照一定的格式进行编制。设计一个版面精美、要素齐备的封面，列出详细的目录，内文部分一般主要用文字撰写，配以图表，使其更加形象、具体，体现出时尚、简约、个性、和谐的时代特色。还可以将广告策划书的基本要点简化成图表形式。

2．广告策划书的编写技巧

广告策划涉及多方面的信息资料，内容非常丰富，所以广告客户接收的信息量相当大而且复杂。如何将这些信息以容易理解的方式表达出来，而且使其在内容和形式上具有一定吸引力，这就涉及广告策划书的一些写作技巧。在写作策划书时常用的技巧表现在以下几个方面。

1）信息组织技巧

从广告前期的调查分析到最后策划书的写作，都涉及信息的组织和运用，而且广告策略的核心又是把信息传递给潜在顾客，因此，信息在广告策划中尤为重要。

在信息组织上，首先，应该对要在策划文本中传递的信息有一个总体的把握，并对不同的信息有所归类，这样就使信息具有了一定的条理性；其次，要在众多的信息中区分出主次，将重点信息突出传达；最后，还要明确信息的层次和信息之间的相互联系，做到层次分明。

2）文字表述技巧

（1）明确的标题。策划书每一部分涉及的内容都不同，各个部分应该根据内容制作明确的标题。标题要显示层次性，而且提示出重点内容。

（2）短小的段落。在策划书中，大段的文字不仅会淹没主要观点，而且很难吸引人阅读，因此要使用较短小的段落，并且每一个段落只传达一个重点信息或策划结论。

（3）明确的序号。注意用序号来标示段落层次，不但可以使信息脉络清晰，而且可以给读者以明确的阅读提示。

（4）语言尽量大众化，避免过多地使用专业术语。如果策划者和广告主对它们有一致的理解，而且专业术语不会发生误解或理解困难的情况下可以使用。

3）接近读者技巧

因为策划人员在知识、经验、专业领域及思维方式上与说服对象存在着很大差异，所以，要了解接受者的情况，包括人数、地位、年龄、理解能力，其中接受者的理解能力最为重要。在撰写广告策划书时，应该根据接受者的不同特点，对写作方式加以调整。

4）形式配合技巧

广告策划书中的一些形式性因素可以吸引读者的注意力和兴趣，主要包括以下几个方面：将数据以视觉化图表的方式表达，可以使策划书富于变化，容易吸引读者的注意力；通过标题字体和表述中结论字体的变化，有利于突出重点，增强形势的灵活性；版面的布局应该按照视线移动的规律来进行，而且要注重版面的平衡匀称等基本美学特征；策划文本的装订有多种选择，应以容易翻阅、不遮挡版面为首要原则。除此之外，我们还要注意，策划书在写作上应当采取归纳的方法，不要过多地演绎推论，避免冗长；要说明资料的来源，以表明推断有所根据而非凭空想象，增强说服力和可信度。

任务6.2　公关营销策划

【导入案例】

四季御庭售楼处的公关策划

欢乐家庭总动员。房地产项目一期工程已整体完工，社区风景优美，很容易打动女人和小孩。企业策划以家庭为单位的亲子活动，让平日忙碌的父母在秋日的午后和孩子们在水边嬉戏、玩耍，通过这些愉快的体验，对项目产生亲近感。

私家花园装饰技巧讲座。邀请资深园林设计师，针对四季御庭已经装饰好的样板花园进行讲解，引导嘉宾对亲手装饰私家花园产生向往。因为花园的面积较小，亲自动手的可操作性增强，在很大程度上弱化了四季御庭私家花园面积小的缺陷。通过园艺师将容易打理的小花园和需要花费大量时间、金钱和精力打理的大花园相对比，反而能够将缺陷变为优势，可谓一举两得。

儿童航海模型比赛,钓金鱼比赛。两个活动分别以真沙泳池和幼儿亲水小泳池为场地，为活动当日不同年龄层次的儿童提供了不同的游戏方式，而家长们也参与其中，与孩子一同操控航模、钓金鱼，现场成为一片欢乐的海洋。

沙滩淘金活动。我们将金元宝事先埋在现场的沙滩上，在抽奖时间，每个嘉宾都可以在沙滩中淘出金元宝，再根据元宝里的纸条兑换不同的奖品，别出心裁的抽奖方式再次呼应了“真沙”的卖点。

（资料来源：邹芳．公关案例分析的指导[EB/OL]．http://www.zctvu.com.cn.）

案例分析：

为了争取社区公众对组织的了解、理解和支持，创造一个稳固的生存环境，体现企业对社区的责任和义务，企业通过策划公共活动，扩大其区域性影响，创造出一个良好的外部环境。社区公众是最易造就“口碑”形象的，必须认真对待。

6.2.1　公关策划的概念

公关策划是指企业恰当地运用各种传播手段，在企业和社会之间建立相互了解和依赖的关系，并通过双向的信息交流，在社会公众中树立企业良好的形象和声誉，以取得公众的理解、支持和合作，从而有利于促进企业目标的实现。

公关策划是企业整合营销传播中的一个重要组成部分，企业公共关系的好坏直接影响着企业的形象，影响着企业营销目标的实现。

6.2.2　公关策划的协调与传播

公关协调是指建立和保持企业与各类公众的双向沟通，向公众传播企业信息，争取理解和支持，强化与公众关系的职能。公关协调有两层含义，它既是结果也是过程：一是指企业与其公众之间的关系处于协调的状态；二是指企业为争取公众的支持与合作而进行的一系列努力和开展的各种协调公共关系的工作。

公关传播是企业通过报纸、广播、电视等大众传播媒介，辅之以人际传播的手段，向其内部和外部公众传递有关企业各方面信息的过程。

1. 公关策划中的内部协调

内部公共关系工作的目的在于沟通企业与员工和股东之间的联系，增进双方的了解和信任，创造良好的合作环境，激发内部公众的积极性和创造性，以利于股东利益最大化。

良好的员工关系是企业成功的动力和源泉。企业应及时了解员工的状况、想法和存在的问题，关心员工的身体状况和思想状况，在此基础上作出具体计划和部署。尊重员工，并将员工的个人价值与企业文化和价值取向相结合，建设良好的企业与员工之间的关系。

股东与企业的关系实质是企业经营者与所有者之间的关系。良好的企业与股东之间的关系，有助于吸引更多的投资者，稳定已有的股东队伍，增强企业的资本实力。

2. 公关策划中的外部协调

外部公众是企业生存和发展的重要条件。外部公众的理解和支持，是企业正常运转的必要条件。外部公共关系协调主要包括企业与消费者的关系、与供货商和销售商的关系、与新闻媒体的关系、与社区的关系、与政府的关系的协调。

【策划一线】

开放组织或企业，组织社区居民进场参观，让周边社区居民了解企业，增进对企业的喜爱之情；凡企业有重大活动时，可请社区居民代表光临参与；企业可积极参与社区各种公益活动，关心支持社区的基本建设，资助社区福利事业；积极开拓通向社区居民的传播沟通的桥梁，与社区共建社区精神文明橱窗，共同办好社区广播站、社区闭路电视，也可通过散发印刷品、广告等形式，促进组织与社区之间的相互了解，表现组织为社区全面发展愿做实事的良好愿望；组织的企业文化可通过社区这个平台网络延伸到每个居民家中，争取社区文化与企业文化的共建共荣，取得双赢之效。

同时协调好企业的内外部公共关系，为企业创造和谐的公共关系环境，是实现企业营销目标的必要条件。

3. 公关传播模式

（1）企业内部公共关系传播。企业内部公共关系传播是企业为适应外部环境而调整内部机制，进而制定出企业发展的策略和方针，并将这些策略和方针在企业内部员工与管理层之间进行交流的活动。企业内部公共关系传播的目的是协调各部门之间的关系，达到满足企业和员工个人利益的双赢。

（2）大众公共关系传播。大众公共关系传播是指企业利用大众传播媒体，将信息大量地、系统地传递给社会公众的过程。利用大众传播更多地影响社会舆论、公众看法和潜在顾客，这是一种速度快、范围广的信息传播方式。公共关系运用较多的两种大众传播形式分别是广告宣传和新闻宣传。

（3）人际公共关系传播。公共关系传播不但借助于大众传播媒体，还要利用人际传播的某些手段。人际传播是指人与人之间进行直接信息沟通的一类交流活动。这类交流主要是通过语言来完成，但也可以通过非语言的方式来进行，如动作、手势、表情等。

4．公关传播技巧

公关传播技巧，见表 6-3。

表 6-3 关系传播策划技巧

方式	技巧	注意问题
善于利用传媒	对企业而言，与新闻媒体的关系是企业的一种极其重要而又特殊的公共关系	一方面，新闻媒体是企业实现公关的手段；另一方面，新闻界本身就是企业的重要公众
善于运用公共关系广告	扩大企业的知名度、提高信誉度、树立良好的形象，以求得社会公众对企业的理解与支持的广告宣传活动。希望社会公众了解企业，认识企业，接受企业，是一种不同于商业广告的特殊广告	与商业广告的不同点在于公关广告不单纯以赢利为目的。一般的商业广告是向消费者推销某种商品或服务，消费者的收获是有形的；而公共关系广告是向公众传播某种理念，公众的收获是情感上的
进行良好的人际传播	人际传播是个体与个体之间的信息交流活动，包括面对面的直接传播和借助于媒体的间接传播	在现代社会中，人际关系状况已经成为影响企业成功的重要因素

【小案例】

献给母亲的爱

在母亲节，A 公司举办了免费送鲜花、送祝福活动，为 1 000 余位母亲送上了一份特别的节日祝福。A 公司组织的这一别出心裁的活动，得到广大市民的赞誉和踊跃参加。当儿女们饱含深情的话语，随着一盆盆、一束束鲜花，一起送到一位位母亲的手中时，母亲们捧着鲜花，脸上绽放出比鲜花还灿烂的笑容，浓浓的母亲节气氛也洋溢开来。一时间，A 公司举办的母亲节活动成为市民关注的热点。

案例分析：

许多参加了这次活动的市民表示，非常感谢此次活动的举办者。A 公司的这次活动，给了他们一个向母亲表达爱意的好机会。A 公司的公共形象就在这样的细节中建立起来。

6.2.3 公关危机管理策划

1．公关危机管理的基本概念

公关危机，即公共关系危机，是指由于主观或客观的原因，企业与公众的关系处于极度紧张的状态，企业面临十分困难的处境。

公关危机管理是指在危机意识或危机观念的指导下，依据管理计划，对可能发生或已经发生的公关危机事件进行预测、监督、控制、协调处理的全过程。

2．公关危机的种类

在公关策划中，通常按照危机的内容和形式两个方面去划分，主要有以下几种类型。

（1）按内容划分，分为信誉危机、效益危机和综合危机。信誉危机是指企业由于在经营理念、企业形象、管理手段、服务态度、企业宗旨、传播方式等方面出现失误造成的社会公众对企业的不信任，甚至怨愤的情绪。信誉危机直接影响企业的经济效益，如果不及时挽救，很快就会波及企业的其他领域，带来巨大损失。

效益危机是指企业在直接的经济收益方面面临的困境。例如，因为同行业产品价格下调或原材料价格上涨等原因，使企业的经济效益大幅降低。这时企业要想办法及时调整营销战略，使效益危机造成的损失降到最小。

综合危机是指兼有信誉危机和效益危机在内的整体危机。这种危机一般由信誉危机引起，而企业又没有及时处理，致使企业利润全面下降。面对这样的危机，企业应当及时进行危机管理，迅速果断地控制事态发展，使企业尽快走出困境。

(2) 按形式划分，分为点式危机、线性危机、周期性危机和综合性危机。点式危机是指公关危机事件的出现是独立的、短暂的，和其他方面联系不大，在一定范围内产生影响的局部性危机。它可能是企业内部控制不严造成的局部失衡和混乱。但是点式危机是大的危机到来的前兆，若不及时将问题消灭在萌芽状态，就会引起较大的公关危机。

线性危机是指由某一事件造成的公关危机扩展为一系列危机的连锁现象。线性危机的根本原因在于事物之间的联系，它往往造成一个危机流的产生。企业面对线性危机应当及时阻挡事态发展的势头，避免连锁反应的发生。

周期性危机是一种按规律出现的危机现象。

综合性危机是指同时出现以上几种危机的现象。它一般是先由点式危机处理不当造成了线性危机，再加上其他因素的作用，最终造成综合性危机的发生。

3. 公关危机管理措施

(1) 公关危机的预防。公关危机预防是对公关危机的隐患进行监测、预防和控制的危机管理活动。虽然企业都可能遇到危机，但是这并不是说危机是不可预防的。企业应该重视公关危机的预防工作。

首先，培养全体员工的忧患意识、危机意识。企业要想更好地生存发展，就必须进行危机预防管理，强化全员的危机意识。

其次，设置符合危机管理要求的体制保障。一是确保企业内信息通道畅通无阻，企业内任何信息均可通过企业内适当的程序和渠道传递到合适的管理层级和人员；二是确保企业内信息得到及时的反馈，即传递到企业各部门的信息必须得到及时的反应；三是确保企业内各个部门和人员责任清晰、权力明确，不至于发生互相推诿或争相处理；四是确保企业内有危机反应机构和专门的授权，即企业内需设危机处理机构并授予其在危机处理时的特殊权力。这样，企业就可以防患于未然，不至于引发真正的危机。

再次，要有充分的资源准备。企业的资源准备分为人力资源和财力资源两个部分，其中最为关键的是人力资源储备。人力资源的储备既要有企业内部的人力资源，也要充分利用社会上的人力资源。只有建立完善的人力资源储备库，才能在危机发生时找到合适的人员，从而化险为夷，使企业转危为安。

(2) 公关危机的处理。处理的原则是重视事实，迅速调查，妥善处理，做好善后工作，再造企业形象。而具体对策则要根据不同的对象分别采取不同的对策。

针对企业内部，要迅速成立处理事件的专门机构，判明情况、制定对策；安抚受损人员及相关人员；奖励有功人员。

针对受损者，要认真了解受损情况，实事求是地承担责任，并诚恳道歉。冷静听取受损人的意见，作出赔偿损失的决定，避免发生不必要的争执；给受损人以同情和安慰，派专人负责受损者要求，并给予重视。

针对新闻界，要实事求是，不回避，不隐瞒。可以设置临时记者接待场；主动地向新闻界提供事实真相和相关的信息，并表明自己的态度。在事实结果没有明朗之前，不信口开河，盲目加以评论。与新闻界密切合作，表现出主动和信任。

针对上级主管部门，要在危机发生后，及时、主动地向企业的主管部门汇报。汇报应实事求是，不能文过饰非，更不能歪曲真相，混淆视听。事故处理中，定期汇报事态的发展情况，求得上级主管部门的指导和支持。事故处理后，对事件的处理经过、解决方法和今后的预防措施要及时总结并向上级详细报告。

针对消费者，要在危机发生后，及时通过各种可以利用的渠道，诸如零售网络、广告媒介等，向消费者说明事件的经过、处理办法及今后的预防措施。

【经验谈】

企业公关危机化解的最好办法是由社会上具有公信力的第三方组织出面。自己去办，危机可能会越抹越黑。

【小案例】

××化妆品危机公关策划

有消费者在使用了××化妆品后出现了过敏反应，随后报纸报道了该事件。请你为该企业拟订危机公关策划方案。

业务分析：该事件是企业比较严重的危机事件，企业应当迅速处理好与受损消费者、公众和媒体的关系。

业务程序：首先分析危机的成因和类型，然后确定危机公关的对象，最后针对不同的对象选择相应的危机公关方法。

业务说明：化妆品行业的公关危机是有很多先例的，从宝洁、强生等国际知名品牌到国内的迪豆等品牌都遭遇了严重的危机事件。但这些公司很好地处理了与受损消费者、公众和媒体的关系，有效地进行了危机公关处理，继续保持着优势的竞争地位。该企业应当借鉴这些成功经验有效地应对此次危机。

在很多情况下，公众对于企业的公共关系危机不是听之任之，加上社会舆论的误导，以致于企业危机比较难以化解。在此情况下，可以从法律的角度请具有社会公信力、影响力的第三方出面化解，以解脱企业和公众的两难局面。

【小案例】

腾讯QQ与奇虎360的危机公关

腾讯QQ和奇虎360的争端从腾讯推出QQ医生时便埋下了导火索。腾讯悄然将QQ医生升级至4.0版并更名为“QQ电脑管家”。QQ软件管理和QQ医生自动升级为“QQ电脑管家”，涵盖了云查杀木马、系统漏洞修补、安全防护，系统维护和软件管理等功能，这也是360安全卫士的主流功能。凭借着QQ庞大的用户基础，QQ电脑管家将直接威胁360在安全领域的生存地位。360安全卫士推出个人隐私保护工具360隐私保护器，目标直接瞄准QQ软件，360与腾讯在客户端领域再起冲突。腾讯正式起诉360不正当竞争，360提起反诉。网民一时间一边倒的批判舆论让腾讯失去了很多用户的信任，同时对品牌和企业的形象造成极大的打击。

（资料来源：吴燕婷. 腾讯QQ VS 奇虎360大战事件[EB/OL]. http://www.gd.xinhuanet.com.）

案例分析：

危机公关，最核心的能力是掌握危机发展的主动性。腾讯作为当事方，没有掌控危机的发展方向，从而在引导事件朝不利于自己的方向发展。在危机状态下，企业处理危机的首要原则就是立即控制事态发展。危机事件的处理需要真诚积极的沟通，企业在发生危机事件后更应该考虑到用户的情感和利益，而不是为了一时的竞争而损害用户的感情。在沟通方面，企业应该极力发展为用户的正面形象，努力展示企业的社会责任，将舆论焦点转向积极的一面，并配合法律和技术部门的行动，使得由于危机事件造成的损失降到最低。

【小知识】

危机公关传播的"5W1H"法

1．WHY：为什么危机会出现

企业一旦出现危机，新闻媒体和公众不禁会问，为什么会出现危机？消费者也同样有知情权，到底是什么原因导致了危机的产生？这是一个敏感而又复杂的话题。不少企业面对危机，要么对事件本身避而不谈，要么借些理由，要么找些托词，自以为能够蒙混过关。其实，这样做恰恰会更加促使媒体和公众对造成危机的原因产生兴趣。这个时候，企业应该勇敢地站出来，尤其是企业的负责人更应该勇敢地站出来，把事情的原委与真相告诉公众，以取得公众的谅解。这种本着实事求是的态度来陈述事实的情况，有时不但不会遭受更大的危机，反而会提升企业的品牌形象。

2．WHO：针对谁传播

危机出现后，关注企业危机的群体无非有这么几部分：直接消费者、新闻媒体、公众、竞争对手和企业自身。危机的受害者（直接消费者）将关注企业怎么样来处理这个事件，企业会给他们怎样的说法。新闻媒体既是客观事实的报道者，也是社会舆论的监督者，无形之中还是公关危机的受益者。因为这些危机，他们的新闻有"料"了，他们会继续关注整个事态的全过程。至于公众，则是企业危机影响面最大、后续影响力最强的一个人群。在对公众有较大影响的因素中，除上述群体公众之外，工商、税务等政府行政部门也对企业的未来掌握着"生杀"大权，与这些部门建立良好的关系也是很重要的。竞争对手则会对公关危机起到推波助澜的作用。

3．WHAT：表达什么立场

作为危机公关，诚实、信用、坦诚是最重要的原则，也是危机公关成败最关键的因素。当危机产生时，面对公众、媒体、竞争对手、受害者，企业到底应该表达些什么呢？首先，应该有诚意，对事件的产生和结果表示歉意乃至道歉，如果不是由于企业本身的问题造成的，也必须对受害者表示遗憾和慰问。

4．WHEN：何时表达立场

企业对时间的选择是与事态的发展密不可分的。一般来说，一旦出现危机，企业要在第一时间作出对危机的判断与定性，是信任危机，是品牌危机，还是服务危机，抑或是产品危机？随后，立即表明自身对事态的立场。这个立场既要坦诚也要"有礼有节"，取得公众与媒体的信任，避免被媒体和公众不着边际的猜疑。

在企业的危机公关中，除了迅速、及时地表明自己的态度外，还要根据自己对危机的调查与处理的过程，及时与媒体和公众沟通，并且在企业危机完全处理好后，与公众保持良好的信息畅通渠道，以便让消费者对企业产生良好的忠诚与信任。

5．WHICH：采用何种传播渠道

媒体的传播应该注意及时与迅速，并且注意传播的渠道。是采取电视访谈的形式，还是采用召开新闻发布会或说明会的形式，或者采取声明的形式，值得处于危机之中的企业好好研究。一些媒体和一些专业人士，都是通过网站首先获悉这些信息的，尤其是一些大型企业和外资企业不仅及时将信息通过自己的网站向社会公布，而且与知名的门户网站也建立了友好的关系。这无疑也是一条很好的公关危机处理通道。

6. HOW：怎样进行危机公关

公关危机出现后，企业用什么方式来处理危机？新闻发布会是在危机出现后常用的一种方式。在危机公关里，通常有借助媒介和应对媒介两种。借助媒介是指通过发布与危机有关的信息，减少损失，及早控制事件向不利的方向发展，稳定受害人员及其家属的情绪。应对媒介主要是接受其采访和提问。举行新闻发布会和接受媒体采访给企业提供了一个绝好的沟通机会，使媒体真正了解到究竟发生了什么事情，企业正在采取何种弥补措施等。

当新闻发布会召开后，可以就危机处理中的一些积极因素或者双方达成的结果，通过精心策划和包装，再次吸引新闻媒介的关注和报道。危机基本结束之后的新闻报道，主要是给公众形成一个印象，企业所采取的一切措施都体现了对社会负责的态度，依此来增强公众对企业或组织的信任。

6.2.4 公关策划的工作程序

为了使公共关系活动顺利地开展，必须对公共关系工作进行全面策划，制定一套完整的实施方案，保证公共关系工作遵循一定的程序有条不紊地进行。其基本程序如图 6.2 所示。

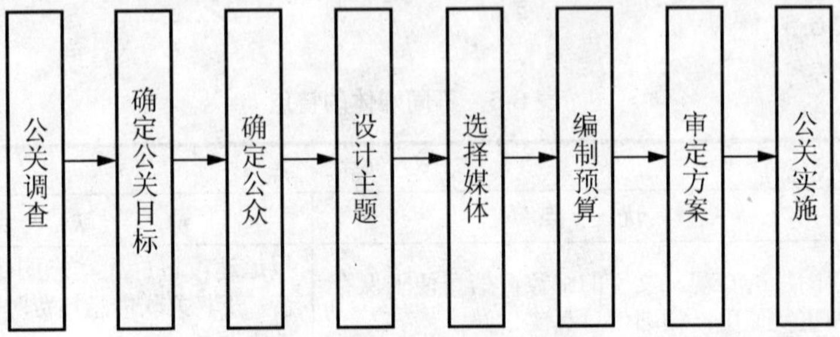

图 6.2 公共关系策划流程图

1. 公关调查

公关调查是公共关系活动的基础，是公关活动的起点。通过公共关系调查，可以帮助企业了解自己在公众心目中的形象和地位，开展公关活动的条件和竞争对手的情况，实现目标的可能性等信息，为企业决策提供科学依据，增强公关活动的针对性，提高公关活动的成效。公共关系调查的内容主要包括企业内部形象调查、企业外部形象调查和企业所处的社会环境调查。

2. 确定公关目标

公共关系目标是公共关系行为期望达到的成果。它既是公共关系活动的方向，也是公共关系活动成功与否的衡量标准。企业的公共关系的目标类型及其期望成果有所不同，具体分析见表 6-4。

表 6-4 公关目标分类表

公关目标类型	公关目标的期望成果
传播信息	传播企业信息，获得公众的了解、信任和支持
联络感情	通过感情投资获得公众对企业的信任与爱戴
改变态度	让公众接受企业及其所提供的产品、服务、文化等
引起行为	诱导公众产生企业所希望的行为方式

3．确定公众

公共关系是以不同的方式针对不同的公众展开的，而不是像广告那样主要通过传媒把各种信息传播给大众。要使公关活动有效实施，需要确定公关活动的主要对象，即目标公众。

目标公众的确定，有利于具体公关方案的实施；有利于确定工作的重点，科学地分配力量；有利于更好地选择传播媒体和传播技巧。

4．设计主题

公共关系活动主题是对公共关系活动内容的高度概括。成功的公共关系活动是由一系列公关项目组成的系统工程。为避免活动项目过多给人杂乱无章的印象，需要设计出一个统一、鲜明的主题，以统领整个公关活动。

5．选择媒体

不同的传播媒体有各自的特点，只有选择合适的媒体，才能取得良好的传播效果。不同媒体的特点见表6-5。

表6-5　不同媒体的特点

大众传媒	特　点	
	优　点	缺　点
报刊	有图片的直观、文字的细致；信息便于保存和重复使用；相邻信息真实、健康	报道速度慢；无动态图像和声音的生动传情；获取关联信息耗费时间；与受众的互动性不强
广播	报道速度较快；以声传情，声情并茂；相邻信息真实、健康	无图片的直观和文字的细致；信息不便于保存和重复使用；较难获取关联信息；与受众的互动性不强
电视	报道速度较快；图文兼有，声像并茂，生动鲜活；相邻信息真实、健康	信息不便于保存和重复使用；较难获取关联信息；与受众的互动性不强
网络	报道速度很快；可获取海量的关联信息；信息可下载保存，可无限重复使用；与受众的互动性很强；综合性的大众传媒平台，虚拟的人际交往平台和信息传播平台	相邻信息有时真假混杂、良莠不齐

6．编制预算

公关活动需要花费一定的人力、物力和财力。通过编制预算，使公关人员预先了解活动的投入成本，并能在事前进行统筹兼顾的全面安排，保证公关工作正常开展，便于监督管理，堵塞漏洞，见表6-6。

表6-6　公关预算内容

公关预算项目	预算内容
经费预算	材料费、调查费、咨询费、广告宣传费等
人力预算	人员数量、人员结构
时间预算	制定时间进度表

7. 审定方案

公关人员根据企业的现状，提出各种不同的活动方案。这些方案未必都适合企业的公关策划，也未必能够同时采用。对这些方案进行优化和论证才能选定最终方案。审定方案可分为两个步骤。

第一步，优化方案。就是尽可能地将公关方案完善化、合理化，提高方案合理性，强化方案的可行性，降低活动耗费。通常可采用重点法、转变法、优点综合法等方法进行方案优化。

第二步，方案论证。一般由有关高层领导、专家和实际工作者对方案提出问题，由策划人员进行答辩论证。论证方案应满足系统性、权变性、效益性和可操作性的要求。

8. 公关实施

正确地制定公共关系计划方案固然重要，但只有将公共关系计划付诸实施，才能真正产生效果。公关实施是在公共关系计划方案确定后，将方案所确定的内容变为现实的过程，它是整个公关策划的具体落实。

6.2.5 公关策划方案的撰写

1. 撰写方案的步骤

（1）保证方案内容的系统性。有时要分为框架文本和执行文本。凡执行文本都要写清楚各个步骤的操作细则，还要有备忘录的记载等，总之应尽量详细。

（2）封面要写出策划书的全称，如《郑州××有限责任公司公共关系策划案》，并注明策划人员及其身份。一般在封面或扉页上，要注明总策划、策划总监、策划督导和策划人员的名字及其身份等。

（3）注明策划的起始时间。

（4）为了显示策划书的保密性，在方案的封面左上方，要注明保密密级，如“AA级”字样，以示方案的保密程度。

（5）为方便阅读策划方案，最好将方案的章、节、目各部分材料排上页码。

（6）保证文字的准确性，即方案内容的表述要准确，文字的打印要精确无误。

2. 提交方案的步骤

对于大型公共关系项目，方案应分层次出台，主要分两个层次：方案框架文本和行动细则方案。

（1）方案框架文本。方案框架文本一般由总策划主笔，它是向委托组织递交的第一份“成果”。其内容由四部分组成：第一，该组织现状的分析；第二，提出战略设想；第三，实现战略设想的策略与步骤；第四，对实施方案的后果进行预测。

（2）行动细则方案。一般情况下，细则方案由负责该项行动的专家小组撰写。行动细则方案内容有两个要求：第一，要与公共关系战略紧密挂钩，成为框架文本中战略的延伸，要注明每个行动的战略意图。第二，内容越细越好，强调可操作性，诸如时间、地点、人员、方式、方法等。公共关系活动内容是公共关系策划的核心，在这一部分内容中应包括：公共关系活动对象、公共关系活动目标、公共关系活动策略、公共关系活动项目、公共关系活动主题、公共关系活动时机、公共关系活动经费预算、公共关系活动进度、公共关系活动效果评估标准等。

写公共关系活动策划方案是精益求精的公共关系工作，策划方案不仅要内容充实，表述清晰，而且要结构完整、符合格式。标准的公共关系活动策划书由封面、目录、正文和附件四部分构成。

对于大型公共关系策划，要在“框架文本”得到委托组织认可后，方可着手细则方案的构想与写作。如果是某一专题公共关系策划，可以先战略策划后战术策划方案一气呵成。

任务6.3 营业推广策划

【导入案例】

海悦会“加长悍马+美女佳丽”环城营业推广

香港海悦会高级餐饮会所正式落户福州繁华地段——五四路，并在试营业期间进行了一系列的推广活动，其中最引人注目的当属“加长悍马+美女佳丽”的环城推广。

作为活动的重头戏，“加长悍马+美女佳丽”的环城推广经过了精心的策划和安排，以确保宣传推广的效果。加长悍马途经福州各繁华地段，并在五四路、万达广场等重点区域驻留，进行现场展示和美女推广，“香车美女”的组合吸引了众多市民的注意和围观，同时有效地传达海悦会“港式管理，正宗粤菜”及“粤风味，悦知己”的信息。

海悦会属于港式管理，以粤菜为主统筹闽菜，并设有港式午茶，会所内设有几十间富丽堂皇、风格不同的包厢，供来宾商务聚餐、婚宴寿席等。此次营业推广活动是海悦会进入福州后打响的第一炮。

（资料来源：福建省福州彩虹策划有限公司营销策划资料.）

案例分析：

好的主题是整个营业推广活动的灵魂，是展现在消费者眼前的第一道关卡，好的主题能让消费者靠近产品。通过主题要让消费者清楚商家活动的主要内容和产品的主要特点。用简洁、醒目的表现方式更能吸引消费者的注意力，提供顾客在光顾商家时最需要的信息。

6.3.1 营业推广策划的定义

营业推广是指除了人员推销、广告、公共关系以外的、刺激消费者购买和经销商销售的各种市场营销活动，例如，陈列、演出、展览会、示范表演及其他促销努力。营业推广策划就是企业合理运用各种短期诱因，鼓励购买和销售其产品或服务的促销过程。与广告、公共关系和人员推销等方式不同的是，营业推广限定时间和地点，以对购买者奖励的形式促进其购买，以此来追求需求的短期快速增加。

6.3.2 营业推广策划的类型

营业推广策划首先要确定对象，对象不同所要达到的目标也不同。营业推广的对象分为消费者、中间商和推销人员三类。根据营业推广的目标，企业可以选择不同的营业推广方式。营业推广的种类很多，各有其特点和适用情况。企业要结合目标市场类型、营业推广目标、市场竞争状况等因素来选择和使用。

针对不同对象的营业推广的形式与目的见表 6-7。

表 6-7　营业推广策划对象和目的

营业推广的对象	营业推广的形式	营业推广的目的
消费者	产品陈列与示范 有奖销售 样品赠送 特价包装	促进产品销售 鼓励大量使用 获得潜在顾客 争取竞争对手的客户
中间商	产品交易会和订货会 销售激励 价格折扣 赠品	获得新的经销商 鼓励大批量订货 提高中间商的忠诚度 建立新渠道
营销人员	销售红利 推销竞赛 培训机会 职位提拔	激励营销人员寻找新客户 刺激营销人员扩大销售量 鼓励营销人员提供更好的服务 激励营销人员、共享营销经验

1. 针对消费者的营业推广类型

针对消费者的营业推广类型见表 6-8。

表 6-8　针对消费者的营业推广策划

营业推广类型	具体内容	适 用 性
产品陈列与示范	企业在零售店占据有利位置，将本企业的产品进行橱窗陈列、货架陈列、流动陈列，同时进行现场使用示范，以展示产品的性能与优越性	这种方法适用于新产品，在家电、化妆品等促销活动中也广为应用
有奖销售	在顾客购买后发给奖券或号码中奖，使顾客在购买时不仅得到产品，而且有额外收获，以此来刺激顾客的购买欲望	这种方法在促销活动中广泛应用
样品赠送	向消费者免费赠送样品，通过他们了解新产品的效果，传播新产品的信息，以此来争取更多的使用量，扩大销售量	这种方法适用于价格低廉的日用消费品
特价包装	企业对其产品给予一定的折扣优惠，并把正常价格与限定优惠价格标明在商品包装或标签上。特价包装的形式，可以将同类商品包装起来减价出售，也可以将两件或多件相关产品包装在一起组合销售，但价格比单独购买单件商品的价格之和要优惠	这种方法适用于非耐用性消费品，短期效果明显
会员销售	会员销售又称为俱乐部营销，企业以某种利益或服务为主题，将各种消费者组成俱乐部形式，开展宣传、促销和销售活动	培养消费者的品牌忠诚度，缩短厂商与消费者之间的距离，加强营销竞争力

2. 针对中间商的营业推广类型

（1）产品交易会和订货会。生产商利用交易会和订货会邀请中间商参会，在会上陈列产品，企业的推销人员介绍产品相关知识，同时进行现场操作演示。推销人员可以直接与客户代表洽谈，形成双向沟通，引导中间商签订购货合同。

（2）销售激励。为了激励中间商全力推销产品，在中间商中开展一系列竞赛活动，获胜者可以得到生产商的奖励。竞赛有一系列指标，通常以销售额、销售增长率、货款回笼速度、售后服务质量等一系列指标为标准进行评价，而奖励的形式也是多种多样，有财务支持、福利支持和促销支持等。

（3）价格折扣。为了促进中间商大量进货，生产商经常使用的方法就是价格折扣，有两种基本形式：一种是给予中间商数量折扣，一定时期进货达到一定数量就可享受一定的价格折扣；另一种是给予中间商职能折扣，即当中间商为产品做广告或特意陈列产品，生产商给予一定的费用补偿或给予相应津贴。

（4）赠品。赠品对于中间商来说也是一种重要的刺激手段。它能给中间商带来实际利益，降低销售成本，又体现了制造商与中间商的合作关系。给予中间商的赠品一般是产品销售的陈列货架、储藏设备、广告赠品等。

3. 针对推销人员的营业推广类型

（1）销售红利。为了鼓励推销人员积极推销，企业规定按销售额提成，或按所获利润不同提成。销售人员的报酬与其销售业绩挂钩使其更主动、积极地工作，销售绩效会不断地激发销售人员的潜力。

（2）推销竞赛。为了刺激和鼓励推销人员努力推销商品，企业确定一些推销奖励的办法，对成绩优良者给予奖励。奖励既可以是现金，也可以是物品或旅游等。

（3）培训机会。学习也是一种奖励，推销人员非常重视培训机会，这样可以证明他受到肯定和重视。推销人员往往为了获得培训的机会而努力地工作，争取更多的销售业绩。

（4）职位提拔。对业务做得出色的推销人员进行职务提拔，将好的经验传授给一般推销人员，有利于提高推销人员的整体素质。

6.3.3 营业推广策划的优势和劣势

1. 营业推广的优势

（1）有利于新产品快速进入市场。企业产品在投入期时，市场还缺乏了解，通过营业推广可使潜在购买者很快知晓、认识和了解产品，使企业的产品在短期内占有一定市场份额。

（2）有利于诱导重复购买和增加购买。通过一定的物质刺激，有利于巩固与老客户的关系，使现实型顾客转为忠诚顾客。营业推广还利于使现有顾客增加购买量。

（3）有利于市场竞争。市场竞争是全方位的竞争，有促销战、价格战、人员推销战等，还有营业推广战。企业可扬长避短与对手进行营业推广竞争，把实惠留给顾客。通过给购买者更多的优惠刺激其购买，扩大本企业的市场占有率。

2. 营业推广的劣势

（1）营业推广仅适用于追求短期效果。在开展营业推广活动中，可选用的方式多种多样。一般说来，只要能选择合理的营业推广方式，就会收到明显的短期效果，营业推广仅适合于在短期性的促销活动中使用。

（2）营业推广是一种辅助性促销方式。人员推销、广告和公关都是常规性的促销方式，而多数营业推广方式则是非经常性的，是其他促销方式的有力补充。使用营业推广方式开展促销活动，虽能在短期内取得明显的效果，但它一般不能单独使用，常常要配合其他促销方式使用。

（3）营业推广有贬低产品之意。采用营业推广方式促销，使顾客产生“机会难得”之感，进而能激发消费者的需求动机。营业推广的一些做法也常使顾客认为卖者有急于抛售的意图。

若频繁使用或使用不当，往往会引起顾客对产品质量、服务等内在品质产生怀疑。因此，企业在开展营业推广活动时，要注意选择恰当的方式和时机，以及和其他促销方式的配合。

6.3.4 营业推广策划的过程

营业推广策划过程，如图 6.3 所示。

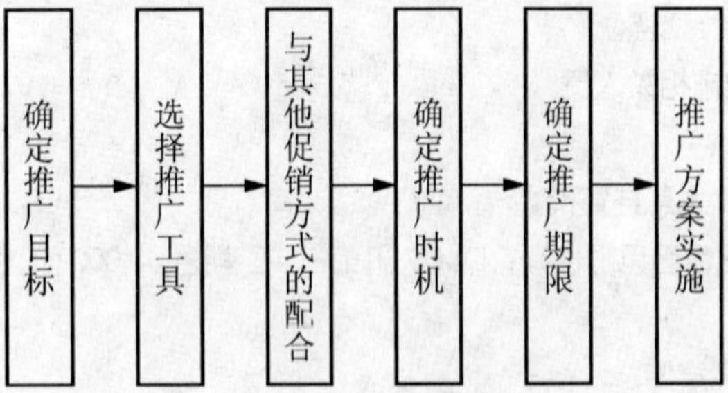

图 6.3 营业推广策划程序图

1. 确定推广目标

营业推广目标的确定，就是要明确推广的对象是谁，要达到的目的是什么。只有知道推广的对象是谁，才能有针对性地制定具体的推广方案。

2. 选择推广工具

营业推广的方式方法很多，但如果使用不当，则适得其反。因此，选择合适的推广工具是取得营业推广效果的关键因素。企业一般要根据目标对象的接受习惯和产品特点、目标市场状况等因素来选择推广工具。

3. 与其他促销方式的配合

营业推广要与促销沟通的其他方式配合使用，从而形成营销推广期间的更大声势，取得单项推广活动达不到的效果。

4. 确定推广时机

营业推广的市场时机选择很重要，如季节性产品、节日产品、礼仪产品，必须在季前节前做营业推广，否则就会错过时机。

5. 确定推广期限

营业推广活动要确定持续时间的长短。推广期限要恰当。过长，消费者新鲜感丧失，产生不信任感；过短，一些消费者还来不及接受营业推广的实惠。

6. 推广方案实施

将营业推广方案付诸实际行动中，取得营业推广的预期效果。

【小案例】

端午节超市促销活动方案

一、活动时间：6月×日—×日。

二、活动内容：凡在6月×日—×日促销时间内，在××各连锁超市一次性购物满38元的顾客，凭电脑小票均可参加“端午节靓粽，购物满就送”、“五月端午射粽赛”、“××猜靓粽，超级价格平”、“五月端午节，××包粽赛”活动。

三、活动方式：凭电脑小票每人可获得5枚飞镖，在活动指定地点（商场大门口有场地门店），参加射粽籽活动，射中的是标识为“豆沙”，即获得该种粽子一个；射中的为“肉粽”，即获得该种粽子一个。

道具要求：气球、挡板、飞镖。

四、负责人：由店长安排相关人员。

五、相关宣传：

1．两款“粽子吊旗”卖场悬挂宣传；

2．DM快讯宣传（分配数量见附件）；DM快讯第一、二期各40 000份，第三期单张快讯40 000份，平均每店1 800份；

3．场外海报和场内广播宣传。

六、相关支持：

1．联系洽谈5 000只粽子做顾客赠送；

2．联系洽谈1 000斤粽子材料，举行包粽比赛；

3．联系洽谈2 200只粽子，举行射粽比赛。

七、费用预算：

1．“端午节靓粽，购物满就送”活动：靓粽每店限送200只×22店=4 400只；

2．“××猜靓粽，超级价格平”活动：数量价格由赞助商在各店促销决定；

3．“五月端午节，××包粽赛”活动：粽子散装米每店30斤×22店=660斤；

4．“五月端午射粽赛”活动：粽子每店100只×22店=2 200只。

八、总预算：约16 600元。

1．装饰布置，气球、横幅、主题陈列饰物，平均每店300元，费用约6 600元；

2．吊旗费用：10 000元。

（资料来源：郑州市××超市．端午节超市促销活动方案[EB/OL]．http：// www.diyifanwen.com.）

任务6.4　人员推销策划

【导入案例】

“萝卜哥”的萝卜特别甜

2011年9月底，郑州市郊区的张大强种植的120亩优质萝卜就要丰收了。市场无情地告诉他，卖1斤萝卜赔3毛钱。《大河报》记者报道了这件“谷贱伤农”事件。眼看国庆节“财神爷”送钱的时候到了，张大强通过报纸、电台发出信息：国庆节郑州市市民可以免费拔他的萝卜，体验旅行与收获的喜悦。不到1天的时间，萝卜被收获一空，连萝卜地周边的蔬菜也被收获了，人们开始在微博、报纸、电台上叫他“萝卜哥”，他的名气越来越大。“萝卜哥”组织村子里的年轻人成立了“萝卜哥蔬菜配送公司”，深入到郑州市一些生活小区推销蔬菜，人们争相购买，“萝卜哥”的无公害蔬菜供不应求，公司效益明显。

案例分析：

“谷贱伤农”事件和推销萝卜没有直接的关系，“萝卜哥”可以借助这个事件，鲤鱼翻身。他通过支持生活方式体验与消费者产生情感共鸣，进行蔬菜产品的人员推销。从“谷贱伤农”到白送萝卜，从生活体验到“萝卜哥”名声大振，从请进来消费者到走出去开拓市场，“萝卜哥”赢得了市场和消费者，做好了人员推销策划。

人员推销是最古老的促销方式。远在小商品经济时代，商人的沿街叫卖、上门送货等就属于人员推销的性质。在市场经济条件下，人员推销对于工业用品和高科技产品的促销，仍然是一种有效的方式。

6.4.1 人员推销策划概述

1．人员推销策划的概念

人员推销策划是指在商业促销活动中，推销人员恰当地直接向目标顾客介绍产品，提供情报，以创造需求，促成购买行为的促销活动。人员推销策划是一门艺术，需要推销人员巧妙地将知识、天赋、诚信和智慧融于一身。推销人员应该根据不同的环境、不同的顾客，灵活运用多种推销技巧来满足顾客的要求。

在人员推销策划中，推销人员、推销对象和推销品是 3 个基本要素。其中前两者是推销活动的主体，后者是推销活动的客体。通过推销人员与推销对象之间的接触、洽谈，将推销品推销给推销对象，从而达成交易。尤其是在市场营销的日益发展中，推销人员已经不是单纯地从事推销工作，人员推销是一种双向沟通的直接促销方法。

2．人员推销策划的特点

（1）信息传递的双向性。与促销的其他形式相比，人员推销最大的特点是直接与顾客进行双向沟通。在人员推销过程中，推销人员通过向顾客宣传介绍推销品的有关信息，诸如产品的质量、功能、特色、使用方法、安装、维修、技术服务、价格及同类产品竞争者的有关情况等，来达到招徕顾客、促进销售的目的。同时，可以了解顾客对本企业产品的质量、服务、价格等方面的评价，发现不足，改进营销组合，为赢得竞争优势创造条件。

（2）人员推销的针对性。推销人员直接面对顾客推销产品，架起一座顾客与企业之间最直接的桥梁。推销人员可以当场解答消费者提出的问题，解除顾客的疑虑，改变顾客的态度，取得顾客信任；也可以通过对顾客特性的了解，采用有针对性的推销方法，以促成顾客的购买。

（3）推销活动的灵活性。企业的推销人员与顾客的直接接触，可以通过交谈，观察和了解顾客。根据不同顾客的特点和反应，灵活地调整自己的工作方法，以适应顾客，及时发现、答复和解决顾客提出的问题，消除顾客的疑虑和不满意感。

（4）人员推销的互利性。成功的推销是买卖双方实现了“双赢”。人员推销能与顾客建立长期、友好、合作的忠诚关系，在长期保持友谊关系的基础上开展推销活动，有助于建立长期的买卖协作关系，稳定地销售产品，实现共赢。

3．人员推销策划的原理

人员推销策划的原理如图 6.4 所示。

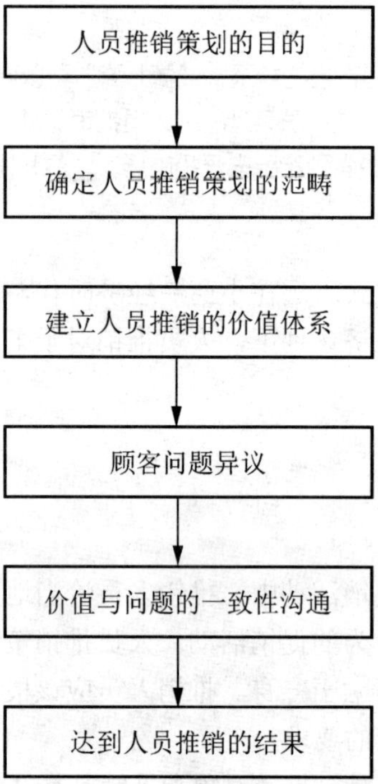

图 6.4　人员推销策划的原理

6.4.2　人员推销策划与企业形象

1．人员推销与市场定位的关系

推销人员作为推销活动的主体，是联系企业与顾客的桥梁和纽带。通过推销人员良好的素质和推销内容合理的安排，在顾客心目中建立起对企业、品牌和产品的独特偏好，树立企业的良好形象。

市场定位是顾客如何看待企业、品牌和产品的独特态度。推销人员的工作必须体现企业市场定位的要求，可以根据竞争者现有产品在市场上所处的位置，针对顾客对该类产品某些特征或属性的重视程度，为本企业塑造与众不同的、鲜明的独特形象，并将这种形象生动地传递给顾客，从而强化顾客对企业市场定位的认识。

2．人员推销策划与企业形象的建立

推销活动是一项塑造形象、建立声誉的重要工作。销售产品是销售人员的重要任务，但并不是唯一的任务。因为促销的本质在于沟通，信息沟通的目的就是为了促进长期销售。

在与顾客沟通过程中，推销人员代表的不仅是推销员自己，其一言一行、一举一动也代表着企业形象。推销人员的素质和专业水平如何，是顾客判断企业形象的最直接的标准和依据。因此，推销人员要具备推销工作的综合能力，在思想素质、业务素质、心理素质和身体素质上过硬，为企业塑造更好的形象。

6.4.3　人员推销策划的形式、任务和策略

1．人员推销策划的基本形式

人员推销策划的基本形式见表 6-9。

表 6-9 人员推销策划

人员推销形式	具体内容	特　点
上门推销	由推销人员携带产品样品、说明书和订单等材料走访顾客，推销产品	针对顾客的需要提供有效的服务，方便顾客，故为顾客广泛认可和接受
柜台推销	企业在适当地点设置固定门市，由推销人员接待进入门市的顾客，推销产品	产品种类齐全，能满足顾客多方面的购买要求，为顾客提供较多的购买方便
会议推销	会议推销是指利用订货会、交易会、展览会等各种会议向与会人员宣传和介绍产品，开展推销活动	这种推销形式接触面广、推销集中，可以同时向多个推销对象推销产品，成交额较大，推销效果较好

2．人员推销策划的任务

人员推销策划的任务如图 6.5 所示。

图 6.5 人员推销策划的任务

（1）寻找。通过人员推销，不仅要加深了解现有顾客的需要，还要努力寻找、发现和培养更多的潜在顾客。

（2）沟通。推销人员要经常地、有效地与现实的和潜在的顾客保持联系，及时把企业的产品及其他相关信息介绍给顾客。同时了解他们的需求，沟通信息，成为企业与顾客联系的桥梁。

（3）销售。这是一项传统的、基本的任务，它要求推销人员精通推销技术，如接近顾客、介绍产品、处理顾客异议、达成交易等。

（4）服务。推销人员要能够向顾客提供各种服务，如给顾客提供咨询服务、给予技术帮助、安排资金融通和加快交货等。

（5）调研。推销人员不仅要完成销售任务，还要进行市场调研和情报收集工作，并且针对访问情况写出报告，为企业开拓市场和制定营销决策提供依据。

3．人员推销策划的基本策略

（1）试探性策略。试探性策略也称为刺激—反应策略，是在不了解顾客的情况下，推销人员运用刺激性手段引发顾客产生购买行为的策略。推销人员事先设计好能引起顾客兴趣、能刺激顾客购买欲望的推销语言，通过渗透性交谈进行刺激，在交谈中观察顾客的反应。然后根据其反应采取相应的对策，诱发顾客的购买动机，使其产生购买行为。

（2）针对性策略。针对性策略是指推销人员在基本了解了顾客的前提下，有针对性地对顾客进行宣传、介绍，以引起顾客的兴趣和好感，从而达到成交的目的。因推销人员常常在事前已根据顾客的有关情况设计好推销语言，这与医生对患者诊断后开处方类似，故又称其为配方—成交策略。

（3）诱导性策略。诱导性策略是推销人员运用能激起顾客某种需求的说服方法，诱发顾客产生购买行为。这种策略是一种创造性推销策略，它对推销人员要求较高，要求推销人员能因势利导，诱发、唤起顾客的需求，并能不失时机地宣传介绍和推荐所推销的产品，以满足顾客对产品的需求。因此，从这个意义上说，诱导性策略也可以称为诱发—满足策略。

6.4.4 人员推销策划中的顾客异议处理

顾客异议又叫推销障碍，是指顾客对推销品、推销人员、推销方式和交易条件发出的怀疑、抱怨，提出的否定或反对意见。对销售而言，不提任何意见的顾客通常不是潜在的顾客。因为顾客的异议具有两面性，既是成交障碍，也是成交信号。我国一句经商格言“褒贬是买主，无声是闲人”，说的就是这个道理。推销员通过对顾客异议的分析可以了解对方的心理，知道他为何不买，从而对症下药。对顾客异议的满意答复，有助于交易的成功。

1. 顾客异议的几种类型

（1）需求异议。需求异议是指顾客认为不需要产品而形成的一种反对意见。它往往是在营销人员向顾客介绍产品之后，顾客当面拒绝的反应。这类异议有真有假，真实的需求异议是成交的直接障碍。营销人员如果发现顾客真的不需要产品，那就应该立即停止营销。虚假的需求异议既可表现为顾客拒绝的一种借口，也可表现为顾客没有认识或不能认识自己的需求。营销人员应认真判断顾客需求异议的真伪性，对虚假需求异议的顾客，设法让他觉得推销产品提供的利益和服务符合顾客的需求。

（2）财力异议。财力异议是指顾客认为缺乏货币支付能力的异议。真实的财力异议处置较为复杂，营销人员可根据具体情况，或协助对方解决支付能力问题，如答应赊销、延期付款等，或通过说服使顾客觉得购买机会难得而负债购买。对于作为借口的异议，营销人员应该在了解真实原因后再作处理。

（3）权力异议。权力异议是指顾客以缺乏购买决策权为理由而提出的一种反对意见。与需求异议和财力异议一样，权力异议也有真实或虚假之分。面对没有购买权力的顾客极力推销商品是无效营销。在决策人以无权作借口拒绝营销人员及其产品时放弃营销更是营销工作的失误，是无力营销。营销人员必须根据自己掌握的有关情况对权力异议进行认真分析和妥善处理。

（4）价格异议。价格异议是指顾客以推销产品价格过高而拒绝购买的异议。顾客提出价格异议，表明他对推销的产品有购买意向，只是对产品价格不满意，而进行讨价还价。当然，也不排除以价格高为拒绝营销的借口。在实际营销工作中，价格异议是最常见的，营销人员应当妥善处理价格异议，突出产品的性价比，转移顾客对于价格的注意力，从而达成交易。

（5）产品异议。产品异议是指顾客认为产品本身不能满足自己的需要而形成的一种反对意见。产品异议表明顾客对产品有一定的认识，但了解还不够，担心这种产品不能满足自己的需要。营销人员一定要充分掌握产品知识，能够准确、详细地向顾客介绍产品的使用价值及其利益，从而消除顾客的产品异议。

（6）营销人员异议。营销人员异议是指顾客认为不应该向某个营销人员购买推销产品的异议。有些顾客不肯买推销产品，只是因为对某个营销人员有异议，他不喜欢这个营销人员，不愿让其接近，也排斥此营销人员的建议。营销人员对顾客应以诚相待，与顾客多进行感情交流，争取顾客的谅解和合作。

2. 处理顾客异议的方法

（1）转折处理法。转折处理法是推销工作的常用方法，即营销人员根据有关事实和理由来间接否定顾客的意见。应用这种方法是首先承认顾客的看法有一定道理，也就是向顾客作出一定让步，然后再讲出自己的看法。只要灵活掌握这种方法，就会保持良好的洽谈气氛，为自己的谈话留有余地。

（2）转化处理法。转化处理法是利用顾客的反对意见自身来处理异议。顾客的反对意见是有双重属性的，它既是交易的障碍，同时又是一次交易机会。营销人员要是能利用其积极因素去抵消其消极因素，将顾客的反对意见转化为肯定意见。

（3）以优补劣法。以优补劣法又叫补偿法。如果顾客的反对意见的确切中了产品的缺陷，营销人员不能回避或直接否定，而应当肯定有关缺点，然后淡化处理，利用产品的优点来补偿甚至抵消这些缺点。这样有利于使顾客的心理达到一定程度的平衡，有利于使顾客作出购买决策。

（4）委婉处理法。营销人员在没有考虑好如何答复顾客的反对意见时，不妨先用委婉的语气把对方的反对意见重复一遍，或用自己的话复述一遍，然后再继续推销工作。

（5）合并意见法。合并意见法是将顾客的几种意见汇总成一个意见，或者把顾客的反对意见集中在一个时间讨论。营销人员不要在一个反对意见上纠缠不清，因为人们的思维有连带性，往往会由一个意见派生出许多反对意见。

（6）反驳法。反驳法是指营销人员根据事实直接否定顾客异议的处理方法。理论上讲，这种方法应该尽量避免。直接反驳对方容易使气氛僵化而不友好，使顾客产生敌对心理，不利于顾客接纳营销人员的意见。但如果顾客的反对意见是对产品的误解，而营销人员手头上的资料可以帮助说明问题时，营销人员不妨直言不讳。

【小案例】

顾 客 异 议

在一次冰箱展销会上，一位打算购买冰箱的顾客指着不远处一台冰箱对身旁的推销员说：“那种 A 牌的冰箱和你们的这种冰箱同一类型、同一规格、同一星级，可是它的制冷速度要比你们的快，噪声也要小一些，而且冷冻室比你们的大 12 升。看来你们的冰箱不如 A 牌的呀！”推销员回答：“是的，我们的冰箱噪声是大点，但仍然在国家标准允许的范围以内，不会影响你家人的生活与健康。我们的冰箱制冷速度慢，可耗电量却比 A 牌冰箱少得多。我们冰箱的冷冻室小但冷藏室很大，能储藏更多的食物。你一家 3 口人，每天能有多少东西需要冷冻呢？再说吧，我们的冰箱在价格上要比 A 牌冰箱便宜 300 元，保修期也要长两年。”顾客听后，脸上露出笑容。

6.4.5 人员推销策划的流程

人员推销策划要按照一定的程序进行。一个完整有效的人员推销过程，一般包括以下 8 个相互关联又有一定独立性的工作程序，如图 6.6 所示。

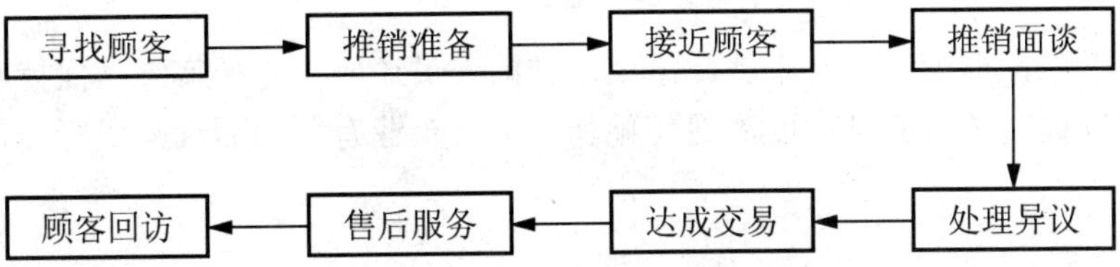

图 6.6 人员推销策划的流程图

【经验谈】

在商业社会中，各种各样的促销活动花样百出，而那些常用促销手法并非任何时候都能真正达到预期效果，在熟练掌握和使用常规促销法的同时，应该用一些新元素来增加促销亮点，提升销售业绩。

1．寻找顾客

推销过程的第一步就是寻找潜在的顾客。寻找顾客是维持和提高销售额的保证。努力寻找潜在顾客，使顾客数量不断地增加，是推销员成功的有效保证，也是促进推销产品更新换代，激发市场新需求的长久动力。

2．推销准备

推销是一项复杂的工作，要使推销成功，推销人员就要做必要的准备。成功的几率往往取决于准备的程度。推销人员的准备包括物质准备、心理准备、信息准备和制订推销计划。

3．接近顾客

接近顾客是推销人员为进行推销洽谈与目标顾客进行的初步接触。能否成功地接近顾客，直接关系到整个推销工作的成败。由于顾客的习惯、爱好、性格等情况各不相同，所以推销人员应依据事前获得的信息或接触瞬间的判断，选择合适的接近方法去接近不同类型的顾客。

4．推销面谈

推销面谈是推销人员运用各种方式说服顾客购买的过程。推销过程中，面谈是关键环节，而面谈的关键又是说服。通过直接或间接、积极或消极的提示，将顾客的购买欲望与商品特性联系起来，由此促使顾客作出购买决策，这被称为提示说服。推销人员也可以演示说服，通过产品、文字、图片、音响、影视、证明等样品或资料去劝导顾客购买商品。

5．处理异议

推销的过程，也是人与人交流的过程，推销人员要与顾客保持和谐融洽的关系，对于顾客的抱怨应采取宽宏大度的态度，尽量避免与之争论，更不能发生冲突。推销人员只有正确认识并积极对待顾客异议，认真分析异议产生的原因，采取灵活的策略和方法，有效地对顾客异议加以转化和引导，才能达到一致性沟通，最终说服顾客，促成交易。

6．达成交易

人员推销的重要环节是促使顾客作出购买决定。推销人员应随时观察顾客的反应，在认为时机已经成熟时，就应抓住时机，或者提出选择性决策，或者提出建议性决策，或者进行适当的让步，促使顾客作出购买决策。在交易完成后一定不要忘记向顾客表示真诚的感谢。

7．售后服务

产品售出以后，推销活动并未就此结束，推销人员还应该与顾客继续保持联系。良好的售后服务，可以提高顾客的满意度，促使顾客产生对企业有利的后续购买行为，增加产品再销售的可能性。

8．顾客回访

顾客回访有助于维系老顾客，通过维系老顾客培养顾客忠诚度。

【小技巧】

人员推销策划“四不要”

主题与目的不要矛盾。主题是提高产品竞争力，目的是通过事件炒作吸人眼球，率先抢占市场，打响产品的知名度。

推广对象与时间、地点不要矛盾。要使消费者有机会参与到这次推广活动中来。

促销的期限不盲目。以消费者的平均购买周期或淡旺季间隔来确定合理的促销方式。

促销活动不要欺骗。虚假的有奖销售、暗中给予回扣的商业贿赂、低于成本的掠夺定价、诋毁竞争对手的商业信誉、虚假广告的宣传、借机销售质次价高的商品等行为严重违反了法律法规。

基础巩固

1．名词解释

广告策划　广告定位　公关协调和传播　危机公关　顾客异议

2．单项选择题

(1) 促销策划最主要的作用是（　　）。

A．沟通信息　　B．刺激需求　　C．产生偏爱　　D．导致购买

(2) 对营销生产资料的企业来说，最重要的促销手段是（　　）。

A．人员推销　　B．营业推广　　C．广告　　D．公共关系

(3) 可以进行双向信息沟通的促销方式是（　　）。

A．人员推销　　B．广告　　C．营业推广　　D．巩固关系

(4) 在各种促销手段中，最有利于建立和培养友好关系，且能及时获得买主反应的方式是（　　）。

A．广告　　B．营业推广　　C．人员推销　　D．公共关系

3．多项选择题

(1) 人员推销的特点是（　　）。

A．面对面洽谈业务　　B．培养和建立友好关系

C．能及时得到买主的反应　　D．迅速购买

(2) 企业在选择广告媒介的类型时，应考虑（　　）等因素。

A．目标市场的媒介习惯　　B．产品的性质

C．广告的内容　　D．广告费用

(3) 对营销生产资料的企业来说，各种促销手段的相对重要性依次为（　　）。

A．营业推广　　B．人员推销

C．广告　　D．公共关系

4．判断题

(1) 促销策划实质上就是促进消费者购买的活动。（　　）

(2) 营业推广的效果是长期性的。（　　）

（3）公共关系的对象就是消费者。 （ ）

（4）在多数场合下，广告是一种最有效的促销手段。 （ ）

（5）营业推广能及时得到买主的反应。 （ ）

5．简答题

（1）广告策划的程序包含哪些内容？

（2）公共关系危机产生的原因有哪些？

（3）处理顾客异议的方法有哪些？

技能实训

【项目名称】台湾私房小厨系列产品促销策划

【实训目标】

引导学生参加设计“台湾私房小厨系列产品市场促销”业务胜任力的实践训练；在切实体验企业促销策划有效率的活动中，培养相应专业能力与职业核心能力；通过践行职业道德规范，促进健全职业人格的塑造。

【实训内容】

（1）专业技能与能力：在学校所在地选择 3 家大型超市、专卖店，了解台湾私房小厨产品经营的类别、层次与功能，分析其产品差异。

（2）相关职业核心能力：中级训练。

（3）相关职业道德规范：认同级践行。

【操作步骤】

（1）将班级每 10 位同学分成一组，每组确定 1～2 人负责。

（2）对学生进行新产品和品牌培训，确定选择当地市场“台湾私房小厨”系列产品作为调研的范围。

（3）学生按组进入超市和专卖店调查，并将调查情况详细记录。

（4）对调查的资料进行整理分析。

（5）依据对台湾私房小厨促销策划的影响因素，找出产品的特点与功能差异。

（6）进行台湾私房小厨的市场分析，写出台湾私房小厨促销策划报告。

（7）各组在班级进行交流、讨论。

【成果形式】

实训课业：撰写台湾私房小厨系列产品促销策划计划书。

第 7 章

共存共荣——商务策划

GONGCUN GONGRONG——SHANGWU CEHUA

【策划小语】

今天，商务活动越来越频繁，人们接触商务的机会也越来越多。在市场经济社会中，商务与财富有着极大的关联性，财富是通过商务活动逐步积累的。人与人之间因需求、利益交换而产生的各种“商务行为”，不但影响和改变了人们的世界观，而且也影响和改变了整个人类社会。

【知识目标】

认识商务策划；

了解商务策划创意的理论、规律，创意法的分类，熟悉其中的詹姆斯·韦伯·扬创意法、奥斯本核对表法、狄波诺的“水平思考”、头脑风暴法、凯斯勒的创意法等创意方法；

理解商务策划的思维模式，思维程序，典型的商务策划 6 大方法，商务策划的分类、特点，商务策划实施；

掌握商务庆典活动策划，签字仪式策划，商务新闻发布会策划，商务文化活动策划，商务谈判策划。

【实训目标】

了解商务策划思维的结构，掌握商务策划思维的基本过程，重点掌握商务策划的几种典型方法，能够分析商务策划案例中思维运用的优缺点。能够完成企业商务策划基础性或技术性工作，参与商务策划的制定和实施，整合企业资源的某些环节或者某个商务项目的创新问题，实现小投入大产出，把商务策划变成现实的商务过程。

重点：商务策划的六大基本原理及其应用。

难点：商务策划的方法。

任务 7.1 认识商务策划

【导入案例】

世界第一只登月手表欧米茄

2011 年初夏，瑞士著名钟表品牌欧米茄（OMEGA）于北京金宝汇购物中心荣耀呈现“登月壮举，超霸传奇”主题表展，以极富赞誉的全系列超霸“月球表”向人类全部六次登月壮举致敬。欧米茄名人大使、最后一个漫步月球的宇航员尤金·塞尔南（Eugene Cernan）上尉专程莅临北京，为表展揭幕，以亲身经历分享登月传奇历程，讲述欧米茄月球表的耀世传奇。

在美国人即将实施“阿波罗登月计划”时，瑞士欧米茄手表公司打听到三位宇航员中有一位戴的是欧米茄手表。厂家认为这是一次绝好的促销机会。欧米茄公司立即派人去美国商谈赞助，但是条件是买断手表指定权，美国宇航署获得了这笔当初没有想到的赞助费，并同意欧米茄为太空人手表，让另两位宇航员也戴上欧米茄手表。

在登月的当天，报上刊出了“世界第一只登月手表欧米茄，谨向美国太阳神探月英雄致敬”的整版广告，并说明太空人手表欧米茄在太空严重失重、气压巨大变化、震动剧烈的条件下仍能正常工作。伴随着登月计划的完成，欧米茄手表的销量立即大涨。

（资料来源：杨骅．世界第一只登月手表欧米茄．http://www.wbiao.cn.）

案例分析：

这则案例的成功之处就在于策划人员用千载难逢的机会，人类第一次登月之时向人们展示了欧米茄手表的上乘质量。正是利用自己产品质量上乘的特征，策划了这起方案。如果单有好的质量，策划人员不懂得抓住机会，就不可能起到这样的效果。欧米茄手表厂的策划人员利用赞助取得了美国宇航署的批准，既达到了策划计划如期进行的目的，又取得了宣传企业形象的目的。

7.1.1 商务策划的定义

商务策划就是从事商务活动的策略，是营销策划的细分。营销策划和商务策划具有两个不同的方向，商务策划是营销策划的分枝。商务策划是创新型的更加获益的经营决策方式，是发现并应用规律、整合有限资源、实现最小投入最大产出，把虚构变成现实的商务过程。

【策划一线】

不管是叱咤商海的海尔集团的“海尔文化激活休克鱼”，还是曾经纵横市场一时的“巨人集团的巨人大厦”方案，都倾注了商务策划的思想与原理。只是海尔集团的商务策划原理运用得恰当，深谋远虑，成为功成名就的榜样；而巨人集团则策划欠周，决策失误，运用策划原理不合理而含恨商海。商海搏击智者胜，没有一流的商务策划就没有一流的企业，没有正确运用商务策划原理，不可能诞生一个璀璨的营销策划方案，无法成就一个企业在商海中呼风唤雨的凌云壮志。

商务策划原理贯穿企业整个商务活动的始终，它并不要求在设计和实施策划方案时生搬硬套进理论去，而是隐含在商务策划活动的每根神经中，去指导企业商务活动的展开。

【小知识】

商务策划师、营销策划师

商务策划师是具有良好职业道德，能够熟练运用经济管理、商务策划理论和各种实战方法为经济组织提供创新服务并取得明显绩效的专业化人员。营销策划师是从事市场分析与开发研究，为企业生产经营决策提供咨询，并进行产品宣传促销的人员。数据统计显示：未来的中国将需要 300 万各种层次的策划人才，而中国受过专业系统训练的策划师不足千人，人才需求的缺口非常大。每年都有营销策划师和商务策划师的认证资格考试。

7.1.2 商务策划的基本要素

商务策划的基本要素是指构成商务策划活动的必要条件和必要因素。从商务策划的活动要素构成上看，商务策划由策划者、策划目标、策划对象、策划方案 4 个基本要素构成。

1. 策划者

商务策划者是商务策划的主体，是商务策划活动任务的承担者，策划工作的实际操作者。既可以为策划公司的策划人员，也可以为企业或组织内部的商务策划人员；既可以以策划团队的形式出现，也可以以个体的职业策划人员的形式出现。

策划活动是人类高智慧的行为，因此对策划者来说，既要知识丰富，还要有过人的胆量和勇气，有创新精神，有使别人接受自己策划的能力。

2. 策划目标

商务策划目标是商业策划所有达到的预期结果和策划者将要完成的任务。策划目标依据不同的环境条件制定、实施，它是评价和检查任务完成程度的唯一标准。

3. 策划对象

商务策划对象是策划的客体要素。策划对象是策划过程中的客观环境和主要竞争者。策划对象处于不断发展变化的环境中，随环境的变化而变化。这种变化性决定了商务策划中认知策划对象的至关重要性。

4. 策划方案

策划方案是策划主体从策划目标出发，创造性的作用于策划对象的产物，是在创造性思维的过程中，遵循科学的策划运作程序和步骤设计完成的。商务策划方案是商务策划活动最终的结果，它详细记录了策划的方法以及实施内容。

7.1.3 商务策划的基本特征

1. 一定的虚构性

商务策划往往首先是一种假想或想象，或因现有条件和能力不足而需要策划，或想以无博有、以小博大、以较少投入而获得最大产出而策划，所以策划“从虚构出发，然后创造事实”。虚构需要一定的想象力，是合理、具有预见性的想象，绝非胡思乱想，头脑发昏。虚构其实也是一种创造，其基本要求如下。

（1）透过现实，看到别人看不到的景象。

（2）善于联想，在情理之中，但出人意料。

2．相对的新颖性

商务策划是一种创新思维，要求必须具有新的创意和做法，但这种创新是比较而言，并不是绝对化，所以又叫“相对的新颖性”，满足以下任何一种即可。

（1）相对于策划者自己的以前思维新颖。

（2）相对于实施对象和区域新颖（一个方案对于策划者来说是也许是陈旧的，但对实施企业和地区来说却是新颖的，如我国东部的经验对西部而言）。

商务策划不能脱离实际，如“新颖”到让决策划者、管理者无法理解的程度则无法被接受。

3．相对的超前性

商务策划是创新型的思维，所以需要有一定的超前性，必须基本满足以下条件。

（1）相对其他决策者思维形成所需的时间超前（策划者想到时可能会有很多人想到了，如不超前，则可能在策划方案的实施时发现竞争者的方案超过自己）。

（2）相对于市场形成或成熟的时间超前（如在市场形成或成熟后策划，往往事倍功半，策划的成本很高）。

【经验谈】

商务策划也不能过于超前，过于超前一般难以让决策者和管理者接受，过于超前也可能在行动时机成熟之前泄露了公司的秘密，反而启发了竞争者。

4．可操作性

商务策划仅仅新颖、超前还不够，还必须具有可操作性。所谓可操作性，即方案切实可行，技术经济合理。如炸开西玛拉雅山，彻底改变我国西部缺水问题的策划，其新颖性、超前性十分突出，但完全不具备可操作性。

7.1.4　商务策划的基本原理

无论是古代策划还是现代策划，都是对科学原理自觉或不自觉的把握和运用。通过对古今中外大量经典策划案例的分析和研究发现，商务策划的基本原理主要有奇正、系统、博弈、裂变、整合和简易六种。这些原理也可以使用于其他策划，在商务策划中具有独特性。

1．奇正原理

奇正原理可谓是商务策划的第一大原理，它是思维创新的核心表现。“出奇方能制胜”，在“你死我活”的商战中，只有独辟蹊径，创新出奇才能使得事业兴旺。

如何用奇呢？在很大程度上是对“正”的透彻把握和应变，同时还必须依靠创造性思维。所谓创造性思维，首先是相对一般性思维而言的，结合以往的知识和经验，在头脑中形成新的假设、新的形象，这是创造性活动顺利进行的必要条件。其次是独立性。因为商务策划没有现成的答案，这一特点要求思维必须打破常规，创造再创造，创新再创新。由创造性思维的特点及其与商务策划的对比，可以看出，创造性思维是人类思维的高级形式，它不仅能揭示事物的本质和规律，而且还能提供新的、具有社会价值和经济效益的无形产品。还可以看出，创造性思维在商务策划中具有十分重要的意义，建立在创造性思维基础上的奇正原理是商务策划原理中一条重要的、必须遵循的原则。

当然，创新出奇的商务策划方案必须有可操作性，否则只是一种妄想罢了。

【小案例】

"精工"表从天而降

一天，澳大利亚墨尔本的一个休闲广场上，聚集了很多休闲度假的人。这时，远处飞来一架直升机，机身外挂着一条巨大的条幅，上面写着：精工表，从天而降，见证历史的一刻！飞机在广场中心的上方十多米的地方，抛下来几百块精工手表，全部摔到水泥地面上。众人惊愕了半晌，猛然醒悟，纷纷上前拾起手表。许多人看到手表的款式时尚、新潮，最令人惊异的是，手表完好无损。顿时，人群像开了锅一样，一片沸腾的欢呼声！人们为精工表的优质、精美而感叹，为得到意外的礼物而欣喜，更是为精工表独具匠心的宣传策略而赞叹。精工表优质、精美的消息不胫而走，传遍整个澳大利亚。这一消息被媒体宣传后，"精工"表一举轰开澳洲市场。

（资料来源：刘永红．"精工"表从天而降．http://www.seiko.com.cn）

案例分析：

这是一起经典的商务策划活动。无论是花费还是效果，均达到了以最小的代价，换取最大的利益。如果精工表制作一款精美的广告片，品牌定位是优质和精美，然后通过大量的媒体广告发布，能否得到顾客的接受和认同？通过这一特殊的事件（空降手表），立刻引起顾客的关注（独特方式），当人们拾起手表（积极响应），发现手表是那么精美和优质（亲眼目睹，亲身体验），谁能不相信精工表的精美和优质（有说服力，能证明）。人们开始奔走相告（好奇心得到满足，同他人分享），品牌知名度迅速提升，产品快速占领市场。

2．系统原理

系统原理是商务策划基本原理中至关重要的一个组成部分。它要求策划方案能够高瞻远瞩、深谋远虑，能用系统论的联系观、层次观、结构观、进化观来分析事物的演变规律，正确预测市场的动向，能够为决策从战略整体上把握、控制和驾驭全局。

世界上万事万物及其过程都是相互联系和相互作用的，没有任何例外。系统原理告诉人们在考察系统的这种普遍联系时，一方面要考察系统内部诸因素的相互联系、相互作用，另一方面又要考察系统外部环境之间的相互联系、相互作用。因为，任何一个企业都是一个系统，既存在企业内部诸因素的相互联系和相互作用，又存在企业外部环境之间的相互联系和相互作用，所以保持企业内部与外部关系的协调、稳定和平衡，不仅是企业经营管理乃至生存的基本原则，也是企业策划所必须遵循的基本原则。具体说来，观念层面所要求的独到眼光或创意，操作层面所必需的执行力，现实层面可遇而不可求的时势，在策划时必须统筹兼顾，以保证策划的每一个环节的顺利实施和整个策划的最终成功。

【策划一线】

秦末刘邦的"明修栈道、暗度陈仓"策划，三国时诸葛亮的"隆中对"策划，当代中国的三峡工程大策划、西部开发大策划等，诸如此类的策划，系统原理无疑是必不可少的，而且是必须一以贯之的；反之，必会出现一着不慎、满盘皆输的悲惨局面。

【小案例】

澳大利亚食品、副食品进军日本市场

澳大利亚生产商为了将食品、副食品打进日本市场，组成了一个营销和各方面专家的小分队：共有 3 名联邦工业和科研组织的代表、2 名食品专家、2 名心理学家及若干营销专家、电脑专家等，同时在东京和悉尼的实验室里面系统全面地研究分析日本市场状况：为何日本人喜欢吃生鱼？为何喜欢吃肥肉瘦肉相间的彩纹牛肉？为何喜欢吃煮牛肉？还有哪些食品受到日本消费者的垂青？

这 30 名澳大利亚专家来到东京 CHUS 大学，随身带去了澳大利亚糖果、饼干、鱼类、谷类食物、最佳调味品，甚至连纸杯和水果都是由悉尼带去的。然后按照澳大利亚菜谱，烧煮成各类美食，请日本人品尝，专家把信息及时反馈回悉尼实验室，对日本人口味的各项指标逐项进行分析，再同澳大利亚人的口味进行比较，果然很有启发。多层次、多方位的分析，充分体现了澳大利亚生产商在策划中的系统方法和系统思想。

（资料来源：百度文库．营销策划原理与原则．http://spzx.foods1.com.）

案例分析：

经过对日本消费者消费行为特点和口味变化规律进行全面系统研究后，多层次、全方位地迎合日本人口味和需求点，澳大利亚生产商进入了日本市场。

3．博弈原理

管理学里关于决策的基本原则中，有一条叫做"满意原则"，意思是不求最优而求满意。这也是博弈所追求的原则。策划有优劣之分，优与劣只是相对而言。评价策划优劣的标准，是满意取得的大小。

策划中的"满意"是广义，包括经济满意、政治满意、社会利益满意，长期满意、中期满意、短期满意，个人满意、局部满意、整体满意等。就眼前满意和长远满意、局部满意和整体满意而言，眼前满意和局部满意表现为急功近利，唯利是图；长远满意和整体满意则是不计眼前得失，为的是长远的更大满意。

【小链接】

《孙子》在评价策划时认为："上兵伐谋，其次伐交，再次伐兵，其下攻城。"伐兵和攻城之所以相对于伐交和伐谋是下策，就是因为要付出更大的甚至惨痛的代价。《孙子》推崇的是"不战而屈人之兵"、"兵不顿而利可全"。这一代价小而大获全胜的策划是策划的博弈原理所追求的最高境界。

博弈制胜，真正的难点，往往还不是技巧的运用，而是心态上对得失平衡的把握，是对代价、对"损失"的看法，与对对手的正确分析判断。世界永远是动态的平衡，先舍后得，方为成就大事业的大智慧。

策划原理中的"博弈"一词，并不完全等同于数学和经济学中的现代博弈论，更不是简单的赌博或孤注一掷。

【策划一线】

在中国古代最著名的典故中，有一个《田忌赛马》的故事，孙膑这样做正是巧妙地运用了博弈原理，分清楚了“总胜”与“局胜”的不同目标间的关系，从而实现三局两胜。《田忌赛马》是以己之长，克敌之短，舍弃局部利益赢得整体利益的典范。

在现代风云变幻无常的商业战场上，善于利用商业战场上各种要素和条件，借自己的智慧，创出天马行空般商务策划大奇局的奇才更是比比皆是。中国家电大王青岛“海尔”集团总裁张瑞敏，领导“海尔”叱咤商海，谱写了“海尔文化激活休克鱼”的神话。

4．裂变原理

现代商务策划是一项极富创造性的活动。人们，尤其是策划人员经常听到这样的议论：某公司的某个商务策划意境深邃，某企业的商务策划方案意枯无境。无论从对社会的影响看，还是从对促进生产、指导消费、拓展市场角度看，创意、创造力一直是现代策划活动存在和发展的动力。

【小知识】

现代物理学认为原子核能够产生裂变，其裂变原理已由爱因斯坦的质能公式给出，例如一公斤铀裂变可以释放出约 900 亿度电的能量，够一个大型城市用好几年；而仅仅 13 克的铀，可以使一艘航空母舰绕地球一周。如同原子核裂变的道理一样，人的创意、智慧也能产生裂变，而且只有产生裂变，才能实现策划的一箭双雕、一箭多雕的意外效果。

商务策划人员的高素质、高智商经过裂变和聚变后，也就形成了显意识、潜意识、无意识意义上的“智能原子弹”、“意识原子弹”。“智能原子弹”，“裂变原理”为我们多样化、创新化的商务策划方案、策划措施、策划目标、策划轨迹、策划重点、策划手段的选择上提供了坚实的基础，为策划的具体实施提供了“智能”保证。

【小案例】

尤伯罗斯承办第 23 届奥运会

你能想象出来，一个人办奥运会吗？但美国人尤伯罗斯就办到了。就在洛杉矶市获得奥运会主办权后一个月，市议会通过了一项不准动用公共基金办奥运会的市宪章修正案。洛杉矶市政府只好向美国政府求助，但被美国政府拒绝，并表示不会提供一分钱。洛杉矶政府破天荒地提出设想，能否由民间私人来主办这届奥运会。

主创意——提高奥运形象的竞争意义，接受企业赞助，帮助他们提高产品知名度。主创意确立后，裂变随即发生。

裂变一：立即派出大批工作人员到美国、日本等经济发达国家，广泛搜集那些有实力和意向通过赞助奥运会提升知名度的企业，这样的企业很快就有了 1 200 多家。

裂变二：先在其中的 10 多个有名的企业里散布同行业竞争的计划和出资数额，挑起同行业之间的竞争。爆炸性地宣布了招标计划：第 23 届奥运会的赞助单位仅招 30 家，多一个也不要，每个赞助企业至少出资 400

万美元，少一分都不行，并且每一种行业只选一家。这样做的目的是造成能够赞助本届奥运会的企业相互竞争，各大厂商纷纷抢先行动，互争席位，将赞助额越抬越高。如百事可乐和可口可乐这对“欢喜冤家”就首先掉进了陷阱。最后，可口可乐成为第 23 届奥运会饮料行业的独家赞助商。

通过 30 家赞助单位筹集了 2.8 亿美元；通过出售奥运会指定商品专卖权，引起各大公司竞争，集资 3.85 亿美元。

裂变三：将奥运会实况电视转播权作为专利拍卖，通过成功地策划美国广播公司和全国广播公司的竞争，最终与全国广播公司达成了 2.5 亿美元的转播协议。

裂变四：奥运会开幕前，要从希腊的奥林匹克把火炬点燃空运到纽约，再蜿蜒绕行美国 32 个州和哥伦比亚特区，途径 41 个城市和近 1 000 个镇，全程 1.5 万公里，最后通过接力传到洛杉矶，并在开幕式上点燃。尤伯罗斯发现，参加奥运火炬接力长跑是很多人梦寐以求、引以为荣的事情，历史上从未有过的、只需交纳 300 美元就可参加美国境内奥运火炬接力跑的办法出台了，这一商业化火炬传递又筹集到 300 万美元。

裂变五：实施“赞助计划票”，制作各种纪念品出售等，筹集数千万美元。“一个人办奥运会”取得了前所未有的成功，尤伯罗斯从这届奥运会上赚到了 2.5 亿美元的巨额财富。

（资料来源：体坛网．第 23 届洛杉矶奥运会的创新举措．http://www.doc88.com.）

案例分析：

当商务策划的能力发展到一定阶段后，它所积累、聚合的各种主客观资源及创新思维习惯、实战经验就会产生“核裂变”，不断衍生出新的创意，新的概念，新的模式。裂变原理体现在策划的过程中，表现为策划思路的不断延伸和丰富，产生了一系列的变化，使得策划方案的全过程更加完善与生动。

5．整合原理

整合原理与系统原理在分析问题方面有某些相近的思想，它就是要求策划者把商业活动中所涉及的市场和自身的各种元素、各个层次、各种结构、各个功能按照商业总目标和阶段分目标的主线集约整合起来，内部调整、聚合、扬长避短，避实就虚，以实现 1+1>2 的系统整体功能。

整合有围绕功能、目标为主的整合，有以结构、层次、元素为基点的整合。具体整合的形式有：市场整合、资源整合、资本整合、智本整合、营销整合、文化整合、传播整合等。

有时看似不可能实现的东西，一经整合却能产生意想不到的效果，甚至完全改变了世界。如金属元素的不同整合可以生成各种用途更大的新型材料，机与电或光与电或光、机、电的整合可以形成一系列高新技术产品。一个合格的商业策划就需要把企业外部影响因素（如政策、法规、社会习俗、文化背景、竞争对手、供应商、分销商、辅助产业、消费者等）充分考虑进来，发挥它们最大限度的利用价值，把企业内部的制约因素（如奖惩制度、职工积极性、产品部门、销售部门、财务部门、人力资源等）调动起来，每个员工在自己岗位上发挥最佳水平，让策划的每一个环节顺畅、可行、高效，达到以最小投入获取最大的产出，充分让投入商业活动中的每一种资源“燃烧发热”，这样，整体所达到的效果将是任何一种简单的促销战略所不及的，它所产生的经济效益将是可观的。

【小案例】

武汉豆香聚食品有限公司的整合营销

武汉豆香聚食品有限公司为了打开武汉市场，针对武汉人只会将黄豆磨成豆浆，再制成白豆腐，并没什么花样的状况，推出了豆制品新品种：麻辣香丝、油皮千张、五香豆糕、湖南熏干子等，各有特色，这在武汉市场绝无仅有。入驻超市成功后，又推出了6个新品种。在通过了ISO9001全面质量管理认证后，公司先后投入20多万元进行产品开发，研制出的蔬菜豆腐、果味豆腐、黑芝麻豆腐迅速成为市场的“香饽饽”，公司已经拥有农家柴火系列、花色营养系列两个特色品种系列和100多个品种。公司实行现代化运作，打算在武汉阳逻建设制品工业园，搜罗全国最新最好的豆制品，生产出来献给消费者。

公司在做好产品与质量整合外，还进行了销售渠道的整合：实现网下与网上多渠道销售。进行了传播渠道的整合：实现文化、媒体和口碑营销三结合。在湖北省内20多个县级以上城市建有分店，在重庆、兰州等5个省会城市发展了20多个分店连锁分店。至2011年，公司完成销售收入5 000万元。

（资料来源：湖北日报. 2012-8-22.）

案例分析：

依靠单一渠道制胜的时代已成为过去。要发展，守住存量市场，开辟新的营销模式争取增量市场，是企业前进中必不可少的工作，企业必须认清形势，以更大的热情和更务实的态度运用近年来好的营销观点和营销方式去解决问题，实现成长。通过实现渠道整合扁平化来实现对目标市场的了解和控制，增强企业的竞争能力。

6. 简易原理

简易原理即要求策划方案简便、易行。大道从简，越是深刻的往往越是简单的。一套策划方案是否简洁明了，是否切实可行，最能反映策划者的策划水平。一个切实有效的策划方案，必须具有可操作性，不具有可操作性的策划方案，无异于痴人说梦的空想。

高水平的策划者，能够从成千上万的参变量、变化因素、限制因素中迅速抽象出具有创造性的简单可行的决策方案。高水平的策划案是至简至易的。所以，策划要尽量做到环节、工序少，人员、职责分工明确，文字表达通俗易懂，不反复劳工费时。

【小链接】

大策划不一定就复杂，中国的改革开放是大策划，农村改革是从小岗村的家庭联产承包责任制开始的，而城市改革是从建立14个沿海经济特区开始的，它们的思想可以说是至简至易的。但“再造一个地球”的创意，在可预见的将来不可能成为一个策划，因为“再造一个地球”的创意具有不可操作性，不符合可操作原则。

【小案例】

史考特·摩格“卖美国”

美国土地公司总裁史考特·摩格用简易原理完成了一个复杂的大策划。策划的主创意是：拥有一片美国。策划的思路是：购买者掏钱买一份美国土地证书，就可以在美国50个州都拥有1平方英寸的土地。这些土地可以让主人自由进出，也可以赠与、转让、继承，但不能开发建设。在世界范围内公开“出售美国”，听起来吓人一大跳，案子不可谓不大。这种拥有本质上不过是买一本美国的土地证书而已。史考特·摩格本人很清楚，此案看起来似乎很复杂，其实难点是合法性的问题，只要解决了这个问题，操作完全可以做到简单、易行。

史考特·摩格花了两年时间，得到美国证券管理委员会（SEC）的认可，使每一块土地在每一个州的土地局得到认可，这样“拥有一片美国”就披上合法的外衣了。

在哥伦布发现美洲大陆500周年，全世界都将举办各种纪念活动，特别是西班牙、葡萄牙语系的国家，他们的庆典活动更是盛况空前。史考特·摩格看准时机，及时推出“拥有一片美国”作为其文化庆典的一部分，其不同凡响的效果可想而知。“拥有一片美国”在中国一开卖，深圳、海南、北京、上海、南京、天津等地，迅速掀起了一股抢购热潮，在中国卖出近10万份，成交额达数亿美元。

（资料来源：道客巴巴．史考特·摩格“卖美国”．http://www.doc88.com.）

案例分析：

简易原理要求化繁为简，抓住策划重点，使策划方案变得简单、可行，特别是便于操作。

7.1.5 商务策划的功能、作用和运用领域

1．商务策划的主要功能

商务策划的功能是策划的功效，它是由商务策划的本质属性决定的，这就是利益性、竞争性。商务策划的主要功能大致可概括为以下5个方面，见表7-1。

表7-1 商务策划的功能

功 能	简 介	举 例
竞争功能	策划人以智谋及其策划方案协助策划主体赢得政治、军事、文化、经济、科技和社会形象等方面的优势地位	孙膑“围魏救赵”、诸葛亮“隆中对”、海尔“吃休克鱼”
放大功能	通过商务策划帮助策划主体在资源不足的情况下，实现以无搏有、以小搏大的神奇效果	丁磊手机短信业务、史玉柱开发M6401桌面中文电脑软件第一次创业
预测功能	帮助商务策划主体对长远问题或本质问题进行准确判断，提高策划主体对未来形势的把握和适应能力	吕不韦对子楚（异人）“战略投资”、诸葛亮“草船借箭”、德国大众公司投资中国汽车业
决策功能	帮助厂商谋划、探索、设计多种备选方案。策划是决策创新的一种方式，可以有效提高决策的质量	史玉柱的“脑白金”广告、可口可乐进入中国、中国加入WTO、中国申办上海世博会
创新功能	利用科学的策划程序，帮助商务策划主体探索解决问题的有效途径，寻求新的突破，实质上就是如何创新	蒙牛“酸酸乳”的娱乐营销、“好记星”的渠道定位、APEC会议各国元首的“唐装”热

商务策划还有其他一些功能，如策划的设计功能、变革管理功能、危机公关功能等，需要商务策划师或决策者要有更高的策划功力方能把握。

2．商务策划的作用

商务策划的作用主要表现在，能够为作为策划对象的个人及组织，创造出增值的利益和竞争的优势。

（1）对于个人主体，商务策划的作用主要表现如下。

① 提高岗位职能。将商务策划思维运用于职务岗位，可以胸怀全局，增加岗位工作的含金量，如有策划思维的销售人员更能理解企业市场部的意图，有策划思维的财务人员更适合为企业理财和资本运营，有策划思维的秘书更适合做领导的参谋，提供更多的解决问题的思路。

② 提高决策质量。组织经营是由决策者的一系列大大小小决策所构成的，经营管理就是决策，企业的中高层管理人员都是在企业总体战略的指导下的决策者和执行者。策划能够提

高决策质量，产品经济时代，企业成功靠的是三分技术加七分管理；知识经济时代竞争更加激烈，企业的成功更重视市场，所以是三分管理加七分策划。

（2）对于组织主体，商务策划的作用主要表现在以下方面。

① 改变企业发展方式。企业的发展方式多种多样，有的先市场后产品，有的先品牌后效益；有的追求规模，有的追求形象；有的机智，有的质朴。没有严格的合理与不合理之分，适合本企业的发展方式就是好的方式。商务策划可以改变企业的发展方式，使企业迅速找到最适合自己的模式。

【策划一线】

"耐克"的虚拟企业、"安利"的直销模式等，它们与其他企业有着完全不同的发展方式，但都取得了成功。

② 避免企业死于非命。成功的策划可以使企业安全地进入或退出某个行业，有"金蝉脱壳"的神奇作用。

【策划一线】

史玉柱的"脑白金"策划，既顺利地进入了保健品行业，又使巨人集团起死回生。

③ 节约企业资源。任何企业的资源都是有限的，企业能否做到以较小投入获得较大产出，是检验其经营管理水平高低的一个重要指标。商务策划的放大功能决定了策划可以节约和创新企业资源。

【策划一线】

蒙牛"神五飞天"营销事件，仅仅以几十吨优质牛奶和较少的广告投入，换来了此后"液态奶"中国市场领先地位。这次成功的策划，为蒙牛节省了大量的广告费、市场推广费。

④ 提高企业发展速度。

【策划一线】

蒙牛是典型的民营企业，奇瑞是典型的国有企业，他们成功地运用策划，均取得了非凡的业绩。蒙牛六年做成百亿元规模的大企业，奇瑞八年做成中国汽车自主品牌第一位。

【小案例】

商务策划的作用越来越被企业家们所重视，甚至可以说没有策划就没有新的市场奇迹产生，马化腾的创业和他的 QQ 产品就是一个有力的例证。马化腾因 QQ 这项创新性的互联网服务和移动增值服务，以及他们带给企业的高速发展和对人们经济生活的深刻影响，获得一连串荣誉：入选美国《时代周刊》"最具影响力的商界人士"、CCTV"中国经济年度新锐"和香港"紫荆花杯杰出企业家奖"，其个人身价也因企业在香港上市后飙升到 8.98 亿港元。

3．商务策划的运用领域

传统上，策划可以分为：政治策划、军事策划、科技策划、商务策划。商务策划在市场经济环境下的应用领域非常广泛，以为策划主体创造更多利益和优势为目标，而商务策划的主体，主要包括社会经济生活中的组织和个人。

作为以个人为主体的商务策划，主要领域有：旅游策划、职业生涯策划、职场升迁策划、项目策划甚至婚礼策划等。

作为以企业为主体的商务策划，主要领域有：会展策划、商务战略策划、商务谈判策划、商务生态策划、商务投融资策划、商务人力资源策划、商务营销策划等。

【小知识】

营销策划是企业的客户让渡价值和市场利益的创新，策划目标是利润、现金流，主要包括 4P、4C、4R、4V，见表 7-2。

表 7-2　4P、4C、4R、4V 一览表

项目＼类别	4P 组合	4C 组合	4R 组合	4V 组合
营销理念	生产者导向	销售者导向	竞争者导向	高科技导向
营销模式	推动型	拉动型	供应链	价值链
满足需求	相同或相近需求	个性化需求	感觉需求	顾客忠诚
营销方式	规模营销	差异化营销	整合营销	培育和构造
营销目标	满足现实中具有相同或相近的顾客需求，获得目标利润最大化	满足现实和潜在的个性化需求，培养顾客忠诚度	适应需求的变化，并创造需求，追求各方互惠关系的最大化	差异化、功能化、附加价值、重构企业文化
顾客沟通	“一对多”单向沟通	“一对一”双向沟通	“一对一”双向或多向沟通或合作	“一对一”双向或多向沟通
投资成本和时间	短期低，长期高	短期低，长期高	短期高，长期低	短期高，长期高

任务 7.2　商务策划的创意

【导入案例】

大学生创业创意——小丑速递员

大连七心速递小丑速递员真正让您体验到七心速递公司的“质量让您放心！价格让您舒心！交易安全顺心！服务周到贴心！速递上门省心！传达您的爱心！祝愿大家开心！”服务理念。他们的业务范围：小丑等特色送礼——鲜花、蛋糕、礼品、请帖；小丑助兴——开业、庆典、拍照；物品代购——礼品、生活用品、办公用品、火车票、飞机票；同城快递——取送文件、包裹、货物、用品；小丑代缴费服务——水电气费、电话手机、养路费、交通罚单；小丑商务服务——DM 广告、杂志、礼品投放；小丑服装租赁——小丑、卡通服装、面具；小丑道歉：亲人、朋友、同事。一个电话轻松搞定。

（资料来源：西安小丑快递有限公司．小丑速递员．http://groups.tianya.cn）

案例分析：

一个好的商务策划创意，就是一个好的经营决策。小丑速递员是一个好创意。

7.2.1　商务策划的创意设计

基本上，创意设计与制作的过程，就是一个创造性问题解决的过程，见表7-3。设计者必须在问题的界定、资料搜集与分析、产生构想、评估构想、实现构想、评鉴结果当中的某些步骤投入创意，才可以获得创造性结果。当然，在整个设计程序的步骤当中，都包含扩散思考与聚敛思考的交互作用。

表7-3　创意设计流程

创作过程	问题解决过程	设计过程
准备阶段	问题分析 认清问题 搜集资料 运用知识 采纳经验 问题确定、定义	设计问题分析 需求分析 社会因素 环境因素 市场分析 机能分析 构造分析 材料与制程分析 专利、法规、标准 新产品之要求
孵化阶段	问题解决方案 构想产生 各种解决方案	设计方案 创意发想方法 设计原理 草图 辅助模型
诞生阶段	解决方案选择、评估阶段	设计方案之评估 最佳设计方案之选定 检讨是否符合新产品之要求
定案阶段	解决方案实现	设计方案之实现 机构 经织构成 细部造型 图面 产品说明文件

【小知识】

商务策划创意设计程序

（1）兴趣：是一种警醒的整体状态，专注在思考问题上，是β脑波态的作用。

（2）准备：是将创造程序应用到明确的问题上，是较高频的β波在作用，更为专注、更有决心，比较实际。

（3）酝酿：是准备之后的阶段，是频率较低的α波；高振幅的脑波在沉思时能得出最好的成果。

（4）领悟：在创造程序里出点子，脑波是γ波。这时脑子里会蹦出一些点子，其中可能包含可行的解决方法。

(5) 检验：这阶段的脑波又回到了β的范围，有时是在凌晨两点钟，有时是在洗澡的时候，或是在上班、上课的途中。在这阶段是将可能作法和原先问题二者间的关系，作一番审慎的评估。

(6) 应用：是创造过程的最后阶段，是β波长的活动，可提高警觉。

7.2.2 商务策划的创意方法

商务策划与营销策划的区别在于营销策划是在对企业环境予以准确分析，并有效运用经营资源的基础上，对一定时间内的企业营销活动的行为方针、目标、战略以及实施方案与具体措施进行设计和计划。交换产生“商务”，竞争产生“策划”，商务是一切以利益为目的、以交换为手段、以货币为表现的个人或组织活动。商务策划是经济组织为了获得必要的竞争优势或最佳生存环境而采取的创新性或精密型决策思维方式。

如有人问：轮胎可以做什么？缺乏创造力的人会说用来做救生圈或是捆在树上做秋千，富有创造力的人会说诸如“当大象的眼镜架”或是“机器人头上的光环”。没有创意，就没有高质量的决策与战略。只有具备现代、科学的创新观念、创新思想，才会有正确、有效的创意。

提高人类创造力的理论和方法有许多，以下介绍几种常用的产生商务策划创意的方法。

1. 詹姆斯·韦伯·扬创意法

最广为人知的构想产生方法是詹姆斯·韦伯·扬所提出的。韦伯·扬生前曾任美国智威汤逊广告公司创意主任，并于1940年提出其产生构想的概念。韦伯·扬最重要的观点是“新构想是不折不扣的老要素之新组合”。

韦伯·扬创意法在构想时有5个特定步骤。

(1) 收集原始资料。

(2) 用心检查这些资料。

(3) 孵化阶段。

(4) 构想的产生。

(5) 最后形成与发展构想。

2. 奥斯本核对表法

奥斯本核对表法是在新产品开发中最具盛名的创意方法。该方法就是利用一张预先准备好的核对表，以此为索引，有计划、有意识地将个人头脑中的构想引导出来。不管是个人还是团体都可以用奥斯本核对表，以询问的方式，引出构想。奥斯本核对表见表7-4。

表7-4 奥斯本核对表

有没有其他用途	维持现状？稍做改变
能否借用其他创意	有什么类似的东西？能借用别人的创意吗？过去有没有类似的东西？能不能模仿什么？可以模仿谁的东西
可否改变形状、颜色、运动	重新塑造一下；实际改变意义、颜色、运动、声音、味道、形状、类型
能否变大	加上一点什么；多花一点时间；增加次数；拉长；变薄；附加其他价值；重叠起来；夸张看看
能否变小	试着取消一些东西；压缩看看；变小些；变低；缩短；除去；变成流线型看看

续表

有没有其他用途	维持现状？稍做改变
能否替换	用别人去代替；用其他要素代替；用其他材料代替；改变一下程序；采用其他动力等
能否对调	把要素对调；换成其他类型；改用别种排列；采用别种顺序；原因和结果对调；改变速度等
能否颠倒	正、负反过来；里外颠倒；上下颠倒；功能颠倒等
能否加以组合	变成合金如何？组合起来如何？组合成单件如何？将目的组合起来；将创意组合起来等

3．狄波诺的"水平思考"法

狄波诺在其《管理上的水平思考法》一书中提出了著名的"水平思考"法。水平思考法一般是一种"不连续"的思考，或是"为改变而改变"的思考。与水平思考相对立的是传统逻辑上的"垂直思考"。垂直思考是从一种信息状态直接到另一种状态，它像建塔，以一块石头稳定地置于另一块石头之上；或像挖洞，把你已有的一个洞再挖下去成一个更深的洞。狄波诺对水平思考与垂直思考的比较分析见表7-5。

表7-5　狄波诺对水平思考与垂直思考进行比较分析的10个方面

序号	垂直思考	水平思考
1	选择性的思考	生生不息性的思考
2	它的移动是又出现一个方向后才移动	它的移动则是为了产生一个方向
3	分析性的思考	激发性的思考
4	按部就班的思考	可跳来跳去的思考
5	用此方法者，必须每一步都正确	不一定每一步都正确
6	为封闭某些途径要用否定	不用否定
7	要集中排出不相关者	欢迎闯入的机会
8	类别、分类与名称都是固定的	不固定
9	遵循最可能的途径	探索最不可能的途径
10	是无限的过程	或然性的过程

狄波诺认为可从下面几个角度来激发"水平思考"并突破垂直思考。

（1）对目前情况进行选择。

（2）对目前假定进行挑战。

（3）创新。

（4）暂停判断一个时期。

（5）把一个普通方法反其道而行。

（6）根据目前情况进行推类。

（7）用头脑风暴法。

4．头脑风暴法

头脑风暴法是美国BBDO广告公司的阿列克斯·奥斯本创造的创意方法。简单地说，头脑风暴法是在会议中运用集思广益的方法，以收集众人的构想的一种思考。

通常分以下几个步骤。

（1）选定项目。确定所面临的问题或所需要解决的问题，并由此确定有关会议的主题。

（2）头脑风暴。召集会议集思广益，召集会议注意事项如下。

① 选出 5～7 名会议参加者。人数过多将会减少每个人发言的机会并增加管理难度，会议参加者应尽可能是不同领域的人。

② 确定会议主持者。

③ 召开会议前，给参加会议者、设计师提供最低程度的预备和知识等相关资料。但有时为了避免先入为主，也可以不提供资料。

④ 会议的时间安排在 90 分钟左右较为适宜。会议中还应遵循以下基本原则。

第一，禁止批评他人意见。

第二，充分自由发挥，荒唐无稽都可以。

第三，注重数量，目的是提出尽可能多的想法。

第四，可自由组合、改善、追加他人的想法。

（3）选择与评估。头脑风暴引出的创意是否有效，需要针对目的及目标进行选择与评价，考虑其实现的难度及障碍，选择与评估创意的常用方法是矩阵评价表法。

5．亚瑟凯斯勒创意法

亚瑟凯斯勒创意法的概念建立于“二旧换一新”的构想。“二旧换一新”是指一个新构想通常可以出自两个相互抵触的想法的再生组合。换句话说，两个相当普通的概念或想法、两种情况、甚至两个事件放在一起，经由“二旧换一新”，产生一个全新的构想。

【小案例】

凯斯勒的“二旧换一新”

劳温堡是第一种在美国市场上上市的德国啤酒，其价格昂贵、品质优良。上市的广告宣传创意若按一般的创意方法，其广告无外乎：“劳温堡……超级品质”或“当你想要唯一佳品的时候……劳温堡”或“卓越的标记”之类。事实上创意者按凯斯勒的“二旧换一新”创意，提出的广告构想是：“当他们用光劳温堡时，就订香槟酒”（在美国消费者心目中香槟酒是高品质的，而啤酒是大众消费品）。

这一构想具有以下效果。

（1）他虽没有说劳温堡是一种最高品质的啤酒，但却表达出“劳温堡是一种最高品质的啤酒”的概念。

（2）此构想表达了一种关系，即将本产品与另一种更被接受的高品质象征相联系。此外，这种联系能证明本产品合理。

（3）这一构想采用了与正常思考反其道而行之的方法，即不说啤酒是可以代替香槟的选择，而做相反的提示。

（资料来源：中国市场总监 CMO 全程训练．2012.）

案例分析：

这一构想将两个不相关，甚至互相抵触（香槟酒是高档的、啤酒是低档的）的构想经过结合，产生了另一个更使人注目的构想，这就是“二旧换一新”的作用。

任务 7.3 商务策划的方法

【导入案例】

郑州现实版 QQ 农场

君源实地开心农场位于机场附近的新郑市观沟村，是现代观沟高科技农业生态示范园的一期建设项目。生态园占地 1 000 余亩，是集网上娱乐、有机耕种、培育采摘、休闲体验为一体的纯自然原始生态园。君源实地开心农场依托这里良好的原始生态资源（几百年未开垦的原始土地，没有污染的处女地），不施农药，不用化肥，完全按照有机蔬菜的种植方式及管理模式运营，致力于引领自然、生态、健康、快乐的生活理念及生活方式。顾客实现网上娱乐之余，节假日，可以带上家人、朋友到实体农场亲自下地，动手锄草、施农家肥、采摘蔬菜，体验乡间田园的农耕乐趣，享受远离都市的生态净土。在这里收获的不仅仅是蔬菜果实，更是一种和谐有机的健康生活方式，快乐轻松的人生追求。

君源网上开心农场的建设及游戏规则，与 QQ 农场非常相似，提供在线播种、翻地、除草、除虫、浇水、采摘等功能，让您坐在电脑前，轻点鼠标，利用网络平台对农场的作物进行在线种植和打理，对农作物的生长过程进行监控和下达指令，农场的工作人员会根据您下达的指令及时为您的实地农场进行打理，并及时上传打理后的农场现场图片，方便您实时查看打理情况，让您真切感受到远程操作方式的真实性和趣味性。

君源开心农场还开创了全方位远程监控功能，在实地菜园配备安装高级摄像系统，您只需在网上发送视频连接，就可以查看到自家实地农场的蔬菜生长情况，方便了解蔬菜从开花到结果，从生长到收获等一系列过程，实现蔬菜生长全过程立体化、透明化，让您玩得开心，吃得放心。

（资料来源：郑州君源有机农场招商说明书．2012.）

案例分析：

君源有机私家农场，基于 ICSA 平台，以风靡全国的 QQ 农场为原型，首创全国全景式互动农场——君源开心农场，通过网络种菜和实地种菜同时进行的特色模式，实现“玩开心农场，吃有机蔬菜”的网络种菜新模式。顾客既可享受现代互联网科技的时尚娱乐，又可回归乡间原生态田园耕作养生。

7.3.1 商务策划的思维模式

1．商务策划的思维结构

商务策划的思维结构是指状态、角度、程序、统一 4 个要素的组合。

（1）状态：即策划人的思维框架。当策划人面临所要策划的对象时，首先是要明确状态和关系，即把所要面对的问题分别进行“知己、知彼、目标”3 个方面的分析和概括，从中可以得出基本结论：有无必要和有无能力解决当前的问题。知己（自我）：代表策划的主体，是策划人或决策者的主观条件。知彼（对象和环境）：代表策划的客体，是策划人或决策者的客观条件。目标（要求）：代表策划的企图和要达到的目的，是主客观条件共同作用的结果。

（2）角度：即对问题的认识和立场。看问题既有着眼点、出发点，也有途径和目的性。对看待问题角度的正确把握是“做正确的事”的前提和保证，如果找不到解决问题或有利于问题解决的正确角度，那么策划就不能进行下去。

（3）程序：即做事情的步骤及先后次序。做任何事情一般都要有认识步骤和行动步骤，这些步骤有些是前人在长期的实践中总结和提炼的，也有些是策划人的想象和发挥，甚至是无中生有。可见，程序既有客观的一面，也有人的主观意志的一面。

（4）统一：即把角度和程序有机结合起来的过程。角度和程序二者相互影响，只有角度正确，即从“做正确的事情”认识出发，程序才有意义，这时候“正确地做事”才有价值。反过来，如果程序出了问题，即不知道如何“正确地做事”，那么无论角度如何独到、如何符合“做正确的事情”的立场和原则，都不会产生实际的策划效果。只有把角度和程序两者高度统一起来，才可能实现策划方案由可能性向可行性、有效性的真正转化。

2. 商务策划的思维程序

思维程序是从大量策划实践中总结出来的，可以简单概括为 8 个字：搜集、整理、判断、创新。

（1）搜集。利用各种信息获取手段，最大限度地将需要解决的问题的资料和相关信息进行完整地“打捞”。

（2）整理。对搜集到的全部资料进行有序地排列，实事求是地反映客观事实，清晰实用，无须掺杂任何情感因素。

（3）判断。在整理的基础上，对问题首先作出定性化的判断。判断是认定优势和劣势因素的过程，也是决定策划是否值得展开或继续的前提。

（4）创新。一旦判断策划可以展开或可以继续，就必须克服劣势因素、发挥优势因素，进而形成新优势资源，为问题的解决寻找新的方案。

7.3.2 商务策划的典型方法

商务策划是营销策划的细分，人们在商务策划中除使用营销策划的方法外，通常喜欢使用一些典型的方法。商务策划的方法具有一定的创新性和较强的实用价值，一定要根据具体情况进行具体分析，灵活运用才能起到事半功倍的作用。

【经验谈】

策划的本质是用最低的成本创造最高的感知价值与顾客让渡价值，只有创造较高的顾客让渡价值，才能让企业业绩持续增长。是否带给顾客较高的让渡价值是衡量策划方案水平高低的主要标准。

1. 罗列分解法

要思考进而解决任何一个客观问题，思维的第一步骤总是把这个问题的方方面面以及所涉及的各种问题，尽量周全细致地进行罗列分解，以求把问题简单化、明朗化，从而找到突破口。

所谓“罗列分解法”，就是把一个整体的商务过程分解成若干个步骤或相对独立的商务子过程，或把一个整体的商务内容分解成若干个相对独立的商务子内容。

罗列是前提，分解是目的，前后两个动作相辅相成。根据策划目标，寻找自我的差异、优势和客观环境中被对手所忽视的机会与利润点，尤其在竞争激烈的同质化市场——“红海”中谋求一席之地的经营策划，在大同之中寻找小异的思维过程，也是一种罗列和分解。

在现实的市场竞争中，由于对手能力的不断提高，寻求差异的难度也在不断提高，这就要求学会罗列，分解要更加细致、更加周密。在策划思维过程中，细节往往带来机会，细节甚至决定成败。所以罗列分解法也是实现“独特的销售主张”（USP）的独特卖点、亮点和诉求点的前提保证。

2．重点强化法

所谓“重点强化法”，就是解决商务问题要抓住特点重点，善于从策划对象的一点强化突破。罗列和分解的结果是产生了一个个的策划点，似乎每个点上都可以做一些文章，既然客观条件的限制难以面面俱到，那么究竟选择哪一个点用心着力呢？这就要运用重点强化法的原理了。

重点强化法的目的是为了便于策划操作。例如肯德基在和麦当劳的中国市场竞争中，反复强调的本土化健康快餐概念“为中国而变”，其策划思维就是重点强化型的。

重点（指的是策划对象自身所有的特色重点）是前提，强化是目的，前后两个动作相辅相成。重点强化法是策划创新的重要思路之一，策划人在面对复杂的策划问题和策划对象时，首先要努力寻求突出某一商务环节、某项业务等个别线索，主动地缩小策划对象，把策划的对象简单化、明了化，使这一点首先突破，进而把局部策划产生的功效传递给整个策划对象，优势张扬，最终解决整体策划问题。

【经验谈】

重点强化法是商务策划工作的重要思路之一，其核心是解决问题要善于从一点突破，不要眉毛胡子一把抓。

商务策划人在面对复杂的策划问题和策划对象时，首先要努力寻求突出某一商务环节、某项业务等个别线索，主动地缩小策划对象，把策划的对象简单化、明了化，使这一点首先突破，进而把局部策划产生的功效传递给整个原策划对象，最终解决整体策划问题。也就是说，要善于捕捉要点并加以放大、突出，甚至要大肆张扬，使整个策划对象显现出不可替代的优势。

【策划一线】

“碧桂园”房地产项目，就是从引人名校（设立北京景山学校分校），保证子女享受最好的教育问题人手而拉动了整个楼盘的热销和融资。

3．借势增值法

所谓“借势增值法”，就是在策划思维的罗列和细分过程中，努力寻找外部环境资源，乃至创造出更加有利于策划对象的环境背景，提升目标价值，从而使其效果和利益更加显著；把这些资源整合、捆绑或嫁接到策划对象的市场形象上或商务行为过程中。

无数的商品追求名牌、标志，无数的企业把政治或文化体育名人的合影照片炫耀在最显眼处，等等，其策划思维就是借势增值型的。

【小案例】

让总统为百事可乐促销

1959 年美国博览会在莫斯科举行，为进军苏联市场，百事可乐公司董事长唐纳德·肯特亲临现场，他凭着当时和美国副总统尼克松的私交，要求尼克松在陪同苏联领导人参观时，“想办法让苏联总理喝一杯百事可乐”。尼克松大概是同赫鲁晓夫打过招呼，因此赫鲁晓夫在路过百事可乐的展台时，拿起一杯百事可乐品尝，顿时各国记者的镁光灯大亮。这对百事可乐来说，无疑是一个特殊的、然而又是影响力巨大的广告。这件事使百事可乐领先可口可乐在苏联市场站稳了脚跟。1964 年，尼克松在大选中败给了肯尼迪。百事可乐公司认准尼克松的外交能力，以年薪 10 万美元的高薪聘请尼克松为百事可乐公司的顾问和律师。尼克松接受了，利用他当副总统的旧关系，周游列国，积极兜售百事可乐，使百事可乐在世界上的销售额直线上升，尤其是他还帮助百事可乐占领了中国台湾市场。

（资料来源：中国市场总监 CMO 全程训练. 2012.）

案例分析：

借势是前提，增值是目的，前后两个动作相辅相成。借势增值法的社会心理学基础是民众的社会共识心理，是一种社会客观存在的心理势能，企业、人、产品等的价值往往与其环境背景以及民众心理认知有关，背景变化则背景下主体的所有组成要素都会发生价值变化。

借势增值法借助背景资源——社会势能的增值作用，企业与强者为盟、商业活动与政府公益为伴、个人与名人为友、产品与名牌配套等都是利用捆绑连接的方法，使自己实现快速增值，此类案例在产品市场营销和品牌传播中比比皆是。

4．逆向变通法

“换一个角度”是很多神奇的开始，所谓“山重水复疑无路，柳暗花明又一村”。在思维被阻，实在找不到解决方案时，不妨把当前的思维角度、方向、内容、途径、目标等反过来，反向逆行寻找解决问题的方案。

逆向思维是求异求新思维的一种典型的方法，大家经常都坚持的那个角度可能是错误的。以正合以奇胜，“正”就是大众都能发现的那个角度，可以把“奇”看作正的反面，往往人们会忽视那个反面的角度，这就给策划人独特的创新思维视角提供了机会。

所谓“逆向变通法”，就是不以原有的方向思路为坚持，改换看待这个策划对象的角度，反向逆行重新设立策划课题，再加以策划。事实上，往往当企业有百思不得其解的问题时，才会找策划人出谋划策，而原有的那个角度，已经被他们思考过很久了。

例如，产品营销定位问题解决不了，是否考虑先解决企业战略不清的问题？企业亏损问题解决不了，是否考虑先解决领导班子的问题？人体亚健康现象普遍，是否可以考虑少吃、少喝、多运动的问题？等等。当然在策划实战中，思路角度的变化会使策划构思的难度发生很大的变化。

逆向是前提，变通是目的，前后两个动作相辅相成。“以毒攻毒”就是医学上常用的逆向变通法。如爱德华·琴纳发明的种牛痘来预防天花，就是运用逆向思维，采用以毒攻毒的办法遏制了天花的传播。

【小案例】

“亚都”妙算取津门

北京亚都在打开天津市场的过程中，便成功制定了形象策略。风靡北京（销售额占首都小家电市场零售总额的 38%），压倒同行（在同类产品中市场占有率达 93%）的亚都牌超声波加湿器，在进人天津市场时受到极大的冷遇，3 年间仅销售 400 台。众所周知，京津两地，纬度基本一样，气候条件几乎无差异，北京人借助于“亚都”所要获得的人工湿度环境天津人同样需要，京津两地，居民收入水平与消费水平大体相等，所有在北京畅销的商品，几乎无一例外地在天津也有市场；京津两地，传播媒介同样敏感而迅速……为何北京的“亚都”销量超过天津的100倍？

面对相同的市场，为什么会出现截然相反的结果？是市场选错了？还是价格太高了？都不是！那究竟是什么原因呢？“亚都”的发明人兼执行者——北京亚都环境科技公司总经理何鲁敏在长时间的大惑不解之后，终于大彻大悟：天津人并不了解“亚都”在北京的成功之举，而“亚都”也并不了解天津市场，亦即公关活动没搞好。

（资料来源：中华策划师协会．“亚都”妙算取津门．http://www.cchw.org.cn.）

案例分析：

企业走向市场，有赖于企业经营机制的转换；产品走向市场，有赖于企业营销策略的运转，而其中形象策略已成为企业市场营销中的重要手段。良好的企业和产品形象可以使企业寻求到可靠的经销渠道，使企业生产出优质产品，在优质的服务中，通过最佳途径，输送到消费者手中，从而实现企业的经营目标。

5．连环伏笔法

在信息过剩、变化多端、甚至“策划”过剩的市场环境中，要获得目标受众的持续关注，确保现实价值和效益的持续性，就必须保证精彩不断线，能够预见变化，并主动顺应客观需求的变化，实现策划思路步步为营，高潮迭起，所以，必须有一连串的“点子”连环出击，始终为下一个可能出现的环境需求或者变化留有伏笔，一切尽在策划人的“预料之中”。

所谓“连环伏笔法”，就是在实施当前策划时，把真实的策划意图掩藏起来，达到更大的策划目的。

【策划一线】

从“变形金刚”的动画片免费赠播到玩具铺天盖地，宝洁公司、可口可乐公司等跨国巨头在中国市场的产品系列推广战略，就是典型的连环递进步步深入，是一个接一个的伏笔谋略。

连环是前提，伏笔是目的，前后两个动作相辅相成。即所谓波波相连，层层递进，吊足目标受众的胃口兴趣，以倍增市场效益。策划人应站在市场的前沿，努力面向未来，在当前的策划中，为未来的下一轮策划打下伏笔。

【小案例】

砸“大奔”扬“武野”

举世闻名的德国奔驰公司的一辆230型车，被原本不为世人所知晓的中国武汉野生动物园用一头老牛拉着在繁华的武汉街头周游后，砸了。其缘由是野生动物园的老板买了这辆“大奔”后，出了毛病，前后修了五次，也没修好，要求退还，但“奔驰”以德国人的刻板态度坚决不予退换，车主被逼无奈，只好在自己单位门口，以一砸之举，出口闷气。

此事在一个多月里被中国数百家报刊、广播和电视广为刊播，成了中国老百姓辞旧迎新之际的最兴奋的谈资，武汉野生动物园也因此赚尽了新闻版面和人们的眼球。而奔驰公司非常被动地被“武野”牵着鼻子走，成了“哑巴吃黄连，有苦说不出”。其实这明着看是车主的出气之举，但后面却埋伏着“武野”用“伏笔法”谋划出的扬名之策。“武野”为什么能以区区90多万元的一辆奔驰230为代价，换来数以千万计的公关宣传效果呢？

（资料来源：中华策划师协会．明砸“大奔”、暗扬“武野”．http://www.cchw.org.cn.）

案例分析：

采用伏笔法不仅可以迷惑竞争对手，而且还可以使社会相关资源为自己服务，最终使企业获得巨大的收益。

6. 移植模仿法

“近朱者赤，近墨者黑”这一成语说的是以什么作为“模板”去学习和模仿，直接关系到自身的成长与价值。所以作为人类与生俱来的技能之一的模仿方法，如果没有找对、找准模板，也是很可能事倍功半甚至事与愿违的。这一道理，“东施效颦”早已说清楚了。

所谓“移植模仿法”，就是以某一领域或地区已经成功的产品、事物、模式、项目为模板，进行本土化、个性化复制，模仿运用到当前的策划对象上。模仿、复制、移植本身也是一种创新策划，尽管或许相对于整个社会没有新颖性，但对于策划人自己当前的策划对象、行业市场、特定时空而言，却是新颖的。

移植是前提，模仿是目的，前后两个动作相辅相成。真正高明的“移植模仿法”典型如海尔新产品开发战略的MMC模式，就为这个世界名牌赢得了可观的市场效益和公众口碑。策划人对“移植模仿法”的运用可以通过发现事物相似性，套用某一事物的现成规律来实现。例如把成熟的产业流程、模式、方法等作为模板，应用于新的产业设计思路中，也是一种移植方法的策划运用。市场经营实战策划中有许多国内外的成功案例，在本质上有惊人相似之处，这说明策划思路是可以在更深、更高的层面上进行模仿复制的。

移植法又分直接移植和间接移植两种。直接移植是学习过程，也是全面的“抄袭”过程；而间接移植不仅是学习过程，还包括创造过程，是策划者通过对事物相似性的发现，套用某一事物的规律的结果。

【策划一线】

国内外的大型百货商店、超级市场、SHOPPING MALL、主题公园，明星形象代言人，以至好莱坞和香港的商业电影，电视台的直播新闻与综艺节目等，都是移植法运用的典型案例。国际上的一些咨询公司，在解决国内一些大型企业的战略和流程管理课题时，其方案也基本是移植自美国和日本一些成熟企业的模式与规范。将电视上的拉杆天线“搬”到圆珠笔上去，成了可伸缩的“教棒”圆珠笔，再将它“搬”到鞋跟上去，可设计出后跟高低可调的新式鞋。

【小案例】

“早开花”的启示

1912年，工程师凯特林想改进汽油在汽车发动机内的使用效率，难题是汽车的“爆震”，关键是使油在汽缸里提早燃烧。如何提早呢？他想起了一种蔓生的杨梅。它在冬天开花，比其他植物提早。杨梅当然不能解决汽车问题，但他对“提早”开花的这个植物极偏爱，就继续展开联想。杨梅的红叶使他联想到可能是红颜色引起杨梅提早开花，他想也许汽油里加人红色染料就会提早燃烧。他一时没找到红色染料，却找到一些碘，于是他把碘放在汽油里，发动机居然不发生爆震了，问题解决了！在这个发现过程中，联想到杨梅以后是“移植联想”起到了“承先启后”的导引作用。

（资料来源：中华策划师协会．早“开”花的启示．http://www.cchw.org.cn.）

案例分析：

移植法的核心是人类的模仿本能。运用这一方法成功的前提，是足够广博的信息和判断能力，寻求移植对象与策划对象之间的共同点，把一个事物搬到别的地方，将新事物移到别的领域，从而产生新的创意。

任务 7.4 商务活动策划

【导入案例】

“森林湖又见花开”钢琴音乐会

怡丰·森林湖“又见花开”春季钢琴音乐会在郑州市房地产森林湖会所二楼多功能厅恢弘奏响。本次钢琴音乐会由怡丰·森林湖携手郑州电台 FM88.9、艺和音乐生活馆共同举办。活动当日，20 余位钢琴演奏者或用钢琴独奏的表演，或以钢琴弹唱的形式，或采用钢琴与吉他的混搭，为到场听众倾情演绎《夜的钢琴曲》等 18 首经典名曲，以花的名义，以音乐为向导，带领所有听众遨游令人沉醉的音乐世界，再度拜访了鲜花簇拥的烂漫春天。

那些陶醉在音乐中的人们仍然不愿离去。他们有的依然坐在多功能厅里，体味着音乐所带给他们的感动与安慰；有的漫步于春光明媚的森林湖里，呼吸着清新的空气，游目骋怀于蓝天、白云、碧水、红花绿草。或许，他们在森林湖的风景里也找到了音乐会带给他们的那份美好与心灵契合吧。

“230～370 ㎡湖畔联排新品迎春，88～180 ㎡花园洋房华美绽放，120～180 ㎡湖景电梯洋房绝版上市，5 千抵 5 万尊享会员最后招募，以及后续系列精彩活动的陆续开场，每一位追求幸福的人在这里都能找到他们所追逐的幸福人生。”

（资料来源：郑州人民广播电台 FM88.9.）

案例分析：

随着全球政治、经济一体化时代的到来，国际性、地区性、行业性、企业自行组织的各种各样的大型活动越来越成为人们沟通、交流、宣传、公关、推广的重要手段和渠道。大型商务活动项目的策划、组织、管理和实施理所当然地成为政府、企业及各行各业都必须面对的一项重要工作。商务活动是企业整合市场资源、开展市场营销活动和提升企业文化建设的重要手段，活动的策划者或组织者通过商务活动策划、商务活动的资源整合和执行控制，使得企业活动举办得更有效率、更有价值、更有意义和更大产出。

商务活动策划是公司常用的技术手段。成功的商务活动能持续提高品牌的知名度、认知度、美誉度、忠诚度、顾客满意度，提升组织品牌形象，改变公众对组织的看法，累积无形资产，并能从不同程度上促进销售。大型商务专题活动是有目的、有组织、有计划地吸引众多人参与的协调行动。

商务活动有鲜明的目的性。大型活动往往耗费很多资源，包括人力、物力。如一个产品要进入一个中心城市，大约要花数百万元的传播费用。这样大的花费，为什么还要组织这样的大型活动呢？当然是为了企业的传播需要，为了吸引更多的人去购买公司的产品和服务，这是大型活动的目标。没有目的而耗费资金做活动是不可能的，目的不鲜明也是不值得的。

商务活动有计划性。凡事都应有计划，大型活动更不例外，而且更要求有周密的计划。

商务活动有众多人参与。既然是商务活动，就应该有众多的人参与，但并不是参与人数多就是大型活动。一个单位有一万个职工，要开一个全体大会，也是众多人参与，你能说这是大型活动吗？大型活动和小型活动的根本区别不仅在于参与人的数量，而是在于活动的社会化程度。

7.4.1 商务活动策划的分类与特点

1. 商务活动策划的分类

按商务专题活动的内容可分为典礼型、喜庆型、会议型、展示型、新闻传播型、竞赛型的活动。

商务专题活动的分类方法没有固定模式，也不仅仅限于以上几种。但商务人员参考上述分类方法，可以掌握不同类型商务专题活动的策划侧重点，如庆典活动侧重喜庆的构思，会议型活动侧重会议环境和会议内容，展示型活动侧重视觉传播效果，新闻传播型活动侧重新闻的新、奇、特、真。

2. 商务活动策划的特点

社会组织举办各种类型的商务专题活动，有利于协调组织与各方面公众的关系，有利于树立良好的组织形象和产品形象，所以，社会组织应该经常举办各种商务专题活动。但是，要想成功地策划并实施各种商务专题活动，并非易事，它有以下特点。

（1）吸引力大。社会组织举办各项商务专题活动，其目的是为了让公众了解、认知组织或企业产品，达到扩大社会影响的目的。因此，商务专题活动策划必须抓住公众心理，吸引公众积极参与。比如，使商务专题活动具有趣味性、让公众自由表现、给参与者一定的知识、经验、乐趣或实惠等。

（2）创新力强。每一次商务专题活动，都应策划的新颖别致，富有特色，大胆创新，力戒平淡。商务专题活动的创新主要表现是：创意新、形式新、内容新、方法新。在近几年的商务专题活动中，越来越多的庆典活动跳出旧的模式，取得了卓尔不俗的纪念效果。

【策划一线】

河北省衡水市某保健公司的开业典礼剪彩，没有按惯例邀请有头有脸的人士，而是请了三位被彩球命中的顾客“上帝”剪彩，大剪落下，全场欢呼，喜庆气氛格外浓厚。

江苏一家公交公司兴建的三星级大酒店，开业庆典时邀请 10 位公交职工中的全国、省、市劳模剪彩，体现了对劳模无私奉献精神和劳动价值的尊重。

清华大学 100 周年校庆采取的庆祝方式，是开展一系列的“校长征求意见活动”，在校庆前后，清华大学校长先后邀请了中国科学院院士中的校友、担任省部级以上领导职务的校友、担任国有大中型企业领导的校友以及海外清华校友中取得了突出成绩的科学家等来校座谈，征询他们对学校建设的意见和建议。《光明日报》对清华大学采取的更务实、更富有新意的校庆方式给予了高度评价，载文指出“它的意义超出了校庆”。

（3）影响力强。一般情况下，商务专题活动的影响越大，说明其专题活动办得越成功，如果没有什么影响，则说明商务专题活动是失败的。企业组织的商务专题活动为产生较大的影响，需要投入大量的人力、物力、财力，所以，应通过精心策划，使企业的投入产生社会效益和经济效益。企业商务活动的影响力表现在：提高企业的知名度和美誉度，树立企业的良好形象，使原来不了解企业的公众对企业有所了解，使原来了解企业的公众对企业产生好感，使原来对企业有好感的公众支持企业。

【策划一线】

广州花园酒店和广州市妇联共同举办的“母亲节征文比赛和表扬模范母亲”的活动，其影响力就很强。他们的具体做法是，首先从每个选区选出5位模范母亲，给予表彰，并向全市小学高年级学生征集赞颂母亲的作文，从中选出30篇优秀作文举办朗诵会。在朗诵会上，孩子们当众朗诵自己的作品，并回答新闻记者的提问，最后评出优胜者，颁发奖品和纪念品。一时间，广州花园酒店的名字在广州便家喻户晓了。

7.4.2 商务活动策划与实施

1．商务活动策划的注意事项

（1）要有明确目的。任何商务专题活动都应该有明确的目的，要影响哪方面的公众，要达到怎样的商务目标，要取得哪方面的效果，以及商务专题活动的主题是什么都应事先确定。

（2）要有实施方案。应该把商务专题活动作为一个整体和系统工程来设计、规划。对于时间、地点、参加者、活动方式、环境、交通、经费、宣传报道、效果评估等各方面因素和细节都要考虑周全，事先要制定实施方案并请有关人士论证批准，然后按照活动方案进行操作实施，并且在实施过程中收集反馈信息，如有必要可根据实际情况和反馈信息对方案进行合理调整。

（3）要有传播计划。应根据主题设计一个既令人耳目一新又利于传播的标题或口号。标题或口号犹如一篇文章的题目，既要能反映文章的内容，又要有创意。

【策划一线】

“中国大连，世界服装名城”，“中、法人民友谊源远流长”，“北京亚运村，世界第一流”，“新北京，新奥运”等标语口号都为当时的商务专题活动增添了光彩。

在商务专题活动开始之前，就要把有关专题活动的消息传播出去，以便渲染气氛，创造良好氛围。还要事先与新闻媒介进行联系，并且为记者采访报道提供一切便利条件。

在商务专题活动之后，要注意收集反馈信息和报道成果。商务专题活动要有与之配合紧密的传播计划。离开了传播，商务专题活动的效果则会大打折扣。

（4）要有专人负责。商务专题活动不仅要请专家精心策划，而且要有专人负责实施，最好是组成专门机构一抓到底，善始善终。其机构成员最好是具有商务知识和商务策划能力、实施能力，以便能“逢山开路，遇水搭桥”，保证商务专题活动的顺利进行。

2．商务活动策划的实施要点

商务策划是商务人员根据组织形象的现状和目标要求，分析现有条件，谋划并设计商务战略、专题活动和具体商务活动最佳行动方案的过程。不论多么好的策划方案，在没有付诸实施之前都是“纸上谈兵”，所以，正确地实施商务专题活动方案也是很重要的。商务的策划流程可以用以下公式表示：成功的策划＝计划（Plan）＋实施（Doing）＋检查（Check）＋总结（Analysis），简称为PDCA工作法。

商务专题活动方案的实施不仅是千头万绪的具体工作，而且是内在联系十分紧密、一环扣一环的系统工作，商务人员需要在实践中不断积累经验。在这里主要介绍商务专题活动实施中的3个要点。

（1）方案讲解与人员培训。商务专题活动方案是靠人去实施的，如何让每一个实施方案的工作人员都理解方案的策略及要求并且准确地操作，无疑是商务专题活动中重要的组成部分。所谓使工作人员知情出力，首先要知情，然后才能出力。因此，培训实施方案的工作人员就成了保障商务专题活动成功的必不可少的工作之一。此项讲解、培训工作的具体做法参见表 7-6。

表 7-6　培训实施方案

过程	方案要点	注意问题
全面讲解方案	一个完整的策划方案包括，有关专题活动目的、意义、活动的时间、地点、活动参加人、活动的内容和形式、活动的程序、准备工作的要求、经费开支计划及有关重点工作的提示等，都应一一表达清楚。通过讲解方案，让工作人员读懂策划方案，以便了解方案的全貌，树立全局观念	讲解方案和培训工作人员的过程也是一个工作分工安排的过程。一项商务专题活动，就是一个组织工作的系统工程。分工、协调、综合，有赖于一个严密的工作体系，培训的目的，就是建立这样的一个工作体系
研讨细节	讲解方案和人员培训的过程，也是一个激发人们讲究实效、提出问题、对实施操作的研讨过程	工作任务摆在桌面上，鼓励大家对实施操作过程再三分析和酝酿，这样做的结果不仅会有利于进一步完善和巩固商务专题活动方案，另一方面也有利于引导工作人员进入角色，积极主动地工作，而且树立起合作意识
内部激励	讲解方案和人员培训的过程也是一种内部商务行为。首先是共享信息，其次是接受鼓励，增加信心和团体凝聚力，再次是互相“感染”，形成你追我赶的竞争态势	讲解方案和人员培训之所以成为实施工作的第一步，正因为培训就是全面实施的动员会，是优质高效工作的前提，也是现代科学管理所要求的前提条件

（2）方案实施。方案实施过程是商务专题活动中最重要的中心环节，每一个商务人员都必须认真对待。

① 深刻领悟方案：方案实施人员在接受方案培训的基础之上，还要进一步理解方案精神，熟悉每一项工作的要求，掌握实施方案的工作方法、步骤和技巧。

② 列出各项工作时间表：执行一个商务活动策划方案，就像是执行一个战斗计划，攻克每一个堡垒都要有时间限制，所以，方案实施负责人要列出一份统筹全局的时间进度表。列时间表的时候要善于把任务具体分解为一项一项独立的项目，规定工作细节，确定完成任务的时间界限，明确执行人和负责人。

【策划一线】

举办一个记者招待会，在具体执行的时间表上必须清楚列出何时落实会议场地，何时发邀请，何时准备好新闻发布稿和模拟回答记者的问题，何时进行新闻发言人的演练，何时落实记者出席的情况等。这样划分出事项，一个看似简单的记者招待会，就可以分解出许多具体的工作来。

③ 检查验收：确立一个计划执行的检查验收制度，定期检查各项计划执行的情况，并及时根据检查的结果，调节进度计划，通报工作质量，及时发现存在问题并及时解决，以保证方案实施的主动性、计划性。

（3）活动场地的布置。活动场地是商务专题活动必不可少的基本要素之一。活动场地不但是商务专题活动赖以存在的要素，而且是对活动的传播起重要作用的因素。所以，任何商务专题活动都涉及场地布置的问题。

① 活动场地的布置原则。作为商务专题活动场地布置，类似戏剧舞台布置，应坚持的原则是：没有用的物品在舞台上一件都不能出现，凡是舞台上出现的物品一定是有用的。另外，各种专题活动的场地布置格调也不相同，新闻发布会的场地布置通常比较简洁；一些庆典活动为了突出喜庆气氛就比较铺张。总之，场地布置是为了更好地产生商务效果，为了达到商务效果，有用的物品则毫不吝啬，没用的物品则坚决不要。那么，如何辨别有用与无用呢？场地布置应该如何进行？我们可以把握以下一些原则。

a. 场地布置要与专题活动主题相一致。这是场地布置最重要的原则，如前所述，所谓有用、无用，鉴定的标准就是是否与主题相一致，与主题相一致的是有用的，与主题不一致的则是无用的。

b. 场地布置要与活动所在地人文习惯相一致。不同的地区有不同的人文习惯和风俗，例如我国的风俗习惯是喜事习惯用红颜色，所以喜事又称为红事；而丧事习惯用白颜色，所以丧事又称为白事。外国人则不一定有这样的习惯。我们要把握的原则是与当地的人文习惯或风俗习惯相一致。

c. 充分利用地形地物。对于每一处活动场地，只要认真观察，一定会发现有其自身的特点，所以在场地布置的时候，要注意发挥场地特点的作用，利用地形地物，加上策划人员的设计，场地布置就更能体现主题的设计了。

安全性原则也是场地布置中重要的原则之一。场地上任何布置，必须以安全为第一需要。所有布置物是否合乎安全规范，设施是否可靠，安装过程是否安全，都是安全性原则所要求的。

② 场地布置的工作程序。因为场地布置是一项规范的工作，所以应该遵循以下工作程序，见表 7-7。

表 7-7　场地布置的工作程序

程　序	内　容
领会策划方案意图	了解人文习惯是场地布置的基础工作，一般说来，策划方案基本都有场地布置的要求，关键是要能够深入领会
场地考察	这一环节十分重要，场地布置不能想当然，必须深入现场，认真考察，充分观察地形地物的特色
绘制布置图	场地布置图是场地布置的实施工作图，掌握场地布置图的绘制是一个商务从业人员的基本技能。常用的场地布置图有两种，一种是平面布置图，平面布置图主要是从空中俯视场地布置的平面效果；另一种是立体效果图，立体效果图是主见图，主要展示场地布置的实际效果
制作及准备现场布置物	现场布置物是指场地布置的物品。当布置方案确定以后，就可进入场地布置物的准备工作
现场布置	这时候要注意的是按图施工的问题，力求按场地布置图要求落实布置方案
安全检查	这是极其重要的一个环节，场地布置必须注意安全，因为商务专题活动有许多公众参与，公众的安全性是第一重要的，安全检查包括物品装设的牢固性、防火安全性、用电安全性及治安的安全性等

7.4.3 小型庆典活动策划

1. 小型庆典活动分类

1）典礼仪式

典礼仪式包括奠基典礼、落成典礼、揭幕典礼、开工典礼、开业典礼，以及签字仪式、剪彩仪式、就职仪式等。

2）喜庆活动

喜庆活动包括周年志庆、庆功会、颁奖会、庆祝宴会、节日舞会、节日联欢会等。喜庆活动可以利用社会组织的特殊日期或事件，也可以利用社会生活中的各种盛大节日或有意义的纪念日。

3）综合型庆典活动

综合型庆典活动包含典礼和喜庆双重内容，如酒店推出的美食节活动，啤酒厂推出的啤酒节活动等。综合型庆典活动是社会组织创造机会为自己做宣传，通俗地说是没有机会创造机会，有机会则乘机利用，自己搭台，自己唱戏，这充分体现了公共关系工作的主动性。

2. 小型庆典活动的准备工作

（1）成立庆典筹委会。以便专门策划并落实庆典工作。

（2）确定庆典活动主题。以便围绕主题进行精心策划，提炼宣传口号，写出活动方案。

（3）进行宣传铺垫。确定宣传内容，制作并发放海报、宣传品，做广告，送请柬等。

（4）拟定出席庆典仪式的宾客名单。一般包括政府要人、社区负责人、知名人士、社团代表、同行代表、员工代表、公众代表和新闻界人士。对邀请出席典礼的宾客要提前将请柬送到其手中。

（5）拟定庆典程序。一般有签到、宣布庆典开始、宣布来宾名单、致贺词、致答词、剪彩等。

（6）事先确定致贺词人名单、致答词人名单，并为本单位负责人拟写答词。贺词、答词都应言简意赅，起到沟通感情、增进友谊之目的。

（7）确定关键仪式人员。如剪彩、揭牌、挂牌等，除本单位负责人外，还应有来宾中德高望重的知名人士共同参加。

（8）安排各项接待事宜。应事先确定签到、接待、剪彩（或揭牌）、放鞭炮、摄影、录像、扩音等有关礼仪服务人员。这些人员应在庆典前到达指定岗位。

（9）安排必要的余兴节目和堂会。可在庆典过程中安排如锣鼓、鞭炮礼花、舞狮耍龙、乐队伴奏、民间舞蹈、歌舞节目等。还可以邀请来宾为本组织题词，以便留下永久纪念。

3. 小型庆典活动的操作程序

（1）升本组织的旗帜。

（2）鸣鞭炮、敲锣鼓、放彩带、飞鸽、气球等。

（3）剪彩、揭牌、授奖、签字等。

（4）致词。宾主分别致贺词和致答词。

（5）礼成。安排助兴节目。

（6）庆典结束后，可组织来宾参观，如参观本组织有纪念性的馆室、店堂及建筑设施、商品陈列等，增加宣传组织、传播信息的机会。

（7）通过座谈、留言形式广泛征求意见，并综合整理，总结经验。

（8）适当安排宴请来宾。

一般庆典活动并不复杂，耗时也不多。但要办得热烈隆重，丰富多彩，给人以深刻的良好印象并不是件容易的事。举办庆典活动，公共关系人员应做到准备充分，接待热情，善于鼓动，指挥有序。应详细安排有关程序、交通安全和接待上的细节，稍有不慎，不但会破坏庆典活动，还会影响组织的形象，使组织蒙受巨大损失。

庆典活动的成败与否，综合反映了企业管理者的组织能力、社交水平和企业的文化素质，是衡量企业公共关系人员素质的一个重要标准。

【小案例】

郑州东风风神4S专营店开业庆典策划方案

1．封面

客户：郑州东风风神4S专营店

承办：郑州河之南文化传播有限公司

时间：×年×月×日

地点：郑州东风风神4S专营店

2．策划背景

×年×月×日，郑州东风风神4S专营店即将开业。作为中高级轿车中的佼佼者，东风轿车连续几年蝉联“最佳中高级轿车”，其品牌影响力可以为所有销售商打开市场提供强有力的帮助。

本开业方案即是借助东风轿车产品影响力，凝聚其品牌文化力量，抬升郑州东风风神4S专营店的品牌高度，并将成为郑州东风风神4S专营店品牌形象塑造的指针。

3．策划目的

提升郑州东风风神4S专营店的形象知名度和新闻效应。

4．参加对象

（1）政府行业部门领导。

（2）东风轿车销售品牌汽车厂家代表。

（3）特邀客户、业内人士和新闻媒体。

（4）郑州东风风神4S专营店全体员工。

5．现场布置

（1）舞台：12m×4m，红地毯铺设，印制背景12m×4m，主题内容：“郑州东风风神4S专营店开业仪式暨东风风神S30炫丽上市”。

（2）彩虹拱门：在专营店大门口正前方设置一座18m跨度的大型彩虹拱门。主题词：“热烈庆贺东风风神S30炫丽上市”。

（3）升空气球：4个升空气球悬挂条幅布置在彩虹门两侧，营造喜庆气氛。条幅内容为各祝贺单位贺词。

（4）引导地毯：为渲染现场气氛并起到一定的引导作用，建议在专营店门口铺设具有引导性的人行地毯。

（5）音响：在舞台两侧布置音响一套，仪式开始前及仪式进行时播放音乐。

（6）威风锣鼓队：18人，站立在舞台前方一侧，在仪式开始前及活动进行中演奏音乐，制造开业喜庆气氛。

（7）礼仪钢炮：在舞台前方两侧布置礼仪钢炮，彰显活动当天的隆重大气，提升整个开业仪式的隆重气氛。

（8）竖幅：在舞台后方楼体外侧悬挂各单位的祝贺条幅。

（9）舞狮：布置舞狮一对，活动开始前在舞台前方威武雄舞，为专营店开业当天制造喜庆气氛。

6．实施方案

×年×月×日准备完毕（现场配合）。

（1）主席台搭建：（主席台搭建完成）。

（2）主席台背景：背景台搭、画面设计、悬挂。

（3）周边包装：仪式入口处设置彩虹拱门、两端安置升空气球，地毯及主席台范围内用礼仪钢炮及植物盆栽装点，带出热烈的气氛。

（4）礼仪钢炮摆放：放置于舞台前两侧。

（5）签到台：仪式场地一侧安置各领导及嘉宾签到处，为各领导到来签到。

7．物料配合

彩虹门、地毯、升空气球、贵宾胸花、礼仪钢炮、音响、红地毯、主席台钢架、签到台、签到本、签到笔。

8．人员配合

（1）锣鼓队：仪式开始前，服装统一、阵式庞大的威风锣鼓队同时奏起，为庆典活动的隆重、喜庆气氛先行造势。

（2）车模：形象气质佳，专业车模，站立于舞台形象车车门一侧。

（3）礼仪小姐：年龄 25 岁以下，着玫瑰红色旗袍，佩绶带，落落大方，形象气质佳；主要位置位于各领导的后两侧；用于接待、引领签到、为领导佩戴胸花，引领上主席台。

9．仪式流程

地点：郑州东风风神 4S 专营店现场

时间：早晨 8：00 所有现场静态元素布设完毕，上午 9：58 庆典仪式开始。

×月×日早 8：00 活动筹备组成员准时到场，检验现场静态元素布设状况，协调现场动态元素布设，做好最后整体协调。

08:30－09:00 现场所有布置完毕，礼仪公司和郑州东风风神 4S 专营店共同验收。

09:00－09:30 所有工作人员进场，包括郑州东风风神 4S 专营店负责人及礼仪公司负责人、各类工作人员。

09:30－09:50 来宾陆续进场，在现场设签到处并同时发放礼品。（场内外，乐声冲天）

09:58－10:05 仪式开始，主持人致开场白并介绍到场来宾。

10:05－10:10 主持人邀请郑州东风风神 4S 专营店领导致欢迎词。

10:10－10:20 主持人邀请领导、来宾讲话。

10:20－10:25 主持人邀请嘉宾为郑州东风风神 4S 专营店开业仪式剪彩（吉庆礼花、升空小气球、礼炮同时升放，仪式达到高潮）。

10:25－10:30 主持人邀请两位领导共同为舞狮点睛。

10:30－11:00 主持人邀请来宾参观郑州东风风神 4S 专营店。来宾参观郑州东风风神 4S 专营店参观结束，前往酒店午宴现场。

（资料来源：郑州东风风神 4S 专营店策划文案）

7.4.4　签字仪式策划

1．签字仪式的准备工作

（1）文本准备。内容由双方商量，然后定稿、校对、印刷、装订、盖印，正式文本要一式若干份。

（2）准备签字现场用的文具、鲜花等物品。

（3）决定参加签字仪式的人员。与对方商定签字人员和助签人员，并安排双方助签人员洽谈有关细节。

（4）布置签字厅。

2. 签字仪式的操作程序

（1）双方签字人员进入签字厅，按事先排好的位置图就位。

（2）双方代表入场就座，其他人员在各自位置按身份排列后站立或在前就座。

（3）助签人员分别站在签字人员左边，翻开文本，指明签字的地方。

（4）各方先在各自保存的文本上签字，然后与对方交换签字。

（5）各方签字人员互换文本，并互相握手。

（6）合影留念。

（7）举行庆祝宴会。

7.4.5 商务新闻发布会策划

新闻发布会是在公司应用频率比较高的一种方式，无论是公司成立新部门、发布新战略，还是公司推出新产品、签约新项目、开通新产线等重大事件或者其他类型的信息发布，都必须有一个正式或非正式的途径通知新闻媒体，发布会便成了一个常见的、甚至必不可少的手段。

新闻发布会也是媒体所期待的。在全国性的媒体调查中发现，媒体获得新闻最重要的一个途径就是新闻发布会，几乎 100%的媒体将其列为最常参加的媒体活动。由于新闻发布会上人物、事件都比较集中，时效性又很强，且参加发布会免去了预约采访对象、采访时间的一些困扰，另外，新闻发布会一般也会为记者提供一定的馈赠品，所以通常情况下记者都不会放过这些机会。

1. 新闻发布会的标题选择

新闻发布会一般针对对企业意义重大，媒体感兴趣的事件举办。每个新闻发布会都会有一个名字，这个名字会打在关于新闻发布会的一切表现形式上，包括请柬、会议资料、会场布置、纪念品等。

（1）避免使用新闻发布会的字样。我国对新闻发布会是有严格申报、审批程序的，对企业而言，并没有必要如此烦琐，所以直接把发布会的名字定义为“××信息发布会”或“××媒体沟通会”即可。

（2）最好在发布会的标题中说明发布会的主旨内容。例如：“××企业 2012 新品信息发布会”。

（3）通常情况下，需要打出会议举办的时间、地点和主办单位。这个可以在发布会主标题下以字体稍小的方式出现。

（4）可以为发布会选择一个具有象征意义的标题。这时，一般可以采取主题加副题的方式。副题说明发布会的内容，主题表现企业想要表达的主要含义。例如：“海阔天空——五星电器收购青岛雅泰信息发布会”。

2. 新闻发布会的时间和地点选择

（1）新闻发布的时间通常也是决定新闻何时播出或刊出的时间。因为多数平面媒体刊出新闻的时间是在获得信息的第二天，因此要把发布会的时间尽可能安排在周一、二、三的下午为宜，会议时间保证在 1 小时左右，这样可以相对保证发布会的现场效果和会后见报效果。

发布会应该尽量不选择在上午较早或晚上。部分主办者出于礼貌的考虑，有的希望可以与记者在发布会后共进午餐或晚餐，这并不可取。如果不是历时较长的邀请记者进行体验式的新闻发布会，一般不需要做类似的安排。

有一些以晚宴酒会形式举行的重大事件发布，也会邀请记者出席。但应把新闻发布的内容安排在最初的阶段，至少保证记者的采访工作可以比较早的结束，确保媒体次日发稿。

在时间选择上还要避开重要的政治事件和社会事件，媒体对这些事件的大篇幅报道任务，会冲淡企业新闻发布会的传播效果。

(2）新闻发布会的地点安排。场地可以选择户外（事件发生的现场，便于摄影记者拍照)，也可以选择在室内。根据发布会规模的大小，室内发布会可以直接安排在企业的办公场所或者选择酒店。

酒店有不同的风格、不同的定位，选择酒店的风格要注意与发布会的内容相统一，还要考虑地点的交通便利与易于寻找，包括离主要媒体、重要人物的远近，交通是否便利，泊车是否方便。

(3）发布方在寻找新闻发布会的场所时，还必须考虑以下的问题：会议厅容纳人数，主席台的大小，投影设备、电源，布景、胸部麦克风、远程麦克风，相关服务如何，住宿、酒品、食物、饮料的提供，价钱是否合理，有没有空间的浪费。

背景布置。主题背景板，内容含主题、会议日期，有的会写上召开城市，颜色、字体注意美观大方，颜色可以企业 VI 为基准。确定酒店是否会代为安排。

酒店外围布置，如酒店外横幅、竖幅、飘空气球、拱形门等。确定酒店是否允许布置。当地市容主管部门是否有规定限制等。

3. 新闻发布会的席位摆放

摆放方式：发布会一般是主席台加下面的课桌式摆放。注意确定主席台人员。需摆放席卡，以方便记者记录发言人姓名。摆放原则是“职位高者靠前靠中，自己人靠边靠后”。

现在很多会议采用主席台只有主持人位和发言席，贵宾坐于下面的第一排的方式。一些非正式、讨论性质的会议是圆桌摆放式。

摆放回字形会议桌的发布会现在也出现的较多，发言人坐在中间，两侧及对面摆放新闻记者坐席，这样便于沟通，同时也有利于摄影记者拍照。

注意席位的预留，一般在后面会准备一些无桌子的坐席。

4. 新闻发布会其他道具安排

最主要的道具是麦克风和音响设备。一些需要做电脑展示的内容还包括投影仪、笔记本电脑、联线、上网连接设备、投影幕布等，相关设备在发布会前要反复调试，保证不出故障。

新闻发布会现场的背景布置和外围布置需要提前安排。一般在大堂、电梯口、转弯处有导引指示欢迎牌，一般酒店有这项服务。事先可请好礼仪小姐迎宾。如果是在企业内部安排发布会，也要酌情安排人员做记者引导工作。

5. 新闻发布会的资料准备

提供给媒体的资料，一般以广告手提袋或文件袋的形式，整理妥当，按顺序摆放，再在新闻发布会前发放给新闻媒体，顺序依次如下。

（1）会议议程。

（2）新闻通稿。

（3）演讲发言稿。

（4）发言人的背景资料介绍（应包括头衔、主要经历、取得成就等）。

（5）公司宣传册。

（6）产品说明资料（如果是关于新产品的新闻发布的话）。

（7）有关图片。

（8）纪念品（或纪念品领用券）。

（9）企业新闻负责人名片（新闻发布后进一步采访、新闻发表后寄达联络）。

（10）空白信笺、笔（方便记者记录）。

6．新闻发布会发言人的确定

新闻发布会也是公司要员同媒介打交道的一次很好的机会，值得珍惜。代表公司形象的新闻发言人对公众认知会产生重大影响，如其表现不佳，公司形象无疑也会令人不悦。

新闻发言人的条件一般应有以下的几方面。

（1）公司的头面人物之一——新闻发言人应该在公司身居要职，有权代表公司讲话。

（2）良好的表达能力和外形。发言人的知识面要丰富，要有清晰明确的语言表达能力、倾听的能力及反应力，外表整洁，身体语言大方得体。

（3）执行原定计划并加以灵活调整的能力。

（4）有现场调控能力，可以充分控制和调动发布会现场的气氛。

7．发言人回答记者问的准备

在新闻发布会上，通常在发言人进行发言以后，有一个回答记者问的环节。可以充分通过双方的沟通，增强记者对整个新闻事件的理解以及对背景资料的掌握。有准备、亲和力强的领导人接受媒体专访，可使发布会所发布的新闻素材得到进一步的升华。

在答记者问时，一般由一位主答人负责回答，必要时，如涉及专业性强的问题，由他人辅助。

发布会前主办方要准备记者答问备忘提纲，并在事先取得一致意见，尤其是主答和辅助答问者要取得共识。

在发布会的过程中，对于记者的提问应该认真作答，对于无关或过长的提问则可以委婉礼貌地制止，对于涉及企业秘密的问题，有的可以直接、礼貌地说明是企业机密，一般来说，记者也可以理解，有的则可以委婉作答。不宜采取“无可奉告”的方式。对于复杂而需要大量解释的问题，可以先简单答出要点，邀请其在会后探讨。

有些企业喜欢事先安排好媒体提问的问题，以防止媒体问到尖锐、敏感的问题。建议不宜采取。

8．新闻发布会对记者的邀请

媒体邀请的技巧很重要，既要吸引记者参加，又不能过多透露将要发布的新闻。在媒体邀请的密度上，既不能过多，也不能过少。一般企业应该邀请与自己联系比较紧密的商业领域记者参加，必要时如事件现场气氛热烈，应关照平面媒体记者与摄影记者一起前往。

邀请的时间一般以提前3到5天为宜，发布会前一天可做适当的提醒。联系比较多的媒体记者可以采取直接电话邀请的方式。相对不是很熟悉的媒体或发布内容比较严肃、庄重时可以采取书面邀请函的方式。

适当地制造悬念可以吸引记者对发布会新闻的兴趣，一种可选的方式是开会前不透露新闻，给记者一个惊喜。“我要在第一时间把这消息报道出来”的想法促使很多媒体都在赶写新闻。如果事先就透露出去，用记者的话说就是“新闻资源已被破坏”，看到别的报纸已经报道出来了，写新闻的热情会大大减弱，甚至不想再发布。无论一个企业与某些报社的记者多么熟悉，在新闻发布会之前，重大的新闻内容都不可以透漏出去。

【经验谈】

在记者邀请的过程中必须注意，一定要邀请新闻记者，而不能邀请媒体的广告业务部门人员。有时，媒体广告人员希望借助发布会的时机进行业务联系，并作出也可帮助发稿的承诺，此时也必须回绝。

【小链接】

新闻发布会的几个误区

误区之一：没有新闻的新闻发布会。有些企业似乎有开发布会的嗜好，很多时候，企业并没有重大的新闻，但为了保持一定的影响力，证明自己的存在，也要时不时地开个发布会。造成的后果是，企业虽然花了不小的精力，但几乎没有收成。新闻性的缺乏使得组织者往往在发布会的形式上挖空心思、绞尽脑汁，热闹倒是热闹了，效果却未见得理想，如果过于喧宾夺主，参会者记住了热闹的形式，却忘记了组织者想要表达的内容。

误区之二：新闻发布的主题不清。 从企业的立场出发，主办者恨不得将其光荣史一股脑端上去，告诉人家什么时候得了金奖，什么时候得到了认证，什么时候得了第一，什么时候捐资助学。但是偏离了主题的东西在媒介眼中形同废纸。

有的企业在传播过程中，生怕暴露商业机密，凡涉及具体数据时总是含含糊糊，一谈到敏感话题就“环顾左右而言他”，不是“无可奉告”就是“正在调查”。这样一来，媒体想知道的，企业没办法提供；媒体不想了解的，企业又不厌其烦。

9．新闻发布会策划流程

（1）确定新闻发布会日期、地点、新闻点等。该步骤应在正式新闻发布会前 20 天完成，最迟 15 天，并在邀请函发布前预定会场，否则会影响下一步工作。

注意事项：与希望发布事件日期相配合，促进自身对外宣传，挖掘新闻点、制造新闻效应，避免与重大新闻事件“撞车”。

（2）确定组织者与参与人员，包括广告公司、领导、客户、同行、媒体记者等，与新闻发布会承办者协调规模与价格，签订合同，拟订详细邀请名单、会议议程、时间表、发布会现场布置方案等。

注意事项：该步骤主要由主办者提出要求，承办者具体负责。

（3）按照邀请名单，分工合作发送邀请函和请柬，确保重要人员不因自身安排不周而缺席发布会。回收确认信息，制定参会详细名单，以便下一步安排。

注意事项：该步骤一定要计划周密，有专人负责，适当放大邀请名单，对重要人物实施公关和追踪，并预备备用方案，确保新闻发布会参与人的数量和质量。

（4）购买礼品，选聘主持人、礼仪人员和接待人员并进行培训和预演。设计背板，布置会场，充分考虑每一个细节，比如音响、放映设备，领导的发言稿，新闻通稿，现场的音乐选择、会议间隙时间的娱乐安排等。

（5）正式发布会前提前一到两个小时，检查一切准备工作是否就绪，将会议议程精确到分钟，并制定意外情况补救措施。

（6）按计划开始发布会，发布会程序通常为来宾签到、贵宾接待、主持人宣布发布会开始和会议议程、按会议议程进行、会后聚餐交流、有特别公关需求的人员的个别活动。

（7）监控媒体发布情况，整理发布会音像资料、收集会议剪报，制作发布会成果资料集（包括来宾名单、联系方式整理，发布会各媒体报导资料集，发布会总结报告等），作为企业市场部资料保存，并可在此基础上制作相应的宣传资料。

（8）评测新闻发布会效果，收集反馈信息，总结经验。

任务 7.5　商务谈判策划

【导入案例】

撒切尔夫人的强硬智慧

1979 年 12 月，欧洲经济共同体（EEC）的各国首脑在柏林举行关于消减预算的谈判。会谈中，撒切尔夫人提出一项协议草案。由于征收预算款额方法中的偏差，尽管英国投入了大笔资金，但并没获得应享有的各项利益。她强烈地坚持自己的主张，并要求将英国负担的费用每年减少 10 亿英镑。当撒切尔夫人的议案提出后，各国首脑脸上的微笑立即消失了，他们答应只能削减 2.5 亿英镑，并认为这已经是极限了。EEC 各国首脑们深信只要将撒切尔夫人提出的要求削减 3 亿英镑，就可以顺利达成协议。撒切尔夫人素有“铁娘子”之誉，她坚持自己的主张，结果是双方差距太大，出现僵局。而这个结果，撒切尔夫人早在去柏林开会之前就已预料到了。她提出了一个非常高的要求，并坚持这一要求。她有自己的规则，而且迫使 EEC 也按她的规则办事，使 EEC 各国的首脑们非常愤怒，尤其是法国、原联邦德国和丹麦的首脑。因为如果预算规则加以改变，他们的国家所受到的损失将最大。

撒切尔夫人与 EEC 的这场谈判中，双方的目标值相差很远，撒切尔夫人想得到接近 9 亿英镑的解决方案，EEC 各国则想用 3 亿英镑左右解决问题。如果要解决这笔交易，一方或双方就必须改变他们的预期想法。撒切尔夫人强调的是每年都应减少。法国和德国由于政治上的原因都希望增加支付额，但大家都清楚，只有就她的 EEC 预算支付问题达成协议，英国才有可能在农场主问题上进行合作。

（资料来源：www.doc88.com.）

案例分析：

撒切尔夫人运用强硬、威胁的谈判手法是成功的。但是如果没有能力驾驭谈判的人，在谈判中一味顽固地坚持自己的立场是不明智的。应付强硬措施最有效地办法就是灵活，只要灵活有方，措施得当，任何强硬的立场都是可以改变的。

7.5.1　商务谈判策划的概念及特点

商务谈判策划是在谈判开始前对谈判目标、谈判议程、谈判策略预先所做的安排。谈判方案是指导谈判人员行动的纲领，在整个谈判过程中起着非常重要的作用。

由于商务谈判的规模、重要程度不同，商务谈判内容有所差别。内容可多可少，要视具体情况而定。尽管内容不同，但其要求都是一样的。一个好的谈判方案要求做到以下几点。

（1）简明扼要。就是要尽量使谈判人员很容易记住其主要内容与基本原则，使他们能根据方案的要求与对方“周旋”。

（2）明确、具体。商务谈判策划方案要求简明、扼要，必须与谈判的具体内容相结合，以谈判具体内容为基础，否则，会使谈判方案显得空洞和含糊。

（3）富有弹性。商务谈判策划过程中各种情况都有可能发生突然变化，要使谈判人员在复杂多变的形势中取得比较理想的结果，就必须使谈判方案具有一定的弹性。谈判人员在不违背根本原则情况下，根据情况的变化，在权限允许的范围内灵活处理有关问题，取得较为有利的谈判结果。谈判方案的弹性表现在：谈判目标可有几个可供选择的目标；策略方案根据实际情况可供选择某一种方案；指标有上下浮动的余地；还要把可能发生的情况考虑在计划中，如果情况变动较大，原计划不适合，可以实施第二套备选方案。

7.5.2 商务谈判策划的程序

商务谈判策划主要包括谈判目标、谈判策略、谈判议程，以及谈判人员的分工职责、谈判地点等内容。其中，比较重要的是谈判目标的确定、谈判策略的制定和谈判议程的安排等内容。

1．谈判目标的确定

谈判目标是指谈判要达到的具体目标，它指明谈判的方向和要求达到的目的、企业对本次谈判的期望水平。商务谈判的目标主要是以满意的条件达成一笔交易，确定正确的谈判目标是保证谈判成功的基础。谈判的目标可以分为以下 3 个层次。

（1）最低目标。最低目标是谈判必须实现的最基本的目标，也是谈判的最低要求。若不能实现，宁愿谈判破裂，放弃商贸合作项目，也不愿接受比最低目标更低的条件。因此，也可以说最低目标是谈判者必须坚守的最后一道防线。

（2）可以接受的目标。可以接受的目标是谈判人员根据各种主客观因素，经过对谈判对手的全面估价，对企业利益的全面考虑、科学论证后所确定的目标。这个目标是一个诚意或范围，即己方可努力争取或做出让步的范围。谈判中的讨价还价就是在争取实现可接受目标，所以可接受目标的实现，往往意味着谈判取得成功。

（3）最高目标。最高目标，也叫期望目标。它是己方在商务谈判中所要追求的最高目标，也往往是对方所能忍受的最高程度，它也是一个难点。如果超过这个目标，往往要冒谈判破裂的危险。因此，谈判人员应充分发挥个人的才智，在最低目标和最高目标之间争取尽可能多的利益，但在这个目标难以实现时是可以放弃的。

【经验谈】

谈判中只有价格这样一个单一目标的情况是很少见的，一般的情况是存在着多个目标，这时就需考虑谈判目标的优先顺序。在谈判中存在着多重目标时，应根据其重要性加以排序，确定是否所有的目标都要达到，哪些目标可舍弃，哪些目标可以争取达到，哪些目标又是万万不能降低要求的。

2. 商务谈判策略的制定

制定商务谈判的策略，就是要选择能够达到和实现己方谈判目标的基本途径和方法。谈判不是一场讨价还价的简单的过程，实际上是双方在实力、能力、技巧等方面的较量。因此，制定商务谈判策略前应考虑如下影响因素。

（1）对方的谈判实力和主谈人的性格特点。

（2）对方和我方的优势所在。

（3）交易本身的重要性。

（4）谈判时间的长短。

（5）是否有建立持久、友好关系的必要性。

通过对谈判双方实力及其以上影响因素的细致而认真的研究分析，谈判者可以确定己方的谈判地位，即处于优势、劣势或者均势，由此确定谈判的策略，如报价策略、还价策略、让步与迫使对方让步的策略、打破僵局的策略等。

3. 谈判议程的安排

谈判议程的安排对谈判双方非常重要，议程本身就是一种谈判策略，必须高度重视这项工作。谈判议程一般要说明谈判时间的安排和谈判议题的确定。谈判议程可由一方准备，也可由双方协商确定。议程包括通则议程和细则议程，通则议程由谈判双方共同使用，细则议程供己方使用。

（1）时间安排。时间的安排即确定在什么时间举行谈判、多长时间、各个阶段时间如何分配、议题出现的时间顺序等。谈判时间的安排是议程中的重要环节。如果时间安排得很仓促，准备不充分，匆忙上阵，心浮气躁，就很难沉着冷静地在谈判中实施各种策略；如果时间安排得很拖延，不仅会耗费大量的时间和精力，而且随着时间的推延，各种环境因素都会发生变化，还可能会错过一些重要的机遇。

（2）确定谈判议题。所谓谈判议题就是谈判双方提出和讨论的各种问题。确定谈判议题首先须明确己方要提出哪些问题，要讨论哪些问题。要把所有问题全盘进行比较和分析：哪些问题是主要议题，要列入重点讨论范围；哪些问题是非重点问题；哪些问题可以忽略。这些问题之间是什么关系，在逻辑上有什么联系；还要预测对方会提出什么问题，哪些问题是己方必须认真对待、全力以赴去解决的；哪些问题可以根据情况做出让步；哪些问题可以不予讨论。

（3）拟定通则议程和细则议程。

① 通则议程。通则议程是谈判双方共同遵守使用的日程安排，一般要经过双方协商同意后方能正式生效。

在通则议程中，通常应确定以下内容：谈判总体时间及分段时间安排；双方谈判讨论的中心议题，问题讨论的顺序；谈判中各种人员的安排；谈判地点及招待事宜。

② 细则议程。细则议程是己方参加谈判的策略的具体安排，只供己方人员使用，具有保密性。其内容一般包括以下几个方面。

谈判中统一口径，如发言的观点、文件资料的说明等；对谈判过程中可能出现的各种情况的对策安排；己方发言的策略，何时提出问题，提什么问题，向何人提问，谁来提出问题，谁来补充，谁来回答对方问题，谁来反驳对方提问，什么情况下要求暂时停止谈判等；谈判人员更换的预先安排；己方谈判时间的策略安排、谈判时间期限。

【小知识】

己方拟定谈判议程时应注意的问题

议程由自己安排，往往透露了自己的某些意图，对方可分析预测，在谈判前拟定对策，使己方处于不利地位。对方如果不在谈判前对议程提出异议而掩盖其真实意图，或者在谈判中提出修改某些议程，容易导致己方被动甚至谈判破裂。

(1) 谈判的议程安排要依据己方的具体情况，在程序安排上能扬长避短，也就是在谈判的程序安排上，保证己方的优势能得到充分的发挥。

(2) 议程的安排和布局要为自己出其不意地运用谈判策略埋下契机。对一个谈判老手来说，是决不会放过利用拟定谈判议程的机会来运筹谋略的。

(3) 谈判议程内容要能够体现己方谈判的总体方案，统筹兼顾，引导或控制谈判的速度，以及己方让步的限度和步骤等。

(4) 在议程的安排上，不要过分伤害对方的自尊和利益，以免导致谈判的过早破裂。

(5) 不要将己方的谈判目标、特别是最终谈判目标通过议程和盘托出，使己方处于不利地位。

对方拟定谈判议程时己方应注意的问题

(1) 未经详细考虑后果之前，不要轻易接受对方提出的议程。

(2) 在安排问题之前，要给自己充分的思考时间。

(3) 详细研究对方所提出的议程，以便发现是否有什么问题被对方故意摒弃在议程之外，或者作为用来拟定对策的参考。

(4) 千万不要显出你的要求是可以妥协的，应尽早表示你的决定。

(5) 对议程不满意，要有勇气去修改，决不要被对方编排的议程束缚住手脚。

(6) 要注意利用对方议程中可能暴露的对方谈判意图，后发制人。

谈判是一项技术性很强的工作。为了使谈判在不损害他人利益的基础上达成对己方更为有利的协议，可以随时卓有成效地运用谈判技巧，但又不为他人觉察。一个好的谈判议程，应该能够驾驭谈判，这就好像双方作战一样，成为己方纵马驰骋的缰绳。你可能被迫退却，你可能被击败，但是只要你能够左右敌人的行动，而不是听任敌人摆布，你就仍然在某种程度上占有优势。更重要的是，你的每个士兵和整个军队都将感到自己比对方高出一筹。

【经验谈】

议程只是一个事前计划，并不代表一个合同。如果任何一方在谈判开始之后对它的形式不满意，那么就必须有勇气去修改，否则双方都负担不起因为忽视议程而导致的损失。

7.5.3 采购项目谈判策划

1. 前期准备阶段

1）前期准备阶段应做好的工作

(1) 从资金、技术、生产、市场等几个方面，对采购项目进行全方位综合分析，主要包括预算、需求、生产、市场、风险分析。

（2）要根据综合分析情况，制定项目采购的最终方案，并确定项目采购清单。

（3）根据项目分析情况和采购项目清单，编制竞争性谈判邀请函。

（4）制作竞争性谈判文件。

（5）邀请参加谈判的供应商。

（6）对参加谈判的供应商进行资格预审。

（7）根据资格审查情况，确定参加谈判的供应商名单，并向其发售竞争性谈判文件。

（8）成立由技术专家、采购单位和有关方面的代表组成的谈判小组。

（9）根据谈判工作需要，确定工作人员。

（10）邀请有关部门，如监督机关、公证机关对谈判过程实施监督。

2）前期准备阶段应注意的问题

（1）与公开招标采购方式相比，竞争性谈判具有较强的主观性，评审过程也难以控制，容易导致不公正交易，甚至腐败，因此，必须对这种采购方式的适用条件加以严格限制并对谈判过程进行严格控制。

（2）在谈判小组中，专家名单通过随机抽取方式确定，在谈判开始前，谈判小组名单应严格保密。

（3）谈判小组的组成，应根据采购项目特点，结合专家总体情况确定，并注意专业结构要合理，知识水平、综合素质要相当。

（4）谈判文件制作完成后，要以正式公函形式或文件会签形式征求采购单位的意见，在采购单位审核确认后才算正式制作完成。

（5）管理机构如对谈判文件还有备案规定，还要将谈判文件送管理机构备案。

（6）对供应商的资格预审主要是从基本资格和专业资格两个方面进行，审查的标准主要是按照谈判文件所规定的标准。

2．谈判阶段

1）谈判阶段应做好的工作

（1）在报价文件递交截止时间后，在规定的时间、地点举行公开报价仪式，对各供应商提交的报价文件中的报价表进行公开报价。

（2）在公开报价后，谈判小组要对各谈判方递交的报价文件进行审阅，以判定谈判方资格的有效性，审阅结束后，要确定进入谈判阶段的供应商名单。

（3）谈判小组与各谈判方就技术方案进行谈判，技术谈判结束后，要确定进入下一轮谈判即商务谈判的供应商名单。

（4）谈判小组与各谈判方分别就商务方案进行谈判，商务谈判结束后，要确定进入最终承诺报价的供应商名单。

（5）组织技术、商务方案均符合要求的各谈判方进行最终承诺报价，最终承诺报价结束后，谈判小组要对最终承诺报价进行综合评审。

（6）经过对最终承诺报价进行综合评审、评判，并汇总出综合评审结果，最后由谈判小组出具最终谈判结果，推荐预成交方。

（7）集中采购结果根据谈判小组出具的谈判结果报告和确定成交的意见，综合审查相关资料，确定最终成交单位，并向成交方签发成交结果通知书。

（8）组织供需双方签订采购合同。

2）谈判阶段应注意的问题

（1）在整个谈判过程中，除公开报价外，都应在完全封闭的谈判室中进行，在谈判完全结束前，应切断所有谈判小组成员与外界的一切联系；谈判过程中，谈判小组成员不得单独与采购单位或供应商接触，未经同意不得对采购单位和供应商进行参观或考察；谈判小组应独立工作，不受外界干扰；谈判小组应实行集体负责制，当谈判小组成员对某些事项或决定出现意见分歧时，可按少数服从多数的办法处理，或实行民主集中制的办法，由谈判小组组长集中大多数成员的意见决定有关事项。

（2）在谈判过程中，要掌握谈判技巧和分寸；谈判小组中，成员要有明确的分工，在谈判过程中，要注意座次的排列，更应注意角色的配合，同时，还应注意掌握谈判技巧、谈判进程和谈判的整体节奏。

（3）对具体问题要具体分析，在整个谈判过程中，可进行多轮技术谈判和商务谈判，具体数量由谈判小组根据具体情况确定，也可以将技术谈判和商务谈判合为一个阶段同步进行。但不论是哪种方式，都应保证每个参与谈判的供应商都能得到同样多的谈判机会，要注意谈判方谈判代表的资格的有效性，即谈判方参加谈判的代表须为其法定代表人或法人授权委托人，如法人授权委托人参加谈判，须向谈判小组出具法人授权书。

（4）要注意运用法律法规的准确性，整个谈判过程都要严格依据法律法规的规定进行。不仅要遵照《中华人民共和国政府采购法》对竞争性谈判方式的具体规定，还应注意遵照本法的其他规定，同时还应注意遵照其他相关法律法规。法无明文规定的事不做，法有明文规定的，既要做到主体合法、实体合法，又要做到程序合法。

（5）要注意确定成交供应商须具备 3 个条件，即符合采购需求、质量和服务相等且报价最低，这 3 个条件必须同时具备，缺一不可。同时，在整个谈判活动实施过程中，要注意采购文件的完整性，所有采购过程的每一个阶段（包括准备阶段、谈判阶段）都要有详细的书面记录，各类附件及个人签字手续、单位盖章必须齐全。另外，因集中采购机构要经常实施竞争性谈判，可将谈判文件、邀请函和各个阶段使用的文件、表格、报告以及相关程序、工作纪律、注意事项等，制作成通用的标准格式或文件范本，以减少工作量，提高工作效率。

【小案例】

大豆出口贸易商务谈判策划案

公司背景：

黑龙江××大豆出口有限公司是中国一家自主生产、自主加工的大型对外贸易出口公司，但是由于企业对外贸易范围还比较狭隘，而且国际竞争对手较多，市场剩余空间较小，价格战便成了我公司的一大优势。

1．谈判主题

以我方黑龙江××大豆出口有限公司向韩国食品有限公司出口大豆为线索，由于国际市场价格的波动而导致贸易价格的调整，以致贸易双方产生摩擦，同时针对贸易的具体事项进行细致的探讨过程。

2．谈判团队人员组成

主谈：李×，公司总监，维护我方利益，主持谈判进程；

副主谈：陈×，助理，做好各项准备，解决专业问题，做好决策论证；

副主谈：郑×，市场销售，做好各项准备，解决市场调查问题，做好决策论证；

副主谈：王×，财务经理，收集处理谈判信息，分析产品财务相关知识；

副主谈：王×，法律顾问，解决相关法律争议及资料处理。

3．双方利益及优劣势分析

我方核心利益：

(1) 韩国食品有限公司是我方的一大客户，有着多年合作关系，希望双方可以达到双赢的效果。

(2) 扩大企业知名度，打开国际市场的道路。

对方利益：

企业品牌知名度高，资金雄厚，而且有大量业务需要。

我方优势：

(1) 价格低廉，两国相隔较近，省去不少的运费，与他的其他伙伴相比，我们的优势较为明显。

(2) 企业口碑好，而且和韩国食品有限公司有过合作经历，双方较为放心。

我方劣势：

(1) 品牌的知名度还不够，有大量竞争对手。

(2) 产品生产还没有达到机械化制度，对于部分达标要求还不能完全符合。

(3) 对对方公司的具体供应商没有做细致的了解，对国际市场不是十分清晰。

对方优势：

(1) 企业品牌知名度高，而且有大量业务需要。

(2) 资金雄厚，而且有较多的供应商，深知对我们迈入国际市场有很大帮助。

对方劣势：

相比其他合作商而言，我公司的价格是最低的，而且我公司正积极扩展其他业务需求。

4．谈判目标

(1) 达到合作目的，争取签下我们预期合作条件下的合同。

(2) 保证提高价格不下降。

(3) 由对方提出产品要求，我方实行具体设计。

(4) 由我方负责产品的运输和保险。

5．程序及步骤

(1) 开局。

方案一：感情交流式开局策略：通过谈及双方合作情况形成感情上的共鸣，把对方引入较融洽的谈判气氛中。

方案二：采取进攻式开局策略：营造低调谈判气氛，指出本公司的优势所在，令对方产生信赖感，使我方处于主动地位。

方案三：借题发挥的策略：认真听取对方陈述，抓住对方问题点，进行攻击、突破。

(2) 中期阶段。

① 红脸白脸策略：由两名谈判成员其中一名充当红脸，一名充当白脸辅助协议的谈成，适时将谈判话题从价格转移到产品质量上来。

② 层层推进，步步为营的策略：有技巧地提出我方预期利益，先易后难，步步为营地争取利益。

③ 把握让步原则：明确我方核心利益所在，实行以退为进策略，退一步进两步，做到迂回补偿，充分利用手中筹码，适当时可以答应部分要求来换取其他更大利益。

④ 突出优势：以以往案例作为资料，让对方了解到我们的优势。强调与我方协议成功给对方带来的利益，同时软硬兼施，暗示对方若与我方协议失败将会有巨大损失。

⑤ 打破僵局：合理利用暂停，首先冷静分析僵局原因，再可运用把握肯定对方行式，否定方实质的方

法解除僵局，适时用声东击西策略，打破僵局。

(3) 休局阶段。

如有必要，根据实际情况对原有方案进行调整。

(4) 最后谈判阶段。

① 把握底线。适时运用折中调和策略，严格把握最后让步的幅度，在适宜的时机提出最终报价，使用最后通牒策略。

② 埋下契机。在谈判中形成一体化谈判，以期建立长期合作关系。

③ 达成协议。明确最终谈判结果，出示会议记录和合同范本，请对方确认，并确定签订合同的具体时间和地点。

6. 制定应急预案

双方第一次商务谈判，彼此不太了解。为了使谈判顺利进行，有必要制定应急预案。

(1) 对方提出新的异议：应对方案为友好往来，适当让步。

(2) 模拟对话过程。

场景一：机场接待。

由韩国食品公司三位代表来接待我公司的五位谈判代表人。

场景二：初次谈判。

谈判双方互相见面，并开门见山商谈贸易事项，最后未能谈拢我方先回酒店休息，准备隔日再谈。

场景三：最终谈判。

经过我方详细的市场调查，得出结论，并向韩国食品有限公司最后提出要求，双方各自让步，最后商量妥当合作细节，签订合同，双方达到双赢的状态。

（资料来源：马祁雄，王征．大豆出口贸易商务谈判策划案．http://www.diyifanwen.com.）

案例分析：

商务谈判策划是企业最高决策层或上级领导就本次谈判的内容所拟定的谈判主体目标、准则、具体要求和规定的活动。商务谈判策划方案的制定可根据谈判的规模、重要程度的不同而定。内容可多可少，可简可繁，可以是书面形式的也可以是口头交代。

基础巩固

1. 名词解释

商务策划　五大商务策划创意方法　五大商务策划领域　六大商务策划方法
十大商务专题策划

2. 单项选择题

（1）策划主体从策划目标出发，创造性的作用于策划对象，在创造性思维的过程中，遵循科学的策划运作程序和步骤设计完成的，是指商务策划的（　　）。

A．策划者　　B．目标　　C．过程
D．方案　　E．组织

（2）商务策划的第一大原理，思维创新的核心表现，只有独辟蹊径，创新出奇才能使你事业兴旺，这个原理是指（　　）。

A．促销　　B．创新　　C．奇正

D. 博弈　　　　　　　　　　　　　　E. 系统

(3) 水平思考法一般是一种“不连续”的思考，其思考的目的是（　　）。

A. 竞争　　　　B. 发展　　　　C. 练习

D. 改变　　　　　　　　　　　　E. 操作

(4) 商务的策划流程可以用以下公式表示：计划（Plan）＋实施（Doing）＋检查（Check）＋总结（Analysis）＝（　　）。

A. 优秀的策划　　B. 成功的策划　　C. 比较的策划　　D. 关系的策划

(5) 庆典活动综合反映了企业管理者的组织能力、社交水平和企业的文化素质，是衡量企业哪类人员素质的一个重要标准：（　　）。

A. 公共关系　　B. 营销策划　　C. 基础管理　　D. 决策管理

3. 多项选择题

(1) 策划的基本要素有（　　）。

A. 策划者　　B. 策划目标　　C. 策划对象

D. 策划方案　　　　　　　　E. 策划过程

(2) 商务策划的基本特征有（　　）。

A. 虚构性　　B. 新颖性　　C. 超前性

D. 可操作性　　　　　　　　E. 实践性

(3) 商务策划的原理有（　　）。

A. 奇正　　B. 系统　　C. 博弈

D. 裂变　　E. 整合　　F. 简易

(4) 商务策划的功能有（　　）。

A. 竞争　　B. 放大　　C. 预测

D. 创新　　　　　　　E. 操作

(5) 商务策划的思维程序，可以简单概括为 8 个字：（　　）。

A. 搜集　　B. 整理　　C. 判断

D. 创新　　　　　　　E. 策划

(6) 商务策划的典型方法有（　　）。

A. 罗列分解法　　B. 重点强化法　　C. 借势增强法

D. 逆向变通法　　E. 连环伏笔法　　F. 移植模仿法

(7) 商务专题活动策划的特点有（　　）。

A. 吸引力大　　B. 创新力强　　C. 影响力强　　D. 方便操作

(8) 谈判目标策划可以分为 3 个层次：（　　）。

A. 最低目标　　B. 接受目标　　C. 最高目标　　D. 最好目标

4. 判断题

(1) 裂变原理告诉我们策划可以一箭多雕。（　　）

(2) 策划的整合与产品、服务的整合有所不同。（　　）

(3) 商务策划是人类一种具有优势性的思维特质，它是针对未来和未来发展作出的当前决策，能有效地预测和指导未来工作的开展，并取得良好的成效。（　　）

(4) 商务策划是决策的前提，是实现预期目标、提高工作效率与效益的重要保证。（　　）

（5）商务策划创意设计一般最常见的程序是：兴趣、准备、酝酿、领悟、检验、应用。（　　）

（6）商务策划思维的结构是指：状态、角度、程序、统一 4 个要素的组合。（　　）

（7）按商务专题活动的内容，商务活动可分为典礼型、喜庆型、会议型、展示型、新闻传播型、竞赛型的活动。（　　）

（8）媒体获得新闻最重要的一个途径就是新闻发布会，几乎 100%的媒体将其列为最常参加的媒体活动。（　　）

（9）简易是商务策划的最高境界。（　　）

（10）商务谈判主要包括 5 个步骤：一是成立谈判小组，二是制定谈判文件，三是确定邀请参加谈判的供应商名单，四是谈判，五是确定成交供应商。（　　）

5．简答题

（1）商务策划的原则有哪些？

（2）商务策划的作用有哪些？

（3）策划的运用领域有哪些？

（4）什么是商务策划的简易原理？

（5）商务谈判策划主要包括哪些程序？

技能实训

【项目名称】企业节庆商务活动策划

【实训目标】

引导学生参加设计“节庆商务活动策划”业务胜任力的实践训练；在切实体验企业商务策划有效率的活动中，培养相应专业能力与职业核心能力；通过践行职业道德规范，促进健全职业人格的塑造。

【实训内容】

（1）专业技能与能力：在学校所在地选择一家中小型企业，了解企业生产经营管理，分析企业节庆商务活动的形式和内容。

（2）相关职业核心能力：中级训练。

（3）相关职业道德规范：认同级践行。

【操作步骤】

（1）将班级每 10 位同学分成一组，每组确定 1～2 人负责。

（2）对学生进行企业管理制度的培训，确定选择企业节庆商务活动的范围。

（3）学生按组进入企业进行调查，并将调查情况详细记录。

（4）对调查的资料进行整理分析。

（5）依据对企业商务活动策划的影响因素，找出企业节庆商务策划的特点与功能。

（6）进行企业商务活动策划的市场分析，写出企业节庆商务活动策划的计划书。

（7）各组在班级进行交流、讨论。

【成果形式】

实训课业：撰写企业节庆商务活动策划的报告。

第 8 章

百花齐放——策划方法手段

BAIHUA QIFANG——CEHUA FANGFA SHOUDUAN

【策划小语】

在营销策划中，市场拓展策划是创造新市场，方便营销业务扩张；整合营销策划是创造组合方法，方便营销效果提升；网络营销策划是创造空间，方便营销信息传递；关系营销策划是创造链接，方便营销沟通交换；知识营销策划是创造体验，方便营销范畴穿越；顾客满意策划是创造价值，方便营销价格实现；事件营销策划是创造新闻，方便营销传播。

【知识目标】

认识市场拓展策划、整合营销策划、网络营销策划、关系营销策划、知识营销策划、顾客满意策划、事件营销策划；

了解营销策划的方法手段；

理解营销策划方法手段的原理和步骤；

掌握营销策划方法和手段，能够比较全面地分析问题，撰写策划方案。

【实训目标】

根据学生由认知、理解到运用的学习过程安排策划方法和手段的内容，先让学生对市场拓展策划、整合策划、网络营销策划的概念和方法手段进行了解，然后通过举例的方式让学生理解和掌握关系营销策划、知识营销策划、顾客满意策划、事件营销策划的过程和方法。通过本章学习，学生具备分析策划案例的能力，能熟练地运用策划的方法手段进行策划。

重点：市场拓展策划的步骤，整合营销策划的运作，网络营销运作策划，顾客满意策划。

难点：知识营销策划的方法，关系营销运作策划方法，事件营销策划的方法。

任务 8.1　市场拓展策划

【导入案例】

快销品品牌如何拓展市场——霸王洗发水突围洗发市场

宝洁采用的是欧洲洗化史上的惯用手段，以同一个厂的多种品牌在市场上进行围追堵截，结果会使得其他品牌不能突围出来。宝洁是以多个洗发水品牌，多种角度占领中国市场的，这使得其他企业的单个品牌或产品一直无法打出来，一出来就会被“绞杀”。

霸王首先以中药定位，而宝洁的化妆品大部分都是化学制剂的。霸王的中药定位标志出了一种身份，而这个身份只能出示一次，或者说在它之前就已经有了，但没能在市场上高调喊出。喊出后别人就无法再跟进了。

洗发水广告能打的只有两个点：第一是长发飘飘，突出对男士的诱惑及表现女性的柔美；第二就是去屑。虽然生发是一个市场，但生发市场一直不温不火。从市场容量判断，脱发者所占的比例是非常大的，尤其是中年脱发。之所以有生发的需求，是因为头发掉光了，所以这一需求就跨了生发和脱发两个市场。而宝洁有那么多产品，竟忽略了用功能进行市场拦截。所以霸王就能在功能定位上异军突起——“控油、防脱发”！

老百姓对中药配方有 50%的信任，另外那 50%的信任在何处呢？就靠营销成龙的技巧了！霸王广告是把成龙变成一个证人，他说的就是一个患者的证言，而且他说的话那么真诚，真是由不得你不信。成龙本身就是一个品牌，他是香港的一个象征，乃至于他在好莱坞也是中国的象征、一个中国功夫的标志。所以，他和霸王一结合，其本身就是一个高品牌，然后又把这个高品牌实实在在用来做了一个洗发产品的证言。

（资料来源：中国营销培训网．霸王洗发水的突围营销．http://yxk.cn.yahoo.com.）

案例分析：

中国的快消品市场竞争异常激烈，各品牌、各档次、各包装的产品种类众多。市场投资机会已经很少，大多数产品处于重复、低层面的竞争状态。不同企业有不同的发展策略，同一企业在不同环境下的发展策略也不一样。

8.1.1　市场拓展概述

市场拓展即在扩大产品销量和扩大企业市场份额方面所进行的决策与策划。

市场拓展的任务：①确定目标受众；②策划促销活动；③培养忠实顾客。

市场拓展的基本手段有以下几种。

（1）心理传播：接受者对外界刺激的各种反应是由反射到思维，由思维到意识进行的，形成传播心理。

（2）反应过程：分为意识阶段，认知阶段，感知阶段。每个过程又有它的具体内容。如图 8.1 所示。

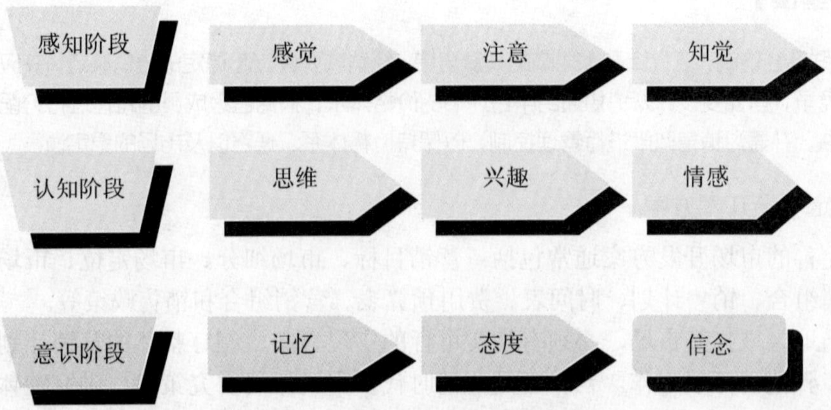

图 8.1　市场拓展传播的反应过程

（3）传播方式：市场拓展通过直接传播产生媒体传播，达到公众传播的效果。

8.1.2　市场拓展策划的步骤

市场拓展策划方案一般分以下步骤：市场调研—市场分析—客户选择—制定市场开发方案—市场开发运作—市场日常管理。

1. 市场调研

市场调研一般包括市场成长性、市场竞争等方面的调研。市场成长性决定了市场的发展后劲。市场成长性往往与某一产品在某一市场所处的生命周期的阶段有关。而市场容量可以用下面的公式表示。

市场容量＝市场消费人口×平均消费数量×季节性风波系数

2. 市场分析

市场分析的机会点包括市场空隙，市场成长性好坏，竞争对手是否老化，新产品能否满足消费者的需求，找到强势经销商，重要的销售季节或来临之际，在细分的区域市场寻找机会。对以上机会点和切入点进行分析，看看是否真的就是适合你市场开放的机会点，如何利用这个机会点，公司配置给你的资源是否能满足你对这个机会点的利用。很多机会点看起来不错，但未必适合你或你的公司。只有能够把握或驾驭的机会点才是真正的机会点。

3. 客户选择（厂家对经销商的期望）

（1）提高销售量，包括提高铺货率、实现销售目标、扩大市场份额、产品淡旺季平衡、推广新产品、争取经销商更多的库存、积极与竞品展开竞争、新客户开发等。

（2）提高忠诚度，通过评定是否窜货、是否有恶性竞争、促销活动广告宣传开支、收集和反馈市场信息，向分销提供及时有效的服务，制定总经销选择标准。可以根据企业的情况不同制定适合自身市场操作的客户选择标准（一般根据实力、信誉、网络、经营时间性质、能力、态度等）考察客户。对意向客户进行筛选，选择对事业有帮助的客户。

【经验谈】

利益是联系经销商、二批商及零售商的关键纽带，经销商要建立起稳定的分销渠道，并应对市场上同类产品的激烈竞争，首先要设计好销售通路中各环节的价格体系，根据各级成员的特性进行分配，保证各级渠道成员的利益。并通过销售政策进行管理控制，以保持价格体系、通路以及市场的稳定。

4. 制定市场开发方案

一个完善的市场开发方案通常包括：营销目标、市场细分、市场定位、市场规划、策略设定、营销组合、销售计划、时间表、费用预算表、营销组合和销售政策等。

要在当地区域打开市场，必须有切实可行的实现方案，制订整体的营销计划，确定营销策略，有步骤地去开展工作。当今已是营销时代，市场拓展讲究策略，讲究整体规划。在调查、分析目标市场的前提下，制定出恰当的营销目标，确定营销组合策略，计划、执行、控制和调整。

5. 市场开发运作

市场运作要重点解决两个问题：铺货率和重复购买。铺货和促销解决的就是铺货率问题；广告、地面活动、理货解决的是重复购买问题。反馈调整和心态调整是为了促进两个问题能更好解决。

对于企业、经销商来讲，不仅要开发（或经营）适销对路的产品，提供完善的服务，制定有吸引力的价格，设计好渠道模式使产品畅通地流向目标客户，而且还要求企业或经销商控制其在市场上的形象，设计并传播有关产品的外观、性能、特色、购买条件以及能给目标顾客带来利益等方面的信息，以促进产品销售，保证营销活动的成功。

6. 市场日常管理

（1）市场的日常管理内容：价格管理、产品生命周期管理、消费者忠诚度建设与维护、重点难点市场突破、竞争对手跟踪、库存管理。

（2）把握市场变化。

① 市场运作中的问题：政策问题、市场问题、产品问题、经销商问题、价格问题、竞争对手问题、消费者问题、季节性问题、市场营销环境问题。

② 市场运作中的机会：市场容量、市场成长性、市场开发前景。通过市场调研，对市场情况进行全面了解，包括人口、气候、公司产品在当地情况；竞争对手、经销商、消费者；市场空隙有多大；市场成长性好与坏；竞争对手是否老化等。最后找到强势经销商和市场机会的切入点，在细分的区域市场寻找机会。

【小技巧】

市场拓展终端的运作应做好几点策划

(1) 当地城市终端的选择和布局。应该选择效益和信誉好的并且局部布点不要太过密集。

(2) 促销员的培训及管理。作为实现销售的最后一个环节，促销员在终端的销售上起着非常关键的作用。因为产品的卖点不同，客户对产品本身的了解不足，需要促销员主动、热情、真诚地去为顾客解答。因此对促销人员的产品培训、业务培训及激励管理是终端运作的关键。

(3) 卖场的陈列布置。生动的、直观的产品布置能吸引顾客的注意力。对于高档产品来说，商场销售或是超市销售的第一步就是想办法让顾客有兴趣来了解产品。因此产品展台的设计、宣传资料的到位很重要。

(4) 商场促销活动的组织。消费者的购买一般都需要经历认知、了解、信任、购买几个过程，因此根据产品的特性，在商场适时组织一些促销活动，如现场演示、有奖购买等也是非常有必要。

(5) 当地城市的广告宣传。如果能让消费者带着目的去商场购买某种产品是最好的结果，因此要进一步提高商场销售业绩，经销商配合当地的一些广告宣传对终端销售非常有帮助。

任务 8.2 整合营销策划

【导入案例】

蒙牛的整合营销之道

牛根生提出逆向经营的思路："先建市场，再建工厂"。短短几年时间成为中国乳液的龙头，有效利用了整合营销。

通过把有限的资金集中用于市场的营销推广中，先建品牌，打市场，使得品牌迅速深入人心，有了一定的张力后，牛根生就与中国营养学会联合开发了系列新产品，通过合作的方式把全国的工厂变成自己的加工车间。自己只投入品牌、技术、配方，采用托管、承包、租赁、委托生产等形式，将所有产品都打出 "蒙牛"品牌。投资少，见效快，创造出自己的品牌。

在全国发现和利用资源，有效地分工合作，把蒙牛变成了有品牌、有技术、有人才，就是没厂房，没固定资产的公司，其好处是在动态中整合社会资源，为我所有。通过无形资产使公司快速发挥潜力，形成强劲的市场竞争力。

牛根生遵循 20：80 法则，自己提供 20%的品牌资源，其余的 80%整合社会资源。蒙牛整合了大量的社会资源。参与公司原料、产品运输的 600 多辆运货车、奶罐车、冷藏车，为公司收购原奶的 500 多个奶站及配套设施，近 10 万平方米的员工宿舍，合计总价值达 5 亿多元，都是通过当地政府及公司的动员和组织，以及社会投资完成。

牛根生将其实际控制的近 10%的蒙牛股份，配售给中粮和厚朴基金成立的一家目标公司。这使得蒙牛的身份开始模糊：国资、民资和外资的界限以这种逆向操作方式被打破。蒙牛时刻关注奶农的利益，把自己企业的命运和奶农挂钩，以强乳兴农为企业发展使命，这样社会上大量的奶农在蒙牛的扶植下向蒙牛聚集，带动了农民、农村的致富和农业的发展。

(资料来源：张林．蒙牛的整合营销之道．http://www.doc88.com.)

案例分析：

蒙牛能够在短期内取得如此辉煌的发展，光靠一己之力肯定是无法办到的，其中的关键就是整合和利用。通过整合利用彼此的资源，共创更大的利益，用乳液的点带动三农问题、健康问题、经济发展等问题的效应，势必成为奶农、消费者、政府和社会的依赖企业，因此发展还会继续向滚雪球一样越来越大。

8.2.1 整合营销策划概述

1．整合营销策划的含义

整合营销传播的中心思想是通过企业与消费者的沟通，以满足消费者需要的价值为取向，确定企业统一的促销策略，协调使用各种不同的传播手段，发挥不同传播工具的优势，从而使企业的促销宣传实现低成本与高强冲击力的要求，形成促销高潮。

【经验谈】

整合营销思想是以消费者为导向的营销思想在传播宣传领域的具体体现。过去的座右铭是“消费者请注意”，现在则应该是“请注意消费者”。 忘掉产品，考虑消费者的需要和欲求；忘掉定价，考虑消费者为满足其需求愿意付出多少；忘掉渠道，考虑如何让消费者方便；忘掉促销，考虑如何同消费者进行双向沟通。

整合营销策划，是指企业对将要实现的与消费者沟通中的传播行为进行超前规划和设计，以提供一套统一的有关企业传播的未来方案。这套方案是把公关、促销、广告、直销等集于一身的具体行动措施。

2．整合营销策划的特点

（1）整合营销策划，首先是一种思想、一种理念的策划，其次才是一种方法、一种方案的策划。

（2）整合营销策划的对象是消费者需求。

（3）整合营销策划“核心点子”是对资源的有效利用。

（4）整合营销策划的关键在于目标、策略和战术的高度统一。

3．整合营销策划的条件与前提

（1）同一个中心，以消费者的需求为中心。

（2）同一种口径，将所有营销传播技术和工具加以紧密结合，向消费者传达一种声音。

（3）不同的时间、空间，都不应成为整合营销的障碍。

8.2.2 整合营销策划的过程、方法与策略

1．整合营销策划的过程

整合营销策划的过程，如图 8.2 所示。

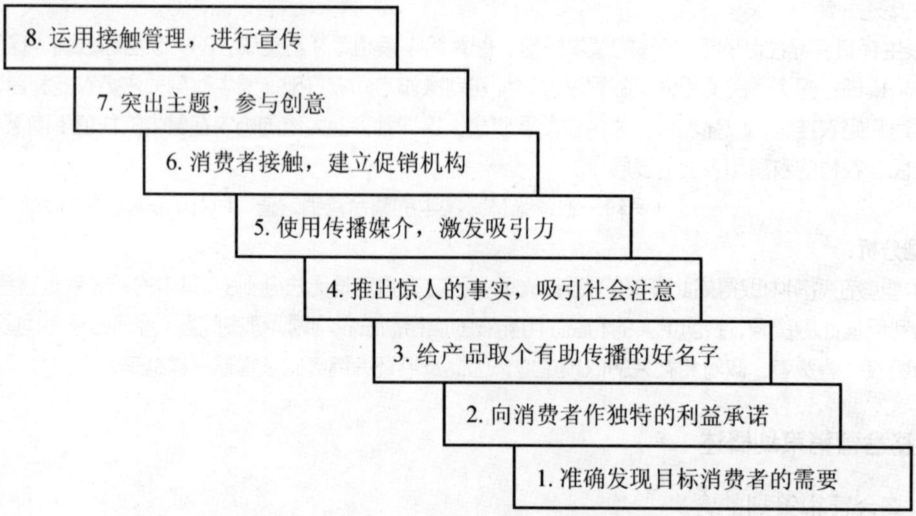

图 8.2 整合营销策划的过程

2．整合营销策划的方法

当这些新产品上市时，市场上已经充斥着类似的产品，论品牌、质量、价格、通路、经验等基本方面都处于劣势，面对如此“可怕”的现状，如何构造消费者非买不可的独特理由呢？

就广告投入来说，企业为了控制风险，开始投入基本上都是有限的，等到见到明确的成功势头才会大规模投入。用有限的广告费用，如何对抗市场上现有品牌的强大影响，创造出排队抢购的奇迹般效果呢？

【经验谈】

在品牌化竞争日益激烈的今天，媒体是否也应该改变以前单纯的广告发布工作，而应该利用其庞大的无形资产，与客户紧密合作，提供整合营销：利用所拥有最大的受众群体和最具权威性的媒介品质，让厂商的品牌家喻户晓；通过专题节目，将经营理念、企业文化讲得更深刻更透彻；让厂商接受度和认可度迅速提升；新闻宣传更具亲和力，依托媒体的影响力增加品牌美誉。

整合营销的基本方法类似于现代战争，它围绕基本促销目标，将一切促销工具与活动一体化，打一场总体战，如同现代战争中将空军（广告），战略导弹（有冲击力的社会公关活动），地面部队（现场促销与直销），基本武器（产品与包装）等一切消费者能够感受到的武器整合为一体，使企业的价值形象与信息以最快的时间传达给消费者。

整合营销是从解决人们不看、不信、不记忆广告问题找到的方法。整合营销策划不限于新产品上市，它包括市场调研，市场定位，产品创新，价格策略，新品上市，通路建设，营销战略，市场导入，促销策划，新闻策划，广告策划，口碑营销，顾客服务等内容。整合营销策划具有把堆积如山的商品从仓库中推销出去的即效性。

（1）定位准确：成功的营销策划必须根据消费者的实际需求和竞争状况，为新产品创造全新的独特卖点，构造消费者非买不可的理由。合乎消费者的需求、合乎市场竞争实际的定位，才能打动顾客心、才能克敌制胜。

【策划一线】

白加黑感冒药其功效与其他感冒药无异，仅仅通过“白天服白片不瞌睡，夜晚服黑片睡得香”这一服药方式创新，能够在竞争激烈的感冒药市场上异军突起，在短短6个月内销售额突破亿元，成为市场上十大名牌之一。

（2）上市策略：一个新产品从进入市场到产生规模市场效应、打响品牌，至少需要3年的时间。在我国企业新产品上市通常在3个月内，如果未能看到明确的启动效果，很难让老板相信该产品的市场前景。怎样在短期内启动市场呢？怎样才能让新产品缩短上市周期、创造出一炮而红的效果呢？成功的产品上市策略，可以为企业成功地创造出开门红的效应。

（3）事件行销：善于运用事件行销，可以无中生有地创造销售时机及消费者立即购买的理由，创造出一波又一波的消费热潮。事件行销甚至能够将销售额提高数倍。例如美国福特汽车公司举行的75周年庆典，当年营业额比往常提高了4倍。

（4）新闻策划：制造真正的新闻，达到以一当百的宣传效果。例如北京长城饭店举行里根总统答谢宴会，使得长城饭店一举扬名海内外。

（5）创新广告：从定位到媒体组合，广告文案策划需要精心设计。例如万宝路凭一则牛仔形象的电视广告，从一个名不见经传的小烟厂一跃成为世界烟草大王。

（6）销售促进：从门庭冷落到顾客盈门的策划组合，具有迅速提高销售额的即效性。例如通过一则店头广告使AB内衣专卖店形成排长龙抢购的局面。

（7）通路建设：根据产品和市场的实际设计出最佳通路，才能花费最少的成本到达消费者的手中。例如，一些满足特定人群的、不是大众消费者的商品，运用直接销售方法，可以节省大量的广告费用。

（8）销售管理：如何提升销售人员的推销能力，如何激励销售人员的积极性，怎样管理拜访时间，怎样及时回款，如何提供售后服务，关系着销售的成败得失。

（9）口碑营销：口碑营销能有效克服广告回避现象、实现“以一当十”的广告效果。一位好友或者亲人推荐某个产品，我们对此十分上心，且多半会试一试，口碑营销实施容易、成本低廉、效果显著，具有把顾客变成推销员的奇效。

（10）整合传播：企业的发展经历了产品力、销售力、形象力的阶段。策划突破产品本身的局限性，整合产品力、销售力、形象力上的创新推广，才能将产品变成消费者注意的焦点，形成一枝独秀的热销氛围。

3．整合营销策划的策略

（1）整合营销策划的传播策略。整合营销的传播策略是指将所有传播营销工具整合向市场传播信息，不局限单一的沟通媒介，进行完整的市场信息传递。以消费者为核心重组企业行为和市场行为，综合协调地使用各种形式的传播方式，以统一的目标和统一的传播形象，传递一致的产品信息，实现与消费者的双向沟通，迅速树立产品品牌在消费者心目中的地位，建立产品品牌与消费者长期密切的关系，更有效地达到广告传播和产品行销的目的。

【经验谈】

整合营销给执行者的第一份考卷就是沟通。与客户的沟通、与团队及公司其他部门的沟通、与媒体的沟通、与实施制作布展公司的沟通、与有关审批部门的沟通等，尤其是要若干个接触点同时启动，那沟通的功夫绝对要下足。面对整合营销之难，用创新来驱动执行成为最有实效的力量。

整合营销传播的核心和出发点是消费者，企业树品牌的一切工作都要围绕着消费者进行，企业必须借助信息社会的一切手段知晓什么样的消费者在使用自己的产品，建立完整的消费者资料库（用户档案），从而建立和消费者之间的牢固关系，使品牌忠诚成为可能。运用各种传播手段时，必须传播一致的品牌形象。

如果你是汽车生产厂家，你所追求的是，不管顾客什么时候买车，在哪里买车，都要买你的牌子的汽车；如果你是一位汽车销售商，你的目的是，无论顾客买什么牌子的汽车，都要到你这里来买。这便是整合营销传播所要达到的目的。

整合营销传播主张把一切企业的营销和传播活动，如广告、促销、公关、新闻、直销、CI、包装、产品开发进行一元化的整合重组，让消费者从不同的信息渠道获得对某一品牌的一致信息，以增强品牌诉求的一致性和完整性，对信息资源实行统一配置、统一使用，提高资源利用率。这使得一切营销活动和传播活动有了更加广阔的空间，可以运用的传播方式大大增加了。

【小案例】

保时捷的双向沟通策略

保时捷公司为推销其新款汽车向每位车主寄发一张独特的海报，画面上是一部保时捷新车，车牌上印有车主的名字。保时捷公司绝妙地执行了一个犀利的消费者导向策略，由寄发个人海报为起点。保时捷公司利用赛车活动，电视、杂志广告和报纸附页，进行了一系列的整合广告活动，其中一项活动是将购保时捷汽车车主的姓名铭刻在保时捷车内的底盘上，甚至向车主赠送有其姓名的车牌。这一系列的活动牢牢地将车主和保时捷联系在一起，并极大地发掘了潜在消费者。

（资料来源：李光斗．透析 IMC．http:// www.c2cc.com.）

案例分析：

整合营销传播将企业从"我要推销什么"这一境地推向了"谁为何要买我的产品"的思考，整合营销传播提供的是一种全新的营销观念，即以消费者为核心，综合运用各种传播手段重组企业行为和市场行为，传递"一个声音"的产品信息，实现与消费者的双向沟通，迅速树立品牌在消费者心目中的地位，培植一大批忠诚的消费者，从而实现产品行销和品牌树立的长期目的。

（2）整合营销策划的广告策略。整合营销传播的核心是使消费者对品牌产生信任，不断维系这种信任，与消费者建立良好的信任关系，使其长久存在消费者心中。制定整合营销的广告策略注意以下的步骤。

① 要仔细研究产品。首先要研究产品，明确这种产品所满足的是消费者的哪方面的需要，有何独特卖点。

② 锁定目标消费者。确定什么样的消费者才是销售目标，做到"有的放矢"。

③ 比较竞争品牌。比较竞争品牌的优势以及其市场形象。

④ 树立自己品牌的个性。研究树立什么样的品牌才会受到消费者的青睐。

⑤ 明确消费者的购买诱因。消费者购买该品牌的诱因是什么？为什么会进行品牌的尝试。

⑥ 强化说服力。必须加强广告的说服力，通过内容和形式的完美结合说服消费者。

⑦ 旗帜鲜明的广告口号。这是引起消费者注意的捷径。

⑧ 对各种形式的广告进行整合。对电视广告、广播广告、平面广告、DM 广告、POP 广告进行一元化整合，达成消费者最大程度的认知。

⑨ 研究消费者的接触形式确定投放方式。要研究消费者是如何接触到自己的广告，如何增多消费者的接触次数，确定广告投放方式，以实现品牌认知。

⑩ 对广告效果进行评估。对广告的效果进行量化评估，为下次广告投放提供科学依据。整合营销传播的广告策略所力求避免的是传统传播方式造成的传播无效和浪费。

【小案例】

HP 数码相机整合营销传播赢在强力执行

整合营销传播被描绘成企业出击市场的一枚"核武器"。然而整合营销毕竟是一种超高技术含量的"武功境界"，对于执行者而言往往难以圆满实现，常常出现"想得美却做不好"的尴尬局面。以下简单的罗列可以看出整合的力度。在仅两个月的时间内，包括 HP 数码相机客户及实力传播集团 6 个不同的业务部门的

20多人的超大团队，涉及“电视广告+平面广告+户外广告+在线广告+广播广告+事件+商场体验中心+产品宣传公交车+影院展示＋新闻发布会”等的复杂整合传播方案，目标是通过运用ATL（Above-The-Line，线上）、BTL（Below-The-Line，线下）、事件、公关、新闻发布会和交互活动，最大限度地创造丰富多彩的直观体验，引起人们对产品的关注，激励他们购买产品。如此复杂的整合传播活动的成功实施绝对离不开频繁沟通、精诚合作和协力共进——强力执行。

（资料来源：齐馨，王璇．HP数码相机整合营销传播赢在强力执行．http://www.go-gddq.com.）

案例分析：

整合营销的要素，是协同运作、创造和加强关系、保持一致性，让消费者真正认识HP全线的数码产品，并加深对产品的印象，成功吸引到众多目标消费者到路演现场，亲自体验HP的数码产品带来的娱乐享受。

任务8.3 网络营销策划

【导入案例】

营销创新与客户体验

凡客开始大规模采取和网络媒体分账的模式——凡客不支付任何广告费用，将广告悬挂在国内大大小小的网站上，通过网络技术追踪订单来源，当发生实际交易时，凡客再按照约定的比例和网站分账。凡客的分账比例在15%～18%之间。

对于新浪等强势门户网站，凡客采取打包合作的方式。在门户的重要位置（例如首页）投放广告，在其他频道则采取分账方式。凡客合作的网站已达到了20 000多家，凡客的网站广告成为互联网一道强大的气旋，席卷了众多网络用户。这种营销模式，为成长之初羸弱的凡客立下了汗马功劳。

凡客高调邀请韩寒、王珞丹出任品牌代言，在北京、上海等一线城市的公交、地铁投入巨量的平面广告。人气王韩寒作为“80后”的标签，号召了大批年轻拥护；青春清新、健康自我的新星王珞丹，让凡客快时尚的品牌形象迸发活力。

最为亮丽的一笔，是它具有浓重草根基调且易于复制、模仿的广告文案，“爱××，爱××，也爱××，我不是××，我是××”，这种被称为“凡客体”的文案迅速像病毒一样风靡网上网下，网民套用其文案对热点人物和事件进行再创作，极尽调侃和娱乐之能事。“凡客体”的传播让许多曾经一无所知的用户，因此认识了凡客。

凡客对客户体验的推崇是极致的，它一层层地剥掉用户在网购中存在的各种顾忌。除了推出货到付款、满59元免运费、30天无条件退换货等，凡客更是创造性地推出了当面验货、当面试穿的体验式服务。当收到凡客的产品时，可以在快递员面前验货和试穿，满意才收货。

无论是开发设计平台、推出POS机刷卡服务，还是和第三方代工厂的合作管理、自建物流仓储系统，凡客始终在快时尚的路上不断摸索和创新B2C。

（资料来源：彭一郎．营销创新与客户体验．http://www.themanage.cn.）

案例分析：

凡客把网购体验、售后服务提升的措施，视为一种对企业品牌的投入，体验式服务做得越好，用户越容易信任你。凡客的二次购买率高达50%以上，这比电子商务企业平均的二次购买率高出2倍多。客户良好的购物体验，当然还来自于凡客的低价策略。

8.3.1 网络营销策划概述

1．网络营销策划的基础

网络营销策划是指企业以电子信息技术为基础，以计算机网络为媒介和手段，对将来要发生的营销活动及行为进行超前决策，包括网络营销调研、网络产品开发、网络分销、网络促销、网络服务等。

（1）技术基础——计算机的广泛应用和网络技术的发展。

（2）社会基础——消费观念的变革。

（3）现实基础——市场竞争日趋激烈。

2．网络营销策划的层次

（1）信息应用策划。

（2）战术营销层策划。

① 网络营销调研。在互联网上针对特定营销环境进行调查设计、搜集资料和初步分析的活动，为企业的网络营销决策提供数据支持和分析数据。

② 网上销售。网上销售的形式有很多，为了达到最大化的销售目的，企业需要全方位、立体式、多样化的推广方式。在专业商业网站上发布信息或者建立网上商店，在行业网站发布广告信息，或者招商信息，通过发送邮件进行销售，QQ、E-mail、微信、微博、博客等工具营销，产品配送和处理客户异议等网络销售服务。

③ 营销战术系统。策划永远不可能设计完美的营销战略，但可以根据 SWOT 分析结果制定营销战术，灵活运用 SWOT 分析法这种经典的管理工具，以此了解企业的当前环境、未来竞争状况，从而制定一套能适应环境变化的企业营销战术系统。

3．营销网站策划

构建实用有效的营销网站是一系列网络营销策划的前提。建立网络营销站点的准备工作包括：第一步，申请域名；第二步，租用磁盘空间，选用配套服务；第三步，发布信息。

8.3.2 各类网络营销策划简介

1．网上调研策划

网上调研策划的主要环节如下。

（1）通过电子邮件或来客登记簿询问访问者。

（2）许诺给予访问者奖品或者免费商品。

（3）要求访问者注册从而进入访问者个人主页。

（4）用软件来检测访问者是否完成了调查问卷。

2．网上产品策划

公司站点可在不同的产品生命周期阶段策划相应的营销策略。

（1）产品或服务的开发阶段。在进行商业性生产或使用前，将研究成果或其他知识应用于某项计划或设计，以生产出新的或具有实质性改进的材料、装置、产品等。

（2）产品或服务的成长阶段。企业已完成了前期投入，产品批量生产，市场对产品有了一定的了解，企业的产品及市场占有份额迅速增长，企业利润逐渐增加。此阶段是企业回收成本、收获利润的一个重要阶段，往往利润可达到最高。成长阶段最有投资价值。

（3）产品或服务的后期衰退阶段。随着科学技术的发展，市场上出现替代品，改变了顾客的消费习惯，企业的利润额迅速下降。当进入衰退阶段，就应该实施人优我转，不然就是死路一条。

3. 网上分销策划

（1）订货系统策划。将批发、零售商场所发生的订货数据输入计算机，即通过计算机通信网络连接的方式将资料传送至总公司、批发商、商品供货商或制造商处。EOS（Electronic ordering system，电子订货系统）能处理从新商品资料的说明直到会计结算等所有商品交易过程中的作业，可以说 EOS 涵盖了整个物流。在寸土寸金的情况下，零售业没有许多空间用于存放货物，在要求供货商及时补足售出商品的数量且不能有缺货的前提下，必须采用 EOS 系统。

（2）供货网络策划。统一采购和统一铺货的方式，销量进货不补货，刺激消费者的购买欲望，提高货品销售速度。凭借与供应商在长期合作中建立稳定的供货网络，保证会员店有强大的货源支持；丰富、高性价比的货品以绝对优势形成稳定且持续增长的顾客群。基于高效的配送平台和电子商务平台，经销商可直接从公司网站（订货专区）上选货，建立采购、存储、调配功能于一体的仓储基地，保证产品及时供货。

（3）生产网络策划。人们围绕着产品标准在全球有效配置资源，按照标准在全球范围内从事生产，形成标准控制下的产品零部件、模块生产与最终组合，标准制定者与模块生产者在分工中能够最终达到双赢。这一双赢和控制在生产的总架构和全过程中，在产品的零部件模块生产及控制产品的“软件”的制定过程中贯彻始终。

（4）分销网络策划。分销过程中所涉及的一系列相互联系、相互依赖的组织和个人的集合。这些组织和个人通过分工和协作，形成系统的跨越企业边界的网络组织，使商品和服务能够有效地从生产者转移至消费者和用户手中。分销网络成员在资源与活动上相互依赖与相互联结，分销网络整体的协作性以及成员关系的卷入程度都比较高，在能够带来较高关系利益的同时，意味着较高的关系成本。

（5）服务网络策划。传统行业开拓网购渠道，为产品和品牌企业提供营销服务、IT 服务、客户服务和物流仓储服务等整体服务。

4. 网上促销策划

（1）利用网络广告。利用网站上的广告横幅、文本链接、多媒体的方法，在互联网刊登或发布广告，是通过网络传递到互联网用户的一种高科技广告运作方式。

（2）进行网络公关。包括：①站点宣传；②网上新闻发布会；③栏目赞助；④参加或主持网上会议；⑤发送电子推销信。

（3）网络促销活动。消费者的购物经验对不同促销活动的购物意愿有影响，不同形式的促销活动会因为消费者购物经验的不同而接受度不同。经常使用且效果较好的促销方式是：样品、折价券、赠券、免费礼物、现金回扣、折价、抽奖、保证、购买特点展示和比赛。

（4）与传统媒体相结合。网上零售与传统媒体相结合，将网站向全社会广泛地推广，传统媒体的作用不可忽视。若缺乏传统媒体的有效宣传，网站不能让社会大众所知道，无从点击，谈不上浏览，网站的信息无法向大众传递。报纸、电视、杂志、户外广告等媒介都是可选择的，考虑到报纸、电视的投入大，若单单为宣传推广项目网站就显得有点浪费。

任务 8.4 关系营销策划

【导入案例】

明华的大米营销

在古代中国的一个村庄，有一个叫明华的年轻米商。加上他，村子里一共有 6 个米商。他整日坐在米店前等待顾客的光临，但生意非常冷清。

一天，明华意识到他必须要了解一下乡亲们，了解他们的需求和愿望，而不是单纯地将米卖给那些来到店里的乡亲。他认识到，必须要让乡亲们感到买他的米物有所值，而且比其他几个米商的米都合算。于是，他决定对销售过程进行记录，记录下乡亲们的饮食习惯、订货周期和供货的最好时机。为了进行市场调查，明华首先开始走访调查，逐户询问下列问题：家庭中的人口总数；每天大米的消费量是多少碗；家中存粮缸的容量有多大。

针对所得到的资料，他向乡亲们承诺：免费送货；定期将乡亲们家中的米缸添满。

（资料来源：我国古代经典关系营销案例．http://www.bkpcn.com.）

案例分析：

市场营销经理经常邀请客户的主管经理参加各种娱乐活动，如滑冰、野炊、打保龄球、观赏歌舞等，双方关系逐步密切；有的营销人员记住主要顾客及其夫人、孩子的生日，并在生日当天赠送鲜花或礼品以示祝贺；有的营销人员设法为爱养花的顾客弄来优良花种和花肥；有的营销人员利用自己的社会关系帮助顾客解决孩子入托、升学、就业等问题。这些都是关系营销的策略。

8.4.1 关系营销策划概述

美国著名学者，营销学专家巴巴拉·本德·杰克逊提出关系营销理论，关系营销将使公司获得比交易营销中所得到的更多的成果。

1．关系营销策划的含义

关系营销策划是把营销活动看成是一个企业与顾客即消费者、供应商、经销商、竞争者、政府机构、社区及其他公众发生互动作用的过程，其核心是建立并发展与这些公众的良好关系。在这一过程中，营销人员对顾客所做的分析、判断、构思、设计、安排、部署等工作，便是关系营销策划。

2．关系营销策划的特点

关系营销策划的特点有长期性、整体性、层次性。

3．关系营销策划的方式

关系营销策划的方式见表 8-1。

表 8-1　关系营销策划的方式

方　式	定　　义	特　　点
亲缘关系营销	依靠家庭血缘关系维系的市场营销，如以父子、兄弟、姐妹等亲缘为基础进行的营销活动	这种关系营销的各关系方盘根错节，根基深厚，关系稳定，时间长久，利益关系容易协调，但应用范围有一定的局限性
地缘关系营销	以公司（企业）营销人员所处地域空间为界维系的营销活动，如利用同省同县的老乡关系或同一地区企业关系进行的营销活动	这种关系营销在经济不发达，交通邮电落后，物流、商流、信息流不畅的地区作用较大。在我国当下及未来较长时期的市场经济发展中，这种关系营销形态仍不可忽视
业缘关系营销	以同一职业或同一行业之间的关系为基础进行的营销活动，如同事、同行、同学之间的关系	由于接受相同的文化熏陶，彼此具有相同的志趣，在感情上容易紧密结合为一个“整体”，可以在较长时间内相互帮助，相互协作
文化习俗关系营销	公司（企业）及其人员之间具有共同的文化、信仰、风俗习俗为基础进行的营销活动	由于公司（企业）之间和人员之间有共同的理念、信仰和习惯，在营销活动的相互接触交往中易于心领神会，对产品或服务的品牌、包装、性能等有相似需求，容易建立长期的伙伴营销关系
偶发性关系营销	在特定的时间和空间条件下发生突然的机遇形成的一种关系营销，如营销人员在车上与同坐旅客闲谈中可能使某项产品成交	这种营销具有突发性、短暂性、不确定性特点，往往与前几种形态相联系，但这种偶发性机遇又会成为企业扩大市场占有率、开发新产品的契机，如能抓住机遇，可能成为一个公司（企业）兴衰成败的关键

8.4.2　关系营销策划的原则、过程与手段

1．关系营销策划的基本原则

（1）主动沟通原则。主动为关系方服务或为关系方解决困难和问题，增强伙伴合作关系。

（2）承诺信任原则。以自己的行为履行诺言，才能赢得关系方的信任。

（3）互惠原则。通过在公平、公正、公开的条件下进行成熟、高质量的产品或价值交换使关系方都能得到实惠。

2．关系营销策划的一般过程

（1）创立阶段。发现正当需求，满足需求并保证顾客满意，营造顾客忠诚，有识别—接触—销售—反馈 4 个环节。

（2）维持阶段。梯度推进建立顾客价值，有协调—重视—反馈 3 个环节

（3）提升阶段。企业营销的最终目标是使本企业在产业内部处于最佳状态，有维持—深化—创新 3 个环节，如图 8.3 所示。

3．关系营销策划的主要手段

（1）个性化。对不同层次的市场，将顾客细分化、团体化，使企业的产品或服务能真正满足不同类型顾客的需求。

（2）多样化。不同企业应根据自身不同特点，在发展不同阶段，针对不同的需要进行选择，多种营销手段结合使用。

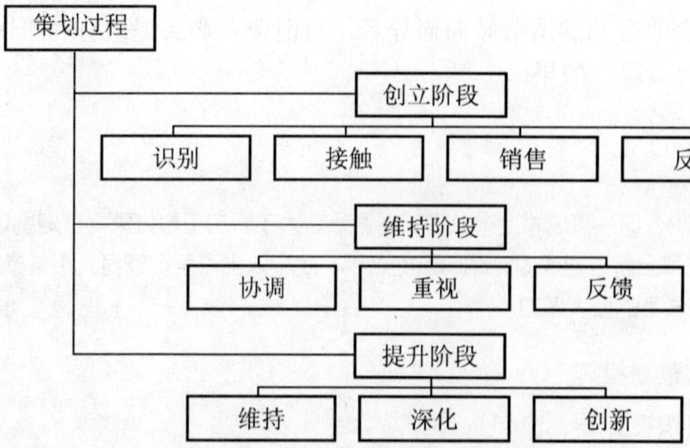

图 8.3 关系营销策划的一般过程

8.4.3 关系营销战略策划

1. 关系营销战略策划目标

关系营销的战略策划，是为营销策划而确定的一个总体目标。只有制定了宏观上的战略目标，才能做到专业活动的营销策划服从于总体目标，在此基础上，具体操作营销策划才能体现总体设想和专业活动的要求。

2. 关系营销战略策划程序

（1）使命的确定或者目标的阐述。

（2）战略考察包括对关系市场的调查和对客户市场及竞争市场的分析。

（3）对企业的内部剖析。

（4）制定战略，对于在市场何处展开竞争以及如何展开，作出决策并针对外部市场和内部市场制定出计划来。

（5）实施战略，以服务、质量、管理作为后盾实施关系战略。

3. 关系营销战略设计

（1）从市场角度设计关系营销战略，可选择目标市场战略，市场渗透战略和市场开发战略。

（2）从内容角度设计关系营销战略，可选择企业营销战略和产品营销战略。

（3）从实践角度设计关系营销战略，可选择长期营销战略、中期营销战略及短期营销战略。

4. 关系营销战略策划预算

（1）预算的作用：①策划报价；②控制成本；③管理财务状况。

（2）注意的问题：①投入可能会有效益；②投入会增加成本，可能会削弱企业产品竞争力。

8.4.4 关系营销战术策划

1. 关系营销战术策划目的

营销公共关系是直接支援企业营销的公共关系活动，它是由营销与公共关系相结合而诞生的，目的是培养对企业有利的消费倾向倡导者，对消费者购买提供有利氛围，达到既让顾客满意又增加销售的“双赢”效果。

【小链接】

“公共关系使新建的小公司一夜成为上市公司，将影坛新人不断加工为好莱坞梦幻剧场的明星，将无名小卒推上总统宝座，辅佐政坛新秀速成为叱咤风云的老手，使个人逃避官司缠身、声誉暴跌等。”美国公关大师萨菲尔如此描述公共关系的巨大威力。

2．关系营销战术策划措施

1）关系营销的组织设计

为了对内协调部门之间、员工之间的关系，对外向公众发布消息、处理意见等，通过有效的关系营销活动，使得企业目标能顺利实现，企业必须根据正规性原则、适应性原则、针对性原则、整体性原则、协调性原则和效益性原则建立企业关系管理机构。该机构除协调内外部关系外，还担负着收集信息资料、参与企业的决策预谋的责任。

2）关系营销的资源配置

面对当代的顾客、变革和外部竞争，企业的全体人员必须通过有效的资源配置和利用，同心协力地实现企业的经营目标。企业资源配置主要包括人力资源和信息资源配置。

人力资源配置主要是通过部门间的人员转化、内部提升和跨业务单元的论坛和会议等进行。信息资源共享方式主要是利用电脑网络、制定政策或提供帮助削减信息超载、建立“知识库”或“回复网络”以及组建“虚拟小组”。

3）关系营销的效率提升

与外部企业建立合作关系，必然会与之分享某些利益，增强对手的实力；另一方面，企业各部门之间也存在着不同利益，这两方面形成了关系协调的障碍。具体的原因包括：利益不对称、担心失去自主权和控制权、片面的激励体系；担心损害分权。关系营销能够在某种程度上解决这些问题，以提高组织效率。

3．关系营销战术策划中的客户服务

从战略上来讲，“发现需求—满足需求并保证顾客满意—营造顾客忠诚”是关系营销的三步骤。关系营销来源于服务、质量、营销三者的整合。客户服务是一种为客户提供时间便利和空间便利的过程，它涉及与这一过程相关的交易前期准备、交易本身、交易之后的工作等诸多方面的考虑。要提供高质量的客户服务，就得了解客户需要买到的是什么，并决定怎样在你向客户奉献的东西上增添附加的价值。质量这一概念应理解为客户所能感知到的全面质量。

通过分析客户、了解客户、提高客户满意度来增加收入以及优化赢利是一种商业模式，技术与解决方案只是实现这个商业模式的手段。

（1）建立顾客关系管理机构及联系方式。

① 建立顾客关系管理机构。建立高效的管理机构是关系营销策划取得成效的组织保证。

② 联系方式。通过关系营销主管与顾客的密切交流增进友谊，强化关系的各种方式。

（2）制作关系营销规划。

① 频繁营销规划。设计规划向老顾客或大量购买的顾客提供奖励，奖励的形式有折扣、

赠送商品、奖品。通过长期的、相互影响的、增加价值的关系，确定、保持和增加来自最佳顾客的产出。设计频繁营销规划要注意以下问题：竞争者容易模仿；顾客容易转移；可能降低服务水平。

② 俱乐部营销规划。建立顾客俱乐部，吸收购买一定数量产品或支付会费的顾客为会员。

（3）关系营销的特殊方式。

① 顾客化营销（定制营销）。根据每个顾客的不同需求制造产品并开展相应的营销活动。其优越性是通过提供特色产品、优异质量和超值服务满足顾客需求，提高顾客忠诚度。

② 顾客数据库营销。建立、维持和使用顾客数据库以进行交流和交易的过程。策划数据库营销应有极强的针对性，是一种借助先进技术实现的“一对一”营销，可看做顾客化营销的特殊形式。

③ 退出管理。顾客不再购买企业的产品或服务，终止与企业的业务关系。退出管理策划主要是分析顾客退出的原因，改进产品和服务以减少顾客退出。

按照退出的原因将退出者分为：价格退出者，顾客为了较低价格而转移购买；产品退出者，顾客找到了更好的产品而转移购买；服务退出者，顾客因不满意企业的服务而转移购买；市场退出者，顾客因离开该地区而退出；技术退出者，顾客转向购买技术更先进的替代产品；政治退出者，顾客因不满意企业的社会行为或认为企业未承担社会责任而退出购买，如抵制不关心公益事业的企业、抵制污染环境的企业等。

任务 8.5 知识营销策划

【导入案例】

茶馆知识营销策划案

“茗香阁”是苏州一家面积 500 多平方米的茶馆，位于一条僻静的小巷内。造成“茗香阁”上座率不高的客观原因有两个：一是茶馆的地理位置偏僻，二是在“茗香阁”周围半径一公里范围内，有四家规模相当的茶馆，茶馆老板进退维谷。

“茗香阁”在认真研究消费者需求的基础上，对原有单一的经营模式进行了大胆的创新，把“茗香阁”打造成一个具有多种盈利模式的“多媒体”平台。通过销售过程传播一种知识、传达一种观念，让消费者在接受知识和观念的同时产生消费行为。

第一招：建立商务交流平台。

经过市场调研，茶馆的目标消费群是年轻白领，如企业的管理人员、销售人员，广告、法律、保险、IT、新闻从业者等。这个群体非常注重学习交流，并在不断寻求事业机会。很多人到茶馆不是为喝茶而喝茶，而是把茶馆当作一个相互交流、学习的场所，把茶馆变成一个商务交流和商务培训的平台，这是一个很好的切入点。

第二招：提供婚介交友服务。

“茗香阁”特意在二楼开辟了一块专区，相邻茶桌之间全部以轻纱相隔，营造出一种幽雅、温馨的气氛。

第三招：开辟茶叶销售终端。

茶馆开设了茶叶展示、销售专柜，消费者可以看样品茶，如果觉得哪种茶好喝，可以买回去。茶馆特意联合有条件的茶厂推出了“无公害”茶叶，由茶场直接供货，很好地迎合了消费者的需求。

第四招：知识营销改善消费体验。

“茗香阁”还推出了一项书籍代售和代租业务，消费者可以把自己不需要的书带到茶馆，由茶馆负责寄卖或出租，并且不收取任何费用。通过图书销售和租赁、上网消费等也给茶馆带来了利润。

（资料来源：冯志强．经典的工业贸易思想[M]．北京：北京燕山出版社，2006.）

案例分析：

“茗香阁”对茶馆盈利模式的创新完全是从消费者角度来考虑，为消费者创造更有价值的服务，自然会赢得消费者的青睐。通过知识营销模式的运营，茶馆生意兴隆。销售茶水不再是茶馆唯一的赢利模式，人际关系、商务、文化和产品营销成为新的赢利模式，茶馆从原先单纯的卖茶服务变为集商务交流、交友娱乐、产品销售、传播文化为一体的综合服务体。

8.5.1 知识营销策划概述

1．知识营销策划的含义

知识营销策划就是贯穿在高科技和企业技术创新活动之中的超前决策。它是以创新产品为对象，以知识、技术为媒介的营销理念和方式，以产品的科技创新和创新产品的知识促销、知识服务为突破口，从而培养和创造出一个崭新的生产体系的全部过程及其活动。

2．知识营销策划的特点

知识营销策划的特点如图 8.4 所示。

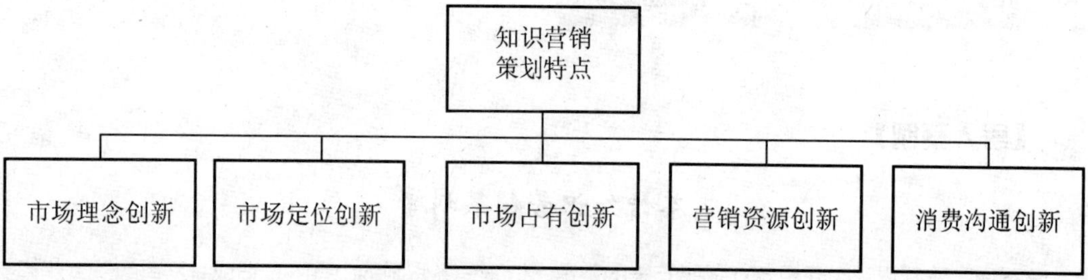

图 8.4　知识营销策划的特点

3．知识营销策划的过程

知识营销是依托原有营销理论体系而进行的创新，是以“知识”为前提的营销思维体系，以知识的传播、增值、使用作为目标来推介商品，实现企业的利益目的。企业在营销过程中，注入知识含量，帮助顾客增加商品知识和提高顾客素质，在此过程中增加企业自身的知识含量。

知识营销的过程是将市场营销过程和知识管理过程有机耦合，将市场营销中获取、产生、需要的各种形式的知识进行对接、整合、共享、创新、利用、发布，最终实现知识的价值转化。知识营销过程是一个复杂的过程，是以市场为导向，以技术为基础，以文化为动力的多方参与和交互的过程，涉及营销的各个环节与层面，是考验企业综合能力、目标集聚和实现能力的营销理念。

企业知识营销战略策划的步骤，如图 8.5 所示。

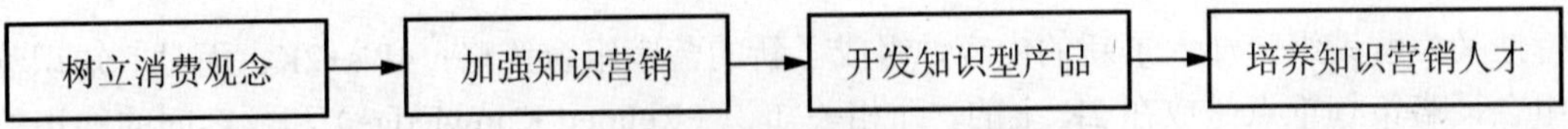

图 8.5 知识营销战略策划步骤

4．知识营销策划的硬件资源和软件资源

知识营销需要企业硬件资源和软件资源的通力合作与交叉融合才能高效完成。硬件资源包括企业的营销队伍、技术平台、资金支持、产品服务、市场位势等；软件资源则包括企业的组织结构与组织制度、企业文化、营销人员素质与技巧、企业形象与产品品牌、知识管理能力、组织执行能力等。在这些资源中， 硬件资源以技术平台与营销队伍建设最为重要， 软件资源以组织结构和组织制度最为关键。

（1）搭建科学的技术平台。企业通过内网和外网的对接与交流融合掌握全面的有关企业市场营销的知识，为营销的高效率提供保证。

（2）打造高素质营销队伍。高素质营销人员必须有辨别信息真伪，将不同知识加以精炼合并的能力。营销人员的知识共享能力是企业进行市场推广的最有力手段。营销人员的知识创新能力是企业从内部提升知识含量的关键基础。营销人员的知识表达发布能力是企业推销知识产品、转化知识价值的基础。

（3）建设扁平化组织结构。扁平化组织是组织结构的演变趋势，是适应剧烈变化的市场竞争、增强反应能力、提高响应速度的有效途径。

（4）创建共享型组织机制。企业内部的知识学习与共享是企业知识营销的主要内容，知识共享型激励机制主要解决的是组织内知识价值的分配问题。

8.5.2 知识营销策划的实施

1．知识营销策划实施的原则

（1）真心诚意，戒浮戒躁。

（2）结合企业产业特点，选择知识营销的突破口。

（3）正确进行产品市场定位。

（4）将知识讲座战术战略化。

（5）产品销售的终端是潜在的目标顾客，而不是产品一般的专柜。

（6）周到的服务——售前、售中、售后服务。

【策划一线】

格兰仕花费数百万元在全国 150 余家新闻媒体开辟了“微波炉菜谱 500 例”栏目，指导消费者做微波炉菜肴。在全国十几个大城市举办了“微波炉烹饪大赛”，引起消费者极大的兴趣。在全国各大城市的大型商场，免费赠送自己花费一年多时间编辑出版的《微波炉使用大全——菜谱 900 例》与《如何选购和使用家用微波炉》两本书，累计赠送了几百万册。联合百余家媒体开辟了“微波炉知识窗”专栏，对微波炉的发明、发展、原理、性能、结构、使用、维修与保养等内容定期进行介绍，使顾客全方位地了解了微波炉的基础知识。

2．知识营销策划实施的重点

4P’s 是传统营销组合策略的核心，知识营销策划也同样以 4P’s 为基础，同时由于其本身的特性又为营销组合注入了新的内容，组成了新的营销组合策略：4P's+2K。而且，知识营销的组合策略策划重点是放在 2K 上的，即相关知识（Related Knowledge）和顾客间的知识的传递（Knowledge Spreading）。需更加注重以下方面。

（1）控制产品文化内涵。

（2）注重与顾客建立战略性的营销关系。

（3）加强营销队伍的建设。

（4）注重无形资产投资，不断创造新的需求市场。

3. 知识营销策划实施的途径

（1）学习营销。企业向消费者和社会宣传智能产品和服务，推广普及新技术。对消费者进行知识传播和解惑，实现产品知识信息的共享，消除顾客的消费障碍。企业进行营销的过程中，吸取好的经验方法，补充和完善自己，最终达成整体的和谐。

（2）网络营销。具有成本低廉、无存货样品、全天候服务和无国界区域界限等特点。

（3）绿色营销。人们不再满足于消费传统意义上的商品及服务，注意力及需求消费健康化、自然化，“绿色产品”成为人们的新宠。

（4）营销教育。它是连接企业和顾客的新方式。不同行为主体之间的联系加强，技术革新意味着人们持续不断地学习，营销教育被越来越多的营销组织以各种形式采用。知识营销的首要任务是消除企业和顾客之间的信息不对称，企业只有通过营销教育加速与商品有关的科学知识原理的普及，消除信息不对称，减少消费者的消费风险，才能提供更多的顾客让渡价值。

传统营销沟通以商品信息主要内容，直接推动商品销售。营销教育则是以更高层次的知识为主要内容，通过提高顾客的科学素养，使之产生认同感，实现以知识创造市场。营销教育并不直接进行促销活动，不再以传统的促销组合为主要工具，而是利用营销科普的方法，以通俗易懂的方式把科学知识传播给消费者，培植他们的知识能力，使之认识到自己的潜在需求，从而发掘出他们对产品的现实需求。在这个过程中，企业为了提高营销活动的知识含量，同顾客建立起结构性的层次关系。

【策划一线】

惠氏在全国范围内举办“惠氏金宝宝，全脑开发智力高”的金装套餐活动，奉送由资深婴幼儿心理教育专家讲授的《全脑开发启智教育 DVD》和《全脑开发启智教育手册》，帮助更多家长掌握科学育儿知识，促进宝宝的早期教育智能开发。

任务 8.6 顾客满意策划

【导入案例】

美国家庭仓库公司创造顾客满意度

美国家庭仓库公司是一家以提供自己动手改善家居为特色的连锁店，其销售产品种类有 35 000 多种，与家居改善有关的产品应有尽有，价格却比当地五金店便宜20%～30%。公司的主要目标是与顾客建立起持久的关系，因为一位满意的顾客按“顾客购物生命价值”来算，可值25 000多美元（38美元／每次×30次／每年×22年）。

家庭仓库公司认为关怀顾客始于关怀员工。为员工提供高薪、全面培训，把员工当合伙人对待，所有专职职员至少有7%的年度薪金以公司股票的形式发放，从而使家庭仓库公司职员在顾客服务业务中具有主人翁的感觉。每一位职员都穿一条鲜艳的橘黄色围裙，上面写着：您好，我是×××，家庭仓库公司的股东，让我来帮您吧！

关怀顾客使家庭仓库成为成功的零售商之一，销售额以平均每年40%的速率增加，这已造成许多问题：通道阻塞、库存不足、销售人员太少、结账要排队等。尽管许多零售商很欢迎这类问题，但是家庭仓库公司却感到极大不安，因此他们迅速采取了补救行动。他们知道：持续的成功取决于对顾客满意的不懈追求。对待每一位顾客都应该像对待自己的父母、兄弟和姐妹一样。而你当然不愿意让你的母亲排队。

直接面对顾客的一线员工应被授权决定应采取的服务行动，同时负担其更多的责任。因为在决定公司命运的无数次的关键时刻，一线服务是关键环节。研究表明：开发一个新客户的成本相当于维护一个老客户的20倍。

（资料来源：曾朝晖．“顾客第一”怎么成为了摆设．http://jpkc.tongji.edu.cn.）

案例分析：

顾客满意策划是从顾客的角度出发进行市场营销组合设计，以提高满意度为目标，进行企业营销，以顾客满意度作为指标评价企业营销活动效果的方法、措施、策略等，包括顾客满意指标、顾客满意度和顾客服务满意策划。

8.6.1 顾客及顾客满意概述

1．内部顾客

①股东、员工是企业的基本顾客；②采购、生产和销售，三者是典型的顾客关系；③各职能部门之间是顾客关系；④工序之间是顾客关系。

2．外部顾客

凡是购买或可能购买企业产品的单位或个人都是企业的顾客。按其与企业的关系程度分为三种：①忠诚顾客；②游离顾客；③潜在顾客。

3．内部顾客满意

内部顾客满意指数及其指标，见表8-2。

表8-2 内部顾客满意指数及其指标

内部顾客满意指数	内部顾客满意指标
1．股东顾客满意	在年度结算时有不错的盈余和分红；企业能继续稳定地成长下去；劳资和谐无严重冲突；能尽到社会责任；以拥有优良的企业而骄傲并且有成就感等
2．管理者顾客满意	健全的薪金与退休或退职制度；个人生涯规划与晋升机会；好的企业文化；有自我表现的机会，可以达到自我成就的愿望；有更多的学习机会；被上级欣赏重用；公司及个人均有发展前景；能自由发挥个人潜力；同事间合作愉快；公司的企业形象或社会地位良好；目前对其个人未来发展和个人事业有帮助；有效率的管理制度及充分授权等
3．员工顾客满意	成就、认可度、工作本身、责任感、发展、成长等

【经验谈】

易导致职工非常不满意的因素有：公司政策和行政管理、监督、与主管的关系、工作条件、薪水、与同级的关系、个人生活、与下级的关系、地位安全。

内部顾客满意应做到以下几点。

（1）尊重员工。把员工当作一个社会人来看待和管理，让管理从尊重开始，是人性化管理的必然要求，只有员工的私人身份受到了尊重，他们才会真正感到被重视、被激励，做事情才会真正发自内心，才愿意和管理者打成一片。

（2）体贴关怀。这是与人和睦快乐相处的秘诀。

（3）利益共享。确保产品和服务的价值和品质，帮助客户成功。确保经济持续增长，而利益不能共享则会引发社会矛盾和冲突。

（4）有效沟通。沟通是要达到一致性以及进入别人的“频道”，你的声音和肢体语言要让对方感觉到你所讲和所想十分一致，否则，对方将无法接收到正确讯息。

4. 行业顾客满意

行业顾客满意的确定有三种方式：一是选取本行业中最优秀企业的顾客满意用作行业指标；二是综合本行业各企业顾客满意的优点，然后加以组合成为一个更全面、更科学和更完整的行业顾客满意；三是组织顾客满意专家对本行业的产品或服务进行系统分析，确定出行业顾客满意。

5. 企业综合顾客满意

企业综合顾客满意是排除具体的满意指标，而用几个主要的综合性数据来反映顾客满意状态的指标体系，包括以下几方面。

（1）美誉度，是顾客对企业的褒奖程度。

（2）指名度，是指顾客指名消费某企业产品或服务的程度。

（3）回头率，指顾客消费了该企业的产品或服务之后，再次消费、如果可能愿再次消费或介绍他人消费的比例。

8.6.2 顾客满意度的评估

顾客满意战略是包括顾客满意级度、追踪方法、实施策略在内的一系列工程。顾客满意度是顾客满意战略的立足之本。

1. 顾客满意的界定

“满意”二字有其特殊的界定：第一，顾客满意是顾客个体的一种心理体验，有鲜明的个体差异。第二，顾客满意必须符合公众道德、国家法律和社会义务。第三，顾客满意是相对的，没有绝对的满意。

2. 顾客满意度的追踪方法

（1）投诉建议制度。处理内部、外部之间的工作投诉和员工对各种问题的合理化建议。

（2）顾客满意调查。随着顾客满意理念的逐渐推广和深入，越来越多的企业开始认识到顾客满意调查的重要性，开展定期或不定期的调查。

（3）佯装购物者。了解顾客满意度的有效方法是，雇用一些人员装作潜在购买者，以报告他们在购买企业和竞争者产品的过程中所发现的优点和缺陷。

（4）顾客满意度的实施。企业以实现顾客满意度为轴心，包括调查研究、测量评价、改进提高、监控管理、员工支持保证、企业高效运作、全面创新和文化保障等系统。

8.6.3 顾客服务满意策划

树立服务理念、建立完整的服务指标和为顾客提供优质服务，既是顾客满意度营销的保证，又是顾客满意度战略策划的关键所在。

1. 顾客服务满意策划的含义

顾客服务满意策划是指企业为使顾客满意并最终成为忠诚顾客而向他们提供与本企业产品销售、使用、保养、处置有关的一切活动。

2. 顾客服务满意策划的要素

服务质量是一个复杂的话题，从 5 个方面来定义：可靠性、响应性、保证性、移情性和有形性。服务质量的评估是在服务传递过程中进行的。顾客对服务质量的满意，是将对接受的服务的感知与对服务的期望相比较。当感知超出期望时，服务被认为具有特别质量，顾客会表示满意；当服务没有达到期望时，服务注定是不可接受的；当期望与感知一致时，质量是满意的。服务期望受到口碑、个人需要和过去经历的影响。

（1）可靠性，是可靠地、准确地履行服务承诺的能力。可靠的服务行为是顾客所期望的，它意味着服务以相同的方式、无差错地准时完成。可靠性实际上是要求企业避免在服务过程中出现差错，因为差错给企业带来的不仅是直接意义上的经济损失，而且可能意味着失去很多的潜在顾客。

（2）响应性，是指帮助顾客并迅速有效提供服务的愿望。让顾客等待，特别是无原因的等待，会对质量感知造成不必要的消极影响。出现服务失败时，迅速解决问题会给质量感知带来积极的影响。对于顾客的各种要求，企业能否给予及时的满足将表明企业的服务导向，即是否把顾客的利益放在第一位。服务传递的效率还从一个侧面反映了企业的服务质量。研究表明，在服务传递过程中，顾客等候服务的时间是个关系到顾客的感觉、顾客印象、服务企业形象以及顾客满意度的重要因素。所以，尽量缩短顾客等候时间，提高服务传递效率将大大提高企业的服务质量。

（3）保证性，是指员工所具有的知识、礼节以及表达出自信和可信的能力。它能增强顾客对企业服务质量的信心和安全感。当顾客同一位友好、和善并且学识渊博的服务人员打交道时，他会认为自己找对了公司，从而获得信心和安全感。友好态度和胜任能力两者是缺一不可的。服务人员缺乏友善的态度会使顾客感到不快，而如果他们的专业知识懂得太少也会令顾客失望。保证性包括如下特征：完成服务的能力、对顾客的礼貌和尊敬、与顾客有效的沟通、将顾客最关心的事放在心上的态度。

（4）移情性，是设身处地地为顾客着想和对顾客给予特别的关注。移情性有以下特点：接近顾客的能力、敏感性和有效地理解顾客需求。

（5）有形性，是指有形的设施、设备、人员和沟通材料的外表。有形的环境是服务人员对顾客更细致的照顾和关心的有形表现。对这方面的评价可延伸到其他正在接受服务的顾客的行动。

顾客从这 5 个方面将预期的服务和接受到的服务相比较，最终形成自己对服务质量的判断，期望与感知之间的差距是服务质量的量度。从满意度看，可能是正面的也可能是负面的。

【经验谈】

面对买方市场新形势的出现，强调从顾客需求出发，打破企业传统的市场占有率推销模式，建立起一种全新的“顾客占有率”的行销导向。实施顾客满意度要进行 5 个关键步骤：确立经营理念，“帮助顾客买汽车，而不是卖汽车给顾客”；测定顾客满意度，让顾客“看个够、选个够、买个够”；改善产品与服务，“说顾客需要的，而不是自己想说的”；采取有效行动，让顾客在你公司中有自己的代言人；改革企业文化，“我请专家指点迷津，帮助你们快快发财”。

3．顾客服务满意策划的内容

（1）接纳顾客和访问顾客。
（2）质量“三包”服务，即包修、包换、包退。
（3）咨询服务，包括业务与技术咨询服务。
（4）安装和调试。
（5）产品配件供应。
（6）技术培训。
（7）巡回检修。
（8）特种服务。

4．顾客服务满意策划的实施要点

（1）树立服务理念。
（2）为顾客服务。
（3）建立完整的服务考核指标。

【小案例】

苹果零售店的十大成功秘诀

苹果零售店平均每平方英尺（约合 0.09 平方米）每年创收 5 600 美元，每周吸引 2 万客流，使之成为全球盈利能力最强的零售店。以下是零售店的十大成功秘诀。

(1) 所有笔记本电脑的屏幕必须在开门前以相同角度打开。这一方面是出于美观考虑，但主要目的还是为了吸引用户亲手触摸笔记本。这个角度可以吸引用户调节屏幕，适应自己的高度。苹果员工使用一款 iPhone 应用来使所有屏幕的打开角度相同。

(2) 顾客可以无限时把玩设备。苹果会专门嘱咐员工，不要给顾客施压，迫使他们离开，目的是培养客户的“拥有体验”。

(3) 电脑和 iPad 都必须安装最新、最流行的应用。苹果零售店的电脑都会配备一系列热门应用，与之相比，百思买的电脑屏幕都处于关闭状态。除此之外，苹果零售店内的所有设备都可以接入高速互联网。

(4) 每个应聘者都要回答管理者 3 个问题。其中一个问题是，“你能否与乔布斯旗鼓相当？”这个问题是为了考查应聘者能否自信地表达自己的想法。管理者还会问，“你是否展示出了勇气？”以及“你能否提供利兹·卡尔顿酒店那种水平的客户服务？”员工是苹果零售店的灵魂。

(5) 如果无法修复技术问题，维修人员必须说“根据目前的情形来看”，而不能说“不幸的是”。除此之外，苹果还要求员工在谈到“功能”时，要使用“好处”来代替。苹果针对零售店的员工用语制定了严格的规定。

(6) 提供一对一培训的员工在未获用户许可前不得触碰用户的设备。这一规定的目的是让用户自己找到解决方案。

(7) 如果客户念错了产品名称，销售人员禁止纠正。为了营造积极的氛围，销售人员不能给顾客造成趾高气昂的印象，所以，必须将错就错。

(8) 员工必须在顾客进店后立刻迎接。不仅要欢迎，还要热烈欢迎。如果需要排队，热烈的欢迎就会让顾客感觉自己受到了尊重，队伍也就不会感觉那么长了。

(9) 超过保修期后，维修人员仍然有权为用户延长保修服务，最高不超过 45 天。为了提升用户忠诚度，苹果在这方面显得很大度。如果超过 45 天，则需要获得管理人员的签字。

(10) 员工不拿佣金，也没有销售指标。苹果零售店员工的职责不是推销产品，而是帮助顾客解决问题。

(资料来源：新浪科技．苹果零售店十大秘诀．http://www.sino-manager.com.)

案例分析：

如今门店是苹果进攻的武器之一，开设门店的初衷却是为了防守。苹果公司成功的关键却出人意料：实体零售店连锁。苹果对客户体验的控制延伸到最微小的细节。

任务 8.7　事件营销策划

【导入案例】

海尔借“申奥成功”增强品牌沟通

2001 年 7 月 13 日夜，一个非常紧张的时刻，争办 2008 年奥运会的结果即将揭晓。亿万中国人都守在自家的电视机前观看现场直播。当萨马兰奇念出口中的铿锵之音“北京”之时，全世界的华人都沸腾了。就在这申奥成功的第一时间，“海尔祝伟大祖国申奥成功”的祝贺广告便紧随其后在中央台播出，与全球炎黄子孙共享这一世纪之荣。当夜，海尔集团的热线电话被消费者打爆，很多的消费者致电只是为了与“海尔”分享胜利的喜悦。这一广告耗资 5 000 万元，但绝对物有所值。

“海尔”虽然没有在活动赞助本身取得直接的效益，但是申奥成功的纪念价值和象征意义对于海尔品牌形象的提升，以及增强海尔品牌与消费者的沟通，无疑是不可估量的。海尔还采取了诸多奥运概念的事件营销策略，比如在济南、青岛举办的“海尔杯”儿童迎奥运绘画比赛、组织员工开展“绿色奥运志愿者林”建设活动等，甚至不少海尔品牌的家电也冠上了绿色奥运家电的称号。

(资料来源：江和华．成功的事件营销案例大揭秘．http://www.srcb.com.)

案例分析：

事例营销有一个共同点就是每个事件都有一个争议的焦点，是不合乎常理的焦点，当把人们的目光都抓过来的时候，他又娓娓道来、有理有据的将争议化解，变成一场事件营销的全民运动，高明之处值得很多企业借鉴。

社会在不断发展，营销也在与时俱进，无论是方法还是手段，无论是模式还是创意，都需要创新。为了有效吸引眼球和注意力，首先需要的是打破和颠覆行业规则，引起领导性品牌关注，或者是瞄准领导性品牌软肋；其次是引起主流媒体主动关注；最后是要建立和形成差异，区隔竞争品牌。卖点并非永远是卖点，特别是在当前同质化竞争的环境下，需要的是动态调整，与时与市俱进，因时因地制宜，进而不仅赢得眼球，而且赢得市场。

8.7.1 事件营销策划概述

1．事件营销的含义

事件营销是指企业在真实与不损害公众利益的前提下，通过策划、组织和利用具有名人效应、新闻价值以及社会影响的人物或事件，吸引媒体、社会团体和消费者的兴趣与关注，以求提高企业或产品知名度、美誉度，树立良好品牌形象，并最终促成产品或服务销售目的的手段和方式。如何运用好事件营销，达到提高企业知名度和美誉度的目的显得尤为重要。

（1）事件营销的过程如图 8.6 所示。

图 8.6　事件营销的过程

（2）事件营销的特征：①免费（低成本）；②有明确的目的；③可能产生风险。

（3）事件营销的 3 个关键：①品牌的诉求点；②事件的核心点；③公众的关注点。

（4）事件营销策划的方法：①寻找品牌与事件的关联性；②做别人没有做过的；③提高事件公众参与度。

（5）事件营销的切入点：①受众关心；②新闻价值；③影响力。

2．事件营销的因素

随着注意力经济的到来，如何吸引消费者的眼球，无疑是现代市场营销的热点问题。由于事件营销自身的优势（如影响涟漪作用、公正公开性等），正被许多企业采用，以期获得预期目的。

1）规模效应因素

企业发展到一定程度，规模效应就会体现出来。规模效应指的是产量变动的比率与企业规模扩大的比率之间的关系。对想实施事件营销的企业来说，究竟当企业发展到何种程度上，才适宜采用事件营销？

企业初创期，规模效应不变。如果企业不惜血本，集中精力运作事件营销，将为企业带来一个不可避免的问题：事件营销非常成功后，产品的需求量会在短期内激增，而在企业的初创期，企业很难有丰裕的资金去投入到设备的更新上，也就满足不了市场需求量。消费者由希望到失望，企业将会举步维艰。

企业成熟期，规模效应递增。成熟期的企业，不论知名度和美誉度均远远超过初创期。当运用事件营销获得成功后，由于有雄厚的储备力量作支撑，企业如鱼得水。生产规模的扩大，规模效应的递增，导致了成本相对的大幅降低，企业将会因此而大大提高其市场占有率。

企业衰退期，规模效应递减。衰退期的企业，一般不适宜运用事件营销。即便运用得当，其获得的利润也与其投入的成本抵消的差不多了；运用不当，将会加快企业的破产。

2）内在关联度因素

从长期来看，事件营销最终成功与否，其内在的关联度至关重要。所谓内在关联度，是指事件营销的 3 个当事人——企业、事件、消费者之间的关联程度。即通常所说的公众的关注点、事件的热点与企业的诉求点 3 点之间的关联程度如何。大凡成功的事件营销，其内在的关联程度必然高；反之，则内在关联程度必然低。只有企业生产出来的产品与事件本身所带来的意义高度相关，才能吸引消费者的眼球，才能提高企业的知名度和美誉度。

3）市场预期因素

诺贝尔经济学奖得主罗伯特·卢卡斯的预期理论同样适用于企业对事件营销的运用，称之为市场预期因素。企业只有建立在对市场需求科学预测的基础上，才能考虑是否运用事件营销，做到有的放矢。企业预期某种产品不久会走俏，甚至政府政策将会在近期内有所改变，这些都是预期的范围。

4）双链因素

即原料供应链和销售渠道链。在企业考虑能否运用事件营销时，必须保证这两根链条在运用成功与否都不受其影响。具体而言，当事件营销成功运作后，其原料供应链能源源不断地满足其市场需求，销售渠道链能最大限度地实现消费品的转移，实现企业的产品增值；当事件营销失败运作后，可能企业形象受损，但企业能在这两根链条中全身而退。企业在进行决策时，必须反复考虑不可预测的结果。

8.7.2 事件营销策略

实践中应用的事件营销策略很多，如图 8.7 所示。下面简单介绍常用的几种。

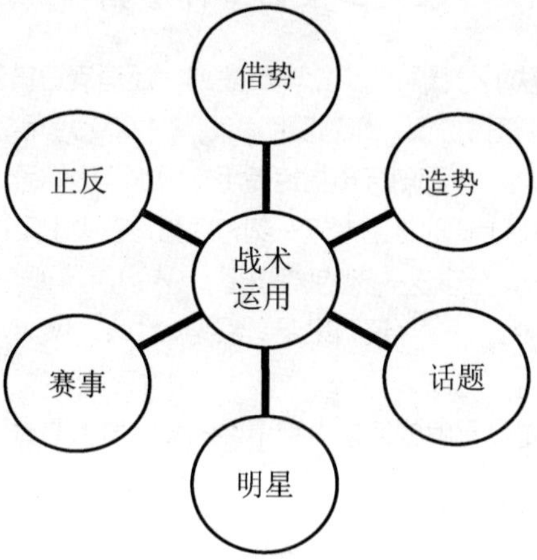

图 8.7 事件营销策略

1. 造势策略

造势策略，就是企业通过自身策划富有创意的活动，从而引起媒体或者大众关注。企业要善于从信息过剩的市场中发现机会，人为制造一些与企业产品相关的事件，从而借助事件的涟漪作用，影响消费者的购买意愿，达到最终目的。

【小案例】

商业造势策划

1915 年，在美国旧金山举行的“巴拿马万国博览会”上，茅台酒“怒掷酒瓶振国威”成为迄今为止被传颂的中国企业成功运用事件营销的首个经典力作。张瑞敏“砸机”事件砸出了海尔品牌的质量形象，向全社会宣传了海尔以质量为本的企业理念，为海尔在未来发展成为全球知名品牌打下坚实的基础。蒙牛酸酸乳超级女声堪称制造事件的经典。这些发生在身边的经典案例说明了企业要善于造势，以求发展。

（资料来源：田旭．公关策划的几个问题．http://www.ycwb.com.）

案例分析：

大家常说："三流企业做事，二流企业做市，一流企业做势"。营销也是这样。最聪明的营销就是在市场中审时度势、顺势而为。营销的本质就是"营势"、"谋势"。"谋势者"方能在市场中处于重要地位，花小钱办大事。

2．借势策划

所谓借势策略，就是参与大众关注热点话题，将自己带入话题的中心，由此引起媒体和大众的关注。每天都会有大众关心的热点问题，企业必须要深度调研，从众多热点问题中筛选出与自身主题相关的话题。然后，搭上媒体的平台，诱使消费者把事件与企业联系起来。一般而言，企业采取借势策略的前期成本远远低于造势策略，但不应忽视的是善于用借势策略的企业通常都有良好的媒体沟通渠道，甚至会在媒体上投入巨大费用，才能起到效果。所以采取何种策略，企业应注意其投入差异，根据自身实力，量力而行。

【小案例】

农夫山泉的事件营销

农夫山泉不仅有"为申奥捐献 1 分钱"的支持申奥活动，还有支持贫困地区儿童上学的"阳光工程"。此外，农夫山泉与中国航天基金会签订协议，作为赞助商捐赠 1 000 万元给基金会以支持中国航天事业的发展，作为回报，农夫山泉获得 6 年内"中国航天员指定专用饮用水"的称号。就在杨利伟安全准确返回的那一刻，农夫山泉水在电视、报纸和网络上适时推出"这一刻有点甜，农夫山泉祝贺中国首艘载人航天飞船——神舟五号成功返航"的广告与全球华人分享这一刻的"甜蜜"。

（资料来源：根据 http://www.5ucom.com 资料整理编写.）

案例分析：

农夫山泉的事件营销，无论是从品牌的诉求点与事件的契合度上看，还是从表现形式和发布时机上看，都堪称事件营销借势利用的典范。

3．传播策略

在事件营销的实施过程中，传播策略是非常重要的一个环节。事件营销的实施就是一个事件本身的传播过程，借助事件这一载体来传播企业所希望传播的关键诉求点。

要对事件营销进行全面、细致、操作性强的策划，明确透过事件营销所要传播的主题，如公司形象、品牌理念等，企业内涵，品牌理念和事件要有合适的对接点，再根据主题制定完备的媒介宣传计划，从全局上把握宣传的关键点。完善的计划和周密的部署是事件营销成功的重要前提。

【小案例】

洽洽瓜子的事件营销策划

洽洽瓜子将一小小瓜子从安徽卖向全球，小小瓜子能够卖出十几亿的销售，洽洽的出现推翻了行业的游戏规则，对行业进行了整合。“洽洽瓜子是煮出来的”，差异化的定位不仅锁定了消费者，而且形成了独特的卖点。由炒改为煮，不仅拓大了市场，而且改变了消费行为，演变成了休闲食品，而且不会上火。当然，洽洽瓜子在营销过程中还主打文化牌，利用集卡等手段培养忠诚。

（资料来源：丁华．洽洽瓜子的事件策划．http://www.em-cn.com.）

案例分析：

发挥传播的主动性，深入挖掘传播资源，具体策划要迅速到位。事件营销力=策划力×执行力。再好的事件营销构思，一旦遭遇很差的执行力，结果也是不会令人满意的。

事件营销的事件往往是具有新闻时效性的，因此广告、媒体报道如何在最短的时间内出来，随事件传播，甚至达到与事件同步传播的程度，也是一个关键因素。快速的反应和执行能力在事件营销中非常重要。在瞬息万变的市场中，速度，有时候就是胜利。

事件营销本身是一把“双刃剑”：事件营销虽然可以以短、平、快的方式为企业带来巨大的关注度，但也可能起到反作用。如果企业或产品的知名度扩大了，但美誉度并没有提高，就会带来负面的评价。

事件营销的利益与风险并存，企业既要学会取其利，还要知道避其害。对于风险项目，首先要做的是风险评估，这是进行风险控制的基础。风险评估后，根据风险等级建立相应的防范机制。事件营销展开后还要依据实际情况，不断调整和修正原先的风险评估，补充风险检测内容，并采取措施化解风险，直到整个事件结束。

【策划一线】

“××”功能饮料事件营销策划书

第一部分 营销意义及策划目的

1．公司简介

“××”功能饮料源于泰国，至今已有 40 多年的行销历史。凭着卓越的品质和功能，产品行销到 140 多个国家和地区，凭借着强劲的实力跟信誉，“××”创下了非凡的业绩，功能饮料销售一直居于世界前列，在××年，更是创下了全球销售 40 亿罐的成绩。“××”于 1995 年入驻中国，开始了它在中国开疆扩土的行程。××年×月×日，“××”维他命饮料有限公司成为中国羽毛球队赞助商。

2．营销意义

在年初“××”与中国羽毛球队合作之后，正值亚运会与亚残运会接连开始之际，“××”需要借助全民运动这一大好时机积极进行事件营销，在举办以“有能量，关爱无限量”为主题的专门针对高、初中学生的体育比赛等系列活动中宣传品牌形象，提升“××”的知名度和美誉度，并在“能量、激情、超越”的个性中寻求新的品牌内涵，即“关爱”。

3．策划目的

“××”一直积极参与赛车、极限、球赛等运动，在体育领域倡导能量、激情、活力、挑战的××精神，长期坚持运动营销。“××”将这一阶段的目标受众锁定于学生，既可以弱化××体育饮料的形象，将产品定位从“补充体力”扩大到“提神醒脑”，又可以在情感方面表达更多的诉求。利用“有能量，关爱无限量”主题活动引导社会公众关注初、高中生这一高度用脑群体，利用亚残运会期间对残疾人的关爱，一方面教会学生、消费者关爱他人，另一方面也增强品牌人性化，提升品牌好感度。

第二部分 营销状况分析

1. 市场状况

随着人们生活水平与消费需求方面的不断提高，饮料产品的功能化、多样化发展已是大势所趋。巨大的市场潜力使各大企业近年来纷纷打出“功能”牌。继“××”之后，国内功能饮料市场新品不断。

但相比矿泉水、果汁等饮料市场，国内功能饮料市场的整体放量不大，发展相对滞后，不少品牌仅是昙花一现。目前国内功能饮料市场除“××”外所占比重较大的是由国际饮料巨头达能集团掌控的乐百氏的“脉动”系列饮品。市场上功能饮料定价基本在3~6元区间。

2. 产品状况

“××”维他命饮料有限公司在国内生产和销售的“××”维生素功能饮料产品系列包括金罐装(250ml)、牛磺酸强化型（250ml）和浓郁型（180ml）三种，并均获批为保健食品。其中金罐装知名度为93.8%，强化型为53%，浓郁型为13.4%。市价瓶装4元，罐装6元。“××”产品定位于提供更多营养，补充更多能量，让头脑更灵活，精神更充沛，提神醒脑，补充体力。品牌定位聚焦能量和活力，所以“××”长期坚持运动营销，参与了诸多体育赛事，而忽略了为脑力劳动者提供的“提神醒脑”的功能。这使得“××”产品定位没有太强感召力，在中国市场表现一般。

3. 目标受众状况

主要目标受众：体力消耗者，职业人士（公司一般职员、中层管理人员和专业技术人员、机关单位一般干部），学生。

目标受众生活形态：“××”的目标受众应是关注自身健康，喜欢尝新的群体，他们平时学习或工作压力较大，有做不完的工作，总感觉比较累，有接受“功能饮料有利健康”的倾向。

目标受众购买功能性饮料考虑因素：价格方面，功能饮料价格较为高昂，高于饮用水，茶饮料、果汁及碳酸饮料等，所以在宣传过程中应主要宣传产品功效。口味方面，功能性饮料为实现功能不得不添加一些成分使口感下降。安全方面，功能性食品强调适应的人群与适宜的场合，只有在特定的场合，特定的人群饮用才是安全的。

4. 竞争状况分析

(1) 现有竞争者：从2003年开始，功能饮料市场出现了很多强势的竞争对手，比如乐百氏的“脉动”，力保健的“力保健”与“宝矿力”，雀巢的“e能”等，这些品牌在产品诉求上大都追求时尚新潮，且定价与“××”相比也比较低，同时采用“××”的品牌传播策略。不仅扩大了功能饮料的市场规模，还争得了“××”的部分消费者。几种主要功能饮料的市场占有率如图8.8所示。

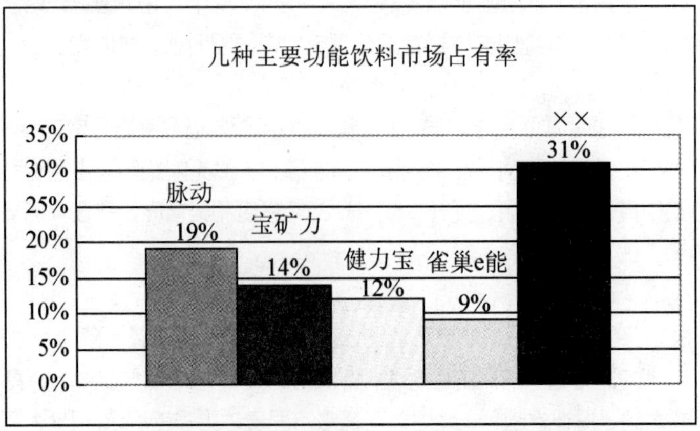

图8.8 几种主要功能饮料市场占有率

(2) 替代品威胁者：主要有竞争力的替代品是两乐（即百事可乐与可口可乐），之后又有“王老吉”。但“××”定位是“提供更多营养，补充更多能量，让头脑灵活，精神更充沛，提神醒脑，补充体力”，这也使自己显著区分于两乐。消费者认为最好的功能饮料品牌如图 8.9 所示。

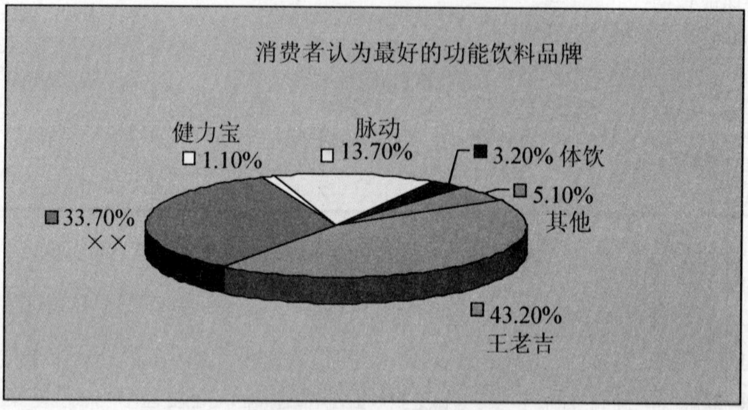

图 8.9　消费者认为最好的功能饮料品牌

第三部分　SWOT 分析

“××”饮料 SWOT 分析表见表 8-3。

表 8-3　“××”饮料 SWOT 分析表

企业外部环境分析 / 企业内部环境分析	优势（S） S1 科学地把各种功效成分融入产品之中，拥有提神醒脑、补充体力、抗疲劳的卓越功效。它比咖啡、茶、可乐等更具有营养价值，更适合针对学校对学生这一脑力劳动者进行营销推广 S2 在口感和醇香上是竞争对手所无法比拟的 S3 功能多，在国内市场上享有较高声誉，是国家卫生部在同类产品中批准的第一个品牌 S4 生产技术和工艺先进，品质要求严格	劣势（W） W1 产品价格相对其他饮料太高 W2 产品线单一，自产品上市后包装等基本保持一成不变 W3 过分强调功效 W4 部分目标市场的缺失 W5 品牌核心价值的丧失，消费者理解片面 W6 长时间进行体育营销，运动饮料形象强势
机会（O） O1 忽略了部分中国现实消费群体，一个巨大的市场空白（指初、高中生特别是即将中考、高考的学生） O2 当代初、高中生多为独生子女，受父母重视，提神醒脑的功能性饮料必能广泛受到学生及家长们欢迎 O3 消费者多元化的饮料消费需求，特别是在运动饮料上，为新产品开发提供了广阔的市场空间 O4 饮料产品生命周期的差异为导入期的功能型饮料创造了巨大的市场潜量 O5 日益细分化的消费群体为功能饮料企业目标营销提供了机会	S O 战略 （利用优势，抓住机会） SO=[O1,O2,O3,O4,O5; S1,S2,S3,S4] 策略：利用这些因素	W O 战略 （利用机会，克服劣势） WO=[O1,O2,O3,O4,O5; W1,W2,W3,W4,W5,W6] 策略：改进这些因素

续表

威胁（T） T1 功能饮料始终处于产品导入阶段，没有迎来一个快速成长期 T2 功能饮料的目标客户群相对于饮用水、碳酸饮料、果汁、茶饮料等大众性饮料较为狭窄 T3 品牌忠诚度低 T4 食品安全成为关注焦点，因一些安全事件为人们所警觉	S T 战略 （利用优势，减少威胁） ST=[T1,T2,T3,T4; S1,S2,S3,S4] 策略：监视这些因素	W T 战略 （将劣势、威胁最小化） WT=[T1,T2,T3,T4; W1,W2,W3,W4,W5,W6] 策略：消除这些因素

第四部分　营销策略及实施方案

1．品牌策略

从××年×月份开始，“××”将自己的品牌内涵定位为动感、国际、活力，为此开展了一系列公关活动，深化这个品牌内涵。但还应利用“××”先进生产工艺和品牌的知名度直接向高度密集的脑力劳动者——初、高中生延伸，在坚持体育营销和音乐营销的基础上强化对知识工作者的品牌宣传，弥补这一市场空白。

具体方案如下。

(1) 着力宣传“××”的“关爱”的品牌内涵。在目标市场针对初、高中开办“××有能量，关爱无限量”运动赛事，选拔“运动之星”，并颁发相应荣誉证书和奖金，或者纪念品。关爱学生这一高度用脑群体，提倡初、高中生劳逸结合的生活方式。

(2) 对目标市场，在运动赛场和一些考试考场上设置“××加油站”，让学生自然、直接地感受到××饮料迅速补充体力及提神醒脑的功能妙用。

(3) 开办智力竞赛，请当地中、高考状元做品牌代言人，开办“××有能量，关爱无限量”中/高考经验分享会，在学生中提升品牌好感和知名度。

2．价格策略

“××”的高价位这些年来都没有做过调整，它的高价位是由其品质决定的。目前市场上功能饮料价格相对于“××”都较低。为了在此期间更大程度吸引消费者，借助活动主题“关爱”的影响力，以及人们的普遍心理，对价格可以适当调整，使其价位更适合学生。

具体方案如下。

(1) 高档品牌向下延伸。“××”价格确实太高，属于高端产品，但其目标市场又包括学生，这难免前后矛盾。所以“××”在巩固高端市场基础上势必要向中端产品延伸，去迎合学生的实际消费水平。

(2) 沿用“××”单一品牌模式，但产品要更细化，具体针对不同市场开发不同功能、不同口味产品。在包装上也区别开来，或可以学习“王老吉”用 250ml 纸盒装，通过减少量和改变包装来降低价格，迎合大众。

(3) 在“××有能量，关爱无限量”活动过程中，可以适量进行赠饮，或优惠活动，增加目标受众量，提升关注度。

3．公益营销策略

公益营销可以有效拉近与消费者距离，树立良好的企业形象，从而使消费者对企业产品产生偏好，形成优先购买。“××”在体育营销中开创了体育公益新模式，即“××起点计划”。但在这场“××有能量，关爱无限量”活动中，也应运用公益营销来博得好感和信任感，进一步丰富“关爱”的品牌内涵，同时应注意在残奥会期间突出对残疾人的关爱。

具体方案如下。

(1) 建立××“关爱基金”，并将基金用于设立初、高中生的奖学金和助学金，将关爱名副其实的送到。

同时可以宣传每卖出一罐“××”，便会拨一角钱至“关爱”基金，使每个消费者都切实参与到这场关爱行动中，汇聚个人有限能量，成就关爱无限量，切实符合主题。还要有效利用相关媒体对爱心事件进行及时报道，引起受众关注。

(2) 赞助学校的体育设施、设备，真正地去服务、回报目标受众，让目标受众无处不在地感受到“××”的关爱服务。

(3) 不仅要初、高中生学会爱自己，还要爱别人。组织一批初、高中生志愿者去看望残疾人，或去残疾人学校体验下他们的生活。将“关爱无限量”充分阐释。将“残疾人关爱基金”捐至“中国残疾人基金会”，体现“××”关爱自己，关爱他人的活动内涵，让受众从中学到关爱，博得好感。

4．广告传播策略

广告宣传是有效提升品牌形象的手段。打造产品的亲和力和美誉度，更多的是需要公关活动或者是平面媒体。“××”需要加强宣传提升品牌美誉度。

具体方案如下。

(1) 活动期间在目标市场的地方电视台投放关于比赛或是经验分享会的广告或视频，尤其是关于“运动之星”捐款的事情要尽力宣传渲染。

(2) 在目标市场投放户外广告牌，大力宣传。通过海报张贴，POP 广告以及直邮广告方式，扩大此次“××有能量，关爱无限量”活动的影响力。

(3) 可以印发印有“××”相关信息的笔记本定期免费赠发给学生，以期达到良好的长期保存宣传效果。

(4) 大力开展网络宣传活动。网络拥有最有活力的消费群体并且网络宣传成本低，投放更有针对性。

① “××”可以在网上开启微博，并在微博上发起有关这次活动的主题讨论，让更多的网民参与进来，并可以上传“××”这次关爱活动的全过程视频或跟踪报道，提升关注度。

② “××”可以在一些知名网站上发帖，引起人们对“关爱初、高中生”的重视，增加“××”的亲民性。

③ 与一些网络平台合作，制作自动弹出新闻 Tips，直接将海量该网站用户引导至对“××”这次关爱活动的专题页面。

④ 开办活动专区，及时反映此次关爱活动校园行的实况，扩大活动影响力，使更多受众深入了解活动的目的与详情。

⑤ 与一些知名网站合作，在亚残运会视频中发布广告，贯彻“关爱”的品牌内涵。

第五部分　财务计划

1．营销目标

(1) 通过这次的营销活动，要把××的市场份额由原来的 31%提升至少 5 个百分点以上。

(2) 利润目标要同比增长 10%以上。

2．广告宣传及赛事宣传费用

(1) 目标市场地区点大概分东区，西区，南区 3 个点。在地方电视台，密集投放一个月的广告用于宣传“××有能量，关爱无限量”的主题活动。广告制作时长 30 秒，于中午，晚上各播放两次。通过选取数个代表性地方电视台广告费用得出均价：12:00—12:10 均价为 2 000 元，12:30—12:40 均价为 2 200 元，19:30—19:40 均价为 4 800 元，20:30—20:40 均价为 5 200 元。媒体费用+广告制作费，预计费用范围：120 万元～130 万元。

(2) 在目标市场的户外广告投放、海报制作张贴及笔记本，代言费。共需 60～70 个灯箱，约 100 张海报。笔记本数量依具体情况而变。预计费用范围：95 万元～100 万元。

(3) 网络营销费用。包括在网络上投放广告的费用，自己在网络上的宣传、炒作以及与网络平台合作的费用。预计费用范围：145 万元～150 万元。

3. 赛事场地跟赛事期间费用

(1) 赛事场地采用就地租用学校场地的办法。预计费用范围：180 万元～200 万元。

(2) 体育器材的购买，需要足球/篮球/羽毛球等 150～200 个。预计费用范围：5 万元～10 万元。

(3) 大赛期间公关费用，包括路费，布置费，邮费，公关费以及应对突发事件等费用。预计费用：130 万元。

4. 活动期间新产品研发、推广促销以及产品活动让利费用

预计费用：80 万元。

5. 公益费用

即"关爱基金"启用金 50 万元，"残疾人关爱基金"100 万元，体育设施赞助金预计费用范围：190 万元～200 万元。

总计：945 万元～1 000 万元。

（资料来源：根据郑州新天地（台湾）营销策划有限公司策划资料整理编写.）

基础巩固

1. 名词解释

市场拓展策划　整合营销策划　关系营销策划　网络营销策划　知识营销策划
顾客满意策划　事件营销策划

2. 单项选择题

（1）市场拓展通过直接传播，产生（　　）传播，达到公众传播的效果。

A. 市场　B. 产品　C. 渠道
D. 价格　E. 媒体

（2）知识营销是依托原有营销理论体系而创新，以（　　）为前提的营销思维体系，以知识的传播、增值、使用作为目标来推介商品，实现企业利益欲望的目的。

A. 知识　B. 营销　C. 品牌　D. 生产力

（3）知识营销的组合策略策划重点是放在 2K 上的，即相关知识和顾客间的知识的（　　）。

A. 学习　B. 传递　C. 媒体　D. 组合

（4）顾客满意策划是从顾客的角度出发进行市场营销组合设计，以顾客满意度作为指标评价企业营销活动效果的方法、措施、策略等，包括顾客满意指标、顾客满意度和（　　）。

A. 批发商　B. 生产者　C. 消费者　D. 顾客服务满意策划

（5）事件营销在本质上就是让你的事件策划成为（　　）。

A. 事件　B. 故事　C. 新闻　D. 媒体

（6）事件营销的切入点是（　　）。

A. 受众关心　B. 新闻价值　C. 影响力　D. 广告

3. 多项选择题

（1）市场拓展的任务是（　　）。

A. 确定目标受众　B. 策划促销活动
C. 培养忠实顾客　D. 市场拓展

（2）整合营销策划的条件与前提是（　　）。

A. 同一个中心　　B. 同一种口径

C. 不同的时间、空间　　D. 组合资源

（3）网络营销策划的层次是（　　）。

A. 信息应用策划　　B. 战术营销层策划

C. 网络基础技术　　D. 网络应用

（4）网络营销策划是以（　　）为基础，以（　　）为媒介和手段，对将来要发生的营销活动及行为进行超前决策。

A. 电子信息技术　　B. 计算机网络

C. 网络产品开发　　D. 网络促销

（5）关系营销策划的特点是（　　）。

A. 长期性　　B. 整体性　　C. 层次性　　D. 动态性

（6）凡是购买或可能购买企业产品的单位或个人都是企业的顾客，按其与企业的关系程度分为三种（　　）。

A. 忠诚顾客　　B. 游离顾客　　C. 潜在顾客　　D. 消费者

（7）事件营销的特征是（　　）。

A. 免费　　B. 低成本　　C. 有明确的目的　　D. 可能产生风险

4. 判断题

（1）市场拓展是在扩大产品销量和扩大企业市场份额方面所进行的决策与策划。（　　）

（2）整合营销思想是以消费者为导向的营销思想在传播宣传领域的具体体现。（　　）

（3）整合营销传播的广告策略力求避免传统传播方式造成的传播无效和浪费。（　　）

（4）关系营销来源于服务、质量、营销三者的整合。（　　）

（5）知识型产品流通不需要以知识和信息的流动为媒介和先导。（　　）

（6）事件营销的3个关键：品牌的诉求点、事件的核心点、公众的关注点。（　　）

5. 简答题

（1）市场拓展策划的步骤是什么？

（2）整合营销策划的过程是什么？

（3）关系营销战略程序是什么？

（4）知识营销策划的一般方法是什么？

（5）事件营销的因素有哪些？

（6）事件营销策划的策略是什么？

技能实训

【项目名称】事件营销策划操作能力训练

【实训目标】

引导学生参加“房地产项目事件营销策划”业务胜任力的实践训练；在切实体验企业事件营销策划有效率的活动中，培养相应专业能力与职业核心能力；通过践行职业道德规范，

促进健全职业人格的塑造。

【实训内容】

（1）专业技能与能力：在学校所在地选择一家房地产运营商，了解房地产公司产品经营的类别、层次与功能，分析其市场、产品、文化、质量、服务差异。

（2）相关职业核心能力：中级训练。

（3）相关职业道德规范：认同级践行。

【操作步骤】

（1）将班级每 10 位同学分成一组，每组确定 1～2 人负责。

（2）对学生进行房地产知识培训，确定选择房地产事件营销作为调研的范围。

（3）学生按组进入房地产企业进行调查，并将调查情况详细记录。

（4）对调查的资料进行整理分析。

（5）依据对事件营销策划的影响因素，找出房地产产品特点与市场差异。

（6）进行事件营销的市场分析，写出事件营销策划报告。

（7）各组在班级进行交流、讨论。

【成果形式】

实训课业：撰写房地产事件营销策划报告。

参考文献

[1] 张建华. 市场营销策划[M]. 北京：中国人民大学出版社，2010.
[2] 陈建中，吕波. 营销策划方案写作指导[M]. 北京：中国经济出版社，2011.
[3] 孟韬. 市场营销策划[M]. 大连：东北财经大学出版社，2011.
[4] 李世杰. 市场营销策划[M]. 北京：清华大学出版社，2006.
[5] 李世杰，刘全文. 市场营销策划[M]. 2版. 北京：清华大学出版社，2011.
[6] 徐汉文，袁玉玲. 市场营销策划[M]. 北京：清华大学出版社，2011.
[7] 孙玮琳，徐方斐. 市场营销策划[M]. 大连：东北财经大学出版社，2009.
[8] 王奕俊. 市场营销策划[M]. 北京：中国人民大学出版社，2011.
[9] 易开刚. 市场营销学精品教材：营销策划理念创新与案例实践[M]. 杭州：浙江工商大学出版社，2011.
[10] 张翠英. 营销策划[M]. 北京：中国水利水电出版社，2011.
[11] 胡其辉. 市场营销策划[M]. 北京：高等教育出版社，2011.
[12] 李高伟. 市场营销策划[M]. 北京：高等教育出版社，2005.
[13] 楼晓东. 营销策划技术实训[M]. 北京：人民邮电出版社，2010.
[14] 周雪梅，岑泳霆. 营销策划实训[M]. 北京：中国人民大学出版社，2011.
[15] 陈君，等. 市场营销策划[M]. 北京：北京理工大学出版社，2012.
[16] 王宝山，肖升. 市场营销策划与管理[M]. 武汉：武汉理工大学出版社，2009.
[17] 彭杰，陈婧. 市场营销与策划[M]. 北京：人民邮电出版社，2010.
[18] 车慈慧，彭庆环. 市场营销策划实务[M]. 大连：大连理工大学出版社，2009.
[19] 张占华，李高伟. 市场营销策划[M]. 北京：中国经济出版社，2008.
[20] 杨明刚. 市场营销策划[M]. 北京：高等教育出版社，2002.
[21] 范明明. 市场营销策划[M]. 2版. 北京：化学工业出版社，2010.
[22] 张苗荧. 市场营销策划[M]. 北京：高等教育出版社，2007.
[23] 闫春荣. 市场营销策划[M]. 北京：科学出版社，2011.
[24] 张建华，王春兰. 市场营销策划[M]. 上海：上海交通大学出版社，2011.
[25] 许秋周. 市场营销案例分析：策划篇[M]. 南京：东南大学出版社，2009.
[26] 截国良. 图解营销策划案[M]. 北京：电子工业出版社，2011.
[27] 冯志强. 经典的工业贸易思想[M]. 北京：北京燕山出版社，2006.
[28] 冯志强. 市场营销学[M]. 北京：华夏出版社，2000.
[29] 冯志强. 中小企业战略管理[M]. 北京：中国广播电视出版社，2004.
[30] 冯志强. 创新战略[M]. 北京：中国市场出版社，2011.
[31] 冯志强. 现代企业管理[M]. 郑州：黄河水利出版社，2012.
[32] 冯志强，王景山. 市场营销策划[M]. 郑州：河南科学技术出版社，2012.

北京大学出版社第六事业部高职高专营销管理系列教材目录

书 名	书 号	主 编	定 价
ERP 沙盘模拟实训教程	978-7-301-22697-1	钮立新	25.00
连锁经营与管理（第 2 版）	即将出版	宋之苓	35.00（估）
连锁门店管理实务	978-7-301-23347-4	姜义平，庞德义	36.00
连锁门店开发与设计	978-7-301-23770-0	马凤棋	34.00
秘书与人力资源管理	978-7-301-21298-1	肖云林，周君明	25.00
企业管理实务	978-7-301-20657-7	关善勇	28.00
企业经营 ERP 沙盘实训教程	978-7-301-21723-8	葛颖波，张海燕	29.00
企业经营管理模拟训练（含记录手册）	978-7-301-21033-8	叶 萍，宫恩田	29.00
企业行政工作实训	978-7-301-23105-0	楼淑君	32.00
企业行政管理	978-7-301-23056-5	张秋埜	25.00
商务沟通实务(第 2 版)	978-7-301-25684-8	郑兰先，王双萍	36.00
商务礼仪	978-7-5655-0176-0	金丽娟	29.00
推销与洽谈	978-7-301-21278-3	岳贤平	25.00
现代企业管理（第 2 版）	978-7-301-24054-0	刘 磊	35.00
职场沟通实务	978-7-301-16175-3	吕宏程，程淑华	30.00
中小企业管理（第 3 版）	978-7-301-25016-7	吕宏程，董仕华	38.00
采购管理实务（第 2 版）	978-7-301-17917-8	李方峻	30.00
采购实务	978-7-301-19314-3	罗振华，等	33.00
采购与仓储管理实务	978-7-301-23053-4	耿 波	34.00
采购与供应管理实务	978-7-301-19968-8	熊 伟，等	36.00
采购作业与管理实务	978-7-301-22035-1	李陶然	30.00
仓储管理技术	978-7-301-17522-4	王 冬	26.00
仓储管理实务（第 2 版）	978-7-301-25328-1	李怀湘	35.00（估）
仓储配送技术与实务	978-7-301-22673-5	张建奇	38.00
仓储与配送管理（第 2 版）	978-7-301-24598-9	吉 亮	36.00
仓储与配送管理实务（第 2 版）	978-7-301-24597-2	李陶然	37.00
仓储与配送管理实训教程（第 2 版）	978-7-301-24283-4	杨叶勇，姚建凤	35.00（估）
仓储与配送管理项目式教程	978-7-301-20656-0	王 瑜	38.00
第三方物流综合运营（第 2 版）	即将出版	施学良	35.00（估）
电子商务物流基础与实训（第 2 版）	978-7-301-24034-2	邓之宏	33.00
供应链管理（第 2 版）	即将出版	李陶然	35.00（估）
进出口商品通关	978-7-301-23079-4	王 巾，佘雪锋	25.00
企业物流管理	978-7-81117-804-3	傅莉萍	32.00
物流案例与实训（第 2 版）	978-7-301-24372-5	申纲领	35.00
物流成本管理	978-7-301-20880-9	傅莉萍，罗春华	28.00
物流经济地理	978-7-301-21963-8	葛颖波，等	29.00
物流商品养护技术	978-7-301-22771-8	李燕东	25.00
物流设施与设备	978-7-301-22823-4	傅莉萍，涂华斌	28.00
物流市场调研	978-7-81117-805-0	覃 逢，等	22.00
物流市场营销	978-7-301-21249-3	张 勤	36.00
物流信息技术与应用（第 2 版）	978-7-301-24080-9	谢金龙，等	34.00
物流信息系统	978-7-81117-827-2	傅莉萍	40.00
物流信息系统案例与实训	978-7-81117-830-2	傅莉萍	26.00
物流营销管理	978-7-81117-949-1	李小叶	36.00
物流运输管理（第 2 版）	978-7-301-24971-0	申纲领	35.00
物流运输实务（第 2 版）	即将出版	黄 河	35.00（估）
物流专业英语	978-7-5655-0210-1	仲 颖，等	24.00
现代生产运作管理实务	978-7-301-17980-2	李陶然	39.00

书　名	书　号	主　编	定　价
现代物流概论	978-7-81117-803-6	傅莉萍	40.00
现代物流管理	978-7-301-17374-9	申纲领	30.00
现代物流概论	978-7-301-20922-6	钮立新	39.00
现代物流基础	978-7-301-23501-0	张建奇	32.00
物流基础理论与技能	978-7-301-25697-8	周晓利	33.00
新编仓储与配送实务	978-7-301-23594-2	傅莉萍	32.00
药品物流基础	978-7-301-22863-0	钟秀英	30.00
运输管理项目式教程（第 2 版）	978-7-301-24241-4	钮立新	32.00
运输组织与管理项目式教程	978-7-301-21946-1	苏玲利	26.00
运输管理实务	978-7-301-22824-1	黄友文	32.00
国际货运代理实务	978-7-301-21968-3	张建奇	38.00
生产型企业物流运营实务	978-7-301-24159-2	陈鸿雁	38.00
电子商务实用教程	978-7-301-18513-1	卢忠敏，胡继承	33.00
电子商务项目式教程	978-7-301-20976-9	胡　雷	25.00
电子商务英语（第 2 版）	978-7-301-24585-9	陈晓鸣，叶海鹏	27.00
广告实务	978-7-301-21207-3	夏美英	29.00
市场调查与统计	978-7-301-22890-6	陈惠源	26.00
市场调查与预测	978-7-301-23505-8	王水清	34.00
市场调查与预测	978-7-301-19904-6	熊衍红	31.00
市场调查与预测情景教程	978-7-301-21510-4	王生云	36.00
市场营销策划	978-7-301-22384-0	冯志强	36.00
市场营销理论与实训	978-7-5655-0316-0	路　娟	27.00
市场营销项目驱动教程	978-7-301-20750-5	肖　飞	34.00
市场营销学	978-7-301-22046-7	饶国霞，等	33.00
网络营销理论与实务（第 2 版）	即将出版	纪幼玲	35.00（估）
现代推销技术	978-7-301-20088-9	尤凤翔，屠立峰	32.00
消费心理与行为分析	978-7-301-19887-2	王水清，杨　扬	30.00
营销策划（第 2 版）	978-7-301-25682-4	许建民	36.00
营销策划技术	978-7-81117-541-7	方志坚	26.00
营销渠道开发与管理	978-7-301-21214-1	王水清	34.00

如您需要更多教学资源如电子课件、电子样章、习题答案等，请登录北京大学出版社第六事业部官网 www.pup6.cn 搜索下载。

如您需要浏览更多专业教材，请扫下面的二维码，关注北京大学出版社第六事业部官方微信（微信号：pup6book），随时查询专业教材、浏览教材目录、内容简介等信息，并可在线申请纸质样书用于教学。

感谢您使用我们的教材，欢迎您随时与我们联系，我们将及时做好全方位的服务。联系方式：010-62750667，sywat716@126.com，pup_6@163.com，lihu80@163.com，欢迎来电来信。客户服务 QQ 号：1292552107，欢迎随时咨询。